U0937356

暨南大学高水平大学建设经费资助丛书

暨南史学丛书

清代东番与西番研究论丛

刘正刚 著

中国社会科学出版社

图书在版编目(CIP)数据

清代东番与西番研究论丛/刘正刚著.—北京:中国社会科学出版社,2018.3

ISBN 978-7-5203-1687-3

Ⅰ.①清… Ⅱ.①刘… Ⅲ.①社会变迁—研究—中国—清代 Ⅳ.①D691.9

中国版本图书馆CIP数据核字(2017)第314227号

出版人 赵剑英
责任编辑 刘 芳
责任校对 杨 林
责任印制 李寡寡

出 版 中国社会科学出版社
社 址 北京鼓楼西大街甲158号
邮 编 100720
网 址 http://www.csspw.cn
发行部 010-84083685
门市部 010-84029450
经 销 新华书店及其他书店

印刷装订 北京明恒达印务有限公司
版 次 2018年3月第1版
印 次 2018年3月第1次印刷

开 本 710×1000 1/16
印 张 21.75
插 页 2
字 数 322千字
定 价 89.00元

凡购买中国社会科学出版社图书,如有质量问题请与本社营销中心联系调换
电话:010-84083683

目　录

附 录

前　言

本书所谓的“东番”和“西番”，是两个固定的历史名词。其含义有两层，一是地域名称，二是生活在该地域内的不同族群。在历史文献中，“东番”一词的出现比“西番”要晚，明清时期这两个词的使用频率很高。

“东番”是指我国东部地区的台湾岛及生活在岛上的民众，在明清文献中屡屡可见，明代蔡献臣的《清白堂稿》卷3（明崇祯刻本）《论彭湖戍兵不可撤》中说：“彭湖者，我东南海之尽境也。旧传为晋江尾都，后乃徙而墟之。今为漳泉海民耕渔之区，而与东番台湾为邻，其内则浯洲，则烈屿，则嘉禾，皆同安都图地。”可见，东番与台湾是等同的。明代士人将东番与台湾等同看待，已经形成了共识。明代陈子龙《明经世文编》卷479（明崇祯平露堂刻本）收录的黄承玄《条议海防事宜疏》中说：“闽海中绝岛以数十计，而彭湖最大；设防诸岛以十余计，而彭湖最险远。其地内直漳泉，外邻东番，环山而列者三十六岛，其中可容千艘，其口不得方舟，我据之可以制倭，倭据之亦得以制我，此兵法所谓必争之地也。……鸡笼地属东番，倭既狡焉，思逞则此，彭湖一岛，正其所垂涎者。万一乘我之隙，据而有之，彼进可分道内讧，退可结巢假息，全闽其得安枕乎？”这些文献中的“东番”显然是指台湾这个地域。与此同时，东番台湾的民众也吸引了士人的眼光，崇祯时成书的《闽书》卷146《岛夷志》记载：“东番夷人不知所自始，居澎湖外洋海岛中，起魍港、加考湾，历大员……大帮坑，皆其居也，断续凡千余里，种类甚蕃，别为社，社或千人，或五六百。”①

① （明）何乔远：《闽书》卷146《岛夷志》，福建人民出版社1995年版，第4359页。

清代士人仍习惯沿袭明代士人称呼台湾为“东番”的说法，清前期张廷玉负责完成的《明史》卷323《列传第二百十一》记载说：“鸡笼山在澎湖屿东北，故名北港，又名东番。去泉州甚迩，地多深山大泽，聚落星散，无君长，有十五社，社多者千人，少或五六百人。无徭赋，以子女多者为雄，听其号令。虽居海中，酷畏海，不善操舟，老死不与邻国往来。”于此可见，“东番”既是地理名称，也泛指生活在这一区域的少数民族。

“西番”主要指我国西部的广大地区，涉及族群众多，主要有藏族、彝族及其他族群。作为一个固定名词的“西番”到底形成于何时？笔者没有考证过。但南北朝时崔鸿的《十六国春秋》卷94《北凉录一》就已经称凉州蒙逊为“西番老臣”。五代所纂的《旧唐书》中屡屡称西部地区的族群为“西番”。宋代《太平寰宇记》卷33《关西道》多有“西番”的说法；又该书卷183引述韦节《西番记》云：“康国人并善贾，男年五岁则令学书，少解则遣学贾，以得利多为善。”宋人李焘《续资治通鉴长编》卷50记载：“西番诸族有能生擒李继迁者，当授节度使，赐银彩茶六万。”可见，西番无论是地理概念还是族群概念，都是指我国的西部地区及其生活在该区域的不同族群。

明清时期，“西番”与“东番”相对应。清代张廷玉《明史》卷90《志第六十六》记载：“西番即古吐番。洪武初，遣人招谕……俾因俗以治。”其实，西番的地理范围十分广阔，《明史》卷330《列传第二百十八·西域二》又记载：“西番，即西羌，族种最多，自陕西历四川、云南西徼外皆是。”可见，“西番”实际上是指我国广大的西部地区及其这片土地上的世居族群。

明清时期，中央王朝对“东番”与“西番”的统治不断强化，尤其是清王朝对这两个区域的统治，不仅最终形成了中华民族多元一体的大家庭模式，而且也奠定了中国疆域版图的基本格局。本书所讨论的主题正是在上述界定概念的范围下所进行的，但在具体行文中，有时西番的地域范围会更广泛些。

本书着力于讨论清代东番与西番的社会演变状况。众所周知，清代作为传统社会最后一个大一统的王朝，其在政治、经济、文化等方面均发展到了顶峰。中央王朝对边疆民族地区的控制进一步加强，从东番和西番来看，中央王朝在东番台湾设立不同层级的政区，加快了台湾社会开发的步伐，使台湾在清前期很快就发展成为国家的米糖基地，显示了王朝对海疆社会开发的重视；中央王朝在继承历代治理西番民族政策的基础上，又有所创新，如在西部少数民族地区实行改土归流、设立新政区等管理模式，有效地控制了西番地区的稳定。当然，加强对东番与西番的统治，离不开在民众中推行教化，因此，设立学校是清代官宦在治理地方中的最关切的政绩之一。实际上，清王朝对东番和西番统治的加强，在一定程度上也意味着对海疆与陆疆治理并重的发展策略。

清代东番与西番社会经济的发展，与汉族移民的进入不无关系。清王朝对赋税政策的调整，以及明代从海外引进的农作物品种的进一步推广，促使我国人口的增长达到传统社会的最高峰。为了解决内陆膨胀人口的生计问题，清政府对人口迁徙基本上采取了引导、疏散的管理措施。正是在这一背景下，清代移民向东番台湾和以四川为中心的西番地区迁徙，成为清代移民最重要的两个方向。汉族移民进入东番与西番民族地区后，与当地的少数民族由碰撞交流到逐渐融合，但这一过程中是以渐进的方式展开的，文献中屡屡出现的“熟番”“生番”说法，就显示了这一演变的过程。当然，在这一过程中也出现了汉人被番化的现象，说明历史上的民族融合是相互的，而非单一的线性模式。但不管怎么说，汉族移民的进入，在一定程度上加快了两地的社会经济乃至文化的发展，最终巩固了王朝对边地社会治理的成果。

值得注意的是，清代东番与西番尽管分别位于王朝版图的东方与西方，但中央王朝行使国家权力，使两地之间有一定的交流，如藏兵两次入台，都是在中央王朝的统一调配下进行，说明王朝对两地的治理是非常有效的。而王朝对边地治理的有效，又与王朝派驻军队密不可分。应该说，驻军对地方社会的开发与稳定提供了坚实的保障基础。

本书的研究，揭示了无论是东番还是西番，其社会都在有清一代发生了巨大的变化。这一变化是由国家治理、移民进入、少数民族向化等众多因素合力而成的。其中国家的统一与国力的增强，是东番与西番等边地社会演变的最重要因素。

东　番　篇

清代移民与台湾食盐贸易制度化

清代台湾是一个典型的移民社会。台湾的开发与发展，是在清廷统一台湾以后才全面启动的。台湾市场的发育与成长，与大陆闽粤汉人移民在台湾的社会经济活动分不开。清统一台湾后，伴随着移民开发台湾高潮的掀起，台湾的地位更加凸显，政府对台湾的控制也越来越严密。清廷对台湾食盐专卖制度的建立与完善，意味着政府通过政权的力量，控制与左右着市场的发育与成长，并将台湾纳入内地的管理体系之中。

一　盐与台湾少数民族的商业意识

台湾在清以前汉人移居较少，以至清初有“向为土番聚居”之说。台湾少数民族基本上保持着原始社会的形态，“各番俱无姓氏，不知时宪、日期，亦不知其庚甲”。清廷统一台湾后，闽粤人民源源不断地移居台湾，与当地少数民族发生往来，官府与民间根据当地少数民族汉化程度的高低，将其别为生番与熟番两种。生番住内山，教化程度较低；熟番则纳粮应差，等于齐民。当地少数民族社会生活的最大特色是围猎，“捕鹿曰出草，先开火路，以防燎原，诸番团立如堵，火起焰烈，鹿獐惊逸，张弓纵矢或用镖枪刺之”。捕获鹿獐后则“聚而饮”吃其肉，将脏腑藏于瓮中，“置盐少许腌而食之”①。清前期台湾的野生鹿獐颇多，随着汉人移垦的不断深入，雍正以后，当地少数民族捕猎范围被迫向内山转移，台湾“鹿最繁，昔年近山皆为土

① 乾隆《重修福建台湾府志》卷6《风俗·土番风俗》。

番鹿场，今则汉人垦种，极目良田，遂多于内山捕猎”。台湾少数民族将多余的肉“截成方块，重可斤余，皆用盐渍，运致府治”[①]。捕鱼也是台湾少数民族的强项，捕获的大鱼多用腌制方法储存，“凡捕鱼……小鱼熟食，大则腌食，不剖鱼腹，就鱼口纳盐藏瓮中”[②]。不管是捕获的鹿还是鱼，只要有剩余，最终都涉及盐的腌渍。

台湾少数民族使用的盐是自产还是交换所得？从史料来看，台湾少数民族地区是产盐的，但生产方式十分落后，史载：“崇爻山有咸水泉，番编竹为镬，内外涂以泥，取其水煎之成晒。”[③] 这一方式产盐量自然不多，以至康熙《诸罗县志》称，番人依山而居，“并不产盐”。所以他们使用的盐，绝大部分可能来自与汉人交换。台湾番汉在交往过程中，经常互通有无，盐是汉人交换的主要物品之一，凤山县“生番在山谷中，深林密箐，不知种类。凤山县山猪毛等七十四社于康熙五十五年（1716）、雍正二年（1724）先后归化。……时挟弓矢镖枪捕獐鹿，以其肉向民人易盐布釜甑”[④]。这里的民人显然是指汉人，台湾少数民族“凡物生食居多，惟盐取给于外”[⑤]。汉番间交易多属物物交换，康熙末年汉人用小舟装载布、烟、盐、糖、锅釜、农具，与崇爻八社及阿里山社贸易。番以鹿脯筋皮市之，皆以物交物，不用银钱。[⑥] 台湾少数民族则用猎取的鹿、兔等野兽皮，“易汉人盐、米、烟、布等物”[⑦]。在盐的交易与使用过程中，台湾少数民族已离不开盐了，“断绝其盐，彼将摇尾求食矣。……若利其有而资之以盐，任社商剥克而不之禁”[⑧]。盐与台湾少数民族的生活息息相关。清前期，他们与汉人商贸交流的程序大致是生番—熟番—通事，

---

① 乾隆《重修台湾府志》卷18《物产二·鸟兽·毛之属·附考》。

② 乾隆《续修台湾府志》卷14《风俗·番社风俗》。

③ 乾隆《重修台湾府志》卷5《赋役二·盐课》。

④ 嘉庆《大清一统志》卷437《台湾府·番民》，《续修四库全书》史部第622册，上海古籍出版社2002年版，第334页。

⑤ 乾隆《续修台湾府志》卷15《风俗三·番社风俗》。

⑥ （清）蓝鼎元：《东征集》卷6《纪台湾山后崇爻八社》，《台湾文献史料丛刊》第126册，大通书局2000年版，第91页。

⑦ 乾隆《重修台湾府志》卷16《风俗四·番社通考》引《诸罗志》。

⑧ 乾隆《重修台湾府志》卷16《风俗四·番社通考》引《理台末议》。

即“各社生番持与熟番交易珠、布、盐、铁，熟番出与通事交易”①。所谓通事，即兼识番、汉之语言、风俗，是汉番交涉的中介人。台湾少数民族对通事很敬重，“凡社中皆择公所为舍，环堵编竹蔽其前，曰公廨（即社寮），通事居之，以办差遣”②。

清前期台湾由于汉人移民的无序性以及政府移民政策的不连续性，使台湾常处于动荡之中。每当变乱发生，被政府追杀的“贼”往往会逃匿于台湾少数民族居住的深山。官府捕“贼”采取的措施之一，就是利用盐等作为奖品，刺激台湾少数民族抓贼，“檄往谕卑南觅大土官文结，赏以帽靴、补服、衣袍等件，令其调遣崇爻七十二社番遍处搜寻，将山后所有盗贼悉行擒解，按名给赏。拒敌者，杀死勿论。凡擒解山中汉人一名，该番赏布三十尺、盐五十斤、烟一斤。获剧贼者倍之”③。官府以盐为奖品，充分显示了盐对台湾少数民族生活的重要性。

汉番无序的物物交换，随着时间的推移，开始逐步向季节性定期交易发展。嘉庆年间，随着噶玛兰的开发，其附近的奇莱地区，每年春季，“各熟番牵舟竞进，每番给予盐一、二瓯，欢极而去，陆续挟鹿茸兽皮各货来，换布匹等物”④。这种定期、定点贸易，在乾隆以后汉番交界处设立的隘口上表现最为突出。“隘者，巡防野番出没之隘口也……乾隆间，由官遴募壮丁，扼要巡逻、防御，每隘多者二、三十名，少至八名、六名，曰隘丁。”隘有官隘、民隘之分，隘“所需口粮、铅药、辛劳之费，准各隘丁于附近山麓之荒林碛土，或一、二十甲，或二、三十甲，自行垦种，列为不入额之款，谓之隘地。……隘所搭盖草舍以资栖止，谓之隘寮”。清代凤山建立过 12 所官民隘，彰化 16 所，淡水厅 27 所。⑤隘已不单纯是一个准军事防御组织，而是以隘口为中心的一个小型开发区。隘处于汉番交往前沿地，居址相对固定，于是过去汉番间零星、松散的物物交易，反而可

---

① 乾隆《续修台湾府志》卷 14《风俗二·番社风俗》。

② 乾隆《重修福建台湾府志》卷 6《风俗·土番风俗》。

③ （清）蓝鼎元：《鹿洲全集》下册，厦门大学出版社 1995 年版，第 542—543 页。

④ 同治《淡水厅志》卷 16《附录三·志余》。

⑤ （清）唐赞衮：《台阳见闻录》卷下《防务·隘》，《台湾文献史料丛刊》第 122 册，大通书局 2000 年版，第 103 页。

以定期、定点地在隘口进行，围绕隘这一汉番交界的地点，初步形成较低级的市场交换，“其生番贸易盐、茶、烟、布等物，仿照嘉义县阿里社之例，遴举安分能通番语之人，充当正、副通事，并令番中晓事者充正、副土目，定期在隘口贸易。如有奸民违禁入山，勾番滋事，立即严拿从重治罪”①。政府通过对隘的管理，进一步加强了对汉番贸易的控制。

汉番间以盐为主要交换对象进行的贸易，由起初无场市、无时间的零星交换，随着汉番交往的密切，逐步过渡到有固定场市与时间的交易，强化了台湾少数民族的商品交换意识，改变其以前单纯的物物交换方式，发展到通过银钱作为等价交换媒介的商品交易，“番人贸易，往者不知用银与钱，猎得鹿茸、皮角、熊胆，惟与民人易盐、布、哔吱、羽毛及铁锄、镰刀、腰刀、火枪、火药等物。富者，惟畜牛多、积布与哔吱多而已，布以伸两手度之为一排，伸一手度之至膺之正中为一围，不知有尺寸。今高山番已知用银圆，平埔番则并知用钱，亦有家置升、斗、尺、称者矣”②。台湾少数民族在与汉人移民的交流中走出了原先较落后的生活状态。汉人通过与台湾少数民族的交往，逐步深入番区垦殖，也加快了台湾社会的整体发展步伐。

二　食盐运销中的走私现象

食盐运销在传统社会一直实行着官方垄断的专卖制度。但走私贩盐也一直在民间社会存在着。明清闽粤海商不顾政府禁令，走私活动颇为盛行，已为学界公认。清前期台湾随着移民的增加，对盐的需求量只增不减，引起部分“奸民”走私贩盐的兴趣。台湾东北部的噶玛兰在汉人未进入前，“民间食盐均系内地采捕鱼船，遭风收泊，将盐散卖。自嘉庆十七年（1812）总督汪志伊奏新设通判”，实行政府配额销盐专卖制度。③ 这说明嘉庆十七年以前，噶玛兰地区的食盐主

① 道光《重纂福建通志·台湾府》卷首之六，道光六年十一月上谕。

② 光绪《台东州采访册·风俗》。

③ 道光《重纂福建通志·台湾府·盐法》。

要以民间走私为主，走私食盐的价格，根据季节的不同而不同，“春夏每斤卖钱七、八文，秋冬每斤卖钱二、三十文不等”。由于季节差价较大，一些已移居噶玛兰的汉人就乘机收购，“该处有内地居民，随便收买，居奇转售”①。噶玛兰的开发，其首功当推漳州府漳浦人吴沙。吴沙之所以能敲开台湾少数民族的门，与其“番割”身份有关。何谓“番割”？史载：“沿山一带，有学习番语、贸易番地者，名曰番割。”番割用汉人物品与台湾少数民族互通有无，牟取利益，“贩铁锅、盐、布诸货，入市易鹿茸、鹿筋、鹿脯、鹿角出售，其利倍蓰”②。吴沙在“市易”方面自然不会缺少盐，“闻吴沙私以盐、布与生番往来贸易”。又兼吴沙会看病施药，导致台湾少数民族“情愿分地付垦，吴沙遂招漳、泉、广三籍之人，并议设乡勇，以防生番反复。内地流民，闻风踵至”③。

即使是在官盐运销中，船户也会在海峡两岸贸易中夹带私盐。这在大陆缺盐年份从台湾调拨食盐到大陆销售时可见一斑。据记载，乾隆十五年（1750）、三十八年（1773）、三十九年（1774）、五十八年（1793）等年份，“均因内地缺产，拨运台盐有案”。但船户往往利用运销执照中“惟照内盐数自一、二百石至二、三千石不等”的漏洞，多装私卖。这一漏洞到道光年间被发现后，引起官方重视，道光十三年（1833）福建因“夏秋雨水过多，内地场盐缺乏”，福建盐法道请求从台拨盐救济，初时台湾“册报仅存盐三万八千二十三石，自难尽数拨济内地”，最后决定拨2万石济内地。为了再次避免执照数字不一的弊病，特定“每张载盐一百石为准”，船只从大陆出发“抵台湾鹿耳门大港呈缴，即就有盐场分拨配，由府截角，填给尾单，付船开驾，经过关津，丁胥人等，不得阻滞需索。到省，仍由浦下验盘上仓，填单呈报。如照外多装，自应认真惩办”④。政府对走私的防范，既说明食盐专卖的垄断性，又暗示了走私的猖獗。

---

① 道光《噶玛兰志略》卷13《艺文志·双衔会奏稿》。

② 道光《噶玛兰厅志》卷5《风俗·番情》。

③ 道光《噶玛兰志略》卷13《艺文志·议开台湾后山噶玛兰节略》。

④ 台湾银行经济研究室编：《台案汇录甲集》卷3《福建盐法道议拨台盐以济内地缺产札》，《台湾文献史料丛刊》第133册，大通书局2000年版，第226—228页。

其实，政府对台湾民间私盐运销始终难以有效控制。以噶玛兰为例，嘉庆以前，盐主要来自内地福建兴化、惠安的捕鱼小船，“每当春夏之交，遭风收泊，入港将盐散卖……民番亦相安为常”。这些捕鱼小船散卖盐，基本上是走私行为。随着噶玛兰开发的全面启动，官府组织逐步设立，对走私活动也更加注意，“自设官后，各船既有透漏之虞，而兰中又无可为埕坎之处”。所谓“透漏”就是指走私，“埕坎”是指晒盐之地。噶玛兰不产盐，就只有从外地运入。为了控制食盐运销，官府起先拟准备“仿照汀州行销广湖盐引之例，招募鸡笼小船，换给府照，就于莆田、惠安近场探试买拨”。即由政府组织小船到福建沿海运盐到台，再“以府船运至淡水，须趁南风，而由淡入兰，又须别趁西北风，一年止可一度”。这一行程将经大鸡笼、深澳、泖鼻、三貂等口岸，沿途暗礁鳞列，“非募熟沙汕之舵工，不能驾驶”。同时，又由于噶玛兰“无回货可装”，进而导致“脚价增昂”，最终使“盐价不免于腾贵”。盐价高昂，就会打击民众购买力，此方案搁浅。为此，政府于嘉庆十八年（1813）开始决定以台湾本地盐供应噶玛兰，“缓急可以计日而至”，这样做的目的除了考虑盐价外，还可以更好地杜绝内地走私问题，“方可清查内地之私盐”。与食盐雇运、驳载、沿途缉堵有关的一切事务，均由噶玛兰厅负责。由于噶玛兰开发伊始，人丁只有5.4万余口，“以一口日食盐三钱而论，年应六斤十二两，五万四千余口，年应食盐三千六百余石，加以腌晒各项，合得销盐七千石，并订每斤卖钱十六文，始于课本不亏”①。定额销售显示了台湾盐产量的不足，既然产盐不足，只好从内地运售，史载：“台湾盐务，场产不足，由内地运售，名曰唐盐。”② 隔海贩运，就难以杜绝走私现象。所以史载：“台地产盐无几，又内地滨海奸民多贩私盐至台，随处发卖，故盐法不胜其弊。”③

① 道光《噶玛兰厅志》卷2《赋役·盐课·附考》。

② （清）唐赞衮：《台阳见闻录》卷下《盐政·台盐》，《台湾文献史料丛刊》第122册，大通书局2000年版，第66页。

③ （清）吴子光：《台湾纪事》卷1《纪台中物产》，《台湾文献史料丛刊》第121册，大通书局2000年版，第13页。

嘉道时，沪尾“海口时有私盐往来，缉私不力”[①]。

台湾移民主要由闽粤人构成，有些人可能在大陆时就从事盐业生产，到台后仍操盐业，“其沿海奸民埕坎擅自晒盐贩卖，着台湾道府督饬厅县遴派干役协同贩户严禁查缉，务令私贩敛戢，官引畅销”[②]。看来移民私盐的贩卖，已直接影响到了“官引畅销”。尽管政府采取查缉措施，打击走私贩盐，估计实际的效果不是很大。“台盐在本地晒取者少，从大陆载来者多。前皆由官设法定价出入，配各课馆销售，不许商民私卖”[③]。台湾晒盐，初由民自晒自卖，雍正四年（1726）归台湾府官方经管，产盐“尽数由官盘收入仓”，并在府治设盐馆一所，“听各贩户、庄民赴馆缴课领单……运赴各厅县售卖，年无定额”。乾隆年间始定销盐11万石，后又加销溢额盐2万石。盐税除用于各种开支外，“余银核实册报拨充兵饷”。为了防止私晒私卖，政府“募雇哨丁昼夜巡逻，不准私鬻并私添埕格”。但新辟地往往走私猖獗，嘉道时，“淡水厅属之虎仔山亦产盐，居民私晒私卖，虽派哨严缉，迄未净尽”[④]。虎仔山走私十分猖獗，盐枭甚至组织武装与官方对抗，“馆丁时时访盐枭，动辄列械相斗，然不能绝也”[⑤]。

三 食盐生产与运销制度化

台湾人工制盐至少开始于明代郑成功，据首任台湾知府蒋毓英纂修的首部《台湾府志》卷之四《物产·货之属》记载，“盐：有煮法，有晒法。台止用晒法，台、凤二县出”。说明除诸罗县外，台湾、凤山两县均生产盐，产盐方式以晒为主，“台地止于海岸晒盐，南社冬日海岸水浸，浮沙凝而为盐，扫取食之，不须煎晒，所产不多，渍

---

① 台湾银行经济研究室编：《台案汇录丁集》卷3《福建巡抚孙尔准奏折》，《台湾文献史料丛刊》第135册，第195页。

② 道光《重纂福建通志·台湾府》，道光五年七月。

③ 光绪《树杞林志·赋役志·课盐》。

④ （清）丁绍仪：《东瀛识略》卷2《粮课》，《台湾文献史料丛刊》第121册，大通书局2000年版，第16页。

⑤ 光绪《澎湖厅志》卷3《经政·盐政·附考》。

物易坏”①。盐的质量明显不好，这可能与晒盐技术有关。由于“盐味苦涩，不适于用，多从大陆漳、泉运入”。郑成功时代，“教民晒盐，许民自卖，而课其税”。清统一台湾后，“盐户日多，销路愈广，争晒竞售，市价不一”。市价不一也许是事实，但有利可图不能排除，所以雍正四年（1726）台湾盐业改归官办。盐课收入，“每月支发盐户及经费外，悉存府库，造册申报，以充兵饷”。乾隆二十年（1755）随着嘉义、彰化、淡水等地的开发，食盐量大增，于是增设濑东、布袋嘴等盐场。嘉庆十五年（1810）设噶玛兰厅，禁止内地鱼船私贩食盐，改台盐行销噶玛兰。随着台湾北部开发的迅速，人口大增，“淡属住民几数十万，而仍行销府盐，采配不便”。咸丰年间，允许民间在虎仔山自晒，“一时私盐充斥，课项锐减”。同治六年（1867）改归道办。② 可见，台湾盐业市场发展，往往是民间先行一步，当有利可图时，政府用政权力量加以控制。

清廷对台湾食盐专卖均照内地通例进行，雍正四年（1726）台湾府设盐场四处：洲南、洲北、濑北、濑南场，前三者属台湾县，后者属凤山县。各场均设有巡丁、管事等，昼夜巡逻，“专司稽查，以防透漏”。如此重视巡查工作，恰好说明走私的严重性。台湾夏、秋雨水多，“盐埕泥泞不能晒盐”。只有春、冬天气晴爽，方可收晒，台湾、凤山两县四场盐埕所出之盐，全部用制斛盘量收归盐仓，其中洲南、洲北、濑北三场，每交盐一石，给定价番广银一钱二分；濑南场所出之盐粒碎色黑，每交盐一石，给定价番广银一钱。四场每年收入仓盐数量约9万—11万石不等。收归盐仓的盐，如何才能进入寻常百姓家中，史载：“府治内设盐馆一处，听各县贩户庄民赴馆缴课领单，每盐一石，定课价番广银三钱、脚费银三分，执单赴场支盐各处运卖，每年约销八、九万石不等。”经过这几个环节后，销售价格由市场调节，“各县贩户庄民运卖盐斤，水载以船，陆载以车，视路程远近以定价值”。如此烦琐的手续，正是为了防止私晒私贩，“绝私煎、

① 乾隆《重修台湾府志》卷5《赋役二·盐课》。

② 连横：《台湾通史》卷18《榷卖志·盐》，《台湾文献史料丛刊》第19册，大通书局2000年版，第496—497页。

私贩之弊，复无忽低、忽昂之患”①。其实，从民晒民卖到官方将食盐生产与销售纳入管理体系，更多的则意味着政府对市场的有效管理。

台湾府属的澎湖列岛则“处处可以晒盐。而其民则皆食官盐，无敢私晒者”。但官、民皆不晒盐。澎湖食盐来自台湾岛，“台、澎皆食郡治馆盐”。但澎湖的用盐量又较庞大，“澎民以海为田，得鱼则需盐孔亟。而风信不常，或暴风不已，海船有数月不至者。倘郡盐接济稍缺，则无以为腌鱼之用，而民受其病”。正因如此，有人呼吁澎湖民间自晒，“兴澎海之盐利”，并提出了具体的可行性方案：“令民间各占地晒盐，丈量区分，收其正课，以敷加饷之费。而严查出口，免使溢灌他处，以符定制。若内地偶尔缺盐，海船来运者，必有明文方许出口，官为查验，收其厘金，以益帑项。”② 这一规划的核心是澎湖食盐自产自销自用。偶尔情况下，可通过严格的程序，将多余的盐运往大陆。民间晒盐可利用民间资金，省却官府费用，“惟是筑造盐埕，必筹赀本。若使人人知大利所在，自可以次图成矣”③。但这样做，是否会影响到台湾盐的销路？这在方案中也有考虑，“至于郡治馆盐，亦不患无销售之处。盖内山以东，生番食盐，皆奸民接济；若能开越界之禁，听民占地自垦，官为经理，他日渐辟渐广，民居稍密，恐郡治馆盐不敷其食耳”。条件是放弃“番界”政策，允许大陆移民开垦番区。④ 这样既可以加快台湾社会开发，又可以解决台湾岛的食盐运销问题。

清廷控制台湾食盐专卖还表现在盐价上。乾嘉时，政府根据台湾的地域差异制定了不同的食盐销售价，嘉庆十六年（1811）有官员称：台湾“官办盐务，郡城、新岭二馆，向系由府派人发卖，其余台、凤、嘉、彰、淡、澎六属，均系贩户领盐设馆售卖，每石完番广银三钱三分，按年册报有案。历任知府及卑府接任后，均遵照成例办理。……其各属现在盐价，淡属每斤卖钱十三文、彰属十二文、嘉属

① 乾隆《重修台湾府志》卷5《赋役二・盐课》。

② 光绪《澎湖厅志》卷3《经政・盐政・附考》。

③ 光绪《澎湖厅志》卷11《旧事・丛谈》。

④ 光绪《澎湖厅志》卷3《经政・盐政・附考》。

十文、澎属九文、凤属十文、台属七文”。道光年间，因台湾民间流行用重秤，“肩贩合算秤头、挑工，不得不加增盐价，闾阎自知秤重，亦无争执”。即使如此，官府对盐价的增减也十分关注，“现在市集盐价虽与定例略为加增，即有盈余，系贩户及贫难肩贩所得，并非官为侵蚀。且民间买卖相安，似应听从民便，毋庸更易致启衅端”。这里强调的是盐价的高低，应该由市场来调节，官府不要过度干预。实际上官府对盐价握有最后的决定权，道光初年，因“近年银价日增”，贩户“核计成本，亏折甚巨。各贩户竭蹶难支，屡求禀退”。澎属贩户甚至因此而“倒罢”，出现“无人承当”的局面，只好“由官自办”。时人呼吁官府“权时变通，量予加价”，否则贩户倒罢就会增多。有鉴于此，官府准许“台湾各属盐价每斤准予酌增制钱三文”①。这表明台湾盐务到嘉道时，随着社会不断发展及人口增长，从事食盐贩运人数大增，“南北厅县肩贩不下数千人”，政府也因此加强了控制力度。

盐课奏销是政府控制食盐专卖的又一重要环节，各地必须定时将盐课征收及食盐运销情况造册上报。台湾食盐专卖后，每年征收的“正余盐课银两，向随内地各州县征收盐课，按年一并造册奏销”。乾隆末年林爽文起义，盐课未能及时奏销，事后福建盐法道要求补报，“催据该府造册到道，已将五十一、五十二等年台湾府征收正额盐课银两，造册详送具题在案。所有应造台湾府五十年及五十一年盈余课银，现经按年核明，补造清册，详候察核题报”②。奏销逐级上报，层层把关，嘉庆十年（1805）福建盐法道因台湾正课奏销未到，催促地方办理，最后，台湾、凤山两知县“将征完十年分盐埕饷银并公费银两，造具清册送府复核，汇造总册转送到道”③。盐课奏销在台施行，反映了清廷通过食盐专卖制度化，将台湾纳入了内地化的管

---

① 台湾银行经济研究室编：《台案汇录甲集》卷3《福建盐法道详酌增台湾盐价由》，第229—231页。

② 台湾银行经济研究室编：《台案汇录丙集》卷1《闽浙总督觉罗伍拉纳题本》，《台湾文献史料丛刊》第135册，大通书局2000年版，第24—25页。

③ 台湾银行经济研究室编：《台案汇录丙集》卷1《闽浙总督阿林保题本》，第50—51页。

理体系之中。

总之，伴随着清初政局的演变和大量移民的涌入，清廷对台湾更加重视，并试图将其逐步纳入有效的政权管理体系中，从而在与台湾社会的互动过程中实现台湾移民社会的内地化。台湾社会的内地化过程是一个复杂的系统性过程，两岸学者均做过许多研究，并提出不少理论模式。[①] 本文目的在于关注以往学者所未加重视的台湾食盐贸易制度化，从侧面观照清代台湾移民社会以及市场的发展状况。根据以上描述，清代台湾食盐贸易的制度化进程，其实是台湾内地化进程的一个重要方面。食盐向来是传统社会政府用以获取课饷和控制地方的利器，[②] 清廷以食盐作为控制台湾的重要资源之一，并力图从盐产中收取饷银，解决或部分解决驻军的军饷及政府的财政支出。正是这一过程，使台湾的食盐由清廷力量介入之前的自然状态进入贸易的制度化时期，台湾食盐由物物交换贸易转化为专卖形式的食盐贸易，清廷以政权力量在台湾制造了食盐这一商品的特定市场。这一点说明传统社会中某些相当重要的商品市场的发育并非如一般常识那样，是一个从物物交换逐步发展到市场交换的过程，在一定程度上，它们可能是指令经济形式下由政府制造出来的市场。

---

① 陈孔立：《清代台湾移民社会研究》，厦门大学出版社 1990 年版，第 53—56 页。

② 黄国信：《食盐专卖与盐枭略论》，《历史教学问题》2001 年第 51 期。

试析牛对清代台湾乡村社会发展的贡献

动力牛作为农业生产开发动力使用，至迟出现于春秋时期，西汉时牛耕得以广泛使用，牛在传统农业社会被赋予谷神的象征意义。对传统社会的小农来说，牛无疑是其生产与生活中极重要的劳动力资源。在清代台湾乡村社会的开发中，牛起到了不可替代的动力作用。光绪《澎湖厅志》卷9《风俗》称，“谚云：澎湖女人台湾牛，皆言其劳苦过甚也”。畜力在人类社会经济发展过程中的贡献问题，已引起学术界的关注，《历史研究》2001年第1期刊登了周钢、田吉贡的《美国西部野马的驯养使用与保护》，认为美国西部的野马来源于西班牙殖民者运送的“西班牙马”，野马被驯服后对美国西部开发和美国现代化进程起到了应有的作用。但对畜力在我国传统农业社会发展中的作用，学者尚未给予足够注意。本文拟对牛在清代台湾乡村社会开发中扮演的角色进行探讨，并由此管窥牛对中国传统农业社会发展所做的贡献。

一 牛耕在台湾地区的推广

台湾地处我国东南沿海，自然条件优越，然而在大陆汉人大量移民台湾以前，台湾少数民族的农业生产大致还保持着刀耕火种的落后状态。据学者研究，台湾少数民族在荷据以前的生产中还不会使用牛和犁，只用原始粗笨的鹤嘴器进行耕作。[①] 明末以来，大陆人民不断

① 林仁川、黄福才：《台湾社会经济史研究》，厦门大学出版社2001年版，第44页。

移居台湾，加速了台湾社会经济的发展。这之中，牛的作用不容忽视。

牛在台湾社会的推广使用，是伴随着大陆移民入台而展开的，时间应在明中叶以后。荷据时期，已有意识地推广耕牛，但仅仅是个开端，据乾隆刻本《小琉球漫志》引述陈小崖《外纪》云："荷兰时，南北两路设牛头司，取其牡者驯狎之，阉其外肾以耕，其牝则纵诸山以孳生。"说明荷兰在台已设立了专门的驯养组织，来培育耕牛作为生产动力，而且为了扩大生产规模，他们还有目的地放纵母牛在野外自然繁衍。并支持传教士从印度购买牛只，输入台湾供少数民族及汉族移民使用，但数量极为有限。[①] 荷兰人对牛耕的重视，为牛在台湾推广使用奠定了良好的基础。纵牛入山任其繁衍，然后驯服的做法，也逐步为台湾民众所接受，乾隆时王必昌纂修的《重修台湾县志》卷15《杂纪》称："台人买牛纵之山，使生息，犊大成群，设栏围之，俟其馁，乃渐饲以水草，由是驯服，可耕可挽。相传红毛时，南北二路设牛头司董其事；今则间或行之，而饲之家者为多。"

郑成功收复台湾后，为解决财政问题，曾致力于屯田，牛自然成为开垦土地的首选役畜。康熙时诸罗知县季麟光曾指出，明郑时，台湾南部地区不论是"平坦而可耕"的田，还是"高燥而可艺"的园，都已成为民众开发目标，文武官员招佃"给以牛种"进行耕种。[②] 台湾地区的耕牛，有相当一部分来自已被驯服的本地野牛，还有一部分则来自大陆。明末，大陆的耕牛已伴随政府有目的地移民入台而进入台湾，崇祯时福建大旱，郑芝龙在官府授权下，"乃招饥民数万人，人给银三两，三人给牛一头，用海舶载至台湾，令其芟舍，开垦荒土为田"[③]。以此推算，则郑芝龙至少从大陆运送万头以上的牛到台湾，其真实性颇令人怀疑。但大规模地从大陆运送牛只入台应该是真实可

① ［日］伊能嘉矩：《台湾文化志》下卷，江庆林等译，台湾省文献委员会1991年版，第284页。

② 道光《福建通志台湾府》，《台湾文献史料丛刊》第24册，大通书局2000年版，第164页。

③ （清）黄宗羲：《赐姓始末》，《台湾文献史料丛刊》第114册，大通书局2000年版，第6页。

信的。我们还可以从清初统一台湾后，对明郑遗产的处理上看到牛的使用情况，“到台之日，按丁授地，并将伪遗生熟牛只照旧给配，按三年起科之令，分则征收”①。也就是说，明郑撤出台湾时，遗留下了大量的牛只，而这些耕牛有可能来自大陆。康熙时陈文达纂修的《凤山县志》卷7《风土志》载：“水牛自内地来，研糖用之。黄牛近深山多有，取而驯习之，用以耕田，亦用以代步。”这些内地来台的水牛，经过一段时间以后，也在台湾自然繁衍生长，最先开发的台南地区，已出现“水牛居多”的景象，农家养牛“有数十百只至数百只者”②。这一记载出现在晚清，反映来自大陆的水牛经过长期的繁殖，也已达到相当可观的规模。

不过，清代台湾的耕牛大多数还是由台湾本地所产并驯化而来的，据乾隆时范咸引《台海采风图》称：“台湾多野牛，千百为群。欲取之，先置木城四面，一面开门，驱之急，则皆入。人则肩闭而饥饿之，然后徐施羁靮，豢之刍豆，与家牛无异矣。”③ 这说明至少在清初，台湾民众已摸索出一套驯养野牛的经验，这种驯养方式最初大多由台湾少数民族完成，据乾隆时余文仪引《裨海纪游》载，康熙时，在淡水厅中港社一带，少数民族居民将野牛“囚木笼中，俯首跼足，体不得展。社人谓是野牛初就靮，以此驯之。又云：前路竹堑、南嵌山中，野牛千百为群，土番能生致之，候其驯，用之。今郡中挽车牛，强半皆是”④。当然，有些野牛可能是民众故意将家养牛放逐野外进行繁衍，然后再进行驯养，乾隆时王必昌纂修的《重修台湾县志》卷15《杂记·丛谈》载，“台人买牛纵之山，使生息，犊大成群，设栏围之，俟其馁，乃渐饲以水草，由是驯服，可耕可挽”。由于移民不断向台湾少数民族居民购买耕牛，促使当地少数民族驯牛兴趣增加，《番俗六考》称：“山有野牛，民间有购者。众番乘马追捕售之，价减熟牛一半。”⑤ 这说明少数民族居民驯养、捕猎野牛已形

① 康熙《台湾县志》卷10《艺文志·条陈台湾事宜文》。

② 光绪《恒春县志》卷9《物产·兽之属》。

③ 乾隆《重修台湾府志》卷18《物产》。

④ 乾隆《续修台湾府志》卷15《风俗·番社风俗》。

⑤ 同上。

成了一套较娴熟的技术，有诗赞云："未负耕犁未服舟，谁教驯押人栏收；番儿自惯无鞍马，大武山头捉野牛。"[①] 康熙末年，台湾野牛被驯服的数量相当可观，据嘉庆《续修台湾县志》卷4《军志·经略》载，朱一贵起义时，曾"率二万众，列牛车"，号牛车阵，攻打安平。这里具体有多少牛车，史料并无明确说明，但可以肯定的是，这些牛车使用的牛应多是被驯服的野牛。

台湾少数民族在长期驯服野牛的过程中，以及在与汉族移民交往的过程中，目睹了使用牛给生产带来的社会效率，这促使他们也开始使用牛进行生产活动，并逐步掌握了牛耕技术。史载："近生番深山产野黄牛，千百为群，诸番取之，用以耕田、驾车。"[②] 这条史料的时间在乾隆三十年（1765）以前，说明他们此时已能使用牛耕田、驾（牛）车了。在康熙时高拱乾纂修的《台湾府志》卷7《风土志》中也有类似记载："深山中多野牛，教而驯习，可用以耕田、驾车。"

由上可见，台湾乡村社会的开发与牛有密切的关联，这些被使用的牛有相当部分来自大陆，并由大陆移民最先使用于农业生产之中。随着牛的使用范围与数量的增加，台湾少数民族居民开始对本地土生野牛进行驯养，并投放市场，供使用者购买。从耕牛在台湾的使用与来源看，是大陆移民与台湾少数民族居民共同为台湾社会开发提供了动力。换句话说，是汉人与台湾少数民族居民共同开发了台湾地区，而且因为牛的使用，也增进了汉人与台湾少数民族居民的交流与融合。而在土地开发过程中，台湾少数民族居民对野牛的驯服，为台湾开发提供了较充足的动力，加速了台湾的开发进程。

二　牛在台湾经济生活中的广泛使用

台湾的全面开发始于清代统一以后，起初主要是土地垦殖，官方一再强调对于移民"资给牛种耕具"即是例证。[③] 康熙末年以后，牛

① 乾隆《重修福建台湾府志》卷20《艺文·土番竹枝词》。

② 乾隆《小琉球漫志》卷7《海东剩语·野牛》。

③ 光绪《台湾通志·列传·政绩·周于仁》，《台湾文献史料丛刊》第11册，大通书局2000年版，第438页。

在台湾使用已相当普及，这可从台湾动乱期间，耕牛被杀数量得到说明。雍正四年（1726）九月，浙闽总督高其倬上奏水沙连社番乱，指出在不到三个月间，台湾少数民族就焚死附近汉族耕牛达133头。①即使到光绪初年，汉番发生冲突时，抢夺耕牛仍是一个极敏感的话题，“彰属之罩兰、东势坑及新辖之大湖等庄，均与苏鲁、马哪邦两社界址毗连。其番界内，本有一片平地，附近居民，生心觊觎，贪利轻人，致被害者有之。……杀去汉民多人，抢去耕牛九十余只”②。台湾少数民族抢杀耕牛既反映了移民垦殖进展的迅速，也反映了牛在汉人开垦土地中的动力角色。

晚清对台湾后山的土地开垦愈加凸显了牛在农业社会中的重要性，台湾“庶民以农为本，农事以牛为先。后山自开辟以来，民庄、番社畜牧牛只，孳息颇蕃。惟是遍地荒芜，已垦者仅百分之一，正当设法拓垦，端资牛力拓地勤耕”③。不但垦殖需要牛，而且农田灌溉也需要用牛牵引水车进行，康熙《诸罗县志》卷8《风俗志·杂俗》记载：“近溪之田，桔槔必以牛，无自任其力者。”这一情况到嘉庆、道光年间有所变化，但牛的角色无明显变化，道光时周玺纂修《彰化县志》卷9《风俗志·杂俗》记载：“近溪之田，桔槔必以牛，迩来始有任人之力者。”即使到了晚清，使用牛车灌溉仍较普遍，光绪《台风杂记·农制》记载：“水陆之田，概用牛耕，劳力少而收获倍之。……又注意于灌溉，陆田则穿井，以桔槔酌之；水田则掘池，以牛车注之。”清代台湾严禁屠宰耕牛，也反映了牛与农村社会经济发展的重要关系，同治五年（1866）台湾南淡等地立《禁私宰耕牛碑》称：“万物惟牛最灵，亦惟牛最苦。佐民耕稼，有功于世。”台湾“耕作全资牛力”，所以对“偷盗私宰，例禁綦严”。即使是“病毙牛只，亦须赴辕察报验明，不得私自开剥”④。

---

① 台湾银行经济研究室编：《雍正朱批奏折选辑》，《台湾文献史料丛刊》第69册，大通书局2000年版，第109页。

② （清）刘璈：《巡台退思录》，《台湾文献史料丛刊》第179册，大通书局2000年版，第203页。

③ （清）刘铭传：《刘铭传抚台前后档案》，《台湾文献史料丛刊》第127册，大通书局2000年版，第106页。

④ 光绪《凤山县采访册》壬部《艺文·碑碣》。

随着土地开垦的不断深入，荒芜土地逐渐减少，为了保障土地开垦中有足够的牛作为动力，政府以法律的形式对牧牛场所进行保护，这实际上是为农村社会发展提供了源源不断的动力。牧场作为公共牧牛的草地，不容许豪强大族侵占私垦，乾隆二十九年（1764）七月，诸罗县大槺榔庄就共同立碑禁止侵垦牧地，“旷埔一处，自康熙三十八年（1699）开垦大槺榔庄，晋为牧牛之区，经今六十六年……督宪断例：是牛埔者归民，永远定例，不许侵垦。……嗣后，各宜照原界为牛埔，不许豪强私行开垦附近田园，侵占一分一厘”[①]。在农户个人力量所不及的情况下，政府所采取的保护耕牛措施，无疑对农耕非常有利。

清代台湾农村社会的发展，并不是以单一的粮食生产为主，经济作物的种植与加工也非常盛行，如甘蔗种植与制糖业就密不可分。而牛在甘蔗种植与制糖过程中的使用也随处可见。农民的蔗田往往都配有数量较固定的牛，“一牛配园四甲或三甲余，每园四甲，现插蔗二甲，留空二甲，递年更易栽种”。甘蔗收获后，多用牛车从田野运送到制糖工地，“台人十月内筑廍屋，置蔗车，雇募人工，动廍砍糖”。榨糖的动力仍是牛，“每廍用十二牛，日夜硖蔗，另四牛载蔗到廍，又二牛负蔗尾以饲牛”[②]。随着糖业贸易的兴盛，榨糖使用牛的数量不断增加，晚清时每廍大约在18头至30头，光绪《安平县杂记·糖业由来》载：“蔗廍开工……廍一张或用牛六挂、或九挂、十挂为度（每一挂牛三只）以挽车机，昼夜硖蔗，按次轮流。”可见，从原料运载，到榨蔗过程，再到废料运走，全部均由牛车完成。台湾“十月场功毕，剉蔗为糖，牛醉之，至三、四月乃止”[③]。农村社会集甘蔗种植与榨糖于一体，加快了台湾农业生产的商品化进程。

清代台湾乡村社会的交通运输也离不开牛。嘉庆时谢金銮纂修的《续修台湾县志》卷5《外编·丛谈》引《海东札记》载：“南北路

① 临时台湾旧惯调查会：《台湾私法物权编》，《台湾文献史料丛刊》第172册，大通书局2000年版，第1704页。

② 乾隆《重修台湾府志》卷17《物产》。雍正时黄叔璥《台海使槎录》卷1有相同记载。

③ 康熙《诸罗县志》卷8《风俗志·杂俗》。

任载及人乘者，均用牛车，编竹为箱，名曰笨车。轮圜以木板，板心凿孔，横贯坚木，无轮与辐之别。”牛车，往往是“中驾一牛”，若“引重致远，旁用一牛佐之”①。台湾乡村社会特殊的地理条件，使牛车成为民众不可缺少的交通工具，这在农村基层集市中更为常见。据康熙时首任台湾府知府蒋毓英纂修的《台湾府志》卷6《市廛》载：“菜市一所在宁南坊府学旁隙地。五鼓时，菜园人各以牛车装载杂色蔬菜瓜果等物于此聚卖；柴市在宁南坊坟山边隙地，近山人亦以牛车装载柴薪于此聚卖，晡时方散。”同治《淡水厅志》卷11《风俗考》也载：“自桃涧堡至大甲，运谷多用牛车。”牛在台湾的交通中还扮演了马的角色，康熙《台湾县志》卷1《舆地志·土产》载，“台人选黄牛母之健者，挂鞍以代步”。其行走速度颇快，“牛择黄牯臙壮者，饰以鞍辔如马，驯而习之，日可百里。少年子弟，磬控如意，以之学骑射”。正因为台湾“引重致远，皆以车”，所以“汉庄、番社无不家制车而户畜牛者”②。

台湾农业生产的商品化，促进了农村社会的商业繁荣，这与牛在商业运输中担任的角色分不开，据道光《彰化县志》卷9《风俗志·汉俗》载，农家“暇日则牵车牛以服贾……负贩贸易，颇似泉、漳；惟载货多用牛车，与内地不同耳”。康熙《台湾县志》卷1《舆地志·风俗》载：该县“五谷、柴、炭之类，无非驾牛以运，连夜而行，人省永日之功，牛无酷热之苦”。牛车负重量相当大，康熙《诸罗县志》卷8《风俗志·杂俗》载：若地势平旷，“一牛约运六、七百斤，编竹为车笼，以盛五谷之属。诛茅采薪，去其笼，捆束以载。行远可乘三四人，重则另横一木于右，挚靷加轭，多一牛以曳之”。对于重量超大的货物，则增加牛的数量，牛车“有两大轮，以四牛负之而行，海边运货，可载千斤”③。

交通是社会流通的动脉，牛车是台湾农村社会民众日常生活不可或缺的交通工具，“行远皆用牛车，亲朋相访，三、四人同坐，往来

① 康熙《凤山县志》卷7《风土志·物产》。

② 康熙《诸罗县志》卷8《风俗志·汉俗》。

③ 光绪《恒春县志》卷9《物产》。

甚便”①。台湾少数民族居民也是“出入皆乘牛车，遇山路陡绝处，则循藤而过”②。农村妇女外出游玩、入庙进香也多以牛车代步，“妇女过从，无肩舆……驾牛车以行。岁时、佛诞，相邀入寺烧香，云以祈福”③。清代台湾乡村社会流行节庆日演戏习俗，乡村妇女也多是乘牛车前往观看，“台俗演戏，其风甚盛。……乡间亦然，每遇唱戏，隔乡妇女驾牛车，团集于台之左右以观，子弟之属代为御车”④。康熙《诸罗县志》卷8《风俗志·汉俗》载：“演戏不问昼夜，附近村庄妇女辄驾车往观，三五群坐车中，环台之左右。”这一习惯也渐为台湾少数民族女性所效仿，乾隆时余文仪纂《续修台湾府志》卷16《风俗·番社通考》：“番无年岁，不辨四时，以刺桐花开为一度。每当花红草绿之时，整洁牛车，番女梳洗盛妆饰，登车往邻社游观。”在雨水季节，乡村道路泥泞难行，更需要使用牛车以出行，因而出现“泥因积雨漾成渠，平麓迷离怕秋余；过客欲行行不得，村南村北尽牛车”⑤ 的景象。在普通村民婚姻的迎来送往中，牛车取代了内地的花轿成为娶亲过程中的一大景观，“娶亲无轿，俱用牛车。其车用青蓝帐盖住，前面挂红绸一条或红布，牛角亦用红布裹住”⑥。

牛在清代台湾乡村社会中不可替代的角色，还可以从民众解决日常纠纷把牛作为赔偿首选物得到印证，乾隆十年（1745）刊刻的范咸纂修的《重修台湾府志》卷14和卷15《风俗·番社风俗》，记载了诸罗、彰化夫妻反目罚牛的情况，“夫妇相离曰放手。男未再娶，女不敢嫁，先嫁者罚牛、豕不等”。至于罚没的数量，一般是牛一头、车一辆，“夫妇反目，男离妇，必妇嫁而后再娶；妇离男，必男娶而后再嫁，违则罚牛一只，车一辆，通奸被获，男女各罚牛车”。台湾少数民族和移民发生纠纷，也多以罚牛了结，“白番与汉人牵连田地租粟争端者，该白番应投明正、副通土业户秉公查理……若白番不先

① 乾隆《重修台湾县志》卷12《风土志·风俗》。
② 康熙《台湾府志》卷7《风土志·土番风俗》。
③ 康熙《诸罗县志》卷8《风俗志·汉俗》。
④ 康熙《台湾县志》卷1《舆地志·风俗》。
⑤ 光绪《恒春县志》卷14《艺文》。
⑥ 光绪《澎湖厅志》卷9《风俗·艺文》。

投明通土，擅行私察者，罚牛二只，以充公用”。若理番汉人官吏“藉端宿住番妇，科索社番，该白番会同通土业户呈官究治，不得徇情畏缩，违者罚牛二只，以充公用”①。

三　对盗贩牛的惩罚

牛是清代台湾农村社会开发最重要的动力，自然也成为人们牟利的一条捷径，牛的商品价值在台湾更为突出，“民番每见牛只日盛，不思经久之谋，只顾目前之计，贪利卖去，处处皆然”②。康熙《诸罗县志》卷8《风俗志·汉俗》载：“牛价腾涌，水牯健者至三十千钱。”台湾乡村社会出现了以牛为主要商品的牛墟，牛墟的买卖活动很活跃，史载：“凡贩牛，欲卖者必于牛墟。台地无设墟为市者，惟卖牛必到墟。墟日有定率，以三日为期。如二五八、一四七之类。墟设墟长，长由官立，给以戳记；凡买牛卖牛者写契，皆用墟长戳记，若中保然，恐有盗窃之累也。墟长必铸铁烙牛，以字为号，便于识别。乃近日之盗，得牛亦铸铁取字之相似者，覆以乱之，故偷牛者亦至墟发卖，或墟长能知为盗，买者不能辨也。”③ 连横《台湾通史》卷28《虞衡志·畜之属》也载：“乡村货牛之处曰墟，定日一开。”由于一些牛墟的墟长勾结官兵敲诈勒索，其陋规不断增多，以至地方政府不得不刊布告示加以禁止，“民间买卖牛只，墟长人等文武兵役，藉名稽察，索取财物，一概陋规，应永禁革。合行出示，分给勒石，倘敢再犯，立提究责”④。

既然牛的贩卖有高额利润可图，非法盗贩牛也因此十分猖獗。康熙时在台聚居的客家人，“白昼掠人牛，铸铁印重烙，以乱其号（台牛皆烙号以防盗窃，买卖有牛契，将号样注明——原注）。凡牛入客

---

① 《清代台湾大租调查书》，《台湾文献史料丛刊》第144册，大通书局2000年版，第607页。

② （清）刘铭传：《刘铭传抚台前后档案》，《台湾文献史料丛刊》第127册，大通书局2000年版，第106页。

③ 道光《彰化县志》卷9《风俗志·杂俗》。

④ 光绪《凤山县采访册》壬部《艺文·碑碣》。

庄，莫敢向问，问则缚牛主为盗，易己牛赴官以实之。官莫辨，多堕其计”[①]。光天化日之下竟然公开抢夺他人牛，并以假乱真地重新烙印，严重扰乱了基层市场的秩序。因盗牛而杀伤人命的案件也屡见不鲜，乾隆五十一年（1786）嘉义罪犯邓讲供认：是年五月初九日，“会遇相好的陈在、李溪，各道穷苦。我起意偷窃吴石家牛只……陆续偷出耕牛三只，交李溪们牵走。被事主吴石知觉，喊同吴佣赶追。……牛只亦被夺回”[②]。乾隆五十三年（1788）六月凤山县民蔡梅遇见素识曾演、柯振，“蔡梅起意行劫陈殿家中牛只，曾演等允从。……齐至事主门首，打开大门，拥入牛栏，曾演、柯振各牵牛一只。……追事主之子陈珍喊同邻人番阵追赶无及。陈殿伤重，逾时殒命。蔡梅等将牛牵回，次早卖给不识姓名人，得番银二十四圆，三人俵分花用不讳”。官府判决为：“蔡梅、曾演均合依强盗杀人得财斩决枭示。”乾隆五十四年（1789）嘉义罪犯康启供：“乾隆五十四年正月二十二日早，我往园挖取地瓜，下洲山上经过，看见幼孩潘厂在那里牧牛，四下无人，我起意偷牛卖钱，诚恐潘厂喊追，就把潘厂按倒，将束腰麻绳把他咽喉紧勒，潘厂当即气绝，我拉牛到苏家庄，只说自己牛只，卖给陈枣，得番银十二圆。”官府判决将康启斩立决。[③]

清代台湾司法案件中盗牛案明显较多。“恒邑产牛甚多，盗牛者亦甚多，讼庭案牍尘积不清。”[④] 盗牛案不能及时处理，与盗牛者对原牛烙记更改有关，“盗得牛，更铸钱，取字之相似者覆以乱之。……故台属窃盗之讼，偷牛者十居七、八”[⑤]。乾隆十九年（1754）十一月二十七日，斗六门庄民曾团等状告：“团等俱在本庄设立糖廍研蔗，不虞十一月二十五夜二更时分，有群盗数猛到廍，将团等廍伙涂邑并工人杨番、曾振殴伤仆地，牵去水牛共一十五只，追喊无踪。”这种盗窃属于团伙作案，其猖狂程度令普通百姓无法抵御。

---

① （清）蓝鼎元：《鹿洲全集》，厦门大学出版社 1995 年版，第 49 页。

② 台湾银行经济研究室编：《台案汇录庚集》卷 3，《台湾文献史料丛刊》第 138 册，大通书局 2000 年版，第 339 页。

③ 台湾银行经济研究室编：《台案汇录己集》卷 7，《台湾文献史料丛刊》第 137 册，大通书局 2000 年版，第 341—350 页。

④ 光绪《恒春县志》卷 6《田赋》。

⑤ 康熙《诸罗县志》卷 8《风俗志·汉俗》。

团伙盗牛在乾隆时随着台湾社会开发步伐的加快，愈益猖獗，彰化县民管新彩、刘全于乾隆二十二年（1757）十二月初八日被陈亮等抢夺车牛并被打伤，经官府“勘讯，获贼林秩供出陈亮起意，同伙七人打抢等情通报”①。台湾的一些大案都与盗牛有关，如“黄教素跳梁，为乡里所畏。庄左右多盗牛贼，而皆服于教，于是畜牛者必与教约，每畜一牛，岁纳粟一石于教，牛卒出入无患”②。成书于道光时的《台湾采访册·纪事·寇乱》载：林爽文也为“劫牛巨盗也”。光绪时倪赞元纂《云林县采访册·斗六堡·兵事》载，道光十二年（1832）发生的“嘉义客民闽人陈办与粤民争牛起衅”，导致大规模械斗。

盗牛风气的猖獗，已危及了普通民众正常的生产与生活，为了阻止盗牛活动，政府对出入关隘严格把守，光绪《恒春县志》卷15《山川》记载，该县的枋山隘口，“曩者，以恒邑产牛，盗牛者众，莫可捕获，嗣由县设卡于此，派隘勇稽查，凡出境之牛，统归诘问，如无印单，即行截留跟究，盗风因而稍息”。所有牛只均要凭借官府颁发的单据才能出入关隘，“由县印发单照，令买牛者，每一只向总理领单一张”，严格控制牛的出入境，“凡有买牛出境者，必须先领单照，每一牛，给一单，单上盖有县印”，这一系列的措施，使台湾“盗牛之案少有见矣”③。政府对耕牛加大保护力度，无非因为耕牛是台湾民众从事生产的必备动力，在生产与生活中有无可替代的地位。

总之，改造和征服自然是一个充满艰辛的过程，尤其是对处女地的开发，人们更需要投入较先进的生产动力；然而在中国传统农村社会，农业开发更多的只能是依靠畜力。在清代台湾农村社会的开发中，牛被广泛使用就是一个极好的例证。可以说，没有牛，清代移民就不可能对台湾地区进行如此迅速的开发。牛在清代台湾农村社会开发中起到了不可替代的动力作用。其实，牛在台湾开发过程中所起到的动力贡献，也是传统中国农村社会开发的一个真实缩影！

---

① 台湾银行经济研究室编：《台案汇录已集》卷5，《台湾文献史料丛刊》第137册，大通书局2000年版，第223—230页。

② 嘉庆《续修台湾县志》卷5《外编·兵》。

③ 光绪《恒春县志》卷9《物产》。

从清代方志看河南人与台湾开发的关系

康熙二十二年（1683）清廷统一台湾，设立一府三县进行管理。大陆的闽粤民众纷纷移民台湾，台湾社会经济文化迎来了历史上最全面、最快速的开发热潮。其实，在台湾移民开发过程中还有一个特殊群体——大陆各省文武官员。没有他们在台湾贯彻执行中央开发政策，没有他们的有效管理，台湾不可能在短期内就发展成为我国的米糖生产与出口基地。但是，有关清代赴台官员的业绩问题，至今并没有引起学术界的重视。研究地方史，地方志无疑是最翔实可靠的历史文献之一，而清代台湾纂修的数十部方志就是研究这些官员在台湾活动的最宝贵、最丰富资料。自康熙二十五年（1686）蒋毓英纂修《台湾府志》开始，官修台湾志书就有序地制度化开展起来了。本文主要利用台湾方志，选取中华文明发祥地的中原大省河南为个案，探讨官员与清代台湾移民社会开发的关系，以此证明台湾的开发是我国各地人民共同努力的结果，而各地官员赴台任职是中央政府根据官员的素质，统一指派任命的，这些赴台官员代表着朝廷行使职权，这就再次证明了台湾是中国不可分割的组成部分。

一　河南籍官员入台的作为

清代官员任用实行回避制度，康熙四十二年（1703）规定："选补官员所得之缺，在五百里以内，均行回避。"① 清统一台湾后，台

---

① 光绪《钦定大清会典事例》卷 84《吏部处分例》，《续修四库全书》史部第 799 册，上海古籍出版社 2002 年版，第 400 页。

湾地方官员均由内地选派，河南籍官员因此陆续赴台就职。我们通过对台湾各地方志的统计，到台湾建省前，共有52位河南籍官员就职台湾，其中文职31人，武职21人。学术界普遍认为，1860年是台湾移民社会与定居社会的分界线，以此为标准，咸丰以前在台河南文官27人，占文官总数的87%；武官在康乾时18人，约占86%，其中康熙朝多达16人，这与台湾开发伊始，社会跌宕不安有关。[①] 综合文武官员在台任职时间来看，河南籍官员在台活动主要集中在移民社会时期。

清初统一台湾后，面对大陆移民不断进入的热潮，朝廷担忧台湾会再次成为盗乱渊薮，试图将台湾移民纳入政府的有效管理之中，尤其是禁止移民携眷入台，由此在移民浪潮中出现了偷渡，一些包揽客头以赢利为目的专门引诱沿海人民偷渡台湾，干扰了政府对正常移民的控制，海峡两岸官员对此采取打击行动，乾隆《重修台湾府志》卷3《职官・列传》载，雍正初，授台湾海防同知的河内人王作梅坚决执行王朝政策，对“客头勾引偷渡，久成锢弊。作梅密擒首恶詹望、黄老二人痛惩之，积习为改”[②]。固始人吴士功于乾隆二十三年(1758)任福建巡抚时，力陈放宽渡台禁令，以期两岸亲人能早日团聚，“现在汉民已逾数十万，其父母妻子之身居内地者，正复不少。……若置父母、妻子于不顾，更非人情所安”，呼吁搬眷有利无弊，“内外民人均属朝廷赤子，向之在台为匪者，悉出只身之无赖，若安分良民，既已报垦立业，有父母妻子之系恋，有仰事俯育之辛勤，自必顾惜身家，各思保聚……人有室家，各谋久安之计”[③]。他的建议得到了朝廷批准，为大陆移民能顺利进入台湾起到了积极的作用。

台湾移民社会与大陆之间的米粮贸易与运输，一直在民间社会以走私方式进行，乾隆《重修台湾府志》卷3《职官・列传》载，雍正初年，台湾海防同知王作梅打击两岸民间走私贸易不遗余力，派兵

---

① 数据统计来源于台湾大通书局2000年印行的《台湾文献史料丛刊》中的台湾地方志。

② 乾隆《重修台湾府志》卷3《职官・列传》。

③ 嘉庆《续修台湾县志》卷6《艺文・奏疏》。

“急捕”偷运米谷者，大胆“详请禁革”幕后操纵走私的“官弁交通”，严惩参与的官弁，“自是接盘之风遂息”。灾荒岁月，解决百姓粮食问题是地方官员关注的重点，乾隆二十三年（1758），台湾飓风，时任福建巡抚吴士功积极“发粟、缓租、贷种食”赈民。① 阳武人孙鲁在台湾担任过知县、海防同知、知府等职，乾隆《续修台湾府志》卷2《规制·桥梁》记载，诸罗县笨港渡有天后宫一座，“雍正二年（1724）知县孙鲁批允本街天后宫僧人设渡济人，年收渡税充为本宫香灯”。移民入台垦荒，由于早期政策的滞后，以致台湾田赋比大陆还高，时任闽浙总督河内人刘世明要求朝廷比照内地征收，乾隆《重修凤山县志》卷4《田赋志·租赋》载：“总督刘世明以台湾田园旧例按甲征粟，比内地科则较重，请照内地同安县地亩官、民、盐等则之例，按亩征收。”

兴建文化设施，培养造就地方人才，对台湾新垦地民众的教化尤为重要。河内人曹谨于道光十七年（1837）任凤山知县、二十一年（1841）任淡水同知，对台湾文教推行不遗余力，同治《淡水厅志》卷9《列传·名宦》记载，他于“朔望诣明伦堂，宣讲圣谕，刊孝经、小学，付蒙塾诵读，给以洋蚨月饼”。又“复捐俸续成学海书院，寒士多赖以成业者”②。这些措施无形中促进了台湾文教的发展。

水利工程建设是农业发展的命脉所在，台湾在清代之所以成为东南米糖之仓，离不开水利事业的建设。台湾水利建设除了民间自筹资金外，官府也较重视。河南官员在台湾任内治水功绩最著者当推曹谨，光绪《凤山县采访册》庚部《列传·宦迹》载，他于道光十七年（1837）任凤山知县，履任伊始，恰逢凤山大旱，他果断做出以“人力之经营”引水灌溉，“集绅耆，召巧匠，兴工凿筑”九曲塘工程，引淡溪水以资灌溉。他常徒步到工地视察，“指授方略，杂以笑言，欢若家人妇子”，历二年而成，可灌田3万余亩，民因此获益。该水利工程因此被命名为曹公圳。在此基础上，他又修建了曹公新

① 光绪《光州志》卷8《仕贤》。

② 光绪《苗栗县志》卷14《列传·文职》。

圳，“自是而后，踵行者众。凤山水利之兴，实肇于此”[1]。水利工程的兴修，加快了凤山开发的步伐。

二　治台有功的河南籍官员

清统一台湾后，设置一府三县行政管理机构。台湾官员任期一般三年，三年期满，经各级考核政绩优良者升调他处，河南官员在台三年后获得升迁的不在少数，说明他们治理台湾有政绩。乾隆《澎湖纪略》卷3《官师纪·题名》载，睢州人王□于乾隆二十四年（1759）任澎湖厅海防通判，该书卷11《仓储纪·武仓》记载，他关于兵粮运输建议：“澎协二营每年应需兵粮谷一万四千四百石，照依递年运贮常平仓之例，令杉板头船由笨港直运澎湖，或照配运内地兵眷米谷之例，令鹿耳门同知派拨商船就近装载赴澎湖接济。”得到上级批准。[2]《台案汇录乙集》卷2载，时福建布政司、按察司联合上奏：“澎湖通判王欐才具明白，办理干练，取造册结。并准台湾道觉罗四明移报：该员人尚朴实，办理亦勤，出具考语，移送前来。两本司查王欐明白有才，办理奋勉，洵属称职之员。今三年俸满，例应调回内地候升。”嘉庆《续修台湾县志》卷1《地志》载，商城人周作洵于嘉庆五年（1800）二月出任知县，在任期间，重修毁坏的济津桥，又名长寿桥，嘉庆七年（1802）他又捐资修井，“令民间取水者纳钱二文，为坛僧香油资，惟官否，遂为例”。嘉庆十年（1805）他在工作中染病，57岁时他申请离任，《台案汇录乙集》卷3对此记载，“缘配船内渡，染患风寒，入春以来，变成痢症，加以遭风惊悸，已成怔忡之症，现在头昏目眩，精神恍惚，饮食不进，延医调治，未能痊愈，不敢因循恋栈，禀请转详回籍调理”，后经调查，“并无捏饰规避情事，亦无经手未完事件，察看年力尚健，医痊堪以起用”。一些河南籍官员甚至累死在台湾任上，嘉庆《续修台湾县志》卷5《外编·兵燹》载，嘉庆十一年（1806）四月任台湾府知府的邓州人高

① 光绪《凤山采访册》丙部《地舆三·圳道》。

② 光绪《澎湖厅志》卷2《规制·仓庾》。

叔祥，适值蔡牵滋事，他因“办理搜捕事宜并防堵海口、审办各路匪犯，冒暑积劳，顿患时邪病症，医药罔效”，七月在任病故。河内人白鹤庆于道光十六年（1836）任笨港县丞、二十一年（1841）任凤山知县。① 道光二十二年（1842）有陈冲等起事，道光《东溟奏稿》卷3记载说，白鹤庆“督兵勇击散贼匪，并拏获凌迟逆首陈冲及匪伙，斩遣人犯多名，防守县城无误，方乱贼未平，日夕辛勤，感冒风寒，力疾办公，及至首逆就擒，遂因疾殁于军事”。

清代，台湾随着移民开垦的不断深入，各种社会矛盾也随之暴露，土地争端、民间械斗等案件层出不穷。社会治安相当混乱，各类案件层出不穷，乾隆《重修福建台湾府志》卷13《职官》记载，许州人刘埥于乾隆二年（1737）出任彰化县知县，乾隆三年（1738）三月，他处理了一起汉人移民与少数民族居民的纠纷案。《台案汇录己集》卷4记载，感恩社番妇踏姨雇苏镇耙田，踏姨田界与魏六相连，因魏六欲行占耕，“两相争角”，魏六用木棍打伤苏镇，致其殒命。刘埥判魏六依律“拟绞监候”，经台湾府知府、按察使复审无异。

三 维护台湾稳定的河南籍官员

清代台湾移民社会流行“三年一小反，五年一大反”之谚语，河南籍官员与朝廷保持一致，积极参与平乱行动。随着移民的大量入台，引起少数民族居民不满，“番乱”现象时有发生。康熙六十年（1721）阿里山、水沙连发生番乱，台湾知府孙鲁“多方招徕，示以兵威，赏以烟布银，乃就抚”②。乾隆《重修凤山县志》卷8《职官志·官秩》载，乾隆十七年（1752）光州人吴士元出任凤山知县，时有内凹庄熟番三甲等“勾引生番焚杀”汉人，据《台案汇录己集》卷5载，吴士元率兵加以惩治。

---

① 道光《重纂福建通志》卷117《职官·笨港县丞》；光绪《凤山县采访册·戊部·职官·知县》。

② 康熙《重修台湾府志》卷15《风俗·番社风俗·彰化县》。

清代台湾民变不断，河南籍官员本着服务于朝廷的意识，积极参加平定动乱、维护社会稳定的工作。乾隆五十年（1785），永城人李尔和出任彰化典史，适逢林爽文起义，道光《彰化县志》卷11《杂识志·兵燹》载，李尔和与其他官员率众“分门戒严”，并在战斗中身受重伤，因此获得嘉奖，“照例议叙”。永城人王增錞于乾隆五十一年（1786）任新庄巡检、六十年（1795）任彰化知县，在新庄巡检任上，他和署都司易达“招募泉籍义勇驻守”艋舺。[①]《钦定平定台湾纪略》卷4载：王增錞招募乡勇竭力保护艋舺，率众“分路剿杀大姑坑等处贼匪，官兵、义民各皆奋勇”。道光二十四年（1844）漳泉移民械斗，凤山知县曹谨亲临一线平息事态，“赴漳、淡之交止之，驻大甲两月余，集耆老，陈利害，斗稍息”[②]。商城人程文炘自乾隆末年入台任职，直到嘉庆中叶才离任，据嘉庆《续修台湾县志》卷2《政志·县官》、道光《台湾采访册·台湾县知县》以及同治《淡水厅志》卷8《职官表》记载，他在乾隆五十八年至嘉庆八年（1793—1803）署新庄县丞、嘉庆十一年（1806）任淡水厅同知、十三年（1808）任台湾县知县等职。他在任新庄县丞时，曾协同其他官员擒获嘉庆五年（1800）陈锡宗等结会戕官首从各犯，并因此受到加一级的奖励。

道光以后，西方列强不断在台湾沿海地区挑衅，抗击外敌成为台湾社会的首要任务，新郑人阎炘于道光二十年（1840）任台湾县知县。[③] 道光《东溟奏稿》卷4载，道光二十二年（1842）阎炘击破通夷匪船，先后“拿获通夷汉奸逆匪张从、赖妈来、萧石，使夷无内应”，功劳卓著，被“奏请以同知直隶州尽先升用”，并赏其花翎。道光二十一年（1841）八月，有外国船只至鸡笼洋面屡屡挑衅，淡水同知曹谨等委巡海口，迫使洋船“折桅冲礁碎”。二十二年（1842）二月，洋船复至淡、彰交界大安港，外洋欲行入口。曹谨又

① 道光《重纂福建通志》卷266《外纪》。

② 连横：《台湾通史》卷34《列传六》，《台湾文献史料丛刊》第20册，大通书局2000年版，第949页。

③ 光绪《台湾通志·职官·文职》。

与官兵共同“御之，洋船破”[①]。面对台湾内乱外患的局面，曹谨还要求改革台湾“三年一班，更番拨戍”的班兵制，主张停止班兵，实行乡勇之法。[②] 所以，同治《淡水厅志》卷9《列传·名宦》综述曹谨的御外功绩为：道光二十一年（1841）升淡水同知，“适鸡笼、大安各口有事，囊沙为备，并筑堑之土城，以击沉洋船，得优奖。……治洋匪尤严，滨海设团，躬亲传谕”。此外，加强海防军事设施，也是抗击外敌的重要举措，淡水厅土城就是曹谨在道光二十二年（1842）“因防洋事，与绅民筹依旧址加筑土围，为厅城外蔽”[③]。

总之，清代河南籍官员在台各项社会活动仅仅是大陆在台官员的一个缩影。大陆赴台官员在台湾移民社会的不同领域均做出了贡献，推动了台湾移民社会的发展。清代河南人因开发台湾的历史功绩，被台湾民众甚至当作乡土神加以奉祀，嘉庆《续修台湾县志》卷3《学志·节孝祠》记载，嘉庆十二年（1807）台湾县重修学宫时，将包括河南王作梅在内的8名治台官员，“补祀名宦祠”。光绪《凤山县采访册·庚部·列传·宦迹》记载，咸丰十年（1860），凤山县民思曹谨旧德，在凤仪书院构祠三楹奉祀他，“每遇诞期，辄召梨园设酒醴以遥祝之”。河南籍官员对台湾移民社会发展做出的贡献将永彪史册。而这些都是台湾旧方志留给后人的宝贵文化遗产，我们应该充分利用台湾旧方志提供的翔实史料，全面地讨论台湾与大陆的社会经济文化渊源关系，彻底粉碎“台独”的阴谋。

---

① 同治《淡水厅志》卷14《祥异考·兵燹》。

② 林藜：《台湾名人传》，新亚出版社1976年版，第253页。

③ 同治《淡水厅志》卷3《建置志·城池》。

清前期台湾学宫建设探析

学宫是地方官府祭祀孔子的庙宇，又称文庙、黉宫、孔庙等，历史十分悠久。马端临《文献通考》卷43《学校考》载，自唐以来，“州县莫不有学，则凡学莫不有先圣之庙也”，形成庙学合一规制。学宫是地方社会对民众传播教化的标志性建筑。学界对学宫与地方社会变迁之关系关注甚少。① 本文主要讨论台湾学宫建设与社会整合之关系。

一　学宫在台湾的逐步建立

台湾学宫最早建于明郑时代，据连横《台湾通史》卷11《教育志》记载，郑成功收复台湾后，“学校之设，犹未遑也”。直到其子郑经继位，台湾社会经济有了一定程度的发展，才“建圣庙，立学校”。同时还在天兴、万年设立州儒学，开科取士，“台人自是始奋学”。圣庙就是学宫，与学校连在一起，“择地宁南坊，面魁斗山，旁建明伦堂”。圣庙竣工之日，郑经率文武百官“行释菜之礼，环泮宫而观者数千人”，可谓盛况空前。明郑时代的学宫建设，为清统一台湾后发展教育，推行教化奠定了良好的基础。

① 林从华《闽台文庙建筑形制研究》着重从建筑视角进行探讨，载《西安建筑科技大学学报》（自然科学版）2003年第1期。台湾学者尹章义在《台湾开发史研究》（联经出版公司1989年版）对台湾学额变动与社会变迁情况进行了较详细的论述。此外，李颖在1999年《台湾研究》第4期和2000年《福建省社会主义学院学报》第1期上分别发表的《清代台湾社学概述》和《清代台湾土番社学述略》两文，侧重论述了清代官府通过设立社学加强对台湾少数民族居民的教化。

清人入主中原前，已高度重视文化的教化作用，清太祖努尔哈赤时就确立“为国之道，以教化为本”之国策。[①] 清代统一台湾后，官府对边疆社会台湾教化问题的推广，显得尤为迫切。康熙二十四年（1685）台湾府巡道周昌指出：“台湾既入版图，万年起化之源，正在今日，此移风易俗，厚生与正德相维为用。宪台与道宪之请建学校、行考校，诚审乎教养之根本，为海天第一要务也。”将兴学作为治理台湾的第一要务，与朝廷教化政策相吻合。周昌身体力行，“甫下车，知士为四民之首，欲正风俗以善人心，即行月课、乡约，海滨士子皆喁喁然慕义向风。今已历岁余，月课文章已觉日进，仰望兴学、考校，不啻摩砺以须。是以本道因赋税已定、民生已宁，遂有请建学校，以培士气之请”[②]。

康熙统一台湾后，学宫建设尚处于起始阶段，康熙《台湾府志》卷10《艺文志·序》称台湾“十余年间，声口弦诵犹未广也”。但随着大陆移民的不断涌入，这一状况有了明显改观，康熙中后期，台湾“置郡县、立学宫，凡所取士之典，皆与内地同，始彬彬称治，为海邦邹鲁矣”[③]。以邹鲁比喻台湾文教为时过早，但学宫因陋就简地创办则是事实，“百务草创，规制苟简，诸罗学宫，茆屋三楹，更大不称”。由于台湾早期城池建设滞后，严重地影响了学宫建设，康熙《诸罗县志》卷11《艺文志》载，高拱乾主政台湾时，“每问其令，以城垣未建，学基恐有更易为对。荏苒三载，时愁余怀。今余瓜期已届，诸生以旧基甚吉，欲谋拓新，而诸罗及台、凤三城营建尚未有日，则先大吾夫子之宫，又务之当急者也”。可见，学宫是传统社会城市建设中必备的组成部分。

尽管台湾城市建设缓慢，但学宫还是因陋就简开始建立。台湾府的学宫是在明郑文庙基础上整修而成，“府学在府治西南宁南坊，因伪时文庙而修改焉”[④]。乾隆时高拱乾《台湾府志》卷10《艺文志·

① 《清太祖实录·满洲实录》卷6，天命四年六月壬子，《清实录》第1册，中华书局1986年版，第85页。

② 康熙《台湾府志》卷10《艺文志·公移》。

③ 康熙《重修台湾府志》卷10《艺文志·记》。

④ 康熙《台湾府志》卷6《学校》。

公移》载：府学“屋共三进、两庑矮屋数间而已，并无泮池、明伦堂、启圣殿、衙斋等项，圣殿止有一间……此不过伪时草草之规模”。由于新学宫建设“工力繁重”，而经费又无来源，“既不能议捐于寥寥之贫吏，又不能议劝于落落之穷儒”。但又必须改变原先“狭小之规模与草创之茅茨”，否则“不特无堂斋廊舍以为师生弦诵之地，即御书扁额亦无从悬竖，甚非所以肃海外之观瞻，以弘一统文明之化也”。于是清初的台湾官员不断捐银整修，“虽经卑府与宪台各捐银二百两修葺整顿，然原屋隘陋，不能大为扩充。非另行拆造，实不足以崇宫墙泮水之观瞻”。学宫建设如此艰难，也显示台湾开发初期的筚路蓝缕。清初台湾行政建制为一府三县，府学在旧文庙基础上修建，而台、凤、诸三县因“原无学宫”的缘故，令官府颇为棘手，但为了显示教化的象征意义，“各县草创茅茨，聊供圣贤牌位，以尽春秋祭祀之礼，诚不可谓之文庙也”。这些文庙仅仅是在简陋房屋里摆上圣贤牌位而已。蒋毓英《台湾府志》卷6《学校》记载：康熙二十四年（1685），台湾、凤山的县学“就伪遗房屋修改文庙”，诸罗县学则“草创茅茨为文庙”。这些象征性文庙的建立，说明了教化在清初台湾显得尤为迫切。

清前期台湾作为新开发区，一切几乎都从头开始，尽管官员十分重视，但学宫建设仍相当艰难。台湾县学宫建设即是例证。康熙二十四年（1685）学宫草创，康熙二十九年（1690）知县王兆升重修，康熙四十二年（1703）知县陈瑸“建明伦堂于文庙之右，讲学始有其地，仍捐俸三百两，构买杉木，重新文庙。甫兴工，以钦取离任。四十三年王仕俊成之……至于庙外栅栏、照墙，屡为风雨倾坏。四十七年知县张宏重修，旋葺旋圮，终非久远。四十九年陈瑸以四川学道观察台阳，始易栅栏为围墙，礼门、义路悉备……于庙之两旁，建斋舍十四间，为诸生肄业之所……五十七年七月霖雨浸淫，飓风大作，两庑围墙几成平地，礼门、义路竟作通衢。五十八年秋，海防同知王礼摄县篆，召工取材，捐俸修筑，牢以砖垣、涂以丹漆。从此庙貌巍然，规模壮丽”①。可见，台湾县学宫从康熙二十四年（1685）至康

① 康熙《台湾县志》卷2《建置志·学校》。

熙五十八年（1719）的30余年中，历经数任官员，才粗具规模，官员对台湾学宫建设的执着精神令人钦佩。但学宫在康熙年间屡建屡圮，说明此时台湾社会经济仍处于发展阶段。

乾隆以后，随着台湾经济的逐步上升，学宫建设也步入正轨，乾隆十四年（1749）巡台御史杨开鼎鉴于学宫“朽蠹剥蚀，复不可支，非彻底建造，难云固也”，经过此次修缮，“庙貌焕然改观，殿庑轩敞倍于前”①。值得关注的是，乾隆以后，台湾士绅阶层崛起，并成为学宫建设的主要倡导者。乾隆十五年（1750）廪生侯世辉等捐资“修庙门左忠义祠，改门右土地祠为孝悌祠，建学廨于崇圣祠后为训导宅”。乾隆四十年（1775）举人陈名标、州同知陈朝枢等“醵资请大修”。嘉庆二十五年（1820）岁贡吴春芳等“再修正殿”②。这意味着乾隆以后台湾社会文教事业已取得了不小的成就。诸罗县学宫也在康熙四十五年（1706）、四十七年（1708）、五十四年（1715）、雍正八年（1730）、乾隆十八年（1753年），凤山县学宫在康熙四十三年（1704）、五十八年（1719）、乾隆二年（1737）、十年（1745）、十七年（1752）在当地官员及士绅倡导下屡屡得以增修、扩建，③ 显示了官府对文教的重视。

学宫是地方教育的标志性建筑，由一组建筑群构成，形成一定规制。台湾学宫几乎完全按大陆式样建设。高拱乾《台湾府志》卷10《艺文志》云：学宫“照内地规制，估计建造者也”。《台湾中部碑文集成》第38页收录的道光十一年（1831）《重修彰化县学碑记》也载：台湾“自康熙二十二年归列版图……教养并重，兴建文庙，与内地各县同”。范咸《重修台湾府志》卷10《学校》载，台湾府儒学由大成殿戟门、棂星门、泮池、崇圣祠、大成坊、泮宫坊、朱子祠、文昌阁、明伦堂及学生斋舍等构成。这一建筑式样是大陆学宫在台湾的翻版，其中的朱子祠则是台湾移民主体中的福建文化的典型反映，凸显闽南文化特色。据台湾学者研究，“台湾各儒学除主祀孔子以行释

---

① 乾隆《重修台湾县志》卷5《学校志·学宫》。

② 嘉庆《续修台湾县志》卷3《学志·学宫》。

③ 乾隆《续修台湾府志》卷8《学校·学宫》。

典之外，特附设朱子祠”①。这一建筑式样至少开始于康熙末年，《台湾教育碑记》第5页收录的康熙五十二年（1713）陈璸《新建朱文公祠碑记》就是例证。② 台湾文庙作为一种建筑形态，既遵循传统孔庙的基本建制，又表现了地域文化特征。③

二 台湾学官建设的经费来源

学宫的建设与修缮，必须有相应的经济基础来支撑，创建时需要资金，后来维持也同样需要资金。而清初台湾尚属荒蛮，地方财政相当薄弱，学宫建设资金多由热心社会教化的地方官员及后来的生员捐资而来。

海岛台湾多雨，且常遭台风袭击，这对早期简陋的学宫建筑，无疑是重大灾害。学宫一遇风雨就要修葺，已成为地方的经常性事务。台厦道陈瑸在《重修府学碑记》中载：“台湾荒岛也，夫子庙在焉……惟大成殿岿然为鲁灵光，若启圣祠暨两庑、棂星门皆倾圮剥落过半，前后庙基，被水潦冲啮，陵夷就低。”④ 《台湾教育碑记》第8页收录的康熙五十四年（1715）蔡世远《重修诸罗县学碑记》说，诸罗县学遭飓风而“屋瓦门墙皆倾”。当然，除了自然灾害，还与早期学宫建筑质量较差有极大关系，而频繁修葺，反而加大了经费的压力。这一情况到乾隆以后发生变化，范咸《重修台湾府志》卷8《学校》记载了各地学宫建设，不仅建制基本完善而且还增加了彰化县学宫，这说明移民对台湾的垦殖已取得了明显成效，台湾社会经济发展已步入正轨，公共事业性建筑费用筹措比较容易。

台湾地方官员捐俸和生员捐银是学宫建设的重要经费来源。据周

---

① 黄纯青、林熊祥主修：《台湾省通志稿·教育志》，成文出版公司1983年影印本，第17页。

② 夏德仪辑，百吉点校：《台湾教育碑记》，《台湾文献史料丛刊》第175册，大通书局2000年版。

③ 林从华：《闽台文庙建筑形制研究》，《西安建筑科技大学学报》（自然科学版）2003年第1期。

④ 乾隆《重修台湾府志》卷22《艺文·记》。

元文《重修台湾府志》卷10《艺文志》记载，诸罗县学宫建设经费来源有县令毛凤纶“俯从诸生林先春请，捐俸四年，计银二百八十两”。康熙四十三年（1704）秋，县令宋永清“概然以建学为己任，设缘疏、制弁言而募捐金焉……捐俸银一百一十两。前任教谕丁君必捷捐俸一十两，廪生捐银一十两三钱三分，贡生捐银五钱，生员捐银一十三两”。可见，官员捐俸是早期学宫建设的主要经费来源。早期台湾官员总是竭尽全力筹措学宫建设经费。乾隆《重修凤山县志》卷8《职官志》载，康熙二十六年（1687）黄赐英任凤山教谕，“时县初置，文风未盛。英任其职，以培育人材为己责，日进诸生勤训课，捐赀置嘉祥里学田二十甲，赤山庄学田二十甲，以供文庙香灯及诸生月课费”。乾隆《续修台湾府志》卷3《职官・列传》载，康熙时凤山知县宋永清，“尤雅意文教。初，硫磺水官田地瘠租重，民率逋逃，永清详请薄其赋，另募耕种，充为文庙香灯”。

清廷自康熙二十六年（1687）开始在台湾设立学额，学额的逐年累积，逐渐形成了士绅阶层，他们在学宫建设中发挥了突出作用。据康熙四十一年（1702）《重修台湾府学文庙新建明伦堂记》载，除文武官员外，参加捐助“文武生员”多达170余人。[①] 乾嘉时期，学宫建设的规模越来越大，耗资也越来越多，但士绅捐助数额也愈益庞大。如道光《重纂福建通志》卷246《国朝人物・孝义传》载，台湾府学廪生林朝英“以赀授中书衔，尝董修府学及县学宫，捐四千二百余金，又充课田若干亩”。彰化初置县时，“因陋就简”创建学宫，乾隆十六年（1751）“绅士施士龄、张方大等始有重修之议，各输金为资，益以张达京庚午报捐之项，得白金七千有奇”。以后的历次重修也离不开士绅的参与，乾隆二十三年（1758）岁贡生吴洛及绅士张方大、吴溶之、张达京、施士龄等70人参与其中。[②] 淡水设厅后，厅学却迟迟未设，据同治《淡水厅志》卷5《学校志》记载，嘉庆十五年（1810）“生员张熏、郭菁英、

① 黄典权：《台湾南部碑文集成》，《台湾文献史料丛刊》第173册，大通书局2000年版，第5—7页。

② 刘枝万：《台湾中部碑文集成》，《台湾文献史料丛刊》第175册，大通书局2000年版，第2页。

王士俊等呈请设立学宫，一应经费，愿自鸠捐”。嘉庆十九年（1814）得到官府批准，嘉庆二十二年（1817）同知张学溥，举贡生林玺，廪生郭成金、郑用锡、林长青，监生林绍贤等捐题建造文庙，耗资“二万千百有奇，不费公帑一丝”，淡水士绅“争先好义，慷慨就捐”，历经 8 年才竣工。①

乾隆以后，商人势力也在台湾移民社会崛起，学宫建设又多了一条经费来源的重要途径。《台湾南部碑文集成》第 124 页《重修台湾府学明伦堂记》记载，乾隆四十五年（1780）台湾府学重修明伦堂时，“台中绅庶所有乐助捐输者，咸勒于石……北郊苏万利捐银二百元、南郊金永顺捐银二百元、糖郊李胜兴捐银二百元”。参与捐款的北郊、南郊、糖郊等均是清代台湾对大陆贸易的大商人集团，他们的捐款数额占总额一半，反映学宫在地方社会的影响力不断扩大，成为上至官员绅士，下至商人广泛关注的焦点。随着台湾开发的不断深入，富裕起来的民众也踊跃捐资，支持学宫等文教事业建设。光绪《台湾通志·列传》记载，同安苏天池“尝置产台湾嘉义县，以嘉义士赴省试，航海费多，捐田租百石，岁输县学分给，其公车北上者亦量赠焉！名曰宾兴租。士林感之，又捐数千金修学宫及朱子祠”。可见，台湾学宫建设资金来源途径被不断拓宽。

台湾文献对学宫经费的具体分配也有所记载。嘉庆《续修台湾县志》卷 3《学志》载，该县儒学田收租 300 余石，为文庙春秋祭祀、礼生佾生辛劳费及月课饭食赏给费等，嘉庆十一年（1806）光禄寺署正林朝英捐银 800 两，置凤山下淡水港东里租 124 石，为早暮香灯用。另据范咸《重修台湾府志》卷 6《赋役志》记载，府学田收入分别作为教学、文庙、各祠香灯、祭祀及月课、修葺等经费。学宫教师工资、生员补贴、杂役费用等由政府专款资助，道光《彰化县志》卷 6《田赋志》记载，教谕俸银 40 两，训导俸银 40 两，廪生 10 名，斋夫（打杂）、门斗（看管者）各 3 名，每年均补贴银两。

① 夏德仪辑，百吉点校：《台湾教育碑记》，《台湾文献史料丛刊》第 175 册，大通书局 2000 年版，第 38 页。

三　学宫的教化功能

教育是向大众推广教化的最主要手段，而学宫则是地方教育中的最高机构，其教化功能备受社会重视。学宫通过有目的的教育和训练，培养人的言行举止符合既定的社会规范。陈瑸指出："文庙之宜改建，以重根本也。盖圣人之教，与王者之化俱远。"又云："风俗系乎教化，教化重乎人才，人才由于学校"，将学宫视作"兴贤育才，为收拾人心之大机"场所。[①]《台湾教育碑记》第12页收录了黄叔璥《重修台湾县学碑记》称："惟学校之设，所以长育人才，一道德，同风俗，教孝教忠也。"

学宫建筑位置的独特也体现其教化之特殊功能。地方官员对学宫建筑位置十分重视。《台湾教育碑记》第38页收录的道光四年(1824)《捐建淡水学文庙碑记》载："文庙之风水关乎文运之盛衰，非扶舆磅礴之所结，山川灵秀之所钟，无以为卜吉地也。"而环绕学宫建设的祠庙建筑更凸显了官府注重学宫对民众的教化功能。范咸《重修台湾府志》卷7《典礼·祠祀》记载，台湾府名宦祠建于学宫门外左侧，乡贤祠位于学宫门外右侧，朱文公祠在府学左侧；台湾县的名宦祠在学宫内，乡贤祠在学宫内，忠义孝悌祠在学宫内左侧。此外，为褒扬对台湾发展有重大贡献的功臣祠也建在学宫附近，如为彰显镇压林爽文起义的功臣祠"在宁南坊郡学宫南，西向，乾隆五十三年（1788）奉旨建，祀平台大将军福康安、参赞大臣海兰察"等功臣；表彰女性守贞的烈女节妇祠也多建在学宫旁。[②]

清代台湾移民社会时常发生民变，因此通过学宫来普及教化就更为迫切。据道光《彰化县志》卷4《学校志》载，清代各朝皇帝颁勒赞颂孔子的匾额，均在台湾各学宫悬挂，说明台湾教育发展与国家步调一致。而地方官深入学宫的系列活动，更凸显了官府对学宫教化的

---

① （清）陈瑸：《陈清端公文选·条陈台湾县事宜》，《台湾文献史料丛刊》第152册，大通书局2000年版，第1页。

② 同治《重纂福建通志·坛庙·台湾县》。

重视。康熙《诸罗县志》卷5《学校志》载，诸罗县官员每月初均到学宫，“与学博诸生讲求御制训饬士子之文，文字一本之经术，申之以孝弟忠信、礼义廉耻，无为沾沾科举是崇”。学宫还是地方官传达朝廷法令的重要场所。康熙九年（1670）上谕十六条颁布，规定“每月朔望，有司偕绅衿，齐集明伦堂及军民人等，俱听宣讲”①。这一指示随着台湾学宫建设的正规化，在台湾同样得到了坚决贯彻。乾隆《重修台湾县志》卷7《礼仪志・乡约》记载：“每月朔望日，知县传集绅衿耆庶于府学明伦堂，设龙幄香案，奉律谕。文武各官行三跪九叩礼，毕，分东西坐班。设讲读台案于门外，北向。诸生耆老列两廊，兵民人等立台下东西。木铎老人升台，振铎，高声宣圣谕十六条。……宣毕，堂上鸣讲鼓。约讲生恭捧圣谕广训（雍正二年颁发）并所奉到上谕升台立讲案前，高声讲解，众等肃听。讲毕，各退。其僻远里社，知县未能遍至，则绅士董之。”

祭祀孔子是学宫活动的大事，又是学宫对师生进行教育的重要方式，通过定期、不定期的祭祀活动，树立儒家先圣先贤在师生心目中的楷模形象，从而对社会产生潜移默化的教化作用。台湾祭祀孔子的仪式基本按大陆程式进行。周元文《重修台湾府志》卷6《典秩志・文庙》记载：文庙每年二、八月举行大祭，参加祭祀的官员、教谕、生员均要斋戒，祭祀当日由知府知县率领众人在乐曲伴奏下，先后祭拜孔子、各配位先哲先贤，朗诵祝文，最后祭拜朱子，整个过程庄重肃穆。道光时期，台湾学宫祭拜的孔子像也从山东临摹而来，《台湾通志稿》卷5《教育志》记载：分巡台湾兵备道徐宗干“致力德教之作兴，慎事儒学之崇祀，尝知山东兖州曲阜县时，曾获存其学宫之吴道子笔孔子像拓本，（道光）二十八年来台之际，乃携授台湾府儒学石耀祖重镌，分颁学生以肃瞻仰”。地方官到任或巡视都要到学宫祭祀孔子，这在台湾移民社会更为引人注目。《台湾教育碑记》第19页收录的《重修府学文庙碑记》记载，巡台御史杨开鼎于乾隆十四年（1749）夏“衔命巡方兼视学兹土，至则恭谒文庙，环视殿庑堂宇”。台湾知府褚禄“奉调来守台郡，越日，斋祓谒圣，仰瞻庙

---

① 同治《淡水厅志》卷5《学校志・规制》。

貌”。据乾隆《重修台湾县志》卷5《学校志》记载，按照规定，地方官每逢朔望还要到学宫行释菜礼并讲学。《台湾教育碑记》第10页收录的康熙五十八年（1719）凤山教谕富鹏业《重修凤山文庙碑记》称：“莅任之初，从邑侯李公丕煜行释菜礼。”这些象征性的仪式强化了官府重视教化的信念，也对民众起到了示范效应。

随着台湾学宫建设与规制的不断完善，其社会效益日益明显。康熙时高拱乾《台湾府志》卷10《艺文志·序》记载，希望通过学宫建设，培养台湾民众普遍的文教水平，“人文骎骎蔚起，即深山邃谷文身黑齿之番，皆知向风慕学”，最终形成台湾“海波不扬，内外如邹鲁”的社会气象。这一愿望在乾嘉以后，随着学宫建设的发展，取得明显的良性功效。同治《淡水厅志》卷5《学校志》记载，台湾“风俗之美、人才之盛，皆视学校为转移。淡厅初辟，土虽沃衍，民多杂处，革故鼎新，责在贤吏。百十年来，建设学宫、加广学额，辅以书院，勤以训课，人才奋兴，俗尚丕变……吾知他日文物冠裳，必不减于海滨邹鲁矣”。这一记载与评论应是中肯的。

但是清前期台湾移民社会反复出现各类民变，与史料中“彬彬称治”“海邦邹鲁”相左。我们认为，学宫教化功能的体现应是循序渐进的，不可能一蹴而就。而传统教化方式到清代已趋于僵化，也是造成社会紊乱的一个因素，否则难以解释大陆也时有地方动乱发生。清前期台湾移民以单身男性为主，人口流动频繁，他们赴台的首要目的是追逐财富，教育对移民来说还属其次，真正的教化难以很快走上轨道。① 地方志就明确说明了这一现象，康熙《诸罗县志》卷5《学校志》记载：“诸罗之人，其始来非商贾则农耳，以士世其业者，十不得一焉，儿童五、六岁亦尝令就学，稍长而贫，易而为农商与工矣，或吏胥而卒伍矣，卒于学者十不得一焉。”即使有教育存在，但由于移民人口素质不一，执教者也多滥竽充数，自然会影响台湾教育质量，康熙《诸罗县志》卷8《风俗志》记载：“内地稍通笔墨而无籍者，皆以台为渊薮，训蒙草地或充吏胥。辍八比未久者，科岁与童子试，其奸猾而穷无依者，并为讼师。”正因如此，师道之尊在台湾早

① 陈孔立：《清代台湾移民社会研究》，厦门大学出版社1990年版，第19页。

期也无从谈起，陈文达《台湾县志》卷1《风俗》称：“从学者并无供米、供膳之礼，贫乏之家固无足怪，众所称为富饶者，亦拘于流俗，刻薄其师。”

总之，清代统一台湾后，台湾的治理几乎全部按照大陆模式进行，而随着大陆移民入台，不同地域移民以及移民与台湾少数民族间的纷争，使台湾的教化问题更加突出，早期入台官员均把建设学宫当作头等大事来抓，基本保证了学宫在台湾官方话语中的象征意义。台湾学宫建设经费由艰难到良性的筹措过程，显示了移民逐渐把烟瘴之地的台湾开发成东南米粮基地的发展历程，也意味着台湾移民社会逐步内地化的发展历程。清代台湾移民教化离不开学宫建设，台湾学宫模式均是以大陆为蓝本进行的，学宫建设的完善，预示着大陆传统文化已在台湾扎根，台湾文化最终成为中国传统文化的重要组成部分。

康熙时期台湾学宫建设经费探析

明清时期，学宫的教化作用在官绅阶层中被广泛认可，地方官视兴学育才为己任，把兴学当作为官一方的头等大事来抓，台湾不少有治绩的地方官都以建学善政而留名千古。但是建学的首要问题是筹集资金，清初统一台湾后，朝廷并没有投入多大的财政支出预算，学宫建设经费也没有被纳入财政支出体系。而学宫建设在官民心目中又有不容忽视的重要作用，学宫建设者不得不大费周章地筹措建学资金。在大陆流行的由官员发起、士绅捐助的学宫建设模式，由于台湾初辟，士绅阶层人数不多，难以有足够财力捐资建学。更为重要的是由于台湾开发的主力来自大陆，早期移民多抱着候鸟式的心态，缺乏定居意识，民众参与当地学宫建设的积极性也不高。因此，学宫建设的经费筹措责任就落在了台湾地方官员身上。关于台湾地方官建设学宫的事迹，不少论者在论及清政府治台的文教政策时都有所涉及。① 本文仅就康熙时期台湾学宫建设经费展开探讨，以管窥台湾早期社会的发展形态。

一 学宫建设的迫切与经费无措

台湾学宫最早建于明郑时代，康熙统一台湾后，台湾官学体系中最先建设的台湾府学宫，就是在明郑时代的文庙基础上整修而成，“府学在府治西南宁南坊，因伪时文庙而修改焉”②。此次修葺的经费

① 杨熙：《清代台湾：政策与社会变迁》，天工书局 1985 年版。

② 康熙《台湾府志》卷 6《学校》。

由台湾知府蒋毓英和台厦道周昌各捐银二百两，修整后的规模形制仍十分简陋，“屋共三进、两庑矮屋数间而已，并无泮池、明伦堂、启圣殿、衙斋等项。圣殿止有一间，以梁阁壁，不设傍柱，无檐牙榱桷、丹雘彩绘之可观。岂有先师之正殿，而仅造平屋一间者乎！”至于台湾、凤山、诸罗三县则是“原无学宫，各县令化民念切，到任以后，皆草创茅茨，聊供圣贤牌位，春秋释奠，以鼓舞士子之心”①。康熙五十五年（1716），刑部郎中王雄樵出任台湾知府，对台湾府学宫进行大修，拓展了棂星门、泮池等建筑，“始于康熙五十七年（1718）十一月，成于次年四月，用白金三百四十六两五钱，悉出郡伯捐俸”②。可见，地方官府的重视是学宫建设的重要力量。

台湾自统一到康熙四十年前后，学宫建设步伐非常迟缓，即使有学宫，建设也都非常简陋。直到康熙四十三年（1704）宋永清任职于凤山县时，向上级递交了《凤山文庙告成详文》称：“台地孤悬海外，凤山僻处南隅。……惟是文庙重地，为兴贤育才之区，向皆筑舍相仍，未尝议及兴建，茅茨不翦，既无以肃观瞻，丹雘未施，又何以崇典礼。”③ 诸罗县学也是“茅茨数椽，规制未备”④。周元文《重修台湾府志》卷10《艺文志》记载有孙襄《诸罗学文庙记》称：“从来辟土开疆，首重建学。……诚以兴贤育才，为收拾人心之大机也。……诸罗学宫，旧设于目加溜湾，前教谕林君弼奉檄庀材，栋宇粗成……春秋丁祭，则张蓬席为行幄，书配哲贤儒姓字而从祀，亦不得已而为此。”学宫的草创对于建设者们来说，仅仅是个开始。学宫在传统社会作为具有象征意义和祭祀功能的庙宇，同时也是教化和培育士子的场所。因此，早期台湾学宫外观简陋窄狭、规制残缺不全的状况亟须改变，但这并不意味着国家会拨出专款来修造学宫。清初为了应付庞大的军政之需，不断大幅缩减地方存留比例，直到政局稳定下来，也没有得到恢复，致使地方公费极为缺乏，康熙皇帝也不得不

---

① （清）周昌：《详请开科考试文》，康熙《台湾府志》卷10《艺文志》。

② （清）李钦文：《重修郡学棂星门泮池碑记》，康熙《台湾县志》卷10《艺文志》。

③ （清）宋永清：《凤山文庙告成详文》，康熙《重修台湾府志》卷10《艺文志·记》。

④ 康熙《台湾府志》卷2《规制志·学校》。

承认，“从前各州县有留存银两，公费尚有所出。后议尽归户部，州县无以办公”①。

清代统一台湾后，尽管各级官员都认为学宫建设刻不容缓，但建设学宫应“动拨何项钱粮”成了各级地方官无法回避，也无法决断的问题。康熙二十二年（1683），台湾首任台厦道道台周昌的一道公文《详请开科考试文》中，记载了管辖台湾的各级官员就学宫建设和学额分配两个问题所进行的书面讨论。所谓“详文”是用于地方官在权限之内不能决定、必须请示上司批准的事务。康熙时黄六鸿在《详文赘说》中指出：“夫详文者，详言其事，而申之上台者也。……仰候宪裁。”② 这篇公文包含了各级官员逐级上报的内容，原文较长，且内容相互引用，兹按上报、批复的过程把主要内容摘引出来，有助于我们了解开台时期地方官员对筹措建学经费的态度：

> 风俗之原，由于教化。学校之设，所以明伦。台湾既入版图，若不讲诗书、明礼义，何以正人心而善风俗也？本道自履任后，窃见伪进生员犹勤藜火，俊秀子弟亦乐弦诵，士为四民之首，正可藉此以化顽梗之风，而成雍熙之治。除观风月课以励士习，并颁行乡约以导民志外，所有一府三县应照内地事例，建立文庙四座，以崇先圣，旁置衙斋四所，以作讲堂。

这份详文首先论述了兴学与教化关系之重要，明确提出台湾学宫建设要以大陆“内地事例”为模式。福建巡抚、部院收到这份详文后，对学宫建设紧迫性也表现出同样的感受，但他们似乎更重视台湾经济建设先行一步的想法：

> 鼓舞斯文，本部院岂无同心！因该道府详：台湾钱粮无征，

① 连横：《台湾通史》卷34《列传六》，《台湾文献史料丛刊》第20册，大通书局2000年版，第934页。

② （清）黄六鸿：《福惠全书》卷5，《四库未收书辑刊》第3辑第19册，北京出版社2000年版，第61页。

> 系因人民凋残，而一时又以士子焚膏继晷，设立学校上请，切恐钱粮终不能免，益知学校先不得兴，拜疏者、出详者咸未便耳。今之督课谈经，具见该道以旧馆阁留心文事。初辟之区，勤求生聚，衣食足而后礼让崇。俟赋税定议部咨到日，通详会题。

福建上层官员对周昌等人的报告有一定的共鸣，但并没有明示学宫建设经费的来源。周昌、蒋毓英只好在明郑学宫旧址的基础上各捐银进行修补，“原屋隘陋，不能大为扩充”。但这种修补难以起到教化的目的，“非另行拆造，实不足以崇宫墙泮水之观瞻”。康熙二十五年（1686）二月，福建巡抚、部院又给周昌等下达最新指示，要求重新上报建学计划：“今照台湾钱粮税课各项，既经本部院具题宽减。……所有应设学校、考校等项，合行查议，备牌行道，照牌事理，即将前详所指，妥确酌议条陈详报。”按照惯例，周昌将这一指示逐级传达到台湾府县，要求各地对学校建设问题再次进行考察，然后“通详会题”。随后，三位知县将考察结果提交了书面汇报，充分论证了建设学宫、开科取士的重要意义，但仍请求上级领导就建设经费问题作明确批示：

> 从来经国之要，莫重于收人心。而致治之机，莫先于鼓士气。台湾既入版图，万年起化之源，正在今日。此移风易俗，厚生与正德相维为用。宪台与道宪之请建学校、行考校，诚审乎教养之根本，为海天第一要务也。……至于建设学宫，工力繁重，既不能议捐于寥寥之贫吏，又不能议劝于落落之穷儒。倘仍狭小之规模与草创之茅茨，不特无堂斋廊舍，以为师生弦诵之地，即御书扁额，亦无从悬竖，甚非所以肃海外之观瞻，以弘一统文明之化也。则酌议建造，诚无容缓。其工费所从出，在宪台自有主裁，非卑县所敢擅便矣。

台湾三位知县的报告，经知府汇总上报台厦道，台厦道周昌在报告中纂署的意见为：“今应作何题请建立，动拨何项钱粮？并岁科两试作何开考？统候宪裁！非本道所敢擅议者。”然后上报到省，“所当亟请转详两院，一并具题，动拨何项钱粮?”[①] 这说明台湾各级官员对学宫建设的重要性和紧迫性都没有异议，但是道府县各级官员都没有权力就建学经费来源做任何决策，只能辗转汇报，“统候宪裁”，而不敢“擅议”。至于福建巡抚对建学经费所做的最终批示，史料并无明确记载。但从学宫建设进程来看，康熙二十九年（1690）台湾知县王兆升重修县学，“仍旧制而修之，犹未壮厥观也”[②]。据此推测，康熙二十五年（1686）的福建官府并未就学宫建设“动拨何项钱粮”给予明确批复，也未付诸任何行动。不仅如此，此后台湾学宫建设，也极少有官府划拨财政经费或指定动用某项钱粮的记载。

台湾因属海岛地形，多飓风暴雨、地震，学宫又多为木构建筑，易在自然灾害中倾坏，“飓风时作，栋宇虫蛀，几于倾圮”[③]。变化无常的天灾使学宫屡修屡圮，建设过程更加曲折，这类记载史不绝书，如周钟纂修《诸罗县志》卷12《杂记志·灾祥》记载，康熙五十四年（1715）九月地震、大风，诸罗县“学宫颓坏”；陈文达纂修《凤山县志》卷9《艺文》收录的富鹏业《重修凤山文庙记》记载，康熙五十六年（1717）九月，飓风大作，凤山县“庙门、棂星门暨两庑环墙圮者、坏者、倾者、塌者砖瓦之属，封姨卷之而去。盖自是，兴者又几于废矣”。陈文达纂修《台湾县志》卷2《建置志·学校》记载，康熙五十七年（1718）七月，“霖雨浸淫，飓风大作”，台湾县学“两庑围墙几成平地，礼门、义路竟作通衢”。学宫因天灾而毁坏，多发生在康熙末年，这也暴露了学宫早期建设因修造经费有限以及建造者经验不足，而留下了许多隐患，一遇天灾就会坍塌。

二 地方官捐俸建设学宫

康熙中后期，台湾局势渐趋稳定，地方官员不失时机建庙兴学，推广正统儒家思想。这一时期从大陆为宦至台的几位官员直接促成了

① （清）周昌：《详请开科考试文》，康熙《台湾府志》卷10《艺文志》。

② （清）康卓然：《台湾学文庙记》，康熙《重修台湾府志》卷10《艺文志·记》。

③ 康熙《凤山县志》卷2《规制志·学宫》。

台湾学宫重建的进程。他们一到任台湾，便以兴学校、育人才为己任，将建设学宫作为实现其教化责任的最重要方式。开台时期，台厦道周昌和台湾知府蒋毓英捐俸建学事迹，为后任者官员所效仿，一时间台湾捐俸建学蔚成风气。康熙时期，学宫建设的主要力量是地方官员，其经费也多来自官员捐俸，台湾地方官员捐俸是这一时期学宫建设的重要经费来源。

我们先通过康熙时期纂修的几部台湾府志来看当时捐俸建学的情况。康熙时期，纂修的台湾府志有三部，分别为康熙二十六年（1687）蒋毓英、康熙三十三年（1694）高拱乾、康熙四十九年（1710）周元文所纂。其中周元文重修府志是在前两部志基础上进行的，对学宫建设记载较详，兹引述周元文纂修《重修台湾府志》卷2《规制志·学校》如下：

> 台湾县学在东安坊，康熙二十三年知县沈朝聘建，后为启圣祠。二十九年知县王兆升捐俸重修，四十二年知县陈瑸始建明伦堂，又捐俸三百两买杉木，议修文庙。甫兴工，以钦取铨部离任。四十三年，知县王士俊因成其事，伟然巨观。而门前照墙、栅栏，屡为风雨倾坏。四十七八年，知县张宏捐俸迭修。至四十九年，台厦道陈瑸复易栅栏为围墙，牢以砖砾，内外壮丽，称尽美焉。
>
> 凤山县学在县治兴隆庄，康熙二十三年知县杨芳声兴建，后为启圣祠。……年久倾坏，仅存数椽。四十三年，知县宋永清捐俸重建，高大前制，增两庑、棂星门，壮丽巨观。明伦堂、教官廨舍，俟徐议建。
>
> 诸罗县学原在善化里西保，茅茨数椽，年久倾坏。四十三年凤山县知县宋永清署诸篆，以县署奉文移归诸罗山，就罗山择地议建。甫架梁，而知县毛殿扬莅任，事遂寝。四十五年，海防厅孙元衡摄诸篆，合捐俸建大殿、棂星门。四十七年，宋永清复署诸篆，又捐俸建启圣祠两庑，巍焕巨观。明伦堂、教官廨舍，俟徐议建。

这里记载的台湾三县学校建设过程几乎都离不开知县的捐俸。知县带头捐俸，其他官员自然也会参与，比如康熙四十三年（1704）诸罗重建学宫时，县令宋永清“慨然以建学为己任，设缘疏、制弁言而募捐金焉……捐俸银一百一十两”。据事后宋永清在《凤山文庙告成详文》称：“卑职奉调斯土，目击风雨飘摇，不揣俸薄力绵，即为首襄其事，确计工料约费千金，道府厅宪文武各官先后共捐银二百两有零，余或分庠士之篝灯，而未烦民间之供亿，工力浩大，势难刻期完竣。阅今五载，陆续捐俸，始得渐次落成。”也就是说，在连续五年的修建中，地方官员都不断捐俸，“是役，縻白金一千三百余两，皆公捐俸成之，学宪辽左王公首捐俸四十两，升任太守曲沃卫公捐俸四十两，升任协镇左都督张公捐俸十两，教谕孙襄捐俸一十五两……是宋公之志也”[①]。

台湾地方官多次捐俸兴修学宫，受到了上级官员、同僚乃至民众的一致肯定和赞赏，如宋永清曾在台湾凤山、诸罗等县为官，对两地发展情形较为熟悉，能从长远利益出发，十分着意于学宫建设，称得上是有作为的官员。对于他捐俸建学的事迹，史料多有记载，周元文纂修的《重修台湾府志》卷10《艺文志》记载宋永清向上级递交《凤山文庙告成详文》汇报建学成果，福建巡抚对此批复为：“该县捐俸建立文庙、修理义学，振兴文教，乐育人才，深可嘉尚！”后来任凤山教谕的施士岳在《凤山文庙记》中也高度赞扬宋永清的功劳，“文庙告成，士皆欢感。从此子益知孝、臣益知忠，工文章者显当世，立事业者昭后代，莫不由文教中来。是则侯之为政，能达本也，功德大矣”。随着时间的推移，道光时有人甚至认为，“凤山文教振兴，自永清始”[②]。宋永清在康熙四十三年（1704）和四十七年（1708）两次任诸罗县县令，都积极倡议并带头捐俸建学。又如康熙五十四年（1715）诸罗知县周钟瑄主持重修学宫，“费白金一千五百有奇，不借助士民一钱、不动用民间一役，皆知县独力成之”[③]。乾隆九年范

① （清）孙襄：《诸罗学文庙记》，康熙《重修台湾府志》卷10《艺文志》。

② 道光《福建通志台湾府·宦绩》，第492页。

③ 康熙《诸罗县志》卷5《学校志·学宫》。

咸《重修台湾府志》卷22《艺文（三）》收录的黄叔璥《重修台湾县学碑记》记载，周钟瑄任诸罗县令俸满，内迁员外郎，于康熙六十一年（1722）朱一贵事变后再次赴台，以员外郎衔理台湾县事，重整该县学宫，“縻白金三百五十有奇”，也是“不费帑、不役民，皆周君节啬俸钱而独任之”。

陈瑸在台期间是一位十分关心文教建设的官员，屡屡捐俸建学，康熙四十一年（1702）他出仕台湾县知县，就开展文庙建设，两年后俸满升转。余文仪《重修台湾府志》卷3《职官·列传》记载，其继任者王仕俊于康熙四十三年（1704）到达，“前任陈清端公倡修文庙甫兴工，被命内召。仕俊一至，即捐俸踵成之”。康熙四十九年（1710）陈瑸调任台厦道，三年俸满，福建高层官员专门上奏朝廷，请求继续留任陈瑸为台厦道，康熙破例恩准。一年后，他被调往内地任福建巡抚。陈瑸任职台湾前后计6年，多次重修台湾府、县学宫。他由于公务繁忙，难以亲率其事，一般总是委托教谕、训导等教职官员负责营造事宜，如陈瑸修建台湾县学明伦堂，“晨夕指画，督率就工，则黄学博之功固不可以也”①。又修府学文昌阁，“会城选匠办料，皆署学事教谕郑长济任劳海运到台，旦晚督率就工，委该学教授杜成锦、巡捕经历陶宣，先后赞成，则同官同城诸公与有力焉”②。

康熙时期，台湾地方官员不仅捐俸建设学宫，而且还捐俸购置文庙祭祀先师用的器皿，陈文达纂修《台湾县志》卷6《典礼志》记载，康熙五十一年（1712）台厦道陈瑸捐俸，让教谕郑长济到福州置办文庙祭器，“就省新制台湾县学文庙祭器”，其中购买的爵57只、笾豆301个。这大约也是一笔不小的开支。地方官员还积极捐俸支持学宫的其他方面建设，据余文仪纂修《续修台湾府志》卷3《职官·列传》记载，康熙二十六年（1687）举人黄赐英任凤山县教谕时，就捐资置办学田，“时县初置，文风未盛；英任其职，以培育人材为己责，日进诸生，勤训课，捐资置嘉祥里学田二十甲、赤山庄学

① （清）陈瑸:《新建台邑明伦堂碑记》，乾隆《重修台湾府志》卷10《艺文志》。

② （清）陈瑸:《新建文昌阁碑记》，黄典权《台湾南部碑文集成》，《台湾文献史料丛刊》第173册，大通书局2000年版，第16页。

田二十甲，以供文庙香灯及诸生月课诸费，士蒙其德。祀于学宫”。

总之，康熙中后期，在台湾各级地方官的倡导和主持下，台湾各地兴起了一股学宫建设的高潮，而其建设经费，凡有确切记载的，多数情况下均来自官员的捐俸。

三　捐俸之“俸”的考察

众所周知，清代官俸十分低微，甚至不足以维持官员正常的日用开支。据陈文达纂修《台湾县志》卷7《赋役志·存留经费》记载，康熙时，分巡台厦道和台湾知府的俸银只有62两多一点，遇润加薪也不到70两，知县的俸银只有27两多一点，遇润加薪也不到30两。按理来说，台湾修建学宫这样规模浩大的工程，不可能靠官员捐俸就能解决，也就是说，官员不可能动辄捐俸达几百乃至上千两。这样我们不得不对文献中记载的“俸”进行考察。

康熙朝并未实行“养廉银”制度，各地陋规中的火耗也尚未归公。那么。台湾官员捐俸是否是清初通常所说的加征火耗呢？根据康熙五十四年（1715）康熙接见陈瑸时的对话来看，台湾当时并无火耗之征，“上问：福建有加耗么？奏：台湾三县征收钱粮，一分火耗也没有。问：内地呢？奏：闻内地各府州县征收钱粮，火耗亦不上一分。”① 火耗归公之前，是内地地方官最重要的额外收入来源，虽然不合法，却也是通行的陋规做法。而台湾却没有征收火耗的惯例，“内郡之为守者，有馈遗之礼、有羡余之奉、有火耗之入，足以给日用而有余。若台则为郡者一、为县者三，征赋无几，火耗何出？”② 可见，台湾即使不如陈瑸所称一分也没有，也是相当少的。在国家没有相应财政款项用于建设学宫的情况下，台湾又不曾征收火耗，那么台湾地方官频频捐俸建学，其中“俸”的组成就颇耐人寻味。

那么台湾官员的俸外收入到底如何？我们以资料相对丰富的陈瑸

① （清）丁宗洛：《陈清端公年谱》，《台湾文献史料丛刊》第188册，大通书局2000年版，第85页。

② （清）周元文：《捐置本府庄田碑记》，康熙《重修台湾府志》卷10《艺文志》。

为个案加以分析。陈瑸无疑是清代为官清廉的典型代表，为此得到康熙亲自接见，君臣对答中，他坦言："官吏妄取一钱，即与百千万金无异。人所以贪取，皆为用不足。臣初任知县，即不至穷苦，不取一钱，亦自足用。"康熙对此大加赞誉："朕见瑸，察其举止言论，实为清官。瑸生长海滨，非世家大族，无门生故旧，而天下皆谓其清。非有实行，岂能如此！国家得此等人，实为祥瑞。"① 而据范咸纂修《重修台湾府志》卷22《艺文志》收录的陈瑸《重修台湾县学碑记》记载，陈瑸始终将推广文教视作台湾"为政第一事"。为此，多次重修府县学宫，亲自撰写多通建学碑记，一再申明自己重修学宫、明伦堂等各项工程的费用均出自"养廉余羡"。丁宗洛编纂的《陈清端公年谱》记载，康熙四十二年（1703）陈瑸重修台湾县学明伦堂时"费无所出"，他发现"邑有余羡些须，向系各衙门陋规。某方在革除，尽为建学、修仓之费"。范咸的《重修台湾府志》卷22《艺文（三）》记载陈瑸事后撰写的《台邑明伦堂碑记》指出："独斯堂之役，费禀于官，役不病民。"陈文达纂修《台湾县志》卷10《艺文志》收录的陈瑸《重修台湾府学文庙碑记》记载，康熙五十一年（1712）陈瑸扩修府学宫，"计费若干缗，悉出本道衙门养廉余羡，予所力请于两宪而得之者"。这次建设也是"不动公帑，不费民财，历三载之勤，得竣厥工"。而同年建设朱子祠也是"无动公帑，无役民夫，一切需费悉出予任内养廉余羡"②。陈瑸一直强调是用"养廉余羡"建设学宫，但时人话语又多称陈瑸是"捐俸"建学。如《陈清端公年谱》记载，康熙四十三年（1704）陈瑸调离台湾后，台湾士民在为他竖立的去思碑中列举他的善治，包括"捐俸"修整道府县衙署、建立明伦堂、筑盖仓廒等公共建筑，同样也强调他"不费民财民力"。因此，陈瑸所言的"养廉余羡"，在士民心中等同于官俸。

换句话说，康熙时期，台湾官员的"官俸"绝不是政府财政拨款那么一点点正俸，还应包括大大超过正俸的俸外收入。这项额外的收入究竟从何而来呢？陈文达纂修《台湾县志》卷10《艺文志·公移》

① 《清史稿》卷277《列传六十四》，中华书局1985年版，第1091页。

② （清）陈瑸：《新建朱文公祠记》，黄典权《台湾南部碑文集成》，第9页。

记载了一份陈瑸在任台厦道期间撰写的《建文昌阁详文》，他在这份关于学宫建设的详文中透露："其需费工料，仍取给于道庄麻租一项，俟报竣日，逐目造明细数清册，呈送查核。"所谓"道庄麻租"，是指台厦道所拥有的官庄田租。范咸的《重修台湾府志》卷22《艺文（三）》收录的陈瑸《重修台湾县学碑记》记载，陈瑸修建台湾县学宫围墙时，也自称是"捐俸委台令周环筑墙，以肃内外"。这里所说的捐俸在丁宗洛编纂的《陈清端公年谱》中却称为"拨养廉麻租一项，修筑文庙围墙，易竹笼以火砖，俸臻牢壮"。这说明"养廉麻租"和"俸"是等同的。而养廉麻租同样是指官庄田收入。陈瑸不但建设学宫费用来自官庄收入，而且所置学田也是从官庄划拨，"府庠为四学领袖，按本朝开疆建学以来已三十年，未有学田，甚属缺典！兹欲倡率捐俸买置，而各官俸入无几，徒成画饼，不如就现在官田量拨，为实有济"[①]。他明白指出学田从官田拨出，但有人却说他是"特捐置学田，赡诸生焉"[②]。也就是说，这些官田在一定意义上是属于陈瑸私有的产业。

清代台湾的官庄指的是什么？福建学者李祖基先生对此有过深入研究，他认为，所谓官庄是指康熙年间文武官员在台湾任上所创置的产业，官员自己招佃垦殖，从中收取租息，以补贴自己的开支和费用。[③] 当时人蓝鼎元也说："台湾旧有官庄，为文武养廉之具。"[④] 陈文达的《台湾县志》卷10《艺文志》收录的季麟光《再陈台湾事宜文》记载，台湾在郑氏时代已垦辟了大量田土，他出任诸罗首任知县时，"将军以下，复取伪文武伪业，或托招佃之名，或借垦荒之号，另设管事照旧收租。"陈瑸也认为台湾官庄系"荡平之初，土广人稀，版籍未定，文武官家身念重，各招佃垦种，为衣租食税之计"[⑤]。官庄的产权如何，我们姑且不论，但其收入却完全归官员自由支配。

---

① （清）佚名：《台湾府学鱟港学田碑记》，黄典权《台湾南部碑文集成》，第371页。

② （清）贺代伯：《陈清端公传》，（清）钱仪吉《碑传选集》，《台湾文献史料丛刊》第67册，大通书局2000年版，第392页。

③ 李祖基：《清代台湾之官庄》（上、下），《台湾研究集刊》1992年第3、4期。

④ （清）蓝鼎元：《鹿洲全集》上册，厦门大学出版社1995年版，第51页。

⑤ （清）陈瑸：《陈清端公文选》，《台湾文献史料丛刊》第152册，大通书局2000年版，第19页。

据刘良璧的《重修福建台湾府志》卷15《名宦》记载，陈瑸在台厦道任上，其拥有的“官庄岁入三万两”。可见，官庄数量的庞大。官庄收入的田租成为官员应得的俸外收入，康熙曾评价陈瑸“所应得银三万两并未入己”①。康熙把官庄收入视为陈瑸的“应得银”，那么，官员将其视为“己俸”也就理所当然，而民众将官庄收入当作官员俸禄也就不奇怪了。所以可推断，前述各官的捐俸并非正俸，而是官俸之外的官庄收入。

康熙时期，台湾官员俸外收入以官庄为主，数目也相当可观。官庄收入类似内地的耗羡收入，并非正项，二者虽然形式不同，但都是为了满足官员正俸不足的开支。刘良璧的《重修福建台湾府志》卷8《户役·官庄》记载，台湾各地官庄自康熙六十一年（1722）开始造册清报归公，是年，台湾府共有官庄125所，年征青白糖、租粟、芝麻、糖、蔗车、牛磨、鱼等项共银30739两多，其中台湾县有官庄8所，年征银1209两多，凤山官庄52所，年征银9925两多，诸罗县官庄65所，年征银19604两多。可见，官庄不仅分布在台湾各县，而且年租收入包罗万象、数额庞大。所以，康熙朝的台湾官员之所以屡屡捐俸兴建学宫、水利、寺庙、津渡、粮仓等地方公共工程，俱是因官庄田租的丰厚。了解了捐俸中“俸”之含义，也就理解了地方官员话语中“不费公帑，不役民夫”的真实所在。必须指出，台湾官庄收入是地方官一项常规性的俸外收入，以此养廉似比内地征收火耗更可取。但也绝不是说台湾官员的俸外收入除官庄外就别无其他非法收入。这要视每个官员的操守和清廉程度而异，无法一概而论。

李祖基在上引《清代台湾之官庄》文中指出，自康熙六十一年（1722）起，清廷开始清查台湾官庄，到雍正三年（1725）奏报归公完毕。所谓归公，实际上乃是收租权的转移，即原来由各官私人收取租息改归地方政府征收，官庄名目仍存在，但性质已变了。官庄田租由原来的官员私人支配，变为现在的“归府解充，内地养廉”②。这

① 《清圣祖实录》卷282，康熙五十七年十一月，《清实录》第6册，中华书局1985年版，第754页。

② 道光《续修台湾县志》卷2《经政志·耗羡》。

一举措使台湾地方官可支配收入骤然减少。雍正朝推行耗羡归公支给各级官员养廉银，台湾亦不例外。但养廉银在数目上远远达不到官庄收入的规模，范咸的《重修台湾府志》卷6《赋役·养廉》记载，乾隆初年，台湾各级文武官员所得养廉银也不过一万多两，其中分巡台湾道、台湾府的养廉银每年各为1600两，台湾县1000两，凤山、诸罗各为800两。远远少于官庄归公前全台官庄收入三万多两之数。所以从雍正时期开始，台湾官员在地方学宫建设过程中，已不再继续承担主要出资人角色。此后，地方官捐俸建学已寥若晨星。但并不是说雍正以后的地方官完全失去建学兴趣，只是不能大量捐俸而已，如彰化知县张世珍于乾隆二十三年（1758）上任，“下车伊始，即毅然以兴利除弊为己任，于南门内倡修关帝庙，工甫竣，遂营学宫、凿泮池，并修学署书院明伦堂，鸠工庀材，日不暇给，费縻白金万计，世珍皆力任之”[①]。这里的“力任之”，其实并不是张世珍个人捐俸建学，实际则是“工巨费繁，不得不为将伯之呼，而邑人好义急公，卒莫我拒”，就是说在张的呼吁下，由彰化士民捐款而成事，董事者就有岁贡生吴洛、绅士张方大等69人。[②]

康熙年间，台湾各地建设学宫大多以地方官捐俸为主进行。雍正之后，官员捐俸明显减少，即使有官员捐俸，数额也明显偏低，不再有几百乃至上千两的大手笔，多数只是象征性捐俸，仅起倡导和表率作用而已，而大部分费用则由地方士民承担，有时甚至是士绅发起，官员帮助奏请获准，建学者主要由士绅唱主角。雍正以后，台湾建学经费发生的这种根本性变化，与官庄收租权归公有密切关系。雍乾以后，台湾本土士绅人数逐步增加，地方官以倡捐方式发动士绅捐款，士绅以及普通民众的建学热情也十分高涨，甚至比内地更为积极，士绅已取代了康熙时建学主力军的官员。

---

① 道光《彰化县志》卷3《官秩志列传》。

② （清）张世珍：《重修邑学碑记》，刘枝万《台湾中部碑文集成》，《台湾文献史料丛刊》第175册，大通书局2000年版，第3—4页。

清代台湾移民社会演戏探析

有清一代，闽粤人口大量移居台湾，移民社会出现一波又一波的演戏热潮，史料常用“演剧”“演戏”“搬演杂剧”之类进行表述，康熙末年修纂的《台湾县志·风俗》记载，“台俗演戏，其风甚盛”。有关演戏与台湾移民社会变迁问题，至今并没有引起学界足够重视。那么，演戏在台湾社会运作过程中到底充当何种角色？

一　酬神演戏的精神追求

清代台湾的开发与移民密不可分，台湾的酬神演戏多是由移民带入。清初台湾自然环境相当恶劣，康熙时郁永河著《裨海纪游》卷中记载：“深山大泽，尚在洪荒，草木晦蔽，人迹无几。”移民还不时遭到猛兽侵袭，“蝮蛇瘿项者，夜阁阁鸣枕畔，有时鼻声如牛，力能吞鹿”。台湾自然灾害也颇频繁，以地震为例，“彼时地常震，每岁震动无常，或连日震动不止”。飓风常登陆袭击，“商舶鱼船击破漂没无迹，凤山北岳稻田正值成熟，百仅存一”①。台湾瘴疠直接威胁移民生命安全，“瘴疠所积，入人肺肠，故人至即病，千人一症，理固然也”。移民时刻处于“在在危机，刻刻死亡”的环境中。②

移民在恶劣的自然环境下开垦蛮荒之地，身心处于紧张状态，导致移民对神灵崇拜的虔诚与强烈。《台湾南部碑文集成》附录一《新

---

① 乾隆《小琉球漫志》卷7《海东剩语·飓风》。

② （清）郁永河：《裨海纪游》卷中，《台湾文献史料丛刊》第123册，大通书局2000年版，第26页。

建埤南天后宫碑记》记载："履巉岩，辟莽荆，化蠢顽，服犷悍，蛮烟瘴雨，靡役不从，是非仰荷神庥，曷克臻此。"那么，如何与神沟通来唤醒神对人的关怀？传统社会无论官方或民间，往往都通过祭神酬神仪式进行表达。台湾移民把演戏作为人神沟通的重要媒介："村庄神庙，或建或修，好求峻宇雕墙。年节香灯之外，必欲演戏，动费多金，凡神诞喜庆，赛愿设醮，演唱累日夜。近日盂兰会，饭僧极丰，事毕亦以戏继之，名为敬神以祈福，转为渎神以干谴，况滥费有出于拮据乎？"①

台湾四面环海，在当时的航海条件下，"每遇飓风忽至，骇浪如山，舵折樯倾，绳断底裂，技力不得施，智巧无所用，斯时唯有叩天求神，崩角稽首，以祈默宥而已"②。移民祈求海神妈祖保佑自己，台湾妈祖在祭祀时都举行隆重的演戏活动，《裨海纪游》卷上记载："梨园子弟，垂髫穴耳，傅粉施朱，俨然女子。土人称天妃神曰妈祖，称庙曰宫；天妃庙近赤嵌城，海舶多于此演戏祈愿。"从此可看出，演戏成为移民向妈祖祈愿的手段，演员也显然受过专门训练。妈祖宫是酬神演戏的重要场所，"妈祖宫前锣鼓闹，侏儷唱出下南腔"，正是对闽南移民在台湾演戏热闹场景的形象描绘。

清初台湾的天灾人祸造成很多移民客死台湾，"台地伤于兵燹、溺于风波，客死流亡之鬼多于他处，恐其为厉殃民"③。为了慰藉这些亡魂，台湾自"七月初起至月尽止"，盛行"普渡"演戏之风，"七月超度……三日事竣，演戏一台，名为压醮尾"④。普渡演戏，表达了移民对客死者的深切同情。"七月一日，俗传为开地狱；家家设馔致祭无主孤魂。是日，各庙坛皆植竹竿高三、四丈，夜燃以灯高照四方，名曰灯篙；先后延请僧道坐座化食，并演杂剧，曰普渡。"⑤在这里，无主之魂得到家家祭祀，并有精彩的戏目观看。值得注意的

---

① 道光《彰化县志》卷9《风俗志·汉俗·杂俗》

② （清）郁永河：《海上纪略》，学生书局1985年版，第329页。

③ （清）丁日健：《治台必告录》卷5《斯未信斋文集》，《台湾文献史料丛刊》第41册，大通书局2000年版，第370页。

④ 道光《噶玛兰厅志》卷5《风俗·民风》。

⑤ 光绪《新竹县志初稿》卷5《风俗·岁时》。

是，普渡演戏在台湾民间逐渐被神化："七月普渡，普祭阴魂，演唱地狱故事，系镇台衙、台南府衙、安平县衙三所，年年演唱，不敢或达。时有遇官长议欲删除旧例，常见满衙官吏胥役不能平安，多逢鬼祟；是此例不能除也。"① 地方官员为了节制祭祀鬼神活动，拟删除旧例，结果却"多逢鬼祟"而不能平安，这显然是不可能的。

酬神演戏实际上成为移民有意无意间与自然、社会斗争的工具，它不仅仅是对大陆民俗的传承，也密切了有共同文化信仰背景的同乡及共同利益的同姓、同宗的联系，加强移民内部凝聚力，在天灾人祸的异常环境下，移民只有联乡谊、坚团结，才能克服困难。酬神演戏式的聚会正可发挥这一功能，《台湾南部碑文集成・长泰碑记》记载："我先人渡台以来，见一本乡之人，如鱼得水，每逢天上圣母、清元真君之圣诞，肆筵设席，见面言欢。"每到妈祖诞辰，都会在妈祖庙举行演戏活动，光绪《嘉义管内采访册・打猫南堡》记载："三月二十三日，打猫庆诚宫天上圣母寿诞。每岁是日，举街虔备牲醴，到庙内奉祀，演戏酬神，一二天或二三天无定。"安平县于三月二十日迎妈祖的场面也颇隆重："是日，妈祖到鹿耳门庙进香，回时庄民多备八管鼓乐诗意故事迎入绕境，喧闹一天。是夜，禳醮踏火演戏闹热，以祈海道平安之意。一年一次，郡民往观者几万。男妇老少或乘舟、或坐车、或骑马、或坐轿、或步行，乐游不绝也。"② 酬神演戏并非完全为了娱人耳目之乐，它还是人向神祈福的一部分，成为人神沟通的工具。

正是由于演戏可以凝聚乡情，所以演戏已成为台湾移民在各种神灵诞辰祭祀活动中必不可少的内容，光绪《安平县杂记・风俗》记载："俗尚演剧，凡寺庙佛诞，择数人以主其事，名曰头家。敛金于境内，演戏以庆，乡间亦然。"光绪《嘉义管内采访册・打猫南堡》记载：每年农历的"二月十五日，开漳圣王寿诞，打猫街每年是日，在圣王庙内焚香演戏"。演戏是移民显示力量的心理安慰，实际上也是移民社会激烈斗争下移民有意识的"聚类"表现。移民演剧往往

① 光绪《安平县杂记・风俗现况》。

② 同上。

搭台进行，“择童男女之美秀者，饰为故事，名曰台搁，数架、十余架无定，每架四人舁之”①。

二 演戏在日常生活中的表现

清代前期，台湾的政权组织机构尚不甚健全。移民社会传统的血缘宗族尚未形成，宗族势力对社会的控制力较弱。移民社会大多处于自我管理状态，随着开发的深入，移民间矛盾也逐渐激化，社会动荡不已，以至到清末编写的《台湾三字经》对此还记忆犹新，“新版图，民多乱”。演戏是移民处理矛盾的常用手段之一，并以此达到调整移民间利益冲突的目的。诚如学者所言：“移民社会一般是在尚未开发或正在开发的地区，政府统治力量比较薄弱，无力进行有效的统治，广大农村主要依靠民间地方势力进行管理。”②

移民社会的酬神演戏除了酬神或娱乐的功能外，有时还被赋予某种政治含义。清代台湾粤人“建醮酬神，鸠资致祭……演杂剧，延僧拜谶，达旦连宵，其风较闽人尤盛”。之所以如此，是由于粤人在闽粤械斗中常居下风，于是借酬神演戏来增强内部团结。为了战胜闽人，粤人还经常助官对付叛乱的闽人，从而博得官府“义民”称号。“义民”后来成为闽粤移民对付对手的一块招牌。对于战死沙场的义民，粤人则统一掩埋，并建义民亭加以纪念，每年七月二十日在“义民亭致祭孤魂，设值年炉主，办理祭品，搬演杂剧；富家争选羊、豚重大者以为牺牲。是日，四方聚观，人山人海”③。可见，粤人充分利用官方授予的“义民”资源，通过酬神演戏活动吸引了“四方聚观，人山人海”的社会效果，极大地增强了粤人在台湾的精诚团结精神，酬神演戏的社会功利目的显而易见。

农业垦殖是台湾移民的主要生产方式，人们在水、地、林等自然

① （清）丁绍仪：《东瀛识略》卷3《习尚》，《台湾文献史料丛刊》第121册，大通书局2000年版，第35页。

② 陈孔立：《有关移民与移民社会的理论问题》，《厦门大学学报》（哲学社会科学版）2002年第2期。

③ 光绪《新竹县志初稿》卷5《风俗·粤人杂俗》。

资源的开发过程中经常会引发矛盾。重视水利建设与利用，是传统农业社会最重要的一个环节，这与当时移民社会的特殊情况有关。为了加强对水源利用的管理，移民订立的公约中常以罚戏作为处罚破坏水利设施者的主要手段："爰是邀各庄长、众业佃，公同立约严禁：无论男、妇、老、幼，如敢故违仍行毁陂截圳、塞源绝流以取鱼虾者，定即严拏，将取鱼之人扭交街、庄长，或将取鱼之器具缴交街、庄长，公议重罚演戏。"① 为惩罚私自截水挖汴者，罚戏也是重要内容之一，《台湾私法物权编》卷三"物权之特别物体·埤圳"规定："大小汴额照汴通流，不许私挖汴底；捉获者，罚戏一台……若恃强纷更，截水挖汴，藉称涉漏，被众察出，罚戏一台。"一般来说，在水利管理上，移民中的耆董、甲首起着权威作用。破坏水利者被抓获后，一般送交他们发落，而惩罚的手段就是罚戏，《台湾私法物权编》卷三"物权之特别物体·埤圳"记载："大汴不准挖空、戽水、拦截、乱掘；违者，任听耆董、甲首罚戏。"移民从各地来到同一块地区开垦，他们脱离了原有的社会规范，在一个相对更宽松的环境中生存，开垦的积极性大增，但正因为如此，又很容易发生损人利己的行为。水利是大家共享的公共事业，移民需要建立自己的用水、护水规范，合理地利用水源。

演戏在义民社会中体现自我管理的角色，还表现在通过演戏将移民间订立的各种规范、协议加以传播扩散，以起警示效应。这在台湾的碑记、禁约中常有"罚戏"之说："庄中公物……爰公同而约束……倘有因犯庄规，决然鸣鼓而攻：小则罚戏示惩，大则送官究治。"② "不顾他人坟墓，不知损伤阴功之祸害耳。爰我众议演戏申禁，不许锄划草皮。"③ "第恐附近居民顽硬不一，豪强欺弱，肆横侵占，兹集众庄演戏立碑会禁。"④ 从上述文献的记载可知，演戏在一

---

① 光绪《树杞林志·建置志·水利》。

② 黄典权：《台湾南部碑文集成》丙《竹沪元帅爷庙禁约碑记》，《台湾文献史料丛刊》第173册，大通书局2000年版，第571页。

③ 光绪《新竹县采访册》卷5《碑碣·员山子番子湖冢牧申约并禁碑》。

④ 《台湾私法物权编》，《台湾文献史料丛刊》第172册，大通书局2000年版，第1704页。

个未走上正规秩序的移民社会起着舆论导向和监督作用。《台湾南部碑文集成》丙部记载有船民制定的《船户公约》，其中有一项内容为："负约者，公议罚戏一台。"台湾郊商"每年郊中演戏设筵"。利用演戏宣扬行规，惩罚违规："茄苜箨，议订二三斤，不得过重。如违，公罚演戏一台。"① 演戏的调节功能甚至渗入人们的日常生活，光绪《嘉义管内采访册·杂俗》记载："闾里所有雀角之争、诟谇之怨，大则罚戏。"演戏在台湾移民社会的管理功能，获得了广泛的社会认同，这对于从无序走向有序的移民社会有特殊作用。

台湾移民家族内部的整合与管理，也通过在祠堂内祭祖演戏进行表达。康熙《台湾县志·岁时》记载："同姓之人合办酒席，致祭于祠中，张灯演戏。"这种祠堂往往是利益共同体的结合，"台鲜聚族，鸠金建家庙，俗曰祠堂。凡同姓者，进祖父之神主于祠内，不必同支共派也"②。台湾开发之初的宗族多以合约宗族为主，只要同姓即可参加，表面上这种宗族以祭祀同一祖先为目的，实际上是一种利益共同体，成员通过宗亲关系聚集劳力和资本进行垦殖，并在激烈竞争中守望相助，合力攻防。所以移民在祠堂演戏祭祀，看起来好像是为了娱乐或祈求神灵保佑，实际上是借机巩固没有血缘基础的宗亲关系。这是移民自我调节与整合的一种手段。

三　演戏的喧闹场景

清中叶以后，台湾移民的祖籍观念渐趋淡薄，对台湾社区的认同感渐趋加强，漳州人、泉州人、唐山人等称谓转变为台湾人、南部人、下港人、宜兰人等。③ 这是移民社会向定居社会渐趋转化的标志，这种转化固然有诸多原因，但演戏作用不容忽视。清统一台湾后，极力推行"教化"，建孔庙，办书院，推行儒家文化。但是，随着移民

① 《台湾私法商事编》第一章"商事总论"第二节"郊·郊规"，《台湾文献史料丛刊》第167册，大通书局2000年版，第43页。

② 乾隆《重修福建台湾府志》卷6《风俗》。

③ 李祖基：《晚清台湾社会的转型及其特征》，《厦门大学学报》（哲学社会科学版）1996年第4期。

开发迅速铺开，官方的行政力量难以控制基层社会，这给民间文化提供了一定的发展空间，百姓喜闻乐见的演戏活动于是蔓延滋长。乾隆《海东札记》卷3记载："神祠、里巷靡日不演戏，鼓乐喧阗，相续于道。"连横《台湾通史》卷23《风俗志·演剧》记载："台湾演剧多以赛神，坊里之间醵资合凑，村桥野店，日夜喧闹。"台湾各地方志对清代演戏也多有记载，如康熙《诸罗县志》卷8《风俗志·汉俗》记载："家有喜，乡有期会，有公禁，无不先以戏者；盖习尚既然"；淡水厅："凡遇四时神诞，赛愿生辰，搬演杂剧"①；凤山县"遇民间生辰、生子弥月、四月、周岁暨赛愿、进中一切喜庆事件，演戏请客"②。台湾县"各坊里社庙……所传王诞之辰，必推头家数人，沿门醵资，演戏展祭"③。清代台湾确实演戏成风。

清代台湾演戏之风盛行，说明其有着广泛的群众基础。尤其是妇女对演戏的爱好已到了痴迷程度，有些女性平时省吃俭用，但看戏则出手大方，"妇女所好，有平时悭吝不舍一文，而演戏则倾囊以助者"。又载："演戏不问昼夜，附近村庄妇女辄驾车往观，三五群坐车中，环台之左右，有至自数十里者，不艳饰不登车，其夫亲为之驾。"④ 妇女看戏得到男性眷属大力支持，每遇唱戏，乡村妇女"驾牛车，团集于台之左右以观，子弟之属代为御车，风之未尽美也"⑤。这种开放的心态是移民社会的特殊情况使然，移民社会的传统礼法约束相对较小，妇女观剧尽管遭到"风之未尽美也"之讥讽，但热情却持续高涨。

台湾演戏已成为移民纵情欢娱的最好表现形式，他们尽情享受演戏带来的欢乐，"锣鼓喧杂，观者如堵"⑥；"街衢庄社演戏，鼓乐喧天，人声动地"⑦。"花鼓俳优闹上元，管弦嘈杂并消魂，灯如飞盖歌

---

① 同治《淡水厅志》卷11《风俗考·风俗》。
② 光绪《凤山县采访册》壬部《艺文·碑碣》。
③ 乾隆《重修台湾县志》卷6《祠宇志·庙》。
④ 康熙《诸罗县志》卷8《风俗志·汉俗》。
⑤ 康熙《台湾县志·舆地志一·风俗·杂俗》。
⑥ 乾隆《续修台湾府志》卷13《风俗·岁时》。
⑦ 光绪《嘉义管内采访册·打猫北堡·杂俗》。

如沸”[①]。随着台湾移民社会的转型，演戏逐渐超越原先闽或粤的地域范围，促进了不同祖籍移民的友好相处：“闽、粤各有土俗，自寓台后又别成异俗。各立私庙，如漳有开漳圣王、泉有龙山寺、潮有三山国王之类；独天妃庙，无市肆无之，几合闽、粤为一家焉。庙以嘉义北港为最赫，每岁二月，南北两路人络绎如织，齐诣北港进香。至天妃诞日，则市肆稍盛者，处处演戏，博徒嗜此若渴，猊縻财至不赀云。”[②] 为了组织好演戏，移民还设会组织演戏：“二十有三日为天后诞，有积款为妈祖会者，设值年炉主、头家，轮流掌理；陈牺牲、演杂剧。”演戏之时，“先期书帖戏彩，某县以刚日，某县以柔日。盖漳属七邑开兰十八姓，加以泉、粤二籍及各经纪商民，日演一台，轮流接月，每自三月朔，至四月中旬始止”[③]。在这里，移民的祖籍观念明显被淡化，不同祖籍的移民在同一戏台轮流有序地演出，显示了移民社会融洽欢和的气氛及组织的协调性。

台湾之戏，源自大陆，其内容大多以中华传统文化为主，“所演大抵《三国志》、《水浒传》、《西游记》类”[④]。台湾移民文化的特色决定了其剧种、唱腔的多元化，连横《台湾通史·演剧》对此记载说：“台湾之剧，一曰乱弹，传自江南。……二曰四平，来自潮州。……三曰七子班，则古梨园之剧，唱词道白，皆用泉音。”剧种、唱腔的多元化，为移民观剧提供了较大的挑选余地，充分体现了移民文化的特点。乾隆《海东札记》卷3记载：“演唱多土班小部，发声佶屈不可解，谱以丝竹。别有宫商，名曰下南腔。又有潮班，音调排场，亦自殊异。”足证当时台戏演技已达较高水准。当移民及其后裔欣赏戏中的历史故事、民间传奇时，中华传统道德观、价值观，就这样潜移默化地发挥了作用。在这里，不是武力或制度在整合移民社会，而是文化起着黏合作用。汉人演戏的风俗对台湾少数民族也有较大影响，他们与汉人的长期接触，自然被汉人演戏所吸引，“民番每

---

① 乾隆《续修台湾府志》卷26《艺文·诗》。

② 同治《台湾纪事》附录三《台俗》。

③ 光绪《新竹县志初稿》卷5《风俗·闽粤俗》。

④ ［日］佐仓孙三：《台风杂记·演戏》，《台湾文献史料丛刊》第177册，大通书局2000年版，第30页。

年演戏”，少数民族居民都会“出戏金”支持，[①] 久而久之，熟番已能模仿汉人进行演戏，乾隆《小琉球漫志》卷8《海东剩语 · 演戏》记载：“熟番遇家有吉庆事，番妇装束，头载纸花圈，十数人携手跳跃。或番童相杂，鸣金鼓，口唱番曲，谓犹汉人演戏。”如果说官方在少数民族生活区设义塾，兴儒学，自上而下推行教化。那么，演戏这种大众文艺却在日常生活中让少数民族居民体会到先进文化的魅力，使他们自觉参与到文化融合的历史潮流中来，演戏在汉人和少数民族居民的交往中发挥着桥梁作用。

清代台湾开发史，实际上是移民之间、移民与少数民族居民之间不断调整彼此利益的历史，也是一部闽粤台地域文化融合交汇并创造新文化的历史。清代台湾的开发经常是民间先于政府，整个台湾的开发过程呈现出由动荡到稳定、由无序到有序、由武治到文治的一个不断发展的过程。在这个过程中，演戏是移民处理各种矛盾的最佳方式。台湾演戏不仅是对闽粤文化的传承，而且是一种有意识的行为。演戏是一种社会工具，在清代台湾社会的发展中有其独特的作用，不能把它仅仅当作一种娱乐手段来看待。从异常环境下的酬神演戏，到民间管理中的演戏，再到地域文化认同中的演戏，我们看到的是一种与台湾开发相应的动态发展过程。台湾的开发过程，不仅是土地的开发过程，也是移民把中国传统文化引入台湾的过程，在这个过程中，民间文化诸如演戏的作用不容忽视。

① 《台湾私法物权编》，《台湾文献史料丛刊》第172册，大通书局2000年版，第1156页。

槟榔与清代台湾乡村民众生活

我国古代关于槟榔的记载，至少始于汉代，西汉司马相如《上林赋》、东汉扬孚《异物志》均有记载。清道光初年赵古农撰我国第一本槟榔专著《槟榔谱》，书中辑录历代有关槟榔的记载，但并未涉及台湾槟榔。[①] 槟榔至迟在宋代已成为闽粤沿海地区百姓待客之礼品，宋人周去非《岭外代答》卷6《食用门·食槟榔》记载，福建、广东“客至不设茶，唯以槟榔为礼”。台湾槟榔礼俗始于何时，已无法考证。但史料表明，台湾少数民族居民在明末清初已流行食用槟榔，康熙三十三年（1694）高拱乾纂《台湾府志》卷10《艺文志·诗》称：“蛮妇蛮童一样妆，久嚼槟榔牙齿黑。”康熙五十六年（1717）周钟瑄纂《诸罗县志》卷8《风俗志·番俗·方言》中也记载，少数民族居民对槟榔已有专门的称呼：“槟榔谓之阿迷希，荖谓之阿辣噶。”康熙年间，郁永河渡海进入台湾，其《裨海纪游》卷上记载说，槟榔“子形似羊枣，土人称为枣子槟榔”。这些记载似乎表明台湾少数民族居民在明末清初已出现食用槟榔的风气。然而，嚼槟榔习俗在清代台湾乡村民众生活中到底扮演了何种角色，值得深入探讨。[②]

一　药用功能与嚼食风气

槟榔是一种热带果木，具有杀虫消积、行气利尿之药用功效，可

---

① 吴建新：《我国槟榔应用和生产的历史》，《农史研究》1988年第7辑。

② 吴长庚：《瘴·蛊·槟榔与两广文化》，《上饶师专学报》1999年第5期；王四达：《闽台槟榔礼俗源流略考》，《东南文化》1998年第2期。其中王文认为台湾槟榔由大陆移民传入，明显不符合历史事实。

用于治疗水肿、脚气肿痛、食积气滞、腹胀便闭诸症。台湾地处热带、亚热带地区，近海多山，潮湿闷热，时至清代仍被视为“瘴疠”之乡。清初郁永河在《裨海纪游》卷中称：“人言此地水土害人，染疾多殆，台郡诸公言之审矣。余初未之信；居无何，奴子病矣，诸给役者十且病九矣！乃至庖人亦病，执爨无人。而王君水底余生，复染危痢，水浆不入；昼夜七八十行，渐至流溢枕席间。余一榻之侧，病者环绕，但闻呻吟与寒噤声，若唱和不辍，恨无越人术，安得遍药之？乃以一舶悉归之。……以余观之：山川不殊中土，鬼物未见有征，然而人辄病者，特以深山大泽尚在洪荒，草木晦蔽，人迹无几，瘴疠所积，入人肺肠，故人至即病，千人一症，理固然也。”由于台湾特殊的地理、气候条件，使其在未开发时以瘴气闻名，移民在开发过程中，自然会食槟榔、荖叶以避瘴气，这在台湾地方文献记载中不胜枚举。

台湾槟榔的名目，根据不同的划分标准而多异。槟榔果因摘取季节不同而被人分为软槟榔、米槟榔，“春取之，为软槟榔，俗号槟榔鲜，极可口。夏秋采而干之，为米槟榔；渍之以盐，为盐槟榔。小而尖者，为鸡心槟榔；大而扁者，为大腹子，食之可以下气”①。人们又根据槟榔颜色将其分为雌雄两种，雄者色青味厚；雌者黑脐味薄，所谓“雌雄别味嚼槟榔，古贲灰和荖叶香；番女朱唇生酒晕，争看猱采耀蛮方”②。此外，人们又根据槟榔生长时朝阳的方位，将之分为槟榔、大腹皮，据咸丰《噶玛兰厅志》记载：“槟榔：向阳曰槟榔，向阴曰大腹皮，实可入药。一穗子数百粒，秋末采食，至二、三月乃尽。实如鸡心，和荖藤食之，能醉人，可祛瘴。”③ 另有“槟榔枣”之称谓，乾隆二十八年（1763）朱仕玠纂《小琉球漫志》卷四记载：“台地槟榔干即大腹皮，裹以蒌叶、石灰，食之剌口。惟初出青色大如枣者，名槟榔枣，不用蒌叶，惟夹浮留藤及灰食之，甚佳。”同治

① （宋）赵汝适：《诸番志》卷下《志物·槟榔》，《台湾文献史料丛刊》第29册，大通书局2000年版，第48页。本文未注明版本者，皆出自大通书局2000年出版的《台湾文献史料丛刊》。

② 乾隆《续修台湾府志》卷26《艺文·赤嵌竹枝词》。

③ 咸丰《噶玛兰厅志》卷6《物产·果之属》。

《东瀛识略》卷5《物产》也记载，槟榔“初类羊枣，莹碧如橄榄，台人名为槟榔枣，男妇咸嗜之。……逮成粒即鸡心槟榔；既熟则大如鸡卵，绉而紫黑矣”。

台湾食用槟榔一般与扶留藤叶、蠡灰一起包裹嚼食。扶留藤叶具有兴奋神经的功效，属酸性；蠡灰属碱性。两者与槟榔一起食用有中和作用，“蒌叶包灰细嚼初，何殊棘刺强含茹。新秋恰进槟榔枣，两颊浮红亦自如”[①]。槟榔“和荖藤食之，能醉人，可祛瘴”，又被称作“菁子”。荖叶“叶如薯，南方人采其叶或截其附根藤，夹槟榔食之，用辟瘴雾……荖藤即香藤”[②]。《台海采风图》记载：“枝柔而长，延绕十余丈。花类僵蚕，彩色味辛。根为荖藤；色粉红，取切片，夹槟榔食之，甚香。花、叶和食，根、叶、花味各别。”[③] 周钟瑄康熙《诸罗县志》卷十《物产志》记载：“浮留藤俗名荖藤，产内山；近萧垅社者最佳。削皮脆如蔗，文如菊，根脆于藤；子如松蕤初吐，俗号荖花。横切小片，文白点点如梅花，更香烈……汉人纳币，取其叶满百，束以红丝为礼。”槟榔和荖叶有此药物功效，所以无论贫穷或富有，皆不离口，“惟槟榔为散烟瘴之物，则不论贫富，不分老壮，皆嚼不离口，所以有黑齿之讥也”[④]。

其实，槟榔的药物功能，应该是人们在御瘴过程中逐渐形成的观念。从药物学角度看，槟榔对人体有保健作用，如槟榔、扶留藤叶和蠡灰三者在口中咀嚼会起到保持口腔卫生、防治牙齿疾患的作用，“台湾槟榔何最美，萧笼鸡心称无比。乍啮面红发轩汗，駿鹅风前如饮酏。人传此果有奇功，内能疏通外养齿”[⑤]。范咸在乾隆《重修台湾府志》卷18《物产·草木》记载，槟榔枣“自孟秋以至孟夏，发生不绝，与椰肉、香藤、蒌根夹灰同啖；惟六、七月始无，台人以熏干者继之。……至来年三、四月，则继用凤邑琅峤番社之槟榔干”。槟榔干即大腹皮，与蒌叶、石灰裹食。槟榔的药用价值，也许是其受

① 乾隆《小琉球漫志》卷4《瀛涯渔唱》。
② 光绪《台湾通志·物产·草木类》。
③ 乾隆《重修台湾府志》卷18《物产·草木》。
④ 道光《彰化县志》卷9《风俗志·汉俗·饮食》。
⑤ 嘉庆《续修台湾县志》卷8《艺文·槟榔》。

到乡村社会民众欢迎的重要因素。连台湾僧尼也喜嚼槟榔，“台地僧家，每多美色少年，口嚼槟榔，台下观剧”①。

其实，不仅槟榔果实可食用，而且刚生长的槟榔树苗芽也可食用，同治《东瀛识略》卷5《物产》记载：“台湾多竹，而笋味均苦，不可食。别有槟榔笋，乃树顶初出嫩尖，巨如人臂，剥去外壳，仅比茭白略长，味甘鲜且嫩于笋。其树直上无枝，高一、二丈，折其尖则萎，故得之不易，价甚昂。”台南以半天笋为肴馔之奇，“半天笋者，槟榔也，干高二、三丈，叶如凤尾，摇曳空中；遭风摧折，取其叶心，切片炒肉，较之春笋，味尤甘脆。台南槟榔虽伙而多不忍食；植之数年，树始及丈，开花结子，岁收其利。故非树倒难扶，未易尝此奇味也”②。槟榔笋的食用，一般多是受外力影响被吹折，不得已而食之，“槟榔笋者较竹笋为嫩，甘鲜可食。盖取其最上之梢，树遂枯；主人深惜之，必台飓大风后，有吹折者，遂取以供餐焉。槟榔亦可斫笋，味稍逊”③。槟榔笋即“槟榔树直上无枝，折其嫩尖，甘鲜可食，名槟榔笋。惟须俟大风吹折，始得购买，价亦甚昂”④。又有“菁膏：谓不熟世故，呼之为生；生与菁同音，因称之为菁膏、为菁桶、为菁仔丛。菁膏则蓝靛，可染色；桶以盛菁者。菁仔为槟榔别名，台南多植之”⑤。看来槟榔笋一般是在迫不得已情况下才会食用，这大概是从追求更大的经济利益考虑的。

嚼食槟榔还是女性美容的时尚用品。由于长时间嚼食槟榔，面部和口唇及牙齿会出现唇红齿黑之现象，最终发展成为一种时尚文化，女子由此以之为美，“台之南路，最重槟榔，无论男女，皆日咀嚼不离于口。食则齿黑，妇人以此为美观，乃习俗所尚也”⑥。台湾流行的竹枝词也云：“槟榔何与美人妆，黑齿犹增皓齿光；一望色如春草

① 康熙《台湾县志·舆地志一·风俗·杂俗》。

② 连横：民国《雅言》，《台湾文献史料丛刊》第165册，大通书局2000年版，第84页。

③ 光绪《恒春县志》卷9《物产·果之属》。

④ （清）山阴何：《台阳杂咏》，见于《台湾杂咏合刻》。

⑤ 连横：民国《台湾语典》卷2，《台湾文献史料丛刊》第165册，大通书局2000年版，第58页。

⑥ 光绪《台湾通志·物产·草木类》。

碧，隔窗遥指是吴娘。”作者自注说：“台中妇女，终日嚼槟榔；嚼成黑齿，乃称佳人。”[①] 又有“槟榔蒌叶逐时新，个个红潮上绛唇。寄语女儿贪黑齿，瓠犀曾及卫夫人”[②]。可见，对于女性来说，嚼食槟榔竟然能一举两得，这也许是女性槟榔不离口的一个秘密。因此，女性不分贫富美丑，都以嚼槟榔引起红唇为美，“饱啖槟榔未是贫，无分妍丑尽朱唇。”[③]

女性天性爱美，传统社会又以红色为吉祥之喜事，嚼食槟榔适应了女性要求裸露的面部及口唇为红色的自然要求，“不学云鬟浅淡妆，芳唇一点是槟榔。逢侬亦要羞回避，莫薄田家窈窕娘”[④]。对女性而言，嚼食槟榔甚至可以代替化妆使用的胭脂，光绪《恒春县志》卷14《艺文》收录的竹枝词云：“盘头一辫好青丝，莫笑侬妆未合时(妇女挽髻者少，多系打辫盘头)。嚼得槟榔红满口，点唇不用买胭脂。”这一现象尤其受到少女们的欢迎，“槟榔佳种产台湾，荖叶蛎灰和食殷。十五女郎欣咀嚼，红潮上颊醉酡颜”[⑤]。因此，嚼食槟榔成为女子追求美的重要手段之一，“淡白轻红逐队分，安知蚕织事辛勤。倦抛绣线无余事，快嚼槟榔胜酒醺（自注：台地妇女，不解蚕织，惟刺绣为事；槟榔则日不离口）”[⑥]。槟榔这一特殊的功效，甚至成为色情场所的女性挽留客人的一个法宝，“惟娼家遇客至，利其赀，不利其去，潜以妓口嚼余槟榔汁濡客辫尾，客即留连不忍他适”[⑦]。台湾女性以黑齿为美的风俗，直到晚清以后，随着东西方文化交流的深入，才逐渐发生审美观的变化，“近时食者较少。盈盈女郎，竞以皓齿相尚矣”[⑧]。

嚼食槟榔对女性能起到美容之功效，由此而省去化妆之手续，

---

① （清）黄逢昶：《台湾生熟番纪事·台湾竹枝词》，第21页。

② 陈肇兴：民国《陶村诗稿》卷4《赤崁竹枝词》，第50页。卫夫人原是春秋时齐国的公主，姓姜，因嫁给卫国国君卫庄公，人称为庄姜。传说她是一位牙齿洁白整齐的美人。

③ 乾隆《台湾府志》卷25《艺文·诗》。

④ 光绪《恒春县志》卷14《艺文·游恒春竹枝词康作铭》。

⑤ （清）吴幅员：民国《台湾诗钞》卷11《吴德功·台湾竹枝词》，第194页。

⑥ 乾隆《小琉球漫志》卷5《瀛涯渔唱》。

⑦ （清）丁绍仪：《东瀛识略》卷3《学校·习尚》，第36页。

⑧ 连横：民国《台湾通史》卷23《风俗志·饮食》，第607页。

“蒌叶包灰细嚼初，何殊棘刺强含茹，新秋恰进槟榔枣，两颊浮红亦自如”[①]。正因如此，槟榔在青年男女恋爱期间，成为传递爱情的信物，台湾地区流传的民间情歌《采槟榔》至今仍被传唱。槟榔在台湾被赋予了青年男女爱情的象征意义，如“绿阴阴处打槟榔，蘸得蒟酱待劝郎。愿郎到口莫嫌涩，个中甘苦郎细尝！”[②] 又如“妾作槟榔花，郎作椰子树；愿得同根生，结子不知数；坐妾白玉床，解郎金错囊；记郎昨夜语，新市出槟榔；槟榔颗颗鲜，服之颜色好；妾意不求仙，底用安期枣？”[③] 由此可见，槟榔在台湾社会被赋予的文化意义越来越广泛。

其实，槟榔除了美容之外，种植的槟榔树还有美化自然与社会环境的功效，槟榔“树直无枝，高一、二丈，皮类青桐，节似筠，叶如棕竹，花淡黄，白色，朵朵连珠，香芬袭人”[④]。又载“槟榔树似椰，皮似青桐，节似竹，大者五、六围，高五、六丈，末大如本，叶聚树端如棕；房居叶下，花秀房中，四月开，细白而香”[⑤]。槟榔“叶皆上竖，犹如凤羽，临风旖旎，甚可入目。叶脱一片，内现一包；数日包绽，即开花二、三枝，淡黄白色，朵朵连珠，香芬袭人。实附花下，形圆而光，宛若枣形”[⑥]，有诗云：“苍藤碧树绿交加，乳燕双飞日影斜。一阵晚风香不断，槟榔破孕欲开花。”[⑦]

二　市场需求导致种植广泛

台湾的野生槟榔古已有之。周钟瑄《诸罗县志》卷8《风俗志·汉俗·杂俗》明确记载：“土产槟榔，无益饥饱，云可解瘴气。”但作为人工种植的槟榔，应与大陆移民有密切关系，康熙中叶高拱乾纂修《台湾府志》卷2《规制志·学田》记载，康熙二十三年

① 乾隆《小琉球漫志》卷4《瀛涯渔唱》。
② 《台湾诗钞》卷14《梁启超·台湾竹枝词》，第256页。
③ 乾隆《重修台湾县志》卷12《风土志·风俗》。
④ （清）董天工：《台海见闻录》卷2《台果》，第50页。
⑤ 光绪《台湾通志·物产·草木类》。
⑥ 乾隆《重修台湾府志》卷18《物产·果之属》，第510页。
⑦ （清）陈肇兴：《陶村诗稿》卷7《壬戌·消夏杂诗》，第99页。

(1684) 知府蒋毓英买置台湾府学田五甲，其中就“杂植椰、樣、槟榔等树”。这一记载显示，台湾对槟榔的种植可能源于大陆移民。于此也可以推断，台湾的槟榔有自然生长与人工种植两类，“台属土地膏腴，岁有三熟之稻，又产槟榔、椰子、樟木、西罗柑、甘蔗等属”[①]。这里将水稻、槟榔、椰子等并列，反映了槟榔的人工栽培。乾隆二十八年（1763）刊刻的《小琉球漫志》卷2《海东纪胜》也记载说：“槟榔皆手植，父老重流连。”

台湾槟榔的人工栽培应是大陆移民传入台湾，在汉人移民之前，台湾少数民族居民的生活较为原始，几乎不懂得种植业。尤其是大陆移民入台后，能根据槟榔的特性而进行槟榔苗培育与栽种，周钟瑄《诸罗县志》卷12《杂记志·外纪》记载：“槟榔之苗，喜阴而畏日。种之法，先以牙蕉。俟蕉长成行，于二、三月间，撒槟榔子空园中，盖以草。芽发去草，蔽以苇席；夜揭之，使得露滋润，开叶高四、五寸，乃移种蕉下。每一蕉间一槟榔，高至尺余，则移其蕉而槟榔自盛。”康熙年间能培植槟榔苗，大概只有移民才能进行。乾隆时范咸《重修台湾府志》卷14《风俗·番社风俗》记载，康熙时台湾知府孙元衡在《过他里雾》的诗中描述诸罗县汉人移民种植槟榔的情形，“旧有唐人三两家，家家竹径自回斜；小堂盖瓦窗明纸，门外槟榔新作花”。唐人是台湾对大陆移民的称谓。移民在长期培育与种植槟榔过程中，摸索出一套槟榔多结果实的方法，即将槟榔与椰树交叉种植，“有椰则槟榔结实必繁”，否则“槟榔不与椰树间栽，则花而不实”[②]，这里透露的信息还显示种植槟榔是为了追求更大的经济效益。

移民在台湾种植槟榔，也逐步影响到台湾少数民族居民，乾隆时范咸《重修台湾府志》卷18《物产》记载：时台湾府属的三县，因“多瘴，三邑园中多种槟榔。新港、萧垅、麻豆、目加溜湾最多，尤佳。七月，渐次成熟；至来年三、四月，则继用凤邑琅峤番社之槟榔干”。这里描述的“社”是清代对台湾少数民族居民生活聚集地的称

① （清）卞宝第：《闽峤輶轩录》，《台湾舆地汇钞》，第88页。

② 乾隆《重修台湾府志》卷18《物产·草木》。

谓，说明少数民族居民也能种植槟榔。康熙时少数民族居民采摘槟榔的方式，与汉人明显不同，而引起士大夫们的注意，周钟瑄康熙《诸罗县志》卷8《风俗志·番俗·杂俗》记载："槟榔子生木杪，高数丈，汉人以长柄钩镰取之。番猱而升，攀枝而过，顷刻之间跳越数十树。"槟榔果至"六、七月熟，可采，番人腾越而上，攀援矫捷，名曰猱采"①。故雍正《台海使槎录》对此有诗歌赞扬说："盛植槟榔覆四檐，浓阴夏月失曦炎；猱升取子飞腾过，不用如钩长柄镰（猱采)。"② 康熙《诸罗县志·番俗图》专门绘有少数民族"采槟榔"图，说明清初士人对之的好奇与重视。

由于槟榔在乡村民众中嚼食的普遍性，人们种植槟榔的热情不减，致使槟榔园在台湾各地进一步普及，"东围西社浑桃津，后旺瓜麻种海滨；百里裹粮漫远佃，槟榔千树赛千囷"③。人们在自家院落、宅旁、田埂都栽种着槟榔，"居处前后栽植槟榔、蒌藤"④，康熙《诸罗县志》卷8《风俗志·番俗·杂俗》记载："舍前后左右多植槟榔，新港、萧垅、麻豆、目加溜湾四社为最。森秀无旁枝，修耸浓阴，亭亭直上。夏月酷暑，扫除其下，清风徐徐，令人神爽。汉人近亦广植之，射利而已。有至崇爻者，言各社之植尤盛。"这里再次显示的内容是汉人与少数民族居民都能在房前屋后种植槟榔。而种植的目的居然是为了经济利益上的"射利"。

移民与少数民族居民对槟榔的广泛种植，使槟榔在台湾的分布地十分广泛，几乎遍及整个台湾岛，只不过各地产量多寡有别罢了。康熙五十九年（1720）陈文达《台湾县志·舆地志·风俗·杂俗》记载："槟榔之产，盛于北路，次于南路，邑所产者十之一耳。但南北路之槟榔，皆鬻于邑中，以其用之者大也。无益之物，耗财甚多。然邻里角竞，亲朋排解，即以此代酒席，释之遂为和好如初。客至，亦以此代茶焉。"乾隆《重修台湾县志》卷12《风土志·风俗》记载：

① （清）六十七：《番社采风图考·采实》，第14页。

② （清）黄叔璥：《台海使槎录》卷8《番俗杂记·附题》，第176页。

③ 乾隆《续修台湾府志》卷26《艺文·留题诸罗十一番社》。

④ 乾隆《重修台湾府志》卷14《风俗·番社风俗》。

“南北路之槟榔辇来于邑中，男女竞食不绝口。中人之家，岁靡数十千。”① 这里的“岁靡数十千”，表明台湾的槟榔种植是为了市场的需要，“多者日费百钱，俗云可解瘴气，款客以此为先”②。南北路生产的槟榔运到中部地区，既满足了市场的需求，也装满了种植者腰间的钱袋，所以有“一般地气分南北，南富槟榔北富橙”的说法。③ 南部恒春“槟榔亦名仁频。恒邑产于番社者多，形如黑枣；裹以荖叶、石灰，男妇皆喜啖之，不绝于口。婚姻大事，及平时客至，皆以槟榔为礼”④。卑南觅“土产槟榔，薯榔尤多，漫山遍野皆是”。这里生产的槟榔大多通过水路运到台湾各地市场销售。⑤

随着社会经济的发展，槟榔的经济价值还可以从地权交易中人们重视槟榔产权分割得到证明。咸丰五年（1855）四月，“新港社番妇乃怡郎、乃金凉等，有承祖父开垦宅地一所……今因乏银费用，愿将此宅地出典……言约宅内若有栽插槟榔，上吐者每丛贴工资银一钱；未吐者贴银五分；荖叶每千枝篱坐银三员”⑥。另外，由于槟榔具有重要的经济价值，以至于在正供之外，槟榔还被作为陆饷征税，“槟榔、番檨饷，二者以宅计，皆果属也。每宅征银多寡不等，年共征银一百三十六两”⑦。其实，槟榔无形之中已渗入台湾乡村社会的经济生活，一些人甚至卖槟榔维持生计，“据何涉供称：年三十岁，原籍平和县人，现住嘉义县双援庄，向卖槟榔度日，父母俱故，并无兄弟妻子，也无产业”⑧。凤山广安庄人许尚“业卖槟榔”⑨。驻守台湾的漳泉兵丁“多有在外生理之事。……各兵原无资本，不过在街市售卖槟榔、糕饼，编织草鞋，日积锱铢，为添补衣履之用”⑩。

---

① 乾隆《重修台湾县志》卷12《风土志·风俗》。
② （清）倪赞元：《云林县采访册·斗六堡·风俗·杂俗》，第29页。
③ （清）林占梅：《潜园琴余草简编·与越客偶谈风土》，第16页。
④ 光绪《恒春县志》卷9《物产·果之属》。
⑤ （清）黄逢昶：《台湾生熟番纪事·台湾生熟番舆地考略》，第7页。
⑥ 《台湾私法物权编》第二章“物权”，第775页。
⑦ （清）丁绍仪：《东瀛识略》卷2《粮课·税饷》，第20页。
⑧ 台湾银行经济研究室编：《台案汇录庚集》卷2，第245页。
⑨ （清）姚莹：《东槎纪略》卷1《平定许杨二逆》，第1页。
⑩ 《钦定平定台湾纪略》卷61，乾隆五十三年五月，第977—978页。

三　槟榔在民间纷争中的调解功能

槟榔特殊的药物效能，使其成为移民在开发烟瘴之地台湾时防御疾病的重要良药，并逐渐演化出具有较普遍意义的社会功能。槟榔成为台湾最流行的馈赠礼物，或许与移民有关。康熙中叶高拱乾纂修《台湾府志》卷7《风土志·汉人风俗》记载：移民“宗族之亲少、洽比之侣多，此亦四海兄弟之意。有一朝之忿，即以槟榔睦之”。周钟瑄的康熙《诸罗县志》卷8《风俗志·汉俗·杂俗》记载：“闾里雀角或相诟谇，其大者亲邻置酒解之，小者辄用槟榔。百文之费，而息两氏一朝之忿；物有以无用为有用者，此类是也。然男女咀嚼，竞红于一抹，或岁糜数十千，亦无谓矣。”由此而逐步形成“全台土俗，皆以槟榔为礼”①。

槟榔作为礼物首先用在青年男女婚姻方面，周钟瑄的《诸罗县志》卷8《风俗志·番俗·杂俗》记载：“女将及笄，父母任其婆娑无拘束；番雏杂沓相要，弹嘴琴挑之，唯意所适。男亲送槟榔，女受之，即私焉，谓之牵手。”这里的槟榔是男方为探询女方意向时的最初礼品。随着槟榔在礼物中角色的日益突出，后来，在乡村社会婚聘各个环节亦多以槟榔和荖叶作为贵重之礼物，“订盟：用番银、红彩、大饼、槟榔；殷实家则加礼盘等件。女家随其轻重而报以细缎、刺绣之物，随将大饼分送亲友。纳聘亦然，亲友至期为之灿妆。完聘：合纳采、纳币为一礼，用婚启拜帖往复。聘金银连订盟以四十元为率，仍备礼盘、大饼、槟榔，又豚肩、老酒、烛、炮之类，丰俭称家之有无。女家亦随其轻重报之”②。可见，男女从订盟到完聘的婚姻过程中，槟榔都是不可缺少之礼物。

而在婚礼往来交换的信物中，大户人家也多以槟榔的形状摆放，以烘托婚礼场面的吉祥，“礼榔双座，以银为槟榔形；每座四圆，上镌‘二姓合婚、百年偕老’八字。收‘二姓合婚’一座，回‘百年

① 同治《重纂福建通志》卷58《台湾府》。

② （清）倪赞元：《云林县采访册·斗六堡·风俗·婚姻》，第22页。

偕老’一座”。至于一般普通百姓之家的婚礼也离不开槟榔，“贫家则用干槟榔，以银薄饰之”[①]。这种习俗逐渐蔓延到整个台湾岛，《台东州采访册》称：居住于沿海平地的平埔人婚俗，“以布及米粿、槟榔等物为礼”[②]，南部各地民间社会，“婚姻大事，及平时客至，皆以槟榔为礼”[③]。由此可见，槟榔在婚嫁中是不可缺少的主角，“红罗检点嫁衣裳，艳说糖团馈婿乡。十斛槟榔万蕉果，高歌黄竹女儿箱”[④]。

槟榔在日常交往中的礼物功能尤为突出，亲友往来多以槟榔为礼，见面时，拿槟榔“荐客先于茶酒”[⑤]。康熙年间高拱乾《台湾府志》亦称台湾“人有故，则奉（槟榔）以为礼”[⑥]，台湾“槟榔最甚，嗜者齿尽黑，谓可辟瘴。每诣人，多献之为敬”[⑦]。可见，食槟榔不仅成为人们交际的媒介，而且成为款待客人必不可少的礼节和仪式，甚至成为是否尊重客人的基本标准。光绪《全台游记》记载：“台南城大数倍台北，其街市之繁华、民居之稠密、百物之便宜，亦数倍之。而地气太暖，风沙满目，水土似不及台北为佳。男妇老幼喜嚼槟榔，客来不奉茶，惟送槟榔。”[⑧]

每到槟榔收获季节，台俗必以新鲜槟榔招待客人，周钟瑄《诸罗县志》卷8《风俗志·番俗·杂俗》记载：“槟榔熟，则送槟榔，必采诸园，不以越宿者饷客。”与槟榔相关的槟榔扇也成为贵重的赠品，诗云：“引得清风拂面来，张葵曾画放翁梅；何如赠我槟榔扇（槟榔扇出台湾），一路扬仁到上台。”[⑨] 于是，台湾出现专门编织槟榔扇以满足市场需求，“麻豆、萧垅各社多植槟榔，箨可为扇，胜于蒲葵。或取其细腻者，以线香炷之，山水、人物浓淡得宜，所谓火画者也；乃得接以角柄、缃以美锦，每把售钱数百或一、二金。西洋人见而悦

---

① 乾隆《重修台湾府志》卷13《风俗·习尚》。

② （清）胡铁花：《台东州采访册·风俗》，第50页。

③ 光绪《恒春县志》卷9《物产·果之属》。

④ 连横：民国《台湾诗乘》卷5，第219页。

⑤ 道光《彰化县志》卷9《风俗志·汉俗·杂俗》。

⑥ 康熙《台湾府志》卷7《风土志·果之属》。

⑦ 光绪《苗栗县志》卷7《风俗考》。

⑧ 池志澂：《全台游记》，第10页。

⑨ （清）黄逢昶：《台湾生熟番纪事·台湾竹枝词》，第21页。

之，购以馈赠。今市上虽有槟榔扇而无火画，遂使一种美术亦与舆图俱失，惜哉!”[①] 王必昌曾对槟榔在乡村社会扮演的角色有很好的描述，“厥有槟榔，生此遐方。杂椰子而间栽，夹扶留以代粮；饥餐饱嚼，分咀共尝；婚姻饰之以成礼，诟谇得之而辄忘”[②]。可见，槟榔在台湾乡村社会中的重要性。

槟榔作为乡村社会的产物，还扮演着“解忿”的功效。“男女多食槟榔。凡有客来往，先以槟榔为先，次以茶，或说槟榔能除瘴气，故以多食此物。闾里所有雀角之争、诟谇之怨，大则罚戏，小则罚槟榔、香饼，分诸邻右，俾知孰是孰非，以解两造之怨。”[③] 又称“宾朋交接，每献之为敬；遇小诟谇，亦每以是物，释彼此之憾焉!”[④]《台海见闻录》记载：“台地闾里诟谇，辄易构讼，亲到其家，送槟榔数口，即可消怨释忿。”诗人对此也多有描述：“睚眦小念久难忘，牙角频争雀鼠伤。一抹腮红还旧好，解纷惟有送槟榔。”[⑤] 咸丰时刘家谋的《海音诗》有一首诗云：“鼠牙雀角各争强，空费条条诰诫详。解释两家无限恨，不如银盒捧槟榔。”[⑥]

其实，台湾作为移民社会，“所聚庐托处者，非有祖贻孙承，世其家业也，大抵漳、泉之人来居之。此外，或自福、兴而至，或自惠、潮而来。虽各循土风，而大端亦不甚远焉”。不同祖籍的移民之间难免会发生矛盾，然槟榔就成为彼此之间解忿的中介物，至于“邻里诟谇，槟榔可以解纷；有无相通，倾囊亦所不惜”[⑦]。这当然有夸张的成分。槟榔在乡村社会纠纷中能化干戈为玉帛，成为稳定乡村社会的重要润滑剂，“小者辄用槟榔，百文之费，而息两氏一朝之忿，物有以无用为有用者，此类是也”[⑧]。这一习俗在台湾的时空传承上

---

① 连横：民国《雅言》，《台湾文献史料丛刊》第165册，大通书局2000年版，第80页。

② 乾隆《续修台湾府志》卷23《艺文·台湾赋》。

③ 光绪《嘉义管内采访册·打猫南堡·杂俗》，第43页。

④ 光绪《树杞林志·风俗考·饮食》。

⑤ 同治《重纂福建通志》卷58《台湾府》。

⑥ 周宪文：《台湾杂咏合刻》，第25页。

⑦ 乾隆《重修凤山县志》卷3《风土志·风俗》。

⑧ 康熙《诸罗县志》卷8《风俗志·杂俗》。

一直延续不断，而且随着移民开发的深入也不断传播到各地，凤山竹枝词云："堪笑乡愚寡见闻，些些曲直竟难分。欲教省事凭何法，罚个槟榔便解纷。"[①] 嘉庆、道光年间，噶玛兰地区也是如此，"槟榔胜于瓜果，俗呼荖叶。虽妇孺亦口如涂脂，日咀夜嚼。逢人辄欲持赠，无所吝惜。传者以为可辟瘴疠，故兰中尤宜。遇小诟谇，一盘呼来，彼此可以释憾，则又有些作用云"[②]。

由于槟榔具有礼物与解纷的功能，导致台湾社会民众嚼食槟榔成风的习俗，并造成社会为此奢靡之倾向，有识之士不断批评指责这一风气，认为将槟榔、蛎灰、浮留藤"三物合和，唾如脓血，亦恶习也"[③]，指责"土人随吃随吐，唇皆带异色，齿亦悉涅黑，一见知蛮习矣"[④]。其实，所有的指责大概都源于嚼槟榔引起的奢靡。普通之家即使"饘粥弗充，槟榔不离于口。习俗相沿，饿死不变"[⑤]。同治《东瀛识略》卷3《习尚》记载："男女尤嗜槟榔，咀嚼不去口，日茹百余文不惜。"康熙《诸罗县志》卷8《风俗志·汉俗·杂俗》记载："男女咀嚼，竞红于一抹，或岁糜数十千，亦无谓矣。"道光十年（1830）周玺《彰化县志》卷9《风俗志·汉俗·杂俗》记载："或日费百余文，黑齿耗气，不知节矣。"由于出现"饥餐饱嚼日百颗，倾尽蛮州金错囊"[⑥] 的社会现象，因此崇尚节俭已成为转变风俗之急务。"土人啖槟榔，有日食六、七十钱至百余钱者，男女皆然。惟卧时不食，觉后即食之，不令口空。……闻有一富户，家约七、八口，以五十金付货槟榔者，令包举家一岁之食；货槟榔者不敢收其金，惧伤本也。贫窭之家日食不继，每日槟榔不可缺，但食差少耳。相习成风，牢不可破。虽云足解瘴除湿，而内地官台者，食亦稀少，未见遂受湿瘴病，是知土人恶习也"[⑦]。

台湾地处热带、亚热带的气候，适合于槟榔的种植，移民与少数

---

① （清）卢德嘉：《凤山县采访册》癸部《艺文·凤山竹枝词》，第511页。

② 咸丰《噶玛兰厅志》卷5《风俗·饮食》。

③ 池志澂：《全台游记》，第10页。

④ ［日］佐仓孙三：《台风杂记·槟实》，第43页。

⑤ 同治《重纂福建通志》卷58《台湾府》。

⑥ （清）董天工：《台海见闻录》卷2《台果》，第50页。

⑦ 乾隆《小琉球漫志》卷7《海东剩语（中）·槟榔》，第71页。

民族对槟榔的培植，使槟榔逐渐发展成为台湾历史上独特的槟榔文化，在乡村社会中有着不可替代的地位。清代《咏槟榔子排律》云："博物曾看选赋详，仁频着号即槟榔。平林干耸千竿直，近宅花迎十亩香。绿绕群呼青子熟（台人呼为青子），红残偏许白丁尝。村墟趁市皆充案，闺阁咸珍半贮藏。淡可疗饥医苦口，津能分润滴枯肠。非关饱腹有茶癖，未必领颜是酒乡。尽日交游持以赠，不时咀嚼味尤长。瀛壖自昔称多瘴，佳实功宜补药方。"① 这或许能作为槟榔在台湾乡村社会生活中扮演角色的概括。嚼食槟榔这一社会风气，至今仍在台湾社会相当盛行。

① 连横：民国《台湾诗乘》卷3，第156页。

经济行为与环境变化：清前期台湾野生鹿消失探析

台湾地处祖国东南沿海，气候温和，雨水充沛，自然条件优越。在大陆移民大规模开发之前，台湾是野生动物生活的天然场所，尤以鹿的数量最为可观。自明中后期尤其是荷兰占据台湾以来，台湾成为中西贸易的重要据点，鹿成为贸易中的最大宗商品，遭到毁灭性的捕杀。清统一台湾后，大陆移民不断入台垦荒，破坏了鹿的生存环境，又加剧了鹿的数量减少乃至消失。所谓消失是指成群的野生鹿在人类的活动过程中被逐渐捕杀殆尽。学界对古代鹿的关注已有王利华发表于《中国社会科学》2002 年第 3 期的《中古华北的鹿类动物与生态环境》一文，主要探讨中古华北地区鹿的分布与生态环境变迁。对台湾鹿的研究，仅有阮思华发表于《农业考古》2002 年第 3 期的《台湾原住民捕鹿业的发展》一文，着重探讨台湾少数民族居民的捕鹿业情况。本文试图从清前期台湾野生鹿之消失来管窥人类经济行为对环境的作用和影响，并导致台湾少数民族社会的变迁。

一　天然鹿场及少数民族居民食用鹿之习性

台湾在清前期大陆汉人移民大规模移入之前，几乎还保持着较为原始的生态环境，少数民族居民的农业生产大致仍处于刀耕火种的落后状态。据学者研究，台湾少数民族居民在荷兰人占据以前，其在农业生产过程中还不会使用牛和犁，只用原始粗笨的鹤嘴器进行耕作。①

① 林仁川、黄福才：《台湾社会经济史研究》，厦门大学出版社 2001 年版，第 44 页。

台湾因为是海岛，其生态环境在清初仍多呈天然状态，康熙年间，《裨海纪游》的作者游历台湾看到的景象是："台湾多荒土未开，草深五六尺，一望千里。"这就为野生动物生长繁衍提供了良好的栖息地。在各种野生动物中，鹿的数量当属首位，明末台湾岛"内惟产鹿，千百为群"[①]。明人何乔远在《闽书》卷146《岛夷志》中说：台湾"山最宜鹿，千百为群"。这些记载表明，鹿在台湾的地域分布十分广泛。由于明清之际的人们主要在今台南一带活动，因而这些记载或许更多在台南地区。1623年荷兰人在台南萧垄地区调查，发现大员附近鹿的数量之多，"鲜有国家可与比拟"[②]。台湾野生鹿种类不一，文献中常出现鹿、麚、獐、麂等名称；荷兰文献有鹿皮、大鹿皮、獐皮等名目，尤以鹿皮为大宗。这些不同的称谓，既说明台湾鹿的种类繁多，也显示野生鹿的数量较为庞大，显示在移民大规模进入前，台湾生态环境的原始状态。

台湾大量野生鹿的存在，为处于落后生产方式的少数民族居民提供了重要的生活资料来源，捕鹿打猎因而成为少数民族居民的主要产业。史料记载，少数民族居民猎鹿往往是大规模的集体行动围捕，"冬，鹿群出，则约百十人即之穷追，既及，合围衷之，镖发命中，获若丘陵，社社无不饱鹿者"[③]。早期台湾的捕鹿成为少数民族居民的专利，他们不允许汉族移民插手捕鹿行业，"汉人有私往场中捕鹿者，被获，用竹杆将两手平缚，鸣官究治，谓为误饷；相识者，面或不言，暗伏镖箭以射之"[④]。尽管少数民族居民反对汉人猎鹿，但由于捕鹿利益的丰厚，汉人仍不时从事偷猎活动，移民与少数民族居民之间的矛盾也因此逐步升级，乾隆二年（1737）有官员称：台湾"汉番杂处，恐奸民藉防患生事，小则侵界打鹿，与番构结"[⑤]。由于少数民族居民人数相对稀少，且早期台湾的自然环境非常适宜于鹿的

---

① （明）杨士聪：《玉堂荟记》，大通书局2000年版，第137页。以下未注明出版社者，皆同此。

② （明）江树声：《萧垄城记》，转引自杨彦杰《荷据时代台湾史》，江西人民出版社1992年版，第201页。

③ （明）何乔远：《闽书》卷146《岛夷志》，福建人民出版社1995年版，第4361页。

④ 乾隆《台湾府志》卷16《风俗》。

⑤ 道光《重纂福建通志》卷145《宦绩》。

繁衍生长，所以尽管少数民族“穷年捕鹿，鹿亦不竭”①。这一状况也反映了明末清初台湾野生鹿数量十分庞大，因而鹿的繁衍成长也十分迅速。同时还说明台湾在此时尚未被完全卷入世界贸易市场体系之中。

台湾自然生态环境易于鹿等野生动物的繁衍生息，康熙《澎湖台湾纪略·物产》记载：台湾“山无虎，但有豹，亦不噬人，故鹿、麛、獐、麂之属成群遍野，莫为之害”。这之中又以鹿的繁衍速度最快，雍正时刊刻的《台海使槎录》卷3《物产》也记载：台湾“山无虎，故鹿最繁”。由于没有大型食肉动物存在，客观上加速了鹿的繁衍成长。而在移民进入台湾之前，少数民族人口的稀少以及生产方式的原始化，为野生鹿的生存提供了广阔的空间。康熙《诸罗县志》卷8《风俗志》记载：清初诸罗人口“始皆土番”，县境之内“田器不足用，耕者盖鲜”，因而呈现出的自然环境是“丰草弥望，多鹿场”。乾隆《重修台湾府志》卷16《风俗》引《番俗杂记》云：“鹿场多荒草，高丈余，一望不知其极。”这既展现了台湾野生鹿良好的生存环境，也显示了早期台湾农业生产的落后。也正因为荒草茂盛，所以少数民族也多借助天然资源进行捕鹿，“逐鹿因风所向，三面纵火焚烧，前留一面，各番负弓矢、持镖槊，俟其奔逸，围绕擒杀”。当然，这种原始的捕杀方式往往会将鹿一网打尽，不利于鹿的生息繁衍，也恰恰反映了少数民族居民生产与生活方式的落后。

台湾少数民族居民社会生活与鹿结下了不解之缘。首先在食物方面，少数民族食用鹿肉十分普遍，即史料中记载的“社社无不饱鹿者”，他们尤喜爱食鹿的内脏，“笃嗜鹿肠，剖其肠中新咽草旨啖之，名百草膏”②。《闽海赠言》卷2《东番记》也载：少数民族居民“习笃嗜鹿，剖其肠中新咽草将粪未粪者，名百草膏，旨食之不餍，华人见辄呕”。汉番习俗之不同于此可见一斑。当然，这些文献记载大多出于汉族文人之手，其中或许有故意贬斥少数民族落后之意。后来的文献对此记载越发显示少数民族居民食鹿的怪异，如乾隆《重修台湾

① （明）沈友荣：《闽海赠言》卷2《东番记》，第27页。

② （明）张燮：《东西洋考》卷5《东番考》，中华书局1991年版，第106页。

府志》卷18《物产》称，少数民族居民捕获鹿以后，“取其肠胃连粪食之，以为至美”。这些记载至少反映了少数民族居民喜食鹿之内脏的历史事实。乾隆《重修福建台湾府志》卷19《杂记》记载的竹枝词也称少数民族喜食鹿之内脏，“竹弓楛矢赴鹿场，射得鹿来交社商；家家妇子门前盼，饱惟余沥是头肠”。不过，少数民族喜食鹿内脏，可能还与赋税及商业贸易有关，因为鹿皮、鹿肉多被商人收购用以出口，康熙《诸罗县志》卷8《风俗志·番俗》记载，鹿皮、鹿脯被社商收购卖给荷兰人，“惟头及血脏归之捕者”。看来台湾频繁的商业贸易，可能是导致少数民族居民不得不食鹿内脏的重要原因之一。

台湾少数民族居民由于长期从事捕鹿以及以鹿肉为食品的缘故，在生活中逐渐积累了一些吃鹿肉对人体具有治疗保健的经验，康熙《诸罗县志》卷8《风俗志·番俗》记载，少数民族“细切鹿肝为醢，名膏蚌鲑，藏久，云可愈嗪口痢”。而中国传统医学认为，鹿对人的身体有较好的补养价值，视鹿为贵重滋养品之一，鹿茸“角之初发者，禀纯阳之质，含生发气，其味甘，其性温，能补阳；又有麋茸，能滋阴”。这些观念随着移民进入台湾也逐渐在台湾得到推广，康熙时，台湾已出现熬制鹿制品，如鹿角胶，“碎鹿角煮，凝冻成胶，大温补之药”，鹿角霜“即胶之粗而为渣者，功次于胶”①。医家甚至以鹿肚石帮助病人治病，光绪《台湾通志·物产·杂产类》记载：“以其食草黏沙，积而渐化，包鹿气血，凝结成块，坚如圆石。医家以之疗心气关嗝诸症。”

鹿皮是台湾少数民族居民早期衣着的天然原料，《台海使槎录》卷5《番俗六考》记载：“男女多着鹿皮。”这种现象在台湾少数民族居民中较为普遍，据《大清一统志》卷437《台湾府》记载，凤山熟番“男以鹿皮蔽体，或披毡敞衣；女着衣裙”。凤山归化生番则是“男女披发裸身，或以鹿皮蔽体”。彰化县归化生番“身披鹿皮，绩树皮横联之，间有着布衫者”。淡水厅生番“男女俱裸，或联鹿皮缉

① 康熙《诸罗县志》卷10《物产志·药之类》。

木叶为衣……其竹堑东南内山生番，俗亦相等”[①]。少数民族居民还用鹿皮制作坐卧器具，“寝以竹片铺地，藉以鹿皮”[②]。乾隆时范咸纂修的《重修台湾府志》卷14《风俗·番社风俗》也记载，少数民族居民“坐皆席地，或藉鹿皮”。乾隆《小琉球漫志》卷五则记载：“寝处以鹿皮。”这一习俗也影响了汉族移民，不过汉番对不同季节的鹿皮使用则有区别，康熙《诸罗县志》卷10《物产志·货之属》记载：鹿皮“春皮毛浅而薄，番以为席；冬皮毛深而厚，汉人购为褥，温而去湿”。这里再次显示了汉人的鹿皮是购买而得，也凸显了少数民族居民的商业行为。此外，在少数民族居民的日常生活中，还有不少鹿制品。据《台海使槎录》卷5《番俗六考》和乾隆《重修台湾府志》卷14《风俗·番社风俗》记载，少数民族居民用“鹿角簪”装束头发，以鹿脂润发护体，番人“用鹿、豕脂润发，名奇马”。晚清以后，此习俗渐渐消失，光绪《台阳见闻录》卷下《番部·抹鹿脂》记载：“往时番妇抹鹿脂油于身以为香……今则渐除矣。”

台湾少数民族居民的风俗习惯也烙有鹿之印记。以婚聘和丧葬而言，台湾各番虽有差异，但几乎都使用鹿制品。婚姻中男方以鹿脯为主要礼品，道光《噶玛兰志略》卷12《番市志·番俗》记载，番社婚娶时，“皆备卓戈纹、鹿、豕等送至女家以为聘，置酒饮众贺者”。男家把鹿脯等装在礼盘，“以为贽，盘内置豚羊肩各一，鹿脯两片……女家收之，答以糕饼时果之属”[③]。而以鹿角制作的礼物也成为婚姻过程中的重要信物，同治《淡水厅志》卷15《社寮杂诗》云：“回头断齿追欢日，尚剩亲磨鹿角钗。”原注曰：“土番多手制鹿角钗为聘，番女成婚则去二齿，以别处女。”少数民族的丧葬也少不了鹿，康熙《诸罗县志》卷8《风俗志·番俗》记载，番民死后多以鹿皮包裹尸体埋在床下，“人死结采于户……无棺椁茔域，裹以鹿皮”。裹尸的鹿皮在人活着时已准备好，“有生时置皮一器如厢，入已物其中，死即以为棺者，瘗所居床下”。由于鹿皮在丧葬中扮演了特定角色，

① 嘉庆《大清一统志》卷437《台湾府·番民》，《续修四库全书》史部第622册，上海古籍出版社2002年版，第334页。

② （清）黄叔璥：《台海使槎录》卷5《番俗六考》，第102页。

③ 连横：《台湾通史》卷23《风俗志·冠婚》，第609页。

所以亲朋好友也有将鹿皮作为礼品送给丧家，乾隆《续修台湾府志》卷14《风俗》记载：“土官故……诸亲各送青蓝布一丈或鹿皮一张，同杂物与盝葬所卧床下。”即使埋在野外山上，也要用鹿皮包裹，同治《淡水厅志》卷11《番俗》记载：“淡南番死，男女老幼皆裸体，用鹿皮包裹，亲属四人畀至山上，用鹿皮展铺如席，以平生衣服覆之，用土掩埋。”可见，台湾丰富的野生鹿成为少数民族居民从生到死都离不开的物品。

二　市场需求刺激少数民族居民大肆捕鹿

台湾野生鹿为少数民族居民社会经济提供了重要的物质保障。但到了清初，台湾野生鹿却在逐渐减少。究其原因，正是由于少数民族与移民在台湾经济活动中功利性行为的不断强化，进而造成环境的剧烈变化，也因此导致少数民族居民的社会变迁。明清时期，台湾野生鹿的消失主要是人为的大量捕杀所致，除了少数民族居民的食用与衣着外，更多的是受市场需求控制。

早在明嘉靖年间，大陆渔民已开始在台湾岛向少数民族居民收购鹿皮。万历年间，台湾少数民族居民已用“鹿脯皮角”与大陆福建的漳泉人交换玛瑙、瓷器等物。台湾“鹿多，而彼等盛加射杀，肉及皮使其干燥，中国人以廉价收买或以他物交换”。17世纪20年代，大陆商人已在台湾经营以鹿皮为主的商业贸易，数量相当可观，“据闻鹿皮每年可得二十万张”①。早期大陆与台湾的贸易往来主要在今台湾南部一带，大员附近“约有中国帆船百艘，由中国驶来捕鱼，并购买鹿肉输往中国”②。除了台海两岸频繁的商业贸易外，这一时期，台湾与日本的鹿皮贸易也较活跃，台湾“地多鹿皮，日本人向土番采购之”③。康熙时郁永河的《裨海纪游》卷下记载，番人“射得麋鹿，尽取其肉为脯，并收其皮。日本人甚需鹿皮，有贾舶收买，脯以鬻漳

① 郭辉译：《巴达维亚城日记》第1册，台湾省文献委员会1970年版，第33、49页。

② 厦门大学郑成功历史调查研究组编：《郑成功收复台湾史料选编》，福建人民出版社1982年版，第234页。

③ 郭辉译：《巴达维亚城日记》第1册，台湾省文献委员会1970年版，第11页。

郡人”。可见，至少从明末以来，台湾少数民族居民的贸易十分活跃，贸易对象既有海外的日本，又有大陆的福建，并能根据各地市场的需求，对捕获的鹿进行加工处理。

明末以后，随着西方殖民者的不断东来，南海区域的海洋贸易圈愈益活跃，台湾与国际市场的联系更加密切，海外市场对鹿皮需求强烈，台湾捕杀野生鹿的活动也进入高潮。荷兰人占据台湾以后，很快就加入到贩运鹿皮行列，并逐渐居垄断地位。荷兰人将鹿皮全部运销日本，17 世纪 30 年代大约每年平均运输 10 万张以上，其中 1635 年就高达 15 万余张。17 世纪 40 年代以后有所下降，但年均也在五六万张至八九万张之多。荷兰在台湾收购鹿皮价平均每百张 10 两，销往日本市场则大多在 30 两左右，有时甚至涨至每百张 40—60 两，获利十分可观。[①] 鹿皮市场的暴利与活跃，刺激了台湾少数民族居民的疯狂捕杀，从而极大地影响了鹿的繁衍生息，至少在 1640 年以后，台湾鹿的数量就开始急剧下降。但荷兰人的掠夺并没有停止，捕杀的数量仍有增无减，1660 年一只装运近 6.5 万张皮货的荷兰船从台湾开赴日本长崎，1661 年荷兰商馆仓库还保存 11 万张鹿皮，鸡笼仓库内又有 280 捆鹿皮。[②] 1664 年 11 月，已被郑成功逐出台南的荷兰人在鸡笼仍“购买了大鹿皮 1380 张，鹿皮 145 张，山羊皮 264 张”[③]。日本人大量购买鹿皮，主要作为民生用品，据《台海使槎录》卷 8《番俗杂记 · 附题咏》称，日本人“多用（鹿）皮以为衣服包裹及墙壁之饰，岁必需之。红夷以来，即以鹿皮兴贩”。为了获取大量的鹿皮，荷兰人改变了原先只能由少数民族居民捕鹿的方式，允许汉人移民在交纳狩猎税后，可领取捕鹿许可证入山捕鹿，规定少数民族居民不得阻拦，但捕获的鹿皮必须由荷兰人收购。汉人移民的加入，扩大了捕杀野生鹿的队伍，无疑也加速了野生鹿群的消亡。

荷兰人为了完全控制台湾的鹿皮市场，逐步加强对少数民族居民

---

① 杨彦杰：《荷据时代台湾史》，江西人民出版社 1992 年版，第 119—121、211—212 页。

② 黄福才：《台湾商业史》，江西人民出版社 1990 年版，第 10—11、29、40 页。

③ 厦门大学郑成功历史调查研究组编：《郑成功收复台湾史料选编》，福建人民出版社 1982 年版，第 296 页。

捕鹿的控制，以获得鹿皮专卖，其途径主要有两种：一是实行社商制，即通过汉人到番社收集鹿产品，社商一般以中国大陆的布匹、盐、铁、烟草等日用品与少数民族交换鹿皮、鹿角、鹿脯等，再卖给荷兰人供其出口。二是强迫少数民族居民缴纳鹿皮，康熙《诸罗县志》卷6《赋役志·饷税》记载："陆饷，番社饷也。……台湾始见于明之中叶，前无可考。明季属荷兰，岁贡倭鹿皮三万张。诸罗此时大约以鹿皮为赋，或折征也。"所谓社饷就是指归附土番向荷兰殖民者岁纳鹿皮。1642年荷兰人规定少数民族每户每年向公司缴纳"鹿皮五张"。1644年规定所有归附番社，每年都必须"缴纳鹿皮或稻谷"给公司。[①] 清朝统一台湾后，对捕杀鹿实行领照纳税制，《台湾通史》卷17《关征志》记载："台湾之山多麋鹿，猎者领照纳税，月课一盾，逐犬入山，肆其捕杀，于是麋鹿渐少。"

郑氏统治台湾期间，由于清廷推行海禁封锁政策，两岸贸易受阻，郑氏遂致力于开拓和日本及东南亚一带的海外贸易，以解决政权的财政危机，鹿皮是其贸易输出品之一。江日升《台湾外纪》卷6记载，清初郑氏"遣商船前往各港，多价购船料，载到台湾兴造洋船、乌船，装白糖、鹿皮等物，上通日本……下贩暹罗、交趾、东京各处以富国"。此时，鹿皮仍主要是从少数民族居民处收购而来，据连横《台湾通史》卷15《抚垦志》记载，郑氏派军队到各少数民族聚落收集鹿皮，"以部将十人管社事，分新港、目加溜湾、萧垄、麻豆为四大社，征收鹿皮，与之贸易"。此外，少数民族居民要以鹿皮向郑氏政权纳税，雍正《台海使槎录》卷8《番俗杂记·社饷》记载："交纳鹿皮，自红毛以来，即为成例。……大小兼收，伪册报部。"所谓"成例"是指荷兰人规定少数民族居民须用鹿皮缴纳人头税。[②] 这一规定几乎为郑氏所沿袭，康熙时高拱乾纂修的《台湾府志》卷5《赋役志》也载：台湾"诸罗三十四社土番捕鹿为生，凤山八社土番种地糊口，伪郑令捕鹿各社以有力者经管，名曰贌社，社商将日用所需

---

① 杨彦杰：《荷据时代台湾史》，江西人民出版社1992年版，第209—210页。

② 连横：《台湾通史》卷1《开辟纪》，《台湾文献史料丛刊》第19册，大通书局2000年版，第20页。

之物赴社易鹿作脯，代输社饷。国朝讨平台湾，部堂更定饷额，比之伪时虽已稍减”。也就是说，清初统一台湾后，也要求少数民族居民交纳鹿皮代饷。

清朝统一台湾后，继续推行明郑海外贸易政策，鹿皮仍居于贸易品的主要行列，但数量已经明显减少。《台湾通史》卷25《商务志》记载：“清人得台，渐开海禁。是年，省议以郑氏之时，贩运白糖、鹿皮，拟照例岁办鹿皮九千张、白糖二万担，往贩外洋。”这时的少数民族居民仍多以捕鹿来纳饷，《台海使槎录》卷3《赤崁笔谈·物产》记载：“内山之番，不拘月日，捕鹿为常；平埔诸社，至此烧埔入山，捕捉麋鹿，剥取鹿皮，煎角为胶、渍肉为脯及鹿茸筋舌等物，交付赎社，运赴郡中，鬻以完饷。”番人缴纳鹿皮的数量因时而异，据乾隆《重修凤山县志》卷4《田赋志·番饷》记载：康熙五十四年（1715），归化生番十社共输纳鹿皮50张；雍正二年（1724），归化生番一十八社共输纳鹿皮90张；雍正三年（1725），归化生番一十九社共输纳鹿皮95张。乾隆二年（1737）减则后，每社实输鹿皮二张，通县生番四十七社，共征鹿皮94张。这一情况说明，到康熙统一台湾以后，随着鹿的数量减少，少数民族居民再也不可能像以前那样大规模地捕杀野生鹿了。不过，由于鹿皮长期的市场化行为，少数民族居民的商品意识已经明显增强，而且捕鹿已经由原先局限于台南一带而逐步向台湾北部地区推进，史料记载：“台湾南北番社以捕鹿为业，赎社之商以货物与番民贸易，肉则作脯发卖，皮则交官折饷。”① 即使是居住在深山之中的少数民族居民，也被卷入了贸易市场，乾隆《重修台湾府志》卷16《风俗·番社通考》记载：“诸罗山以上，皆在深溪峻岭之间，惟知采捕鹿，听商贸易。”

清代随着大陆移民的不断入台，岛内汉番贸易十分活跃，鹿也是双方日常交易的主要物品之一。乾隆《重修台湾府志·风俗》记载，诸罗县阿里山一带“多生番，汉人不敢入。各社夏秋划蟒甲，载鹿脯、通草、水藤诸物，顺流出近社，与汉人互市”；淡水厅蓬山八社“货物自南而北者，如盐、如糖……如布匹衣线；自北而南者，如鹿脯、鹿

① 乾隆《重修台湾府志》卷16《风俗》。

筋、鹿角、鹿皮……”汉番交易起初多属物物交换，《台海使槎录》卷7《番俗六考》记载，琅峤各社，汉人以珠米、乌青布、铁铛，与番人交易鹿脯、鹿筋、鹿皮等。噶玛兰厅地区的番割也是“贩铁锅、盐、布诸货，入市易鹿茸、鹿筋、鹿脯、鹿角出售，其利倍蓰”[①]。番民用鹿产品与汉人交易盐、米等物，显示了少数民族居民逐渐改变了原先以食鹿为主的生活习性。随着双方交往的延伸，物物交换也逐步发展到以银钱作为交换媒介的商品交易，光绪《台东州采访册·风俗·附番语》记载：“番人贸易，往者不知用银与钱，猎得鹿茸、皮角、熊胆，惟与民人易盐、布、哔吱、羽毛及铁锄、镰刀、腰刀、火枪、火药等物。……今高山番已知用银圆，平埔番则并知用钱。”可见，不同族群的经济往来的密切，已导致少数民族居民社会生活的明显变化。

三　移民垦殖与野生鹿消失的地理表现

台湾野生鹿的逐渐消减，既与明末尤其是荷兰人占据台湾以来，台湾与国内外市场的联系日益密切有关，又与清代大陆汉人移民对台湾荒山野岭的农业垦殖进程有关。移民与少数民族居民的共同作为，不仅改变了台湾的自然环境，而且少数民族居民在长期与汉人的交流过程中也逐步汉化，其社会形态也明显有了变化。清前期台湾社会的变化，改变了台湾原始的生态环境，鹿的生存环境不复存在，鹿场范围逐渐缩小，野生鹿随之逐渐消失。

台湾野生鹿的消失是由南到北逐步发生的。这与移民对台湾的土地开发步伐同步。台湾的土地开发在荷兰占据期间和郑氏家族统治时代已有计划地开始，但主要开发区局限于西南沿海平原一带，其他地区即使有垦殖动作，也多是一些点状的开发。[②]清廷统一台湾之前，人们的社会经济活动主要集中在台湾南部一带。早期少数民族居民在台南一带的大肆捕鹿，尤其是陷阱法与火猎法的广泛使用，严重地影

① 咸丰《噶玛兰厅志》卷5《风俗·番情》。

② 刘正刚：《东渡西进：清代闽粤移民台湾与四川的比较》，江西高校出版社2004年版，第129页。

响了鹿的再生繁衍。[①] 据康熙《诸罗县志》卷8《风俗志·番俗》记载，所谓陷阱法是指番人“开大阱覆以草，外椓杙竹篾疏维如栅。鹿性多猜，角触篾动，不敢出围，循杙收栅而内入，番自外促之，至阱皆坠矣，有剥之不尽至腐者”。而火猎法则是指番人“先开火路，以防燎原，诸番围立如堵，火起焰烈，鹿獐惊逸，张弓纵狗，小大俱殪”。这两种竭泽而渔的猎鹿方法，既不利于鹿的繁殖，也破坏了自然生态环境，直接造成野生鹿群的数量大减。

明清之际，随着大陆移民的到来，少数民族居民通过与移民的交流，其捕鹿工具也逐渐改善，《台海使槎录》卷7《番俗六考》记载，少数民族经常与“汉人交易铁器、火药，以为捕鹿工具”。捕杀工具的改进以及过度地捕杀，大大缩短了野生鹿的自然生长期，康熙《裨海纪游·番境补遗》记载：“鹿以角纪年，凡角一岐为一年，犹马之纪岁以齿也。番人世世射鹿为生，未见七岐以上者。……鹿生三岁始角，角生一岁解，犹人之毁齿也。解后再角，即终身不复解，每岁只增一岐耳”。因此，荷兰人为了保持有充足的鹿源供应世界市场，对捕鹿开始加以限制，1640年12月，荷兰因“鹿由于三年来的不停捕获而大为减少，在六年内不可能达到原来的数量，因此一致决议，禁止掘穴张网捕获一年”。这是对赶尽杀绝的陷阱法的否定。不仅如此，荷兰人还一度实行持证猎鹿的制度，1645年4月，为猎鹿准备了400份执照，但实际仅发出364份，其原因就在于鹿的数量减少，“因二十年来每年捕获五万、七万乃至十万头，所以显然减少，仅少数空地尚有生存”。持证狩猎的目的是实行打猎二年、停止一年的规定，以保障鹿的繁衍成长。[②] 当然，领照狩猎的少数民族居民多为归附者，而实际上居于深山的少数民族居民并没有全部归附，也就是说，并不是所有的猎鹿者都领有执照。但这至少还说明，台湾南部一带的垦殖并没有完全铺开，仍有相当数量的鹿可供捕猎。

清初大规模移民进入台湾本岛的垦殖，基本是循着由南到北、由

---

① 阮思华：《台湾原住民捕鹿业的发展》，《农业考古》2002年第3期。

② 郭辉译：《巴达维亚城日记》第2册，台湾省文献委员会1970年版，第34、455页。

西到东、由平原向山区的顺序逐步展开的。移民垦殖最初主要是以郑氏政权时期已开发的台湾南部平原地带为依托进行复垦工作，然后分别向南北两端发展。移民在垦殖过程中不断和少数民族居民发生冲突，这些冲突大多是为了争夺土地，实际上是移民开垦农田与少数民族保护野生鹿场的争斗。然而，少数民族居民在移民大规模垦殖面前，根本无法保护对土地的所有权，台湾南部的鹿场在康熙年间已多被移民垦为粮田，康熙《诸罗县志》卷8《风俗志·番俗》云："今鹿场多垦为田园，猎者众，乃禁设阱以孳种类。"随着沿海平原地带被移民逐渐开垦完毕，垦殖的浪潮越来越指向丘陵山区，捕鹿也因此不得不向深山逼近，乾隆《海东札记》卷3《记土物》记载：台湾"从前鹿场在近山处，后皆垦为田，遂于内山捕猎，贸贩者多越山后交易"。移民对土地垦殖的锐意进取，鹿的生存环境遂化为乌有。

到了乾隆时期，因鹿的数量减少，导致其市场价格的上扬，乾隆时朱仕玠在《小琉球漫志》卷5记载："往时皮一张，价不过银二、三钱。近因采取太多，计皮一张，价至番银二、三十大圆，且无市者。……内地人以至台必食麑鹿肉，不知欲求生鹿肉一脔不可得也。"也就是说，到乾隆时期，台湾传统的捕鹿业已差不多处于终结状态。少数民族居民在无法以捕鹿为生的情况下，受到移民农耕经济影响，开始把土地租给汉人耕种或仿效汉人兼营农业，上缴政府的鹿皮也以粮食代替，"因无鹿可捕，课饷无归，于康熙五十八年（1719）招得丁文募佃前去开垦，议约每年贴课饷粟六十五石"①。可见，至少到康熙末年，随着移民将草木茂盛的原始生态环境变为种植农作物的良田，鹿的生存环境被破坏，野生鹿数量大为减少，到乾隆时期已几乎衰竭。

康熙末年以后，台湾南部土地已基本被开辟，移民不断由台湾南部地区北上拓垦与南部平原紧邻的台中盆地和彰化平原的荒芜土地，台湾中部和北部的野生鹿生活场所也渐被垦为农田。而在这之前，中部和北部的野生鹿数量也十分庞大，康熙时的《裨海纪游》作者郁永河赴台采硫，他由台湾西南部的鹿耳门登陆，向北部进发，其经过的北部竹堑（今新竹一带）和南嵌（今桃园一带）就野生鹿成群，

① 《清代台湾大租调查书》第三章"番大租"，第325页。

“自竹堑迄南嵌八九十里……途中遇麇、鹿、麏、麚逐队行，甚伙”。康熙末年，随着中部斗六门一带的垦殖，野生鹿场的生态环境随之被破坏殆尽，康熙《诸罗县志》卷12《杂记志·外纪》载：“鹿獐之多，由草之畅茂，且稀霜雪，故族蕃息而肥硕。三十年来附县开垦者众，鹿场悉为田，斗六门以下，鹿、獐鲜矣。”捕鹿业已陷入困境，以致有“年年捕鹿丘陵比，今年得鹿实无几，鹿场半被流民开”的说法。[①] 乾隆时期，台湾北部的淡水一带土地开垦在早先移民点状垦殖的基础上逐渐铺开，汉番争夺土地日益明显，乾隆《重修台湾府志》卷15《风俗》记载，淡水厅“番民择沃土可耕者，种芝麻、黍、芋，余为鹿场，或任抛荒，不容汉人耕种”。这一记载说明移民在北部地区垦殖强度较大。

移民农业垦殖的拓展直接破坏了野生鹿的生存环境，也带来了社会的剧烈变化，康熙《诸罗县志》的作者在自序中感慨：“至于今，不可同年而语矣。昔之鹿场，今之民居，昔之丰草，今之嘉谷，昔之椎髻，今之衣冠。”这一状况表明，随着人类经济行为的扩张，台湾的生态环境和社会环境均发生了天翻地覆的巨大变化，而且这一变化正在以加速发展的趋势由南向北推进，蓝鼎元在《东征集》卷3《覆制军台疆经理书》中曾预测台湾的发展前景是：“国家初设郡县，管辖不过百余里，距今未四十年，而开垦流移之众延袤二千余里，糖谷之利甲于天下。过此，再四五十年，连内山山后野番不到之境，皆将为良田美宅。”此话到雍乾时几乎变为现实，官府甚至鼓励移民开垦尚未开发的鹿场，道光《重纂福建通志》卷50《田赋》记载，雍正时，有官员上奏称：“台湾各番鹿场闲旷地方可以垦种者，令地方官晓谕，听各番租与民人耕种。”户部对此表示同意：“各番鹿场颇多闲旷，应听各番租与民人垦种，陆续升科。”随着移民拓垦不断由平原向丘陵山地进发，捕鹿只能退之内山，捕杀也相当困难，雍正时刊刻的《台海使槎录》卷3《赤崁笔谈》记载：“昔年近山皆土番鹿场，今则汉人垦种，极目良田，遂多内山捕鹿，鹿已减少。”这一情况到乾隆年间更加突出，乾隆《小琉球漫志》卷八《海东剩语》记载：“迩来鹿场悉开垦为田，鹿

① 康熙《诸罗县志》卷11《艺文志·竹堑》。

亦渐少。惟于内山捕之。”乾隆时六十七辑录的《使署闲情》卷2也记载：“番社捕鹿各有鹿场，今皆开为田矣。”

大陆移民进入台湾垦殖，通过康熙中期到乾隆后期近百年的开垦，台湾岛西部的平地已经基本得到开发。从乾隆末年开始，移民垦殖的方向转为丘陵山地和交通不便的平地。较为成功的开发就是嘉庆、道光年间对北部东边的宜兰平原和中部的埔里社盆地的拓垦。道光以后，移民更多是向台东纵谷和中央山地进军。[①] 台湾野生鹿群赖以生存的生态环境最终被破坏无遗，鹿生存的最后场所被移民垦殖为农田，野生鹿群的生存遭到毁灭性打击，嘉庆以后，鹿在台湾已处于濒危的状态，嘉庆《续修台湾县志》卷1《地志》记载：“麋鹿皆邑产，今少有焉。”嘉庆《台湾志略》卷1《物产》称：“麋鹿，旧盛产，今取之尽。”

野生鹿在台湾由繁盛到骤减乃至消失的过程并不是一个孤立现象，而是人类过度追求经济行为所导致环境变迁的结果，一方面是市场的刺激，造成人类为了追逐经济利益而过度捕杀野生鹿；另一方面则是人类为了生存需要而不断垦殖土地，以缓解清前期的人口压力。人类在台湾的经济行为最终改变了其原先的自然生态环境，当大量土地被人类由原始荒芜改造为良田村落时，野生鹿却逐步失去了原有的生存环境。野生鹿在台湾的逐渐消失，也意味着台湾少数民族居民原先的狩猎生产生活方式逐渐发生变化，由狩猎逐渐走向农耕。少数民族居民的生产生活方式逐渐和移民同步，大大加速了台湾土地垦殖的进度，也就加剧了野生鹿生存空间消失的速度，野生鹿因此渐渐地退出了台湾的历史舞台。台湾野生鹿逐渐消失的过程，还说明是汉番的共同努力把台湾烟瘴之地辟为良田美宅，台湾成为清代重要米糖之仓，是汉番人民共同开发的结果。

---

① 刘正刚：《东渡西进：清代闽粤移民台湾与四川的比较》，江西高校出版社2004年版，第133—135页。

清代移民开发台湾与少数民族关系

清代移民向台湾的迁徙属于汉人向边疆地区的拓展，移民在台湾的开拓就是汉族与少数民族相互接触、冲突、融合的过程。由于台湾少数民族与汉族接触的历史较短，双方的摩擦比较尖锐，但移民经过相当长时间与少数民族的接触交往，彼此间逐渐认同乃至融合，在这一过程中，官方的政策也起到了不容忽视的作用。

一　台湾少数民族的划分

台湾地处东南沿海，是祖国边疆地区最重要的海岛。自明代开始，大陆与台湾的往来已十分密切，此时文献称台湾为“东番”。东番主要是指台湾的少数民族居民，崇祯时成书的《闽书·岛夷志》明确指出：“东番夷人，不知所自始。居澎湖外洋海岛中，起魍港、加考湾，历大员……大帮坑，皆其居也，断续凡千余里，种类甚蕃，别为社，社或千人，或五六百。”[①] 清修《明史·外国四》仍沿用其名，“鸡笼山在澎湖屿东北，故名北港，又名东番”。可见，明清时期所言的“东番”，既是指地域名称，也泛指少数民族居民，并与西部地区的少数民族“西番”相对应。

清代对台湾少数民族居民的称谓除沿用明代“东番”名称外，在官私文献中还有“番族”“土番”的称谓，对居住于平地并已逐渐汉化的少数民族居民称为“熟番”“化番”或“平埔番”，即平埔族；

① （明）何乔远：《闽书》卷146《岛夷志》，福建人民出版社1995年版，第4359页。

对居住于山区尚未汉化的少数民族居民则称为“生番”“野番”或“高山番”，即高山族。康熙《诸罗县志·番俗》称“内附输饷者曰熟番”，或称“化番”；“未服教化者曰生番，或曰野番”。台湾少数民族居民皆以“社”为单位，各社人口多寡不一。据学者对雍正年间征收番饷的59个大社及130多个小社的统计，大者有800男丁以上，小者只有40多男丁。[①] 到乾隆中叶，随着汉族与少数民族居民接触的增多，番社的数量也在不断增加。据余文仪纂修《续修台湾府志·规制·番社》统计，乾隆二十九年（1764）前，共有277个社，其中台湾县有3社、凤山县有123社、诸罗县有30社、彰化县有51社、淡水厅有70社。道光以后，台湾番社在400个以上，“综计全台熟番一百二十八社，归化番二百三十七社，未化野番可知者八十九社。……今每社男妇少者二三十名，多则百余名、二三百名，最多至四百余名，无不另分新社者。其间或苦贫弱而归并，或避侵凌而相附，或因哄斗、疾疫而迁徙丧亡。百余年来，自生自灭于崇峦叠嶂间，有社名存而番已易者，有番是而社名非者”[②]。

对生番、熟番的划分，主要以归化为依据。雍正六年（1728）九月，台湾总兵王郡在上奏中称：“台湾自我朝开辟以来，则有生、熟二番。其向西一带山脚服役纳课者为熟番；而分散居山不入教化者为生番。……各种生番，其每社多则百余人，少则数十人，性虽嗜杀俱皆不识不知，而所怯者惟枪与炮耳。”[③] 王郡奏折说明，清代官府对生番、熟番的界定颇为明显，生番是指不服从官府统治、不服役纳课者，而熟番则是指服役纳课、服从官府统治之人。随着汉人移民与熟番的垦殖不断深入，生番与汉人及熟番的矛盾愈益激烈，生番杀害汉人的事件层出不穷，雍正年间最为频繁。仅雍正四年（1726）八月至十一月就发生了8次生番袭击汉人事件，杀害汉人及熟番60余人；雍正九年（1731）至十年（1732）台湾中部又屡屡发生“番害”事件，杀害汉人150余名。正因为生番不断杀害汉民，清朝改行生番隔

① 参见连横《台湾通史》卷7《户役志》，大通书局2000年版，第151—166页。

② （清）丁绍仪：《东瀛识略》卷6《番社》，大通书局2000年版，第70页。

③ 《宫中档雍正朝奏折》第11辑，故宫博物院1978年影印本，第220—221页。

离政策，对之采取的措施就是“惟枪与炮耳”的武力镇压。

与此同时，为了减少番、汉间的冲突，清朝划定汉、番界线，阻止汉人与生番接触，在番界上设立界石，派兵驻守。① 事实上，汉、番界线随着时间的推移而不断变更，也就是说，随着汉人对生番土地的不断越界侵垦，政府往往都承认其垦殖事实，番、汉界线就不得不重新划定。光绪《台湾通志·政绩》记载，雍正年间，闽浙总督郝玉麟针对朝廷的“汉人耕番界田者，尽还之”的命令，提出不同看法，他说：“汉人耕番田，系番黎契卖，而流寓十数万人，耕番地二十万亩。若令归还，不但原价难追，汉人无田可耕，失其故业，番人无力以耕，荒其熟地，彼此不愿。请将现所耕地，查明四至，注洋册存案，以后禁买。”此建议得到朝廷批准。乾隆二年（1737）闰九月，巡视台湾御史白起图也就汉人“归还番地”一事，提出“宜分别办理，以安民生”的建议，朝廷批复：“应如所奏，饬地方各官严禁民人私买番地，并将近番地界划清，以杜滋扰，所有私占番地，勒令归番；其契买田土，久经垦熟升科者，查明四至，造册报部存案。”② 乾隆中叶，以红线表示旧定界，以蓝线表示新定界。道光《彰化县志·兵防志·屯政》记载：“昔日之土牛红线，至今已无遗迹。界外之荒埔，俱为民间之乐土，而其详不可得闻矣。”自清初至日据时代，汉、番界线一直在变动之中，汉人垦殖的区域越来越大，而生番的生活区域反而愈加窄小，汉族移民与少数民族居民之间发生冲突势成必然。

台湾移民与少数民族居民关系的紧张引起了官府的高度注意。乾隆中期以前，台湾西部海岸平原的平埔族原有土地在汉族不断垦殖下，已几乎殆尽，随后清廷重新配置平埔族土地于西部平原东侧沿山附近生番边界一带，加以保护，并利用平埔族“熟番”防守“生番”及镇压汉人在台湾的动乱；对高山族的“生番”则实行消极的隔离

① 参见唐立《试论清代台湾生番之归化与汉族拓垦：以乾隆至道光年间为中心》，张炎宪主编《中国海洋发展史论文集》第6辑，“中央研究院”中山人文社会科学研究所1997年版。

② 《清高宗实录》卷52，乾隆二年闰九月丁卯，《清实录》第9册，中华书局1985年版，第886页。

封禁政策，直到晚清才对番地进行保护开发。清代对台湾少数民族居民的管理，往往根据其教化程度，对熟番设官管理。“台湾僻处海外，向为土番聚居。自归版图后，遂有生、熟之别。生番远住内山，近亦渐服教化，熟番则纳粮应差，等于齐民。凡社中皆择公所为舍，环堵编竹蔽其前，曰公廨（即社寮），通事居之，以办差遣。土官之设，系众番公举，大社四五人，小社二三人，给以牌照，各为约束。”①所谓“内山”大约是指汉人绝少进入之地，“凡山之绵缈阻绝、人迹不到者，统称内山”②。而这些内山大多居住着“生番”，他们与汉人接触不多。

史实表明，台湾少数民族居民的汉化并非是清朝官府直接推动汉番融合的结果，主要是汉族移民一开始不断向熟番占垦租赁土地耕种，与平埔族发生冲突、交流到逐渐融合，然后又逐步与“生番”发生往来，从而导致台湾少数民族居民的汉化出现多个层面的现象，形成熟番、半熟生番和生番的格局。熟番已基本汉化，半熟生番则处于向汉化转变的阶段，生番则基本保持原有的生存状态。乾隆时的《闽政领要·台郡情形》对这三种情形有较详细的表述：

> 台属番民有熟番、半生熟番、生番三种。熟番向化已久，与齐民无异，以耕种为生计，充铺兵、走递公文、应徭役、运送官米，颇为驯良；半生熟番则附山为居，亦知耕种，第不与民人交涉，往往有窜出抢夺杀害之事；生番则在深山之中，遍身刺绣，不穿衣服，不知耕作，惟以捕鱼猎兽而食，语音不通。北路淡水、彰化等处生番尤为凶悍，性嗜杀人，往往潜出戕害庄民，辄行割去头颅，以示勇力。

可以断言的是，半生熟番正是一部分生番在与汉人和熟番的不断交流往来中，一步一步地向熟番转化，他们开始改变原先以“捕鱼猎兽而食”及“不知耕作”的捕猎生活逐渐向半生熟番“亦知耕种”

---

① 乾隆《重修福建台湾府志》卷6《风俗·土番风俗》。

② 康熙《诸罗县志》卷1《封域志·山川》。

的农耕生活转变，但又不时发生杀人行为。还有一部分生番则仍然固守着原有的生活传统，保持着“凶悍”的习性。官府在早期是尽量阻止汉、番来往，即使后来容许汉人开垦番地，也更多的是对汉人已开发的既成事实之肯定。

二　移民与少数民族族群的冲突

汉族移民入台实际上是分享与占有了少数民族居民的土地和生活资源。随着移民数量不断增加，少数民族居民土地被汉族侵垦不断增加，汉番冲突日趋激烈。清代移民在台湾土地开发基本上是循着从台湾西部海岸的南部地区，不断向北部和中部地区挺进，因此，早期汉人主要是与台湾少数民族居民中的平埔族发生接触与冲突。清前期，平埔族约有150余社，分布在台湾西部平原及丘陵地域，在汉族入台之前，凡海拔在500米以下的土地，均可视为平埔族的原居地。至道光初年，在移民不断占垦土地的压力下，平埔族被迫放弃故居地，举族迁移，向埔里盆地、宜兰平原迁徙，并将原居住于此的“埔眉番”（泰雅人与布农人）逐进山中。①

而平埔族因与汉人长期杂居共处，其社会经济已过渡到以农耕为主、狩猎为辅的状态，种植的旱稻颇有名气。光绪《台阳见闻录·番部·饮食》记载：“熟番种植，多于园地。所种悉旱稻、白豆、绿豆、番薯。又有香米，形倍长大，味甘气馥，每岁所种止供自食，价虽数倍不售也。”是书《番部·香米》又记载：“熟番多于园中旱地种稻，粒圆而味香，名曰香米，又名大头婆，甚为珍重。”少数民族对稻作农耕十分重视，乾隆时巡台给事中六十七著《番社采风图考》记载：“郡邑附近番社，亦三、四月插秧。先日猎生酹酒祝空中，占鸟音吉，然后男女偕往插种，亲党黍往焉。”平埔族农耕种植业的普及，与汉族移民不无关系，乾隆十年（1745）范咸纂修的《重修台湾府志·艺文·记》载陈梦林的《游北香湖记》称，此时汉、番已联合修建水利工程，发展灌溉农业，北香湖“自台斗坑凡数折，而汇

① 参见陈国强、田珏《台湾少数民族》，江西教育出版社1994年版，第125—126页。

县治之众流，黛蓄膏，广可三四亩，修如其广数十倍，汉人与土番合筑为陂。其下，西出北社尾，灌田凡数百顷”。汉、番的交流，也逐渐改变了少数民族居民的某些习俗，康熙《诸罗县志·风俗志·番俗·服饰》记载：“土番初以鹿皮为衣，夏月结麻缕缕挂于下体，后乃渐易幅布。”数年来，新港、萧垄、麻豆、目加溜湾诸番在穿衣方面不断向汉人靠拢。

汉族赴台移民开垦土地，除了自然环境恶劣外，还要面对与汉人交往过少的少数民族居民的挑战。清代台湾“生番”主要以狩猎为主，狩猎又叫“出草”，狩猎武器较简单，主要是标枪和弓箭，因此，狩猎时需集体围捕猎物。雍正《台海使槎录·番俗杂记·捕鹿》记载：“鹿场多荒草，高丈余，一望不知其极。逐鹿因风所向，三面纵火焚烧，前留一面，各番负弓矢、持镖槊，俟其奔逸，围绕擒杀。”随着汉人向山区的不断进发，“出草”习俗发展为猎人首。据光绪《新竹县志初稿·风俗考·番俗》记载：“内山生番或数十家为一社，或百十家为一社；各社皆有土官、有壮丁。除妇女而外，其壮丁皆备鸟铳，听土官呼召，兼习强弩短刀。凡有出草（杀人曰出草）及战斗，长于埋伏掩袭，不知步伐止齐之法，出没茂林丰树中。”

生番杀人由来已久，乾隆时范咸纂《重修台湾府志·风俗·番社通考》记载：“生番素喜为乱……其俗尚杀人，以为武勇。所屠人头，挖去皮肉、煮去脂膏，涂以金色，藏诸高阁，以多较胜，称为豪杰。”蓝鼎元在《东征集·复吕抚军论生番书》中也谓：“生番杀人，台中常事。”而移民遭生番杀害的增多，恰恰是由移民开垦的深入逼近生番所造成，“内山生番野性难驯，焚庐杀人，视为故常。其实启衅多由汉人，如业主、管事辈利在开垦，不论生番、熟番越界侵占，不夺不餍；复勾引伙党入山搭寮，见番弋取鹿麂，往往窃为己有，以故多遭杀戮。又或小民深入内山抽藤锯板，为其所害者亦有之。”[①]客家人《渡台悲歌》对此也有记录：“抽藤做料当壮民，自家头颅送入山，遇到生番铳一响，燃时死在树林边；走前来到头斩去，无头鬼

① 乾隆《重修台湾府志》卷16《风俗·番社通考》。

魅落阴间。"[①] 一些地方因接近生番，即使已初有开发，但在生番的抵抗和进攻下，汉人只好撤退。范咸《重修台湾府志·封域》记载，罗汉门附近"沃衍平畴，极目数十里"，汉人在此建立了外埔、中埔、内埔三个村庄，汉、番杂处，"继以远社生番乘间杀人，委而去之。今则草不可除矣"。

雍正时期，生番杀人不断增多，官府不得不出面干涉。史载："水沙连，旧为输饷熟番。朱逆乱后，遂不供赋。其番目骨宗等自恃山溪险阻，屡出杀人。逮雍正四年，复潜踪出没，恣杀无忌。"官方出动军队进行镇压，"擒获骨宗父子三人，搜出藏贮头颅八十五颗"[②]。直到光绪年间，恒春县的尖山、水坑一带，"仍有凶番屡出杀人，割去头颅无虑数十，并杀高仕佛汛官林武兴及防兵一名，焚毁汛房"[③]。需要说明的是，一些生番杀人，有时又与汉人中的"番割"引导有关，据道光《重纂福建通志·宦绩》记载："番割者，汉人通番语，窜内山娶番妇，时引生番劫掠平民。"这些精通番语的汉人移民，不仅娶内山的少数民族妇女为妻，而且有时还引导生番抢劫平民。

清前期，台湾的汉番之争大多因移民垦拓土地而起，而台湾的垦殖往往是大户出资向官府申请垦照，然后招佃开垦。所以，乾隆九年(1744)，朝廷下令禁止赴台文武官员乘机设立庄田招佃开垦，"朕闻台湾地方，从前地广人稀、土泉丰足，彼处镇将大员无不创立庄产，召佃开垦以为己业，且有客民侵占番地，彼此争竞，遂投献武员，因而据为己有者。……是以民番互控之案，络绎不休。若非彻底清查，严行禁绝，终非宁辑番民之道"[④]。下令严查且永行禁止。实际上，这一禁令并没有被认真贯彻执行，地方官上报朝廷时对侵界垦殖多有意回避。乾隆十七年（1752）彰化县发生"生番骚扰村庄、杀死兵民"事件，乾隆下令调查原因，结论为："细察此次凶番残杀兵民，

① 黄恒秋：《台湾客家文学史概论》，台北文史工作室 1998 年版，第 181 页。

② 乾隆《重修福建台湾府志》卷 19《杂记·祥异》。

③ 光绪《恒春县志》卷 19《凶番》。

④ 《清高宗实录》卷 212，乾隆九年三月戊子，《清实录》第 11 册，中华书局 1985 年版，第 726—727 页。

其为因奸民占种番地，熟番逞凶焚杀，已无疑义。”但此前“该郡文武禀报犹以事出生番为言，与提臣查覆情形迥异；始终欲以生番焚杀掩其致衅之由，且听信通事张达京诡言嫁祸，粉饰欺蒙。参请严办，以重海疆”①。而文武官员禀报的内容，之所以与提臣调查事实不符，极有可能官员本身就设有庄田。

随着清代汉人移民不断入台，少数民族居民由原来的主流群体逐渐成为非主流群体，汉人则上升为台湾主体民族。少数民族居民身份地位的变化，尤其是汉人的土地开发日益接近“生番”境界，汉、番之间矛盾更为突出。雍正年间，浙闽总督高其倬上奏称：

> 番人焚杀一节，此事情节中有数种：一则开垦之民侵入番界及抽藤吊鹿，故为番人所杀；一则番社俱有通事，通事刻剥，番人愤怨之极，遂肆杀害，波及邻住之人；一则社番杀人数次，遂自恃强梁，频行此事，杀人取首，夸耀逞雄②。

汉人强入番界以及通事的刻薄，引发了“生番”对汉人的仇杀，以致汉人有“自来番性嗜杀”之印象。由于移民渡台源源不断，汉、番的居住地已呈犬牙交错之状。康熙三十三年（1694）纂修的《台湾府志·封域志·疆界》记载，南路“矶以内诸社，汉、番杂处，耕种是事”。这类记载在台湾地方文献中俯拾即是。汉人的不断拓垦直接危及少数民族居民的生活范围，双方仇杀不可避免。官府曾一度计划将汉、番分离，乾隆十年（1745），户部议奏：“台郡民番错壤，经福建布政使高山会同巡台给事中六十七彻底清查，断以民地归民、番地归番，各相允服。”③ 这一议奏得到皇帝批准。但从移民的开垦来看，这一政策收效甚微。直到晚清，番人与汉人冲突仍不时发生。

---

① 《清高宗实录》卷408，乾隆十七年二月甲辰，《清实录》第14册，中华书局1986年版，第358页。

② 台湾银行经济研究室编：《雍正朱批奏折选辑》（一二二），《浙闽总督高其倬奏闻事折》，《台湾文献史料丛刊》第69册，大通书局2000年版，第141—142页。

③ 《清高宗实录》卷235，乾隆十年二月庚午，《清实录》第12册，中华书局1985年版，第32页。

时任台湾大员刘铭传曾说："自来番性嗜杀，每至秋季八、九月间，名曰做享，专事杀人。今刘朝带所开之地，仅老狗社与加九岸番毗连，加九岸仇杀居民，缉凶未获。诸社竟敢潜伏路左，杀害官弁二百余人。"①

面对台湾少数民族居民的仇杀，汉人在开发过程中也不断加强自卫能力，这在噶玛兰的开发过程中表现最为明显。道光《噶玛兰厅志续补·艺文》记载了姚莹的《噶玛兰原始》称："噶玛兰本名蛤仔难，在淡水东北三貂、金笼大山之后，社番地也。……其始番居不知开辟，杂处深林水窟之中，捕鱼打鹿而已。"康熙时，已有汉人与之零星市易，乾隆三十三年（1768）汉人林汉生始招众入垦，但"为番所杀。后或再往，皆无成功"。直到嘉庆元年（1796）才有漳浦人吴沙率乡勇200余人作后盾，招漳、泉、粤三籍流民入垦噶玛兰，"初入，与番日斗，彼此杀伤日众"②。可见，吴沙对噶玛兰开发是在"乡勇"保卫下，通过与少数民族居民斗争而逐步展开。

移民对噶玛兰开垦的深入，造成少数民族居民不断减少，顺治年间噶玛兰族有9770人，嘉庆十五年（1810）仅为5540人（包括彰化徙来流番990人）。③ 少数民族的减少，既有可能是被不断汉化的结果，也有可能迫于汉人压力而向外迁徙。但无论是哪种情况，少数民族居民都受到了移民的侵欺，曾任噶玛兰通判的柯培元作《熟番歌》对此描述：

> 人畏生番猛如虎，人欺熟番贱如土。强者畏之弱者欺，毋乃人心太不古。熟番归化勤躬耕，荒埔将垦唐人争。唐人争去饿且死，翻悔不如从前生。传闻城中贤父母，走向城中崩厥首，啁啾鸟语无人通，言不分明划以手。诉未终，官若聋，窃窥堂，有怒容。堂上怒，呼杖具，杖毕垂首听官谕。④

---

① （清）刘铭传：《刘壮肃公奏议》卷4《抚番略·副将开山战没折》，《台湾文献史料丛刊》第182册，大通书局2000年版，第235页。

② 道光《噶玛兰厅志续补》卷下《艺文》。

③ 参见阮昌锐《兰阳平原上的噶玛兰族》，《台湾文献》1966年第1期。

④ 道光《噶玛兰志略》卷13《艺文志》。

移民对番地的侵垦以及官府对汉人的袒护，都使少数民族居民生活的区域和人数规模在不断缩小，番人尽管想通过官方途径去解决纠纷，但遇到的汉人官员又往往多袒护汉人，番人因此败下阵来，最终增加了他们对汉人的仇视心理。噶玛兰开发过程中盛行的结首制，就是移民遭遇少数民族居民竭力反抗的结果。所谓结者，是指具结于官、通力合作、维持秩序的一种开垦组织，既是一种拓垦组织单位，也是一个具有界址的空间单位。结首制与武装联系在一起，“全台虽各有生番之害，惟兰地实逼处此，其害尤甚”①。正因如此，移民才组成结以自卫，道光《噶玛兰志略·建置志》记载：“时以十数丁为一结，数十结为一围，凡五围二十三结。”可见，移民人数的不断增多，进而导致开发步伐的加快。

三　官府对汉番冲突的解决管道

清代官府对台湾移民与少数民族的往来，并没有听之任之，而是积极加以干预。清政府解决台湾汉、番之间的矛盾，先是设立土牛，后又设立隘，以此来保护汉、番各自利益。

为了防止移民对番地的过分侵垦引起台湾地方社会的动荡，清廷对番地基本采取保护措施，严禁汉人侵垦，其标志性的措施就是设立土牛与隘。台湾学者连横先生说：

> 台湾设隘，仿于郑氏。……屯田之制，以开拓番地，而人民之私垦者亦日进，每遭番害，乃筑土牛以界之，禁出入。土牛者，造土如牛，置要害，戍兵防守。至今尚留其迹。或曰红线，则以土筑短垣，上砌红砖以为识，耕者不得越。归清以后，仍沿其制。而垦田愈广，渐入内山，官不能护。乃为自卫之计，设隘寮，募隘丁，以资捍御。②

---

① 咸丰《噶玛兰厅志》卷5《风俗下》。

② 连横：《台湾通史》卷13《军备志·隘勇》，大通书局2000年版，第369页。

也就是说，清初仍沿郑氏政权实施“土牛”的办法，防止汉、番冲突。而土牛随着移民垦拓的深入却不断发生位移，乾隆五十五年（1790）闽浙总督伍拉纳的一份奏折显示，土牛之界在乾隆时已多次变动：

> 台湾地土膏腴，易于谋食，无藉民人，愈聚愈多，往往深入内山，垦越滋事。虽于乾隆十五及二十五等年两次立碑，并于淡、彰二厅设立土牛以分界限，因阅年既久，日渐废弛。自应遵奉部行，划定界址，庶可柬边境而杜争端。兹据台湾镇、道等请以此次清查归屯地段为准，或抵山根，或傍坑崁，令地方官拣用坚厚石料，竖立碑界，详开年月地方，大书深刻。并称存档原图，从前以红、蓝、紫色画线为界，今即添画绿线，以别新旧。①

可见，不同时间段的土牛线是以不同的颜色表示的。其实，土牛之设，并没有能够阻止移民的积极拓垦，越界占垦屡屡发生。当然，有些越界是通过先佃番人土地，最后据为己有，诚如台湾府知府杨廷理所说：“从前因淡水、彰化二处，垦辟日增，另行划定界限，设立土牛，禁止奸民越界占垦，免滋事端。乃因生聚日繁，民人私向生熟番黎佃地耕种。……熟番等归化日久，渐谙耕作，以业经典卖，无由取赎。”正因如此，乾隆后期，移民越界占垦番地现象相当普遍，“不特嘉义以南多有侵越，即淡水等处续定土牛□界，亦□虚设。此时若不将埔地彻底清厘，事过境迁，界址必仍混淆”。而且越是与番人接近之地，私垦土地就越多，“其集集埔、虎仔坑、三貂、琅峤等处，接壤生番，私垦田亩甚多，此等偷越民人，本应逐加惩治，惟念开垦以来，生番日久相安，并无事故，一经驱逐，沃土既须抛荒，而

① 台湾银行经济研究室编：《台案汇录甲集》卷1《闽浙总督伍拉纳奏为筹议台湾新设屯所分拨埔地事宜折》，《台湾文献史料丛刊》第133册，大通书局2000年版，第14—15页。

游民又无归宿，应请照新定民买番地之例，一概升科，免其查究”。这种由移民先越界开发，待成熟后官府认可的现象，在台湾垦拓过程中几乎成为一种模式。且官方在书面文字中，每次都强调划界巡查，但实际上也只是具文而已：“清查之后，即以所垦地方为界，拣用坚厚石料，竖立界石，列开立界年月地方，大书深刻，俾人一望而知。”①

正因如此，土牛之设到乾隆末年已成故事。以埔里六社而言，乾隆末年汉人进入尚少，林爽文曾“谋据险要”于此，“彼时私入之人无几、生番之势尚强，不为所据”。嘉道年间，“私入之人较多，生番之势极弱，今昔异形”②。其实，汉人侵界开垦一直未曾中断，乾隆初年福建巡抚周学健上奏，强调越界之禁，“凤山县民邱子刚等因越界筑坝引水灌田，俱被生番戕害。查向来内地民人或侵入番境致被残害，生番罕有无故逸入内地、戕害民人者。是欲保全内地民人，惟有严越界之禁”③。乾隆十一年（1746）五月，户部重申：“民垦番地虽久经禁止，但不分别定罪，小民不知畏惧。请嗣后番地，均听各番自行耕种。”对私自侵界垦荒则处以重罪，“若奸民潜入生番界内私垦者，照越渡缘边关塞律治罪”。

为了消除汉、番间的矛盾，勘界画线势在必行，“番社地界，从前地方官原各查禁；而奸民不顾戕杀，每觊侵越，仅委佐杂微员，不足弹压。应令地方官于农隙亲勘，传同土目、通事、乡保、业户立表定界，统限一年内，造册报竣”。官府同时要求迫近生番的移民应集中生活，并成立非军事组织保护自己，史料记载：

> 至生番乘秋穿越林莽，出界戕杀，其迫近番地零星散处之庄民，该督等议令于秋冬移附近大庄居住，恐民情不便。应饬地方官善为劝谕，毋庸立定章程。其设法提防之处，应如所议，令贴

① 台湾银行经济研究室编：《台案汇录甲集》卷1《杨廷理等会禀》，第31—32页。

② （清）丁日健：《治台必告录》卷4《斯未信斋存稿》，《台湾文献史料丛刊》第41册，大通书局2000年版，第278页。

③ 《清高宗实录》卷225，乾隆九年九月癸卯，《清实录》第11册，中华书局1985年版，第915页。

近生番庄社各设望楼一，悬挂铜锣，每楼分拨五人昼夜巡逻，近社者派番、近庄者派民，十日一轮，各自保护。邻庄有警，互相救援，倘有坐视不救者，即行究治。[①]

这里的“界”，其实就是土牛，移民不断侵界，土牛也就不断重新界定。乾隆指出：“内外山地界，从前设立土牛，未为周密，应重加勘定，务令界限分明，勿使日久偷越，以致滋生事端。”[②] 这一情况的逐步发展，最终使土牛形同虚设，所以福康安奏称：“从前设立土牛，禁民占垦；因生齿日繁，私佃耕种，土牛之界，竟成虚设。良田弥望，多在界外，旧设土牛，早无遗址可寻。民人开垦，与生番日久相安，并无事故。”据此，则土牛之界，“在乾隆年间业已全无，私垦升科，早已深入番地之内。埔、水六社于乾隆五十三年协讨林逆以后，支领口粮，时常出入，不但番众在集集等处交易，即民人亦时常进内”[③]。

随着移民的不断拓展，土牛已经形同虚设，隘寮组织遂逐渐形成。隘的出现，说明移民开垦已由过去对熟番拥有的平原、盆地开发，转向对生番居住的山地进取。由于生番以射猎为生，许多部落又有出草猎首习俗，因而经常杀害汉人。据统计，自清初到同治末，番害案件共发生 71 起，其中因汉民进入番界开垦而被杀死者占近 35%。[④] 于是，汉人移民开垦山地就设立隘寮，私自雇请隘丁把守，以防止少数民族居民的袭击。同治《淡水厅志·建置志》记载：“淡地内山，处处迫近生番，昔以土牛红线为界。今则生齿日繁、土地日辟，耕民或土牛十里至数十里不等，红线已无踪迹；非设隘以守，则生番不免滋扰。”隘最先是由移民私自修建的防番设施，其功能主要是防止番害。这种由民间自发设立的保护措施，后逐渐得到官府的认

---

① 《清高宗实录》卷 266，乾隆十一年五月戊申，《清实录》第 12 册，中华书局 1985 年版，第 456 页。

② 《清高宗实录》卷 1297，乾隆五十三年正月戊子，《清实录》第 25 册，中华书局 1986 年版，第 435 页。

③ （清）丁日健：《治台必告录》卷 4《斯未信斋存稿》，《台湾文献史料丛刊》第 41 册，大通书局 2000 年版，第 277 页。

④ 参见林再复《台湾开发史》，三民书局 1993 年版，第 190 页。

同，所以，隘有官隘、民隘之分。

连横认为，官隘始于康熙六十一年（1722），实施者为时任福建巡抚杨景素。[①] 但杨景素出任台湾地方官员的时间最早在乾隆二十三年（1758），乾隆五十二年（1787）上谕军机大臣就涉及此问题："台湾疆土既开，民安耕凿，处处皆成膏腴之地。自杨景素议立界限之后，界外良田美产转界生番，而生番以射生为业、不事耕种，势必内地民人仍往偷垦，日久徒滋事端。"[②] 乾隆所言可能是指官隘自杨开始。隘的建立大都始于乾隆年间，凤山县的口溪隘、加腊埔隘、双溪口隘、杜君英隘、新东老埤隘、万巾庄隘、吧阳毛狮狮隘、粪箕湖隘、坊寮浦姜林隘等官隘均建于乾隆年间。[③] 由于民间私垦的活跃，所以民隘数量多于官隘。据同治《淡水厅志·建置志》记载，该县民隘24处、官隘5处。

隘的经费主要来源于隘附近荒林的开发，开发的主力军是隘丁，带有军屯的性质。嘉道以来，隘的修建逐渐转向内山地带，内山因生番活动频繁，直接威胁移民的生产和生命安全，乾隆曾在上谕中指出："内山系生番巢穴，向闻遇有内地民人到彼，即行杀害。"[④] 嘉庆以后，汉人移民向内山垦殖进一步加快，遭到生番杀害的可能性剧增，隘的设置也随之增加。噶玛兰地区真正大开发在嘉庆十五年（1810）以后。这之前，政府对噶玛兰一直实行"封界"，恐开垦引起番衅。官方准许开发的前提就是设隘，"自设官后，沿山次第设隘，以壮丁守之；（嘉庆）二十一二年间，犹有生番逸出杀人，今则防堵益密，林木伐平，沿山皆成隘田，而居民安堵矣。……以上隘地十九

---

① 其实，杨并没有出任过福建巡抚，只是从乾隆二十三年起担任过分巡台湾道员之职。邓孔昭对此也有辨析。参见邓孔昭《台湾通史辨误》，江西人民出版社1990年版，第149页。连横说法的依据可能是乾隆时范咸《重修台湾府志》卷16《风俗·番社通考》所载的"康熙六十一年，官斯土者议：凡逼近生番处所，相去数十里或十余里，竖石以限之，越入者有禁"。

② 《清高宗实录》卷1281，乾隆五十二年五月丙申，《清实录》第25册，中华书局1986年版，第173页。

③ 参见道光《重纂福建通志》卷85《关隘·凤山县》。

④ 《清高宗实录》卷1273，乾隆五十二年正月丁酉，《清实录》第25册，中华书局1986年版，第33页。

所，北自梗枋，南至施八坑，不过弃界外数百甲之地，免其升科”①。

隘也随着移民拓殖空间的变化及番人汉化的进展而变化，史料记载：“南路之旷土早已垦耕无余，北路则官隘有废，民隘有增。缘生齿日繁，土地日辟，游民之潜垦界外，有深入数十里、百里者，非设隘以守，则野番不免滋扰。”晚清以后，官府对生番已由过去的消极封禁向积极抚番发展，隘逐渐失去了存在的意义，光绪时“凤、嘉、彰三邑旧设各隘，半已不知其处”②。

总而言之，汉人与台湾少数民族居民的真正交流接触，大约开始于明代中后期，全面正式接触应在清代，而这种接触是以汉人的攫取土地等为先决条件。面对清代源源不断的移民浪潮，台湾少数民族居民进行了本能的反抗，但最终却在汉移民的占夺和先进农耕文明的示范下，熟番逐渐汉化，生番则退居深山，继续保留少数民族居民原有的社会特色。这表明不同民族间长期的交流会密切其感性与理性认识，而先进的文化与耕作技术对相对落后的民族会有一定的吸引力，清代汉族移民在台湾与少数民族关系的发展走向即是证明。

① 道光《东槎纪略》卷3《沿边各隘》。

② （清）丁绍仪：《东瀛识略》卷4《营制·屯隘》。

清代台湾少数民族妇女的日常生活

近人徐珂在《清稗类钞·风俗类》专列“台番女勤操作”条目云：“台湾番女勤于操作，巨细各事，皆能任之，富有亦然。不若内地之汉、满、蒙各族，凡中人之家之妇女，终日坐食而无所事事，至以废物为世诟病也。”① 徐珂系杭州人，清末举人，逝于民国。他文中的“番女”，即指台湾少数民族妇女。徐珂将之与大陆汉、满、蒙各族妇女比较，凸显台湾少数民族妇女的特殊角色。徐珂的说法有何依据，至今尚无专文讨论。近年来，随着妇女史研究在我国的复兴，学界对台湾妇女史研究也投入了相当多精力，人类学界在台湾田野调查多涉及少数民族妇女生活状态；历史学界则在讨论台湾汉族妇女生活时兼涉少数民族妇女。② 本文试图较全面梳理清代台湾少数民族妇女的日常生活，以证徐氏之言的可信度，也以此透视少数民族妇女对边疆社会开发的贡献。

一　台湾少数民族妇女日常的经济劳作

台湾在清代统一前，除了一度被荷兰人统治外，更多的是在郑成功家族统治下的点状开发。清朝统一台湾后，少数民族已开始使用牛

---

① 徐珂：《清稗类钞》，中华书局2003年版，第2224页。

② 人类学者如卫惠林《阿美族的部落制度》，《台湾文献》1948年第1期；李亦园《台湾土著民族的社会与文化》，联经出版社1982年版；黄应贵主编《台湾土著社会文化研究论文集》，联经出版社1998年版；陈奇禄《台湾土著文化研究》，联经出版社2003年版。这些研究多从人类学的族群、权力、家庭、民俗、婚姻等角度考察台湾少数民族的生活与社会。历史学者如卓意雯《清代台湾妇女的生活研究》，自立晚报社1993年版，侧重讨论的是汉族妇女的社会生活。

耕，原始的刀耕火种方式逐渐改变，农业生产开始与大陆接轨。台湾少数民族社会的农耕生产主要由妇女承担，男子则主要从事狩猎，即使发展到现在，仍以男女共耕习以为常，妇女在田间劳动的时间较男子为多。[①] 清代台湾少数民族妇女全力于田野劳作，或许与少数民族社会流行的入赘婚不无关系。大陆传统婚姻模式一般多是女方嫁到男家的从夫居，家庭生活流行以男性为中心，而台湾少数民族婚姻习俗则是男方入赘女家的从妻居，家庭生活以女方为主，流行女主外的风气。特别是随着大陆移民不断入台垦殖，少数民族的狩猎逐渐为农业取代，少数民族妇女在经济中的角色日益凸显。

少数民族妇女的农耕生产活动在地方文献中时有所见。乾隆《番社采风图考》记载："番俗以女承家，凡家务悉以女主之，故女作而男随焉。少数民族妇女耕稼，备尝辛苦，或襁褓负子扶犁，男则仅供馌饷，侍御范咸有'水田黎妇尽春耕'之句。"范咸为乾隆时巡视台湾的监察御史，他目睹了少数民族妇女耕种水田的情形。她们不仅要耕稼，还要随身抚育孩子，"土著妇女育儿，以大布为襁褓。有事耕织，则系布于树，较枝桠相距远近，首尾结之若悬床，风动枝叶，儿酣睡其中，不颠不怖。饥则就乳，醒仍置之"。她们把在田头开怀喂养孩子当作一种荣耀，"土著妇女乳儿，见者从旁与相戏狎，甚喜，以为人爱其子，虽抚摩其乳不禁也。若过而不问，殊有怫意"。而少数民族的男子则退居幕后为妇女劳作提供后勤，早在万历年间，大陆士人陈第渡台考察撰有《东番记》记载："女子健作，女常劳，男常逸。"可见，少数民族妇女在日常生产活动中扮演主角。

中国传统社会推崇的理想家庭生产方式是"男耕女织"。不过，近年来的研究表明，"男耕女织"的劳动安排方式是有条件的，绝非放之四海而皆准的普遍模式，也不是万古不变的固定模式。明清时期，妇女大量从事田野劳作司空见惯。[②] 这在台湾少数民族社会中也得到印证，所不同的是，台湾少数民族男性除了狩猎外，几乎不耕也

---

① 许国良：《台湾民族研究文集》，中央民族大学出版社2006年版，第119页。

② 李伯重：《多视角看江南经济史（1250—1850）》，生活·读书·新知三联书店2003年版，第273页；刘正刚：《清代广东乡村女性在社会经济中的角色》，《学术研究》2003年第6期。

不织，田野劳作成了妇女的专利。

清代台湾少数民族妇女力耕，那么她们是否还纺织呢？有学者认为，清前期台湾社会“男有耕而女无织”，台湾妇女已不再从事纺织业。[①] 这种说法颇值得商榷。从台湾全岛来看，少数民族妇女始终从事着纺织生产，其纺织品有卓戈纹、毯、毛被等。所谓卓戈纹，又有达戈纹等不同汉译写法，就是少数民族妇女纺织的布。乾隆《重修台湾县志》卷12《土产》记载，少数民族妇女以狗毛、苎麻为线，中间染以茜草，织成色彩错杂、鲜艳夺目的卓戈纹；乾隆刘志卷6《土番风俗》[②] 也记载，少数民族妇女先用茜草将狗毛或苎麻染色，然后织成达戈纹，但“各社工拙不齐”。少数民族妇女还“剥树皮杂兽毛”织出“麋鹿毯、毛被”等纺织品。[③] 乾隆《番社采风图考》就记载有少数民族妇女的织布图，并说各社少数民族妇女均能纺织，“大社土著妇女所织者甚”，这里的“甚”，应该是数量多而色彩也属上乘。此外，少数民族妇女还纺织一种蕉布，“系年久老蕉被风吹折，析其筋捻织如番布，色深黄兼淡灰，盛暑服之凉而爽，汗渍濯以水，当风吹之，不宜日曝，曝即裂”[④]。可见，少数民族妇女纺织原料多就地取材而为。随着两岸贸易的顺畅，原料中又加入来自大陆的棉花，同治《东瀛识略》卷5《物产》记载：“土著妇女合棉苎织成，或为斗方柳叶纹。”这种纺织品在市场上出售，价格不一，“细者价至七、八圆，粗者一、二圆”。

台湾少数民族妇女的纺织工具较为原始，也较为独特，雍正时《台海使槎录》卷5《番俗六考》专门记述一种叫“普鲁”的纺织器械，是少数民族妇女所发明，“土著妇女用圆木挖空为机，围三尺许，函口如槽，名普鲁”。普鲁的纺织程序是：“以苎麻捻线，或用犬毛为之，横竹木杆于机内，卷舒其经，缀线为综，掷纬而织，名达戈

① 黄国盛：《论清代前期台湾社会“男有耕而女无织”》，《东南学术》2002年第1期。

② 清代台湾五次纂修府志，一是康熙三十三年高拱乾《台湾府志》，二是康熙四十九年周元文《重修台湾府志》，三是乾隆六年刘良璧《重修福建台湾府志》，四是乾隆十一年范咸《重修台湾府志》，五是乾隆二十五年余文仪《续修台湾府志》。本文依次简称为：康熙高志、康熙周志、乾隆刘志、乾隆范志、乾隆余志。

③ 嘉庆《台湾志略》卷5《物产》。

④ （清）丁绍仪：《东瀛识略》卷5《物产》。

纹；又织麻布，名老佛。”乾隆刘志卷19《杂记·丛谈》引康熙《诸罗志》也说：“土著妇女规木虚其中，围三尺许，函口如槽，横竹木杆于内……”也就是说，纺织机械是妇女用木头自制而成。乾隆范志卷16《番社通考》记载与此文字略有差异，“番女织杼，以大木如栲栳，凿空其中，横穿以竹，使可转，缠经于上，刓木为轴系于腰，穿梭阖而织之，以树皮合葛丝织毡，名曰达戈纹，以色丝合鸟兽毛织帛，采各色草染采，斑斓相间”。

随着台海两岸交流的频繁，少数民族妇女的审美观念也发生了变化，追求纺织品花式的美观，雍正《台海使槎录》卷6《番俗六考》记载，南路凤山县少数民族妇女衣饰“胸前搭红绿卓戈纹者，名曰噶拉禄，用红哔吱折碎，间以草丝”，然后将其染成青绿色，“经纬错综，颇为坚致”。这种红、绿色的卓戈纹，到乾隆时又有褐色、蓝色等卓戈纹，一般方阔三尺余，质类布毯。[①] 时水沙连等社归化少数民族妇女“挂圆石珠于项，自织布为衣。善织罽，染五色狗毛杂树皮，陆离如锦”[②]。清末，可能受到工业化的影响，达戈纹一般只在较隆重场合才会穿着，光绪《台湾纪事》卷1《纪番社风俗》记载：“夷女四五辈，尽改妆，满头珠翠，身被达戈纹甚多。达戈纹者，土著妇女析红哔吱为丝，与木皮相错成文，番服之最华美者也，故以为舞衣。”卓戈纹已成为番社婚礼必备品，道光《噶玛兰志略》卷12《番俗》记载：“土著妇女婚娶，各社不同，要皆备卓戈纹、鹿、豕等送至女家以为聘。”

台湾少数民族妇女在日常经济中承担耕织的双重角色，十分辛劳。但尽管她们为了家庭“日日绩麻缕”，自己却是“周身短布裋”。康熙《诸罗县志》卷11《艺文志》就收录有一首名为“大甲妇”的诗歌，形象地刻画了少数民族妇女纺织的辛苦。

> 大甲妇，一何苦！为夫馌饷为夫锄，为夫日日绩麻缕。绩缕须净亦须长，捻匀合线紧双股。斲木虚中三尺围，凿开一道两头

---

① 乾隆《小琉球漫志》卷8《海东剩语》。

② 乾隆《皇清职贡图》卷3，辽沈书社1991年版，第299页。

堵；轻圆漫卷不支机，一任元黄杂成组。间彩颇似虹蜺生，绽花疑落仙姬舞。……土番蠢尔本无知，制器伊谁远近取！日计苦无多，日计有余褛，但得稍闲余，轧轧事伛偻。番丁横肩胜绮罗，土著妇女周身短布袒。大甲妇，一何苦！

不管从何种角度去看，清代台湾妇女并非不事纺织。至少少数民族妇女的纺织就颇活跃，她们的纺织品还与市场发生联系，嘉庆《大清一统志》卷437《台湾府》记载，彰化县的“土著妇女常挈子女赴县，用谷帛相贸易”。这里的“帛”可以理解为少数民族妇女自织的纺织品。一些花色好的纺织品常为人们争购，乾隆刘志卷19《杂记》记载，水沙连一带少数民族妇女“善织罽毯，染五色狗毛，杂树皮为之，陆离如错锦，质亦细密，四方人多欲购之，常不可得。土著妇女亦白皙妍好，能勤稼穑，人皆饶裕”。就是说，少数民族妇女在纺织过程中已经意识到花色的美丽，因而杂以其他原料，因为精美而引起各方的争相购买。乾隆刘志卷20收录郁永河的《番社杂咏》记载：“蛮娘织作亦殊勤，圆木中空槽口分，尺布可堪持北去，但令知有达戈纹。”郁永河于康熙中叶在台湾活动，可见，至少在康熙时期少数民族妇女的织品已在岛内流通。

传统意义上的纺织至少还包括编织，台湾土著妇女就将蒲草织为草席出售，“番席，番女取蒲草为之，出淡水之大甲，甚精致，价一二圆，极细者须番银十余圆，近日民人亦有织之者”。光绪《台湾通志》不分卷《物产》记载：草席“价倍内地。大甲番女取草织之，甚精致……近汉人亦多效之者”。少数民族妇女编织的草席因为价格昂贵，因而引起了汉人妇女仿效，而少数民族与汉人妇女共同编织的活动，又预示着纺织业在台湾掀起的苗头。

台湾少数民族妇女的日常经济活动还包括捕鱼、酿酒等，诸罗县“番妇或十余、或数十于溪中，用竹笼套于右胯，众番持竹竿从上流驱鱼，番妇齐起齐落，扣鱼笼内，以手取之”[①]。光绪《台湾生熟番

① （清）黄叔璥：《台海使槎录》卷5《番俗六考》，《台湾文献史料丛刊》第21册，大通书局2000年版，第104页。

纪事》引《台湾竹枝词》云："渔郎宛载木兰艘……熟番有女话篷窗。"编者自注云："生番归化曰熟番，番女多以取鱼为业。"而清代台湾的品牌酒——姑待酒，也是由台湾少数民族妇女酿制而成。《台海使槎录》卷5《番俗六考》记载，诸罗县未嫁番女，用嘴"嚼糯米，藏三日后，略有酸味为曲，舂碎糯米和曲置瓮中，数日发气，取出搅水而饮，亦名姑待酒"；乾隆刘志卷6《土番风俗》记载，"土著妇女三五各执木杵以手舂之，声韵清远。酿酒以米置口中嚼烂，藏于竹筒，不数日而酒熟，名曰姑待酒"；彰化少数民族妇女"捣米成粉，番女嚼米置地，越宿以为曲，调粉以酿，沃以水，色白，曰姑待酒"①。可见，少数民族妇女酿酒在台湾较普遍，因为台湾少数民族的习俗多与酒发生着密切的关联。②

台湾少数民族妇女有时还承担徭役，乾隆《小琉球漫志》卷8《海东剩语·土著妇女》记载：诸罗、彰化等地的徭役，"舆夫多土著妇女为之"。清代有人将台湾少数民族妇女比喻为牛，光绪《澎湖厅志》卷9《风俗》称，"澎湖女人台湾牛，皆言其劳苦过甚也"。将女人和牛类比，当然不恰当。但牛是传统农业最重要的生产力，这一比喻也凸显了妇女在台湾经济中的角色非同一般。

二　台湾少数民族妇女在日常社会活动中的作为

清代台湾少数民族妇女在经济生活中扮演了重要角色，其在日常社会活动中也有独特的表现。台湾少数民族间盛行一种名为"向"的巫术，施法者多为少数民族老年妇女，乾隆《小琉球漫志》卷8《海东剩语》记载，"往时，北路老土著妇女能作法诅咒，谓之向"。从"往时"来看，此巫术具有传统。"向"术须经过长期的训练才能施法。雍正年间《台海使槎录》卷8《番俗六考》记载，少数民族妇女刚学咒时，"坐卧良久，如一树在前，卧而诵向，树立死，方为有

---

① 道光《彰化县志》卷9《番俗》。

② 刘正刚、刘强：《清代台湾少数民族酒文化探析》，《贵州民族研究》2005年第1期。

灵”，然后才敢接活做法事。“向”的功能是否真的如此并不重要，关键是少数民族妇女借助这一活动掌握了在公众活动中的话语权。

台湾少数民族妇女借助“向”这一巫术形式，据说可以治病。而治病的过程都是在户外公众视域中进行，其实，也就是举办某种仪式而已。光绪《台湾纪事》卷1《纪番社风俗》记载：“方书有华佗五禽之术，诡秘异常。……今番俗亦有百道之说，其法令病者力疾出户外，被发正立东向；司禁魔者，皆老土著妇女，亦散发，手树枝，禹步，作咒语，喃喃不可晓，时以树枝拂病者毛发，若梳栉然，约食顿饭顷乃毕。”可见，少数民族妇女施法治病这一仪式，直到清末还在流行。而主持这一仪式的少数民族妇女均由老年人担任。

台湾少数民族妇女利用“向”在公众场合的表演，在台湾少数民族的丧葬仪式中十分显眼，光绪年间《安平县杂记》不分卷中收录《调查四番社一切俗尚情形》，对台南一带番社丧祭中的“向”作了如下描述：

> 四社番丧祭，一切礼节，犹若闽人。……惟更有“问向”一俗。何曰问向？当人死将收殓之时，必请土著妇女为尪姨到家，就死人尸前祝告，请其投身详说因何致死缘由，是否寿数当终，抑系误药枉死，或是被人毒害；而死者之魂，每能详说细告亲人。究其有无实事，则不可知。奈俗例如斯，莫不如此；即自己家有姨，亦须请他人尪姨来问。徒此一事，番俗所有，其余丧祭殓葬及延僧功果，均同闽人。

这则材料显示，清末台湾社会习俗已差不多与大陆传统大文化相吻合，但尚保留着本土特色。“向”的广泛运用，就具有典型的台湾地方色彩，而且一般皆由尪姨也就是女巫等操作。

“向”在台湾民变中也发挥过特殊功能，乾隆五十二年（1787）五月，清军在镇压林爽文事变过程中，在南潭擒获少数民族妇女金娘，据《平台纪事本末》记载：“金娘，下淡水土著妇女，习符咒，为人治病。庄锡舍攻凤山时，请为军师，临阵令其诵符咒祈神佑，军中皆称曰仙姑。凤山破，皆推仙姑之功。林爽文伪封一品柱国夫人。"[①] 金娘因为精通"向"术，竟被聘为军师。这一方面反映了汉番融合的趋势，另一方面也显示少数民族妇女以巫术为职业在台湾具有一定的社会空间，巫术为女性独揽，"其术传女不传男，亦中国师巫之类耳"[②]。

少数民族妇女在日常社会生活中利用"向"表达的空间主要局限于以家庭为中心的治病、丧葬，但她们在少数民族大型的社会活动中也展现了风采。清代台湾番社每遇重大节日或有客人来访，必以酒待客，少数民族妇女往往盛装参与，雍正《台海使槎录》卷7《番俗六考》记载，凤山番社每遇"汉人至，则酌以待，欢甚，出土著妇女侑酒，或六七人、十余人，各酌满以进"。乾隆余志卷14《番社风俗》记载，彰化番社于"每年二月间，力田之候名换年，男女俱衣杂色绸纻红袄，曰包练，或妆蟒，锦绣为之。土著妇女头戴纱头箍，名荅荅悠，用白狮犬毛作线，织如带宽二寸余，嵌以米珠"。遇到官长莅临番社，少数民族妇女也盛装出席活动，乾隆《台海见闻录》卷2《番俗》记载："官长至社，土著妇女数十人身着鲜衣，项挂玛瑙珠曰衣堵，螺钱曰眉打喇，挽手合围，蹋地而歌，逐队跳舞，官赏之酒，连酾不醉。"可见，少数民族妇女在集体性的公共活动中也是主要参与者，这在汉族妇女中并不多见。

清代台湾少数民族妇女在集体狂欢中并没有男女授受不亲的观念，乾隆《台海见闻录》卷2《番俗》记载：土著妇女日往溪潭沐浴，"女伴牵呼，拍浮蹀躞谑浪相嬲，虽番汉聚观，无所怖忌"。少数民族妇女衣着也有特色，康熙《凤山县志》卷7《风土志·番俗》记载：台湾少数民族"男女皆跣足裸裎"。即使衣着，也多是用鹿皮或树皮、苎麻织成的布围住身体敏感部位而已。同治《淡水厅志》卷11《番俗》记载："土著妇女衣几辘，围遮阴。"所谓"几辘"又名"遮阴"，据乾隆余志卷15《风俗·番社风俗》记载，即为上衣，长至腰，下体围布两幅而已。在乡村社会的一些红白喜事活动中，少

① 佚名：《平台纪事本末》，大通书局2000年版，第35页。

② 光绪《台湾纪事》卷1《纪番社风俗》。

数民族妇女都是以歌舞表达着情感，据康熙《诸罗县志》卷8《番俗》记载："家有丧、过年之前一日，束草遍插羽毛，以像死者；诘旦，番女十数辈挽手拥一猫，踏跳踯旋转而歌，歌毕而哭，撤草人而弃。"乾隆《小琉球漫志》卷8《海东剩语·演戏》记载："熟番遇家有吉庆事，番妇装束，头载纸花圈，十数人携手跳跃，或番童相杂，鸣金鼓，口唱番曲，谓犹汉人演戏。"乾隆余志卷14《番社风俗》记载，诸罗县少数民族妇女"遇吉事则衣皆白色，群聚饮啖醉后，歌唱跳舞以为乐"。不过，少数民族妇女的衣着在与汉人交流增多的情况下，清中叶以后开始变化，越来越讲究廉耻。光绪《台湾纪事》卷1《纪番社风俗》记载，少数民族妇女穿着"非衣非裳，略似裙者帷之……今则稍知愧耻矣"。

台湾少数民族妇女因为可以自主处置家庭财产，也时常出现在公众场合。台湾学者陈瑛珣博士曾从台湾各类契约文书中辑出了清代少数民族妇女参与买卖契约22件，其中少数民族妇女主立田土契约20件，她们买卖的田地超过半数来源于"承父""承祖父"，说明她们享有与男性平等的继承家庭财产权。[①] 而作为主立契约的少数民族妇女在从事土地买卖过程中，必然要与不同的人打交道，从而在市场交易这一场景中表达了她们的权利，光绪十五年（1889）十一月的一份少数民族妇女招赘书显示如下：

> 立主婚招赘书字人番妇李潘氏，有孙女名叫金田，年登拾八岁，尚未及笄，桃夭以时，央媒许配，招得吴日新官有胞侄名唤王连，年贰拾伍岁，入赘为夫。同媒议定，备出酒席银参拾贰大员，择其吉良，过门入赘，二姓合婚，百年偕老。异日生育弄璋，首男归李家，次男归吴家，男女对半均分。自此入赘以后，置有租产物业，吴、李子孙均分，不得涉私……[②]

---

① 陈瑛珣：《明清契约文书中的妇女社会经济活动》，博士学位论文，厦门大学，1999年，第75—81页。

② 《台湾私法人事编》，《台湾文献史料丛刊》第169册，大通书局2000年版，第541页。

这是一份少数民族妇女祖母做主为孙女招赘签署的民间契约，明白交代男方入赘女家，生育第一个男孩归女家，第二个才归男家，以此类推，婚姻存续期间的财产由两家“子孙均分”。从这里可以看出，少数民族妇女李潘氏在解决孙女婚姻的过程中，在不同的场合与不同的人交往，尤以“备出酒席银”来看，少数民族妇女对婚姻拥有很大的控制权。少数民族妇女参与土田买卖，与上节分析其辛劳耕种有密切关系。

三　少数民族妇女在婚姻家庭中的日常表现

台湾少数民族妇女在日常经济中的贡献，也决定了其在婚姻家庭中的地位。有学者认为，台湾少数民族婚姻属于“服役婚”形式，在本质上是一种劳力交易。[①] 然而，根据文献来看，少数民族婚姻并不是建立在劳力交易的基础上，而是以自由择偶为基础的入赘婚。台湾少数民族习俗重女轻男，家族世系以女性承接，“甥即为孙，以衍后嗣”[②]。乾隆范志卷14《番社风俗》记载，少数民族官员的继承权，“土官无论男女，总以长者承嗣，长男则娶妇、长女则赘婿，家业尽付之”。可见，少数民族妇女与大陆儒家文化支配下的女性有很大差别。

台湾少数民族妇女在婚姻家庭中处于支配性地位由来已久。明崇祯时沈有容辑录《闽海赠言》收录了大陆士人描述台海的作品，其中万历时陈第《东番记》描述少数民族婚姻情况：

> 娶则视女子可室者，遣人遗玛瑙珠双，女子不受则已，受，夜造其家，不呼门，弹口琴挑之。……女闻纳宿，未明径去，不见女父母。自是宵来晨去必以星，累岁月不改。殆产子女，妇始往婿家迎婿，如亲迎，婿始见女父母，遂家其家，养女父母终身，其本父母不得子也。故生女喜倍男，为女可继嗣，男不足着

① 吴存浩：《中国民俗通志（婚嫁志）》，山东教育出版社2005年版，第64页。

② 乾隆《重修台湾府志》卷10《番社风俗》。

代故也。

陈第发出的感慨是“异哉东番！……男女易位”①。所谓易位，大约是和大陆男女的婚姻模式相比较而言。家庭经济由妇女主管，乾隆《海东札记》卷5《记社属》记载，少数民族家庭财富，“以土著妇女腰配锁匙多寡为验”。

台湾少数民族妇女在婚姻缔结上享有自主权，少数民族少女成人后，父母另筑一室给其居住，由女儿寻找合适的未婚男子。乾隆刘志卷20收录郁永河《土番竹枝词》云：“男儿待字早离娘，有子成童任远扬，不重生男重生女，家园原不与儿郎。女儿才到破瓜时，阿母忙为构室居，吹得鼻箫能合调，任教自择可人儿。”乾隆初年，巡台给事中六十七将其在台见闻著《番社采风图考》，涉及土番婚姻诸方面，“番已娶者名暹，调奸有禁。未娶者名麻达。番女年及笄，任自择配。每月梳洗，麻达有见之属意者，馈鲜花……遂与野合，告父母成牵手焉”。另据乾隆《裨海纪游》卷下记载，男性用竹制成的“鼻箫”或“口琴”，夜间在女子房前吹奏传情，如果女方接受则招之同居并凿齿为盟，“以别处女”，进入“牵手”恋爱阶段。女对男有意者，“女出而招之同居，曰牵手，逾月各告于父母”。还有一种开放式的求婚是在番社公共场所的“公廨”，夜晚男女对歌，情投意合者即为夫妇，“拔去前齿订盟，男家父母遗以布，将成婚，父母送至女家，不需媒妁”②。

结婚仪式各社也有所不同，有的无须礼聘，有的则仪式十分隆重，乾隆《番社采风图考》记载：“番重生女，赘婿于家，谓之有赚；生男出赘，谓之无赚。盖以女配男，承接宗支也。成婚日，番女靓妆坐板棚上，四人肩之；揭彩竿于前，鸣锣喧集，遨游里社，亲党各致贺。至婿家，携手同归。两家父母亦共饮酒，三五斗以后，遗簪绝缨，欢谑无度，数日方止。”可见，番女结婚要举行游行里社的仪式。少数民族男女婚姻，基本上是自由组合，没有大陆社会的父母之

① （清）沈有容：《闽海赠言》卷2，大通书局2000年版，第25页。

② 乾隆《重修台湾县志》卷12《番俗》。

命、媒妁之言的约束，这一习俗直到晚清仍在少数民族社会流行，同治《东瀛识略》卷6《番俗》记载："番俗皆先通后娶，不纳聘，无媒妁。男女及岁，意相悦，遂野合焉。"少数民族男女婚姻若能稳固，女方会受到高规格礼遇，乾隆《重修台湾县志》卷12《番俗》记载："若配合已久，造高架，坐妇于上，舁迎社中，番众赠色布，归宴同社之众，则永无离异。大抵以女承家，凡家务悉女主之，番男终身依妇而处。"

台湾少数民族妇女在离婚时也有一定自主权，"夫妇反目"，男女都有选择离婚的自由，名之曰"放手"。女性从一而终的观念在少数民族社会尚未形成，但主张离婚者须在另一方结婚后才能再婚，否则要受到惩罚，"男离妇，必妇嫁而后再娶；妇离男，必男娶而后再嫁。违则罚牛一只、车一辆"[①]。少数民族妇女在离婚时，财产实行均分原则，乾隆《小琉球漫志》卷8《婚嫁》云：夫妻离婚"不论有无生育，均分舍内什物"。离婚之后，"土著妇女复牵手于他番"，但婚姻存续期间，女性必须对男方保持贞操，一旦有婚外性行为被发现，将会受到致命处罚，"妇与人私通，为本夫杀死者勿论"[②]。女方本家对女性婚外情反应不一，道光《彰化县志》卷9《风俗志 · 番俗 · 杂俗》记载："女有所私，父母以为人怜之也，兄弟则羞之。兄但呵斥而已，弟乃加之棰楚，番女畏弟如虎。"可见，少数民族婚姻强调的是合则留，不合则去，但婚姻存续期间，女方须对男方保持绝对的忠诚。

随着汉族移民大量涌入台湾，汉人为了获取土地开垦权，往往会利用少数民族入赘婚习俗进入少数民族家庭，出现"番赘婿"婚姻形态，并由此导致了少数民族某些传统习俗的裂变。有关番汉互婚起于何时已难以判断，据雍正《台海使槎录》卷5《番俗六考》记载，康熙三十八年（1699），诸罗县民谢鸾、谢凤因病，"适郡中有汉人娶土著妇女者，因求解于妇"而痊愈。清初官府禁止移民携眷渡台，造成台湾性别比失衡，康熙《诸罗县志》卷8《汉俗》记载："各庄

① 乾隆《重修台湾府志》卷15《番社风俗》。

② 康熙《凤山县志》卷7《番俗》。

佣丁、山客十居七八，靡有室家。”康熙《台湾县志·杂俗》也称：“乡间之人，至四五十岁而未有室者，比比皆是。”雍正年间，福建巡抚高其倬奏折也印证了台湾性别比的失衡，“台湾各处居住人民多系只身在彼，向皆不许携带妇女……诸罗、凤山、彰化三县皆新住之民，全无妻子”①。可见，清前期台湾男女性别比例失衡确实较严重。

台湾早期移民社会性别比例的失调，男性只好把婚配对象转向少数民族妇女。由于她们对婚姻选择有自主权，这就为移民男性组建婚姻家庭创造了良好环境。乾隆以后，番汉通婚普遍，一开始可能主要限于和熟番女结合，乾隆余志卷14《番社风俗》记载，凤山县“归化番女，亦有与汉人为妻室者，往来倍亲密”。所谓归化，就是汉化程度高且对官府纳粮当差的少数民族。汉族移民通过入赘进入熟番家庭，《台湾诗钞》卷11记载：“番女怀春笑口开，汉郎晤对喜人来；相邀携手同归去，不用冰人只自媒。”据《漳浦盘龙社林氏宗谱》记载，福建漳浦人林秀俊任淡水等社通事50年左右，前在大陆娶妻宋氏，生一子海庙，“后在台娶妻，继娶潘氏闺名哈仔霍……生二子：海筹、海文”。广东大埔张达京于康熙末年任岸里社通事达43年，为番人敬重，该社上官阿莫复妻之以女。② 其实，随着移民垦殖愈益向尚未归化的生番深入，移民也会入赘生番家为婿，《台湾私法物权编》记载：“生番社丁，俗称番割，并不由官派拨，奸民多自行充当，扰害番民，私娶生土著妇女女，往来内山，窝藏匪类。”③ 所谓番割即指移民中“惯走生番、习其言语情俗并娶番女为妇者，名曰番割”④。

上述文献中尽管使用的是“私娶生土著妇女女”，重点仍是娶，但根据少数民族婚姻的习俗，应是汉人入赘婚。值得注意的是，这些入赘少数民族妇女家为婿的汉族移民，必须把自己伪装成番人，才能获得少数民族妇女认同，道光年间，闽浙总督程祖洛奏称：“迩年以

① 台湾银行经济研究室编：《雍正朱批奏折选辑》，《台湾文献史料丛刊》第69册，大通书局2000年版，第143页。

② 尹章义：《台湾开发史研究》，联经出版公司1989年版，第190页。

③ 《台湾私法物权编》，大通书局2000年版，第441页。

④ 罗人春：《台湾海防并开山日记》，大通书局2000年版，第67页。

来，日渐废弛，遂有一种不法奸民，学习番语，偷越定界，散发改装，谋娶番女，各为番割。"[①] 这些伪装的"番割"应是进取心强且头脑灵活的汉人，他们为了利益，蛊惑少数民族妇女离婚，再与自己结成百年之好，"有一种无赖棍徒，藉名税屋开张米酒、杂货生理，实贪少妇姿色，诱谋术骗私通，甚至蛊惑土著妇女，反目放手，结为夫妇。妻占而屋并踞，致使番无立锥以耕种，无片瓦以栖身，贫穷困苦，流离失所，逃入山林采薪糊口，不可胜数"[②]。汉族男性以获利为目的入赘，导致了汉番间矛盾加剧，官府不得不出面干预，早在乾隆年间，朝廷就出台禁止番汉互婚政策，乾隆范志卷16《番社通考》记载：

> 乾隆二年，巡台御史白起图等奏准：嗣后汉民不得擅娶土著妇女，土著妇女亦不得牵手汉民。违者，即行离异。汉民照民苗结亲例，杖一百离异；土官、通事照民苗结亲，媒人减一等例，各杖九十；地方官照失察民苗结亲例，降一级调用。其从前已娶、生有子嗣者，即行安置为民，不许往来番社，以杜煽惑生事之端。

但是，官府的一纸禁令难以约束移民垦殖的步伐，汉番之间的交往愈益频繁，相互通婚也势成必然，道光《蠡测汇钞·平傀儡山贼党记后叙》记载："生番嗜杀，居民视为异类。惟汉奸挟货以饵，得与往来，或娶番女为妇，生子称土生仔；往往构民番衅，并倚番害民，民甚苦之。"而随着汉番通婚子女成人后进入婚姻之时，风俗逐渐互化。乾隆刘志卷6《土番风俗》记载："数十年来沐圣化之涵濡，渐知揖让之谊，颇有尊亲之心，多戴冠着履，身穿衣裤。凡近邑之社，亦有知用媒妁联姻行聘；女嫁于外、媳娶于家，大改往日陋习。"所谓"陋习"应是以大陆婚姻模式为蓝本的评价，但至少预示少数民

① 台湾银行经济研究室编：《台案汇录甲集》卷2，《台湾文献史料丛刊》第133册，大通书局2000年版，第119页。

② 《台湾私法物权编》，大通书局2000年版，第316页。

族婚俗开始向汉人看齐。[①] 大陆传统文化的婚姻程序逐渐进入台湾少数民族婚姻中，乾隆范志卷14《番社风俗》记载：“近日番女多与汉人牵手者。媒妁聘娶，文又加烦矣。”同治《东瀛识略》卷6记载，“近日番女与汉人牵手，媒聘礼文略如汉制”，说明少数民族居民的文化习俗也渐渐内地化。

晚清以后，少数民族妇女不仅在婚姻模式上以大陆为取向，而且也一改往昔性自由的倾向，一些人甚至走上守节之路。乾隆刘志卷17《人物・节孝》记载：“土著妇女大南蛮，诸罗目加溜湾社番大治赋妻，生一男。大治赋死，妇年二十，愿变番俗，不更适人，自耕以抚其男。至五十六岁，知县陆鹤为请旌奖。”可见，至少在乾隆年间，少数民族妇女已出现守节现象。光绪《云林县采访册》不分卷《大槺榔东堡・节妇》记载：“蔡陈氏，名珠，扶朝家庄陈乌番女，年十五适北港蔡汝永……伉俪九年，汝永殁，氏年二十四，称未亡人，不通庆吊。卒年六十八岁，守节四十四年，人罕见其面。”少数民族妇女不但守节，甚至出现缠足现象。乾隆《海东札记》卷4《记社属》记载：“土著妇女竟有缠足者。”少数民族妇女与汉族联姻，不仅扩大了移民生存空间，也加快了少数民族汉化的步伐。

综观全文，徐珂所言“台湾番女勤于操作”是有历史根据的。这一点早在清初就有人表达过类似的观点，康熙《诸罗县志》卷8《番俗》记载：“土著妇女耕获樵汲，功多于男，唯捕鹿不与焉。……钱谷出入，悉以妇为主。”换句话说，正是因为少数民族妇女在台湾少数民族社会经济中的日常行为，也决定了其在家庭中掌控“钱谷”大权和婚姻自主权。本文对清代台湾少数民族妇女日常生活的梳理显示，她们在日常社会经济和婚姻家庭中都处于突出的地位，对台湾社会发展做出了巨大贡献。台湾少数民族妇女在日常经济中的耕织行为表明，中国传统社会不同区域间的男女职业分工并不相同，台湾少数民族社会经济流行的主要形式是“女主外”。

---

① 刘正刚、刘文霞：《清代台湾少数民族与汉族联姻探析》，《贵州民族研究》2004年第1期。

清代台湾少数民族军事化探析

中国传统文化以礼为标准将族群划分为夏、夷，凡不用中国（夏）之礼者，即属“化外”之野蛮人。而“化外”之人只要接受夏之礼，就可变为“化内”之民。这一转变的过程和形式因历史时期的不同而不同。清代朝野称谓台湾少数民族曰“番”，其中未服教化者曰生番，接受教化者则曰熟番。台湾少数民族从化外到化内的转变，既有汉番交流融合的因素，也有官府推行教化的功力。[①] 而清代国家不断将台湾少数民族纳入王朝的军事体系中，也是番人从化外向化内转变的一个重要因素。不过，学界对这一问题的关注明显不足。本文试图以军事化为主线，揭示清代台湾少数民族从化外向化内转变的某些侧面，以期说明历史的复杂性。

一　台湾少数民族善战的习俗

明清文献记载，在大陆移民大规模进入台湾开发前，台湾几乎属于烟瘴荒蛮之地，少数民族在这种环境下生存，面临与自然环境和其他族群的双重争斗，因而形成“善走”的特色。台湾地形多山川，快捷奔跑是少数民族狩猎与防止猛兽袭击的重要生存技能之一，“番俗从幼学走，以轻捷较胜负，练习既久，及长，一日能驰

---

① 刘正刚：《清代移民开发边疆与少数民族关系：以台湾为例》，《中国边疆史地研究》2005 年第 3 期；刘正刚、刘文霞：《清代台湾少数民族与汉族联姻探析》，《贵州民族研究》2004 年第 1 期；周鹤翔：《制度、地方官、“汉番关系”——关于清代台湾“番政”形成的一些考察》，《台湾研究集刊》2004 年第 3 期。

三百余里，虽快马不能及”[①]。有些文献甚至称台湾少数民族“足趾若鸡爪，履险如平地”[②]。

射箭、投枪也是台湾少数民族在原始环境下生存的必备技能，少数民族使用山野竹木因陋就简制作箭、枪，他们使用的弓箭往往“无弰背，密缠以藤，苎绳为弦，渍以鹿血，坚韧过丝革，射，搭箭于左，箭舌长二寸至四寸不等”。少数民族男性在十岁以后，就开始练习射箭，射艺非常精确，“练习既熟，三四十步外取的心中”。投掷使用的枪也以木制为主，枪头则为金属，“镖杆长五尺许，铁镞锋铦，长二寸许，有双钩，长绳系之，用时始置箭端，遇鹿麂一发即及，虽奔逸而绳挂于树，终就获焉”[③]。

台湾少数民族强健的体质和善射的技能，天生就具有战士和猎手的本领，成为国家潜在的军事储备力量，少数民族还有自己独特的战略战术，如调虎离山计就是他们常用的方法，据学者研究，少数民族如果打算攻击一个村庄，往往是大队人马乘夜隐藏在村庄附近，用小部分人在早上吸引对方注意，然后大部队乘虚而入袭击村庄。他们往往事先在对方追赶的路上设置陷阱，以至对方纷纷失足落下，而自己却毫发无伤。[④]

1624 年，荷兰殖民者占据台湾，遭到少数民族居民的激烈反抗，其中麻豆社番人就先后杀死荷兰殖民者 60 余人。直到 1635 年 11 月，荷兰驻台湾第四任长官普特曼斯率荷兵 500 人进攻麻豆，烧毁村庄，杀死老幼妇孺 26 人，才将麻豆社人的反抗镇压下去。1642 年，荷兰军队在征讨台湾东部大巴六九社时，仍遭遇少数民族顽强抵抗，死伤六人。可以说，在荷兰统治初期，台湾少数民族从来没有放弃过反抗斗争，后来殖民者利用少数民族不同族群间的矛盾，挑拨少数民族之间互斗，削弱了少数民族反抗荷兰殖民者的力量。明末以来，大陆汉

---

① （清）六十七：《番社采风图考》，大通书局 2000 年版，第 11 页。以下未标注出版社，与此相同。

② 台湾银行经济研究室编：《清一统志·台湾府·番民》，《台湾文献史料丛刊》第 21 册，大通书局 2000 年版，第 47 页。

③ （清）黄叔璥：《台海使槎录》卷 5《番俗六考》，大通书局 2000 年版，第 102 页。

④ ［英］甘为霖：《荷据下的福尔摩莎》，李雄挥译，前卫出版社 2003 年版，第 23 页。

族移民不断进入台湾垦殖，也成为荷兰殖民者奴役的对象。1652 年 9 月，汉族移民不满荷兰殖民者压迫，在郭怀一领导下进行反抗。荷兰殖民者为了能迅速镇压郭怀一反抗，遂从新港、麻豆、萧垅、大目降、目加溜湾等番社调集少数民族参战。郭怀一战败隐匿后，荷兰殖民者又以悬赏方式，派少数民族番人加以搜捕。郭怀一在拥有先进武器的荷兰军队和骁勇善战的少数民族合力围剿下，战败牺牲。[①]

1662 年，郑成功决心赶走荷兰殖民者，以台湾建立抗清根据地。他派人联络少数民族共同驱逐荷兰人，得到少数民族响应。巴桑族头人派遣擅长“水鬼战”的 150 名壮丁参战，制伏了荷兰守炮士兵，为郑成功军队攻入台湾创造了条件。郑成功进入台湾后，其部下也不时侵害少数民族，引起少数民族反抗，1662 年 7 月，张志、黄明放纵管事杨高“凌削土番”，大肚番阿德狗让杀死杨高，并击败郑氏派来的军队，“其锋甚炽”。郑氏军队“设伏诱战”才将其斩杀。后又由于数千汉人（疑为刘国轩部）入彰化，“侵占番地，拐奸番女，滥杀番黎”，致使少数民族联合围攻彰化城，砍杀汉人以报仇。[②] 虽然郑成功军队与台湾少数民族发生过军事冲突，但郑氏政权因受清军威胁，其对少数民族总体上采取了安抚政策。郑氏政权后期因政治腐败，与少数民族矛盾再次凸显，据江日升《台湾外纪》卷 9 载，康熙二十一年（1682），郑氏军队镇守鸡笼，征用少数民族运输粮食，“不论老幼男妇，咸出供役，以至失时”，少数民族居民在运送过程中“又遭督运鞭挞”。在这种情况下，少数民族居民愤怒地杀死通事，抢粮反抗，竹堑、新港等处的番社“皆应之”。最后在郑军的围剿下，才不得不出山归附。次年，郑克塽听说卑南觅社有黄金，遂派军队前去开采，但到卑南觅社时却看见“土番刺身箍肚，硬功操枪，拒险以守，不得前进”，无奈而返。

台湾少数民族在荷兰与郑氏时期，基本上还保持着原始的生活状态，他们与荷兰和郑氏之间的关系既有抗争也有合作，这一时期，基本上谈不上化内问题。但少数民族的英勇善战，为日后清朝统一台湾

---

① 杨彦杰：《荷据时代台湾史》，联经出版公司 2000 年版，第 78—84、252—253 页。

② 潘大和：《平埔巴宰族沧桑史》，南天书局公司 2002 年版，第 242—243 页。

并将少数民族纳入军队系统打下了基础。

二　清朝官府对少数民族的羁縻

台湾少数民族由于先天的身体素质和勇敢善战的性格，因此他们既是清代台湾社会不稳定的潜在因素，也是官府争取将其纳入军事系统加以掌控的重要资源。康熙二十三年（1684），清朝统一台湾后，设置府县加以管理，其中对“深居内山，未服教化者”的化外生番实行恩威并施、剿抚并用的羁縻政策，主流是“抚”。但在实际执行过程中，官员并没有认真贯彻这一政策，据雍正间成书的《台海使槎录》卷8《番俗杂记》记载，康熙二十八年二月，吞霄社通事黄申征派繁多，借少数民族出社捕鹿之机勒索敲诈，引起土官不满，率众杀死黄申，官府派兵进剿，并以新港、萧垅、麻豆、目加溜湾四社番为前锋，致使四社番兵死伤惨重，后又遣岸里番从后夹击，终于平息这次“番乱”。在这一平息过程中，官府使用了以番制番的策略。

生番在移民推进与朝廷招抚下，归化愈益增多，康熙五十五年（1716）五月，康熙针对闽浙总督觉罗·满保关于台湾南路生番山猪毛、北路生番岸里等15社近900户“愿同熟番一体内附”的奏折，指示严禁地方官侵派扰害，“生番远居界外，从未投顺，今慕义输诚，请入版籍，著地方官加以抚恤，倘有侵派扰害者，该督抚即行指名题参，从重治罪”①。但随着汉人移民入台垦荒的增多，越界侵占生番、熟番土地时有发生，雍正时黄叔璥在《台海使槎录》卷8《番俗杂记》记载，汉族移民“勾引伙党，入山搭寮，见番戈取鹿麂，往往窃为己有”，致使汉番矛盾加剧。所谓越界是指明郑以来设立汉番垦殖的“土牛”红线，因年代久远已掩没无踪。康熙六十一年（1722）官府令“凡逼近生番处所相去数十里或十余里，竖石以限之。越入者有禁”。官府派兵在界巡防，成为官隘之前身。此举虽是为了防止汉番冲突，但在一定程度体现了官府对台湾少数民族的安抚。朱一贵事

① 《清圣祖实录》卷268，康熙五十五年五月，《清实录》第6册，中华书局1985年版，第635页。

变爆发后，官府征调“新港、目加溜湾、萧垅、麻豆四社土番随之前往”作战。[①] 由于少数民族对汉民入垦的怨恨，乘机对汉民大肆屠掠，反而使朱一贵队伍不断扩大。据乾隆时范咸纂修的《重修台湾府志》卷21《艺文志》记载，时南澳总兵蓝廷珍等率近2万精兵赴台作战，朱一贵兵败逃入罗汉门、小石门、大湖崇爻等山高林密的“生番”聚集区。官军分多路展开搜捕，“每一路遣精兵百人，乡壮七十，土番三十，操弓挟矢为向导”，就是说搜捕是以土番为向导进行的。官府还“调遣崇爻七十二社番，遍处搜寻”，对有功少数民族人员大加犒赏，“凡擒解山中汉人一名，该番赏布三十尺，盐五十斤，烟一斤，获巨贼者倍之”。朱一贵部众在官兵与少数民族的联手下被剿除殆尽。

康熙时期的安抚政策在雍正、乾隆年间得到继续贯彻，雍正四年（1726）水沙连社头目骨宗“抗饷不纳，焚杀无已”，台厦道吴昌祚率领汉兵500名、熟番800名前往镇压，慑于清军威势，土番纷纷“归诚”，并协助官军擒获骨宗等。[②] 雍正五年（1727），清政府划出社田留作少数民族耕种、牧猎之用，但允许汉人租种少数民族田地，向少数民族交纳“番大租”，如违约不交，官府为其催科。[③] 雍正六年（1728）十二月，凤山县长兴庄邱仁山等越界开垦水田，被生番杀伤十二人，生番又追至竹叶庄杀伤佃民张子仁等人。官府随即派汉兵350名、番壮200余名前往围捕，“杀死生番七人，擒获生番二十人”，平定了“番乱”[④]。据《清世宗实录》卷134记载，雍正十一年（1733）八月，台湾修造战船，为避免伐木工匠入“番社”引起事端，官府下令鼓励番人砍木发卖，“番社产木既多，若番民赴官售卖，按数给与价值，使之获利，又无扰骚，伊自乐从”。与此同时，官府还在教化上下功夫，据乾隆时刘良璧纂修的《重修福建台湾府志》

---

① （清）蓝鼎元：《平台纪略》，《台湾文献史料丛刊》第126册，大通书局2000年版，第2页。

② 台湾银行经济研究室编：《雍正朱批奏折选辑》，《台湾文献史料丛刊》第69册，大通书局2000年版，第110页。

③ 连横：《台湾通史》卷8《田赋志》，商务印书馆1983年版，第137页。

④ 台湾银行经济研究室编：《雍正朱批奏折选辑》，《台湾文献史料丛刊》第69册，第181页。

卷11《学校》记载，雍正十二年（1734），官府在台湾各县推行土番社学，“各置社师一人，以教番童”，社学的设立进一步加速了汉番的融合。

乾隆时期，清政府“理番”更加积极。据统计，乾隆二十八年（1763）台湾人口约为66万，到四十七年（1782）已达91万人。[①]这些人口大部分为闽粤移民，他们为了生计，越界垦占“番地”，汉番矛盾加深。而在台的将官也利用职权，设立庄产，侵占番地。《清高宗实录》卷212记载，乾隆九年（1744）三月，朝廷下令禁止台湾武员置产，并派大员及巡台御史到台湾清查官员庄产，对属于侵占的土地，“民产归民，番地归番”。又《清高宗实录》卷266记载，乾隆十一年（1746）五月，朝廷又批准了福建官府关于“台湾民番事宜”奏疏，禁止大陆移民侵占番地，“私贌之民人，照盗耕种他人田地律，计亩治罪”，对私自潜入生番界内垦殖的汉人，“照越渡缘边关塞治罪”。为了阻止汉人潜入番界，也为了保护汉人已有的垦殖成果，官府在“贴近生番庄社各设望楼一，悬挂铜锣，每楼分拨五人昼夜巡逻，近社者派番，近庄者派民，十日一轮，各自保护。邻庄有警，互相救援”。这里设立的望楼，其巡逻兵由番、民充当，轮流值日。望楼可能是日后台湾官隘的先声，因为台湾的隘几乎都建立于乾隆年间，带有明显的军屯性质。[②]

乾隆十五年（1750）七月，闽浙总督喀尔吉善奏请划定台湾府属厅县生番地方界址折，“严饬地方员弁不时稽察汉民私垦违禁等事”，要求地方官于每年秋冬，“劝谕边界零星小庄移近大庄，各设望楼，铜锣，每楼五人昼夜巡逻，遇生番出没，协力追擒”[③]。《清高宗实录》卷619记载，乾隆二十五年（1760）八月，闽浙总督杨廷璋又奏《清釐台属边界酌定章程》，建议在没有河流沟谷等天然屏障地方，“挑挖深沟，堆筑土牛为界”，将汉人私垦的界外土地“还番耕

① 陈孔立主编：《台湾历史纲要》，九州岛图书公司1996年版，第140页。

② 刘正刚：《东渡西进：清代闽粤移民台湾与四川的比较》，江西高校出版社2004年版，第234—235页。

③ 《清高宗实录》卷368，乾隆十五年七月，《清实录》第13册，中华书局1986年版，第1059页。

管”。并在番界沿线新增隘口28处，派拨熟番937名防守，防守隘丁口粮则从社中番租拨给。近山熟番成为隘丁，意味着他们被纳入官府军事防御系统，密切了与官府的关系。乾隆三十一年（1766），闽浙总督杨景素奏请在台湾设立南北理番同知，北路驻彰化，南路驻府治，管理民番交涉事宜，获得批准。乾隆三十五年（1770）十月，黄教在台聚众起事，台湾知府率兵进剿，并调集熟番参战搜捕，“黄教等自北路窜回南路，潜匿深山，必须义民、乡勇及熟番熟识山径亦能履险者，当先搜捕，官兵四路堵截，方能擒获”①。在汉番合力配合下，黄教之乱很快被平定。

清代台湾大小动乱不断，不少少数民族族群基本与官府保持一致，也因此受到官府重视。乾隆五十年（1785）十一月，林爽文事变爆发，凤山天地会首领庄大田积极响应，很快控制了台湾大部。清廷面对岌岌可危的台湾形势，迅速从大陆征调大军赴台镇压，但战绩不佳，其缘由除了指挥失当外，主要是乾隆以来绿营兵已营伍废弛，军纪涣散，难以对付规模大、流动性强的民变。在台湾驻军与林爽文对峙时，台防同知杨廷理征调熟番一千人以及八千义勇协助官军防守台湾府城，才暂时稳住阵脚。②《钦定平定台湾纪略》卷31记载，乾隆五十二年（1787）六月，林爽文军占领了军事要地大甲溪之南，淡水同知徐梦麟与副将徐鼎士、守备潘国材又招募番兵数千人，“现在官兵一千七百，所募义民、番勇共七千余名”，与官兵共同守卫大甲溪口等处。其实，官府对台湾少数民族的征召，既阻止了少数民族跟随林爽文军队，又壮大了官军的征剿力量，时乾隆帝下诏要求地方官对没有追随林爽文的岸里社熟番“应速为慰抚，给与马兵粮饷，令随同官兵打仗，于声势益觉壮盛”。

乾隆五十二年（1787）十一月，乾隆帝心腹福康安率万余精兵赴台征剿，尤以两千四川屯练的藏兵在台作战最为勇敢，为台湾屯番制埋下了伏笔。林爽文事变在官军、四川番兵、台湾少数民族和义民的

---

① 台湾银行经济研究室编：《台案汇录己集》卷2，《台湾文献史料丛刊》第137册，第59页。

② 道光《福建通志台湾府》中册《宦绩》，《台湾文献史料丛刊》第25册，大通书局2000年版，第486页。

合力围剿下失败，林爽文率残余溃逃至麻著社一带，乾隆五十三年（1788）一月，被生番“截杀四百人”，后到狮子头一带，又被社内生番堵截去路，被杀两千余名，只剩一二百人逃走，也被“官兵追赶及生番邀截，业已诛戮尽”①。最后，内山生番苦心搜捕，终于捉住林爽文。从整体来说，台湾少数民族不是作战主力，但对平叛进展起到了重要作用。清前期台湾历次军事行动中，熟番、生番随官兵出征，表达了他们对清朝国家的认同。

三　屯番制加速少数民族“化内”的步伐

乾隆五十三年（1788），大学士福康安鉴于台湾少数民族在平定林爽文事变中出力颇多，奏请在台湾仿四川屯练例设立屯番制度，分土地给随军打仗的番民，以示奖励，嘉庆《续修台湾县志》卷4《军志·屯番》记载：“番民以射猎为生者也，被化以来，咸知向义，林爽文之乱，能以镖枪、竹箭共御王事，大将军公福康安奏请如四川屯练兵丁之例，设屯驻扎，给与荒埔田地，使耕以食，而免其租税，且其时清丈民垦之田多溢额，亦并以予番。”田地一般是就近划拨，若不足则从远处补给，时台湾县新港社设小屯一所，下设番外委一员、番兵三百人，因无埔地屯番，就从邻近凤山县的大北坪、南崁、林口、南坪顶等处划拨荒埔500多甲，分给这些屯番的官兵垦殖。

福康安设立的台湾屯番制度，是从南北两路大小九十三处番社中挑选4000名壮丁充当屯丁，但在实际执行过程中，屯丁往往超过这个数目。南路一千名，属台防同知，北路三千名，属鹿港同知。而据《治台必告录》卷3《奏开番地疏》记载，“鹿港向设屯丁三千余名”。屯有大屯、小屯之分，大屯四处，每屯四百人；小屯八处，每屯三百人。南、北两路设屯千总二员统领番众，屯把总四员分管各屯。据《清高宗实录》卷1305记载，乾隆五十三年五月乾隆帝在与大臣讨论台湾的屯番时，要求每一个屯从番社头目内择其曾“出力及

① 《钦定平定台湾纪略》卷53，《台湾文献史料丛刊》第125册，大通书局2000年版，第847—848页。

素所信服者”，设屯外委或称番外委一员，由总兵拣选充补，上报督抚，再报部存案。划拨的土地主要是将番界内山未垦及入官埔地八千八百余甲，按屯丁每名二甲、外委每员三甲、把总每员五甲、千总每员十甲的标准分配，由他们“自行垦种，免其纳赋”。番民一旦被挑补为屯丁，“应将一切徭役概免承应”。没有成为屯丁的番民则由通事、土目等管束。

对台湾少数民族而言，作为屯丁不仅可以获取土地、免纳赋税，而且还可以免受各种徭役之苦，据《台案汇录甲集》卷1《附台湾府知府杨廷理等会禀》记载，“从前文武员弁出差巡察，无不调遣番兵背运行李，其余各地方兴筑、递送公文，亦该社番应役，其劳苦急公之处，较之台湾民人不啻数倍”。杨廷理建议对被挑选为屯丁的番兵，免除“所有一切徭役”，对“未补屯丁之番民，亦只应递送公文，不得以私事役使”，否则“严行参究。”

为了解决屯兵的军饷，官府对汉人私垦的“田头地角零星添垦不成片段”的土地，也按数征租，发给屯弁屯丁作为“屯饷”。当时规定，屯千总每年番银一百元，屯把总番银八十元，屯外委番银六十元，屯丁番银八元。[①] 这些丁饷银自然不够屯丁花销，“岁给饷银，不敷衣食”，屯丁还需要垦田来维持生计。屯丁垦殖的农具和操练的武器，多由官府无偿提供，如北路鹿港的无业番丁就是由官府“酌给荒田农具，令其自行耕作，仍由官给器械，随营操演，使该屯丁等生计裕如，均得安心学习，无事则保卫沙连，有事则协助兵力”[②]。除了熟番屯丁外，对没有设屯而在征剿过程中有功的生番，也按年赏给口粮租谷，据《治台必告录》卷4《议水沙连六番地请设屯丁书》记载，水沙连六社生番曾协助官兵征剿林爽文，他们“尚未薙发改熟”，也未设屯，官府对他们“虽未改熟番，既挑给口粮，已与生番有别”。在他们薙发输诚后，又援照旧定章程设屯。这一做法说明，台湾的屯番数量并不是一成不变的，而是根据生番在具体军事行动中

① 台湾银行经济研究室编：《台案汇录甲集》卷1，《台湾文献史料丛刊》第133册，大通书局2000年版，第12—13页。

② （清）丁日健：《治台必告录》卷3《奏开番地疏》，《台湾文献史料丛刊》第41册，大通书局2000年版，第210页。

的表现灵活变通，这无疑加快了生番的“化内”进程。

清代“番屯授地之初，名为奖功，实资捍御内山生番，故选其壮丁屯诸沿山，蠲其供赋，导令垦荒，其虑至为周密”①。这是晚清刘铭传对早期屯番目的的评价。但屯番设立后，与驻台官军相辅相成，对台湾地方社会的稳定起到了非常积极的作用。一般屯丁的选择都是按照就近原则，据《台案汇录甲集》卷1《附台湾府知府杨廷理等会禀》记载，乾隆五十三年（1788）杨廷理建议，设屯处所务必要相度形势，扼要而居，对屯丁则按社挑补，“令在本屯地方各社，防守地方，不必另设屯所。似应就社大丁多而与营汛相近之区，设为屯地，以邻近小社附之，仍须察看地方之扼要，庶足以壮声援而严守望”。他强调挑选“屯丁先尽本属，次及邻境附近本屯小社之番丁内挑其健壮者充当，不致远违乡井，而较验调派，亦易于齐集”。而屯番与营汛靠近，可以起到“与各处营汛，声势甚为联络，巡防愈昭严密，地方足资捍卫”的作用。

清代官府通过屯番制将番民编入军队系统，既解决了汉番间因土地开垦而产生的矛盾，又强化了台湾的防卫，诚如上引杨廷理所言：“设立屯兵，于台疆民食兵防大有关系。”随着部分番民入屯并享受官府规定的各种待遇，这对未“化内”的生番也产生了一定的吸引力，“乾隆年间，改熟之番，无不设屯安置，皆有奏请挑丁给饷各成案可循”②。这意味着生番“化内”在乾隆设屯之后，基本呈现于动态过程。台湾熟番的进一步纳入国家军事防御体系，吸引了生番不断“化内”的脚步，其重要表现就是协助官府维护台湾地方稳定。屯番制促进了台湾少数民族化内的步伐，为了便于官府对屯番的管理，官府给屯番官兵颁发了由国家制定的象征身份的标志物——钤记、腰牌，“颁屯弁钤记，并给屯丁腰牌，昭信守而便查验也”。台湾知府杨廷理指出：“若不颁用钤记，文报往来，无凭查核。各屯番丁，人数既众，稽查匪易，番名年貌，类多相似，若不给以腰牌，遇有公

① （清）刘铭传：《刘铭传抚台前后档案》，《台湾文献史料丛刊》第127册，大通书局2000年版，第136页。

② （清）丁日健：《治台必告录》卷4《议水沙连六番地请设屯丁书》，第274页。

事，易致混冒。”时屯把总、屯千总及屯外委共计18员，均“准用钤记”，所有屯兵4000名则发给腰牌。[①] 屯番官兵凭借钤记、腰牌等证件，可以享受官府规定的福利。国家将这些证件颁发给屯番官兵，也意味着少数民族在屯番制下逐渐“化内”，成为国家军事体系的重要组成部分。

四 晚清屯番保卫台湾的行动

屯番制度建立后，番兵作为一支纳入国家军事防御体系的生力军，服从国家统一指挥与调配。经过有序而严格的操练，屯兵的战斗力也明显有了提高，在镇压蔡牵、戴潮春事变以及抗击英法入台战斗中，均有突出的表现。道光《彰化县志》卷11《杂识志》记载，嘉庆十年（1805），台湾爆发蔡牵事变，声势一时相当浩大。屯番在台防同知钱澍等率领下，前往凤山镇压响应蔡牵起事的吴淮泗。官府还在屯番之外，征挑了生番参加收复凤山之战，“酌挑生番五百二十名，随同官兵剿捕逆匪，克复凤山县城，自嘉庆十一年正月二十二日起至二月二十日止，每名日支口食钱八十文”，而当时拨给汉人“义民每名日给钱六十文”，官府征挑生番助战，且给予生番的报酬又明显高于汉人的义民，这说明官府可能想借助战争这一机遇，刻意让生番了解国家对他们的态度，进而再把这些勇猛善战的少数民族纳入官方军队系统，以“生番每五十名为一队，每队给队旗一面”，进行军事化配置。[②] 生番协助官军作战，领食官府的饷银，接受军队编排，折射其“化内”的独特性。

当然，官府对屯番在围剿中的英勇行为也及时给予嘉奖，嘉庆十一年（1806）五月，朝廷下旨给参加攻剿洲仔尾等地立功的“屯千总戴光位，著加恩赏给五品顶戴，屯把总卓加郎著加恩以千总升用，先换顶戴，屯外委王老龄、李文贵著加恩以屯把总升补，仍赏给六品

① 台湾银行经济研究室编：《台案汇录甲集》卷1，《台湾文献史料丛刊》第140册，第4—5页。

② 台湾银行经济研究室编：《台案汇录辛集》卷4，《台湾文献史料丛刊》第140册，第194—195页。

顶戴，以示奖励”[①]。九月，又对“随同攻剿洲仔尾等处贼巢屯番共有三百七十二名，收复凤山县随同打仗之生番、屯番共有一千七百七十六名”，以及“随同守城屯番共有五百四十三名”，也一并“给赏在案”。嘉庆帝下旨，“所有屯番、生番等均应优加赏赉”，指示闽浙总督玉德拨银五万两，解交给在台湾指挥作战的钦差赛冲阿，由他根据少数民族在战斗中的“出力等差，分别酌量赏给”。除了银两，官府还置办了不少少数民族居民喜欢的漳绒、小呢、羽毛纱缎等物件，“解交赛冲阿收存，以便专赏番兵之用”。当时，少数民族头领谛窝兰曾率生番淡吗党等68人跟随官兵剿贼，战后他还主动要求“赴山内搜拿逸匪”，此举深得嘉庆皇帝的赏识，赞扬他是“深识大义，甚为可嘉”，并施恩赏给其六品顶戴蓝翎，“其余生番六十八名，并著赛冲阿酌量分别颁赏漳绒、羽缎、银两，以示鼓励”[②]。赛冲阿根据皇帝指示一一加以照办。朝廷对助战番兵的奖励，刺激了少数民族“化内”的欲望，使生番从化外到化内进入一种良性过程。

咸丰末年，台湾爆发戴潮春事变，官府也是“幸番勇同心防守”，才得以迅速剿灭。时戴潮春率军先陷彰化，又围攻“南北扼要之区”嘉义、大甲。同治元年（1862）五月，屯番把总段得寿、屯番外委刘尊贤等受官府派遣率屯番分道驰援嘉义，嘉义之围暂解。与此同时，台湾兵备道洪毓琛又“添调屯丁五百名驰赴嘉义”[③]，与官军合守嘉义。番兵在这场持续一年多的战斗中阵亡多达270余人[④]。十二月，噶玛兰屯番300名协助官军在水尾坑围剿戴军，取得大捷。在大甲最后会战中，据《东瀛纪事》卷上记载有“生番乡勇千余名”参战。值得关注的是，从这些阵亡番兵的姓氏名字来看，绝大多数已经汉化，说明台湾少数民族在晚清大多数已基本“化内”了，这之中

---

① 台湾银行经济研究室编：《台案汇录辛集》卷2，《台湾文献史料丛刊》第140册，第83页。

② 台湾银行经济研究室编：《台案汇录辛集》卷3，《台湾文献史料丛刊》第140册，大通书局2000年版，第100—101页。

③ （清）林豪：《东瀛纪事》卷上《嘉义城守》，《台湾文献史料丛刊》第121册，大通书局2000年版，第26—27页。

④ （清）吴德功：《戴施两案纪略》附录《治台必告录·请恤清单》，《台湾文献史料丛刊》第126册，大通书局2000年版，第76—77页。

屯番制起到了不可替代的作用。

晚清以来，西方列强不断觊觎台湾，番兵与汉人共同抗击列强保卫台湾。据姚莹《东溟奏稿》卷 2 记载，道光二十年（1840），英舰横行南中国海，不断觊觎台湾。为此，他在台积极备战，“共用防夷弁兵三千四百八十一名，屯丁二百名，乡勇二千一百六十名，水勇五百二十名，或配战船、商船，堵防海口”。次年十二月，英军向鸡笼口岸进逼，艋舺营参将邱镇功调精练鸟枪屯丁 250 名分驻鸡笼、沪尾两口协防。[①] 屯丁在交战中驾快船出洋作战，“总理谢集成、董事吴助友及屯弁义首等人生擒黑夷二十五人”，屯丁外委李连春在鸡笼抗击英军，被封赏屯千总。[②] 光绪十年（1884）九月，法军入侵台湾，刘铭传下令台湾士绅招募“多是熟番”出身的土勇抵抗。[③] 在历次保卫台湾的军事行动中，台湾少数民族都积极参与官府的行动，自觉地认同为中华民族之一员，说明其由化外到化内已达到一个更高的层次。刘铭传主政台湾，继续执行闽浙总督沈葆桢推行的“开山抚番”政策，采取剿抚并用的方式，强迫生番归顺官府管制，“后山南北两路生番二百十八社，番丁五万余人，前山各路生番二百六十余社，番丁三万八千余人”，均接受官府安抚。[④] 而对这些归顺的生番，实行的也是军事化的管理体系，刘铭传在《刘壮肃公奏议》卷 10 中记载：“以社长为社丁，月给勇粮如营制，总目月银六两，躬至县署领其银。”

屯番制发展到光绪年间，屯兵与汉民已没有多大区别，尤其是随着移民长期持续地拓展垦殖空间，愈益向少数民族界内进逼，丁绍仪在《东瀛纪略》卷 3《沿边各隘》记载，“土地日辟，游民之潜垦界外，有深入数十里百里者”。可屯番仍按原来模式运行，明显与时代

---

① 台湾银行经济研究室编：《筹办夷务始末选辑》卷 1，《台湾文献史料丛刊》第 74 册，大通书局 2000 年版，第 62 页。

② （清）姚莹：《东溟奏稿》卷 2，《台湾文晓史料丛刊》第 42 册，大通书局 2000 年版，第 33、74 页。

③ 台湾银行经济研究室编：《述报法兵侵台纪事残辑》，《淡水战事详述》，《台湾文献史料丛刊》第 51 册，大通书局 2000 年版，第 31 页。

④ （清）刘铭传：《刘铭传抚台前后档案》，《台湾文献史料丛刊》第 127 册，大通书局 2000 年版，第 113 页。

发展脱节。所以，刘铭传主台期间，决定重新丈量台湾土地，实行统一赋税标准，“今则时异事殊，后山生番且多归化，拓地日深，所设屯营已居腹内，所授埔地久为膏腴”。其实，屯番官兵获取的荒埔土地，尤其是远离屯丁驻地的荒埔，大部分都租给汉人耕垦，坐收番租，汉人之间又层层转租，出现“虽业更数主，犹名番地”的现象。汉人乐意“冒番业”，是因为番地享有免交“正供”的好处，汉番之间在番地上“狼狈为奸”地逃避国家赋役。所以，刘铭传才会说：

> 现当查办全台田赋，无间民番，寸土皆关赋役，必须一律丈量，方免影射。该屯丁既经抚养百年，则应视同赤子，所有名属番地，似宜悉行丈量，归入清赋案内分别升科，将各屯编籍为民，各执各业，俾民番联络一体，畛域悉除。①

少数民族经过百年的“化内”渐变，已和汉人移民无甚区别，在官府眼中皆被视为国家的“赤子”。刘铭传作为地方大员对台湾少数民族的这一看法，直接影响了朝廷的决策，他主张的丈量全台湾所有土地，且将屯丁编为齐民，表明了此时台湾少数民族的“化内”已接近尾声。

值得注意的是，刘铭传推行“开山抚番”政策，确实收到成效，但这并不意味着台湾少数民族已全部“化内”，南北两路深山均有尚未归化的生番，官府曾“招近社生番百人安辑屯营，藉资联布”。也正因为如此，刘铭传提出“番兵精悍，实过绿兵，请仍旧额四千人，加饷严训练”的主张。② 除了保留屯番数量不变，其屯丁抽调来源与防卫目的也几乎没有变化，“每年按屯抽调，分班出防内山生番”。不同的是，这些屯兵分班后，“以六个月换班一次”，还有就是增加了兵饷，“每名行粮按月加给番银四元”，这样普通屯丁每月达到12元饷银。屯兵若没有调派出防任务，则“均归台湾镇统属，各归该县

① （清）刘铭传：《刘铭传抚台前后档案》，《台湾文献史料丛刊》第127册，第136—137页。

② （清）刘铭传：《刘壮肃公奏议》卷10《惩暴略》，《台湾文献史料丛刊》第182册，大通书局2000年版，第29、434页。

营汛管带，以补绿营兵丁之不足”①。从这个意义上看，此时的屯兵只是仪式性的象征而已，他们与绿营兵并无明显的区别，因平时接受绿营军官节制，参加操练，领取军饷，已完全成为国家正式编制的军人了。

总之，清代台湾少数民族因身体素质的优良，且具先天的军事素养，官府在剿除台湾地方社会的各种动乱中，特别是在国家平定诸如朱一贵、林爽文、蔡牵等重大事变中，积极发挥少数民族的军事专长，以各种利益换取少数民族的信任，也以此增进了国家与少数民族之间的了解。尤其是乾隆末年，清廷同意台湾仿效四川的屯番制度，在台湾的熟番中设立屯番制度，既安置和奖励了少数民族居民，也稳定了台湾地方社会。而通过这一制度，少数民族也被逐渐纳入国家军事防御体系，加速了其“化内”的步伐。晚清以后，屯番在台湾面临的内忧外患中，始终与官方团结一致，保卫了台湾的领土安全，表现了少数民族对王朝与民族国家的认同，而随着官府“开山抚番”政策的推行，台湾少数民族的“化内”几乎接近尾声。

---

① （清）刘铭传：《刘铭传抚台前后档案》，《台湾文献史料丛刊》第127册，第138页。

清代台湾少数民族与汉族联姻探析

清代台湾社会开发始终以汉族移民为主体，闽粤移民源源不断涌进台湾，但清廷一度禁止搬眷入台的措施，造成移民社会以男性为主的性别比例失衡现象。性别比例失调迫使移民组建新家庭时不得不考虑台湾的少数民族女性。学界对台湾移民与少数民族联姻问题的专门研究，仅有陈孔立先生大作《“有唐山公，无唐山妈”质疑——有关台湾早期人口性比例问题》，载《台湾研究集刊》1997 年第 4 期，该文重点探讨了台湾早期人口性别比例，指出笼统地说“无唐山妈”不符合历史事实。汉人女性移民台湾在早期受政策限制确实很少，但乾隆末年以后有所改变。本文在此基础上将着重从少数民族与汉人联姻的视角，探讨清代台湾不同族群之间融合的问题。

一　移民社会的性别比失衡

台湾少数民族是指台湾少数民族居民。历史文献通常以其汉化程度为标准，有“熟番”与“生番”之分。汉族移民进入台湾后，早期主要是与“熟番”接触交流。后来，随着垦殖不断深入，高山族中的“生番”与汉人往来不断增多。清廷统一台湾后，为防止台湾再度成为盗薮，禁止大陆移民携眷入台，“渡台者不准携家带眷；业经渡台者，亦不得招致”①。但清初台湾存在大量荒地，又吸引内地“无田可耕、无工可佣、无食可觅”之人纷纷移民台湾，“一到台地，上之可以致富，下之可以温饱”。清廷禁止携眷政策，并不能阻止人

① 林衡道主编：《台湾史》，众文图书股份有限公司 1979 年再版，第 290 页。

民渡台，“渡台如水之趋下，群流奔注，而欲以轻法止之，是以只手而障崩堤，必不能矣”①。在某种意义上讲，移民越多，则台湾性别比失调就越严重。

清初对移民携眷渡台不只限于普通百姓，官员也不例外，雍正时还强调“台湾文武官员向无携眷过台之例”②。所以，清初台湾人口的机械增长，以男性单身移民为主。性别比例失调情况目前已无法进行精确计算，但从当时的描述也可见一斑。康熙五十六年（1717）《诸罗县志》载：“有村庄数百人而无一眷口者”；③ 同书卷8《风俗志·汉俗》称：“各庄佣丁，山客十居七八，靡有室家，漳泉人称之曰客仔。”康熙时台湾县“乡间之人，至四、五十岁而未有室者，比比皆是”④。这种说法或许过于夸张，但性别比例失衡应是事实。康雍时，蓝鼎元亲历台湾，其描述或许较客观：

> 台民素无土著，皆内地作奸逋逃之辈，群聚闾处，半闽、半粤。粤民全无妻室，佃耕行佣，谓之客子。每村落聚居千人、百人，谓之客庄。……统计台湾一府，惟中路台邑所属，有夫妻子女之人民。自北路诸罗、彰化以上，淡水、鸡笼山后千有余里，通共妇女不及数百人；南路凤山、新园、王郎峤以下四五百里，妇女亦不及数百人。⑤

这里的妇女当指汉人，尽管数量稀少，但台湾县女性人数明显较多。雍正年间，福建巡抚高其倬奏折也印证了开发较早的台湾性别比的严重失衡状态：“台湾各处居住人民多系只身在彼，向皆不许携带妇女，其意以台地远隔重洋，形势险要，人民众多，则良奸不一，恐

---

① 《清经世文编选录·条陈台湾事宜状》，《台湾文献史料丛刊》第72册，大通书局2000年版，第206页。

② 台湾银行经济研究室编：《雍正朱批奏折选辑》，《台湾文献史料丛刊》第69册，第206页。

③ 康熙《诸罗县志》卷12《杂记志》。

④ 康熙《台湾县志》卷1《舆地志一·风俗·杂俗》。

⑤ （清）蓝鼎元：《平台纪略·鹿洲奏疏·经理台湾疏》，《台湾文献史料丛刊》第126册，大通书局2000年版，第67页。

为地方之害……诸罗、凤山、彰化三县，皆新住之民，全无妻子。”时诸罗县十八重溪的大埔庄在朱一贵起义前，有“居民七十九家，计二百五十七人，多潮籍，无土著，或有漳泉人杂其间，犹未及十分之一也。中有女眷者一人，年六十以上者六人，十六以下者无一人。皆丁壮力农，无妻室，无老耆幼稚”①。可见，乾隆以前，台湾男女性别比例失衡确实较严重。

乾隆以后情况逐步缓解，但并未根本解决，台湾学者认为，“禁止移民携眷来台的规定在乾隆五十年以后已稍微松弛，到光绪元年而完全废除。随着时间的流转，男女人数的不成比例已逐渐改善”，但光绪时台湾男女性别比例仍高达119∶100。② 性别比例失衡对移民组建婚姻家庭产生了一定的消极影响。

台湾移民社会早期性别比的失衡，造成单身男性因无家室之牵累，流动性较强，进而也导致社会的不稳定。有识官员不断呼吁准许移民搬眷赴台，乾隆九年（1744）巡视台湾给事中六十七、乾隆二十五年（1760）福建巡抚吴士功等均请求开放携眷入台。乾隆五十三年（1788）平定林爽文起义后，福康安再次就携眷问题上疏：“请嗣后安分良民情愿挈眷来台湾者，由地方官给照，准其渡海，移咨台湾地方官，将眷口编入民籍。”③ 这些奏疏陆续得到朝廷恩准，乾隆四十九年（1784）开放了台湾鹿港与泉州蚶江港对渡，五十七年（1792）又开放淡水河口的八里坌与蚶江及福州五虎门对口通航，出现了大陆人民“群趋若鹜”的迁台局面，家庭移民增多，性别比例失衡得到缓解，福建安溪参内黄姓在康熙末年以后移台族人，就有父子同往者29人，兄弟同往者17人，夫妇同往者44对，全家同往者30家，改变了移民家庭结构。

从乾隆年间开始，单身移民在台娶妻建立家庭的现象不断增多，据晋江东石蔡氏族谱记载，其族长房三延科派迁移台湾的族人，乾隆

---

① （清）蓝鼎元：《东征集》卷6，《台湾文献史料丛刊》第126册，大通书局2000年版，第83页。

② 陈绍馨：《台湾的人口变迁与社会变迁》，联经出版公司1979年版，第456页。

③ “中央研究院”史语所编：《明清史料》戊编，第4册，“中央研究院”历史语言研究所1994年版，第313页。

时在台娶妻者80人，继娶者9人。如世构，“号纯朴，往台南路竹仔港汕岸顶居住，生乾隆二十四年，卒嘉庆十八年。在台娶三块厝许氏女，名澄娘，号纯慈。生乾隆三十年，卒道光十一年”；文荣，“号惠良，住布袋嘴庄，生乾隆四十一年，卒道光二十五年，先娶龙蚊郑氏女，名座娘，继娶新庄刘氏女，名密娘”；文挺，“住鹿港庄，在唐先娶苏氏女，名俭娘，早殁，在台再娶某氏女，名溅娘”；章蜡，“号章纯，生嘉庆十八年，卒同治二年，在台身故，葬五股，娶下村乡张却娘，又在台娶侧室陈香炽”①。我们无法弄清蔡氏家族男性婚配女性的民族身份，但从女性姓名判断，应多是移民后代。这表明移民在乾隆后组建核心家庭多以汉族为主，移民宗族也随之成长。据庄英章对南投竹山镇调查研究，竹山各汉人宗族的渡台始祖都系单独的移民，而非整个家族或宗族一起迁台，移民初期社会以地缘为关系，而非以血缘关系为基础。竹山12个宗族中只有林圮埔的林崇本堂及陈五八祠堂在乾隆末年建立。其余宗族都是嘉庆以后才完成。②

二　汉番在社会经济开发过程中联姻

台湾早期移民社会性别比例的失调，使单身男性移民一开始只好把婚配对象转向台湾少数民族女性。清初台湾少数民族居民婚姻还保持着母系社会的某些特征，男子入赘女家居住，“俗重生女，不重生男，男则出赘于人，女则纳婿于家”③。女性成家以后，独立性较强，亲属关系也以女性为主，“重生女，赘婿于家，不附其父，故生女谓之有赚，则喜，生男出赘，谓之无赚。无伯叔甥舅，以姨为同胞之亲，叔侄兄弟，各出赘离居，姊娣皆同居共恤故也”④。少数民族还流行以女性主持与承继家业的习俗，“番俗以女承家，凡家务悉以女

---

① 庄为玑、王连茂：《闽台关系族谱资料选编》，福建人民出版社1984年版，第5—11页。

② 庄英章：《台湾汉人宗族发展的若干问题》，《中央研究院民族学研究所集刊》1975年第36期。

③ 康熙《台湾府志》卷7《风土志》。

④ 乾隆《彰化县志》卷9《风俗志》。

主之，故女作而男随焉”[①]。女性权力的独立，选择婚姻也就相当自由，“番俗婚配皆由男女自择，父母不能为之主”[②]。康熙五十六年（1717）《诸罗县志》卷8《风俗志》记载：少数民族的女性“将及笄，父母任其婆娑无拘束……男亲送槟榔，女受之，即私焉，谓之牵手。自相配，乃闻于父母，置酒饮同社之人。自称其妻曰牵手，汉人对其夫而称其妻亦曰牵手”[③]。少数民族男女选择婚姻对象，完全根据自己的意愿，而不需以大陆传统的“媒妁之言，父母之命”为准，这在一定意义上就为移民男性组建婚姻家庭创造了一个良好环境。《台湾诗钞》卷11记载：“番女怀春笑口开，汉郎晤对喜天来；相邀携手同归去，不用冰人只自媒。”

其实，汉人与少数民族女性的联姻，除了满足生理与情感需要外，还可以带来某些物质利益，对背井离乡的单身男性来说，通过与少数民族居民女性结婚，可获得更好的生存发展机会。日本学者伊能嘉矩认为，汉人利用平埔族女子继承之俗，入赘而可以获得土地垦殖权。[④] 康熙时，一些移民就“巧借色目以垦番之地、庐番之居、妻番之妇、收番之子”[⑤]。乾隆末年闽人吴沙、嘉庆末年粤人黄祈英，均以娶得“番妇”，而获有“番目”地位，始得入垦三貂及南庄地区。[⑥] 汉人与少数民族女性联姻不仅可获得土地垦殖权，还可获得财货贩运权，“近日更通婚娶，故所得土人之山地益多，籍此基业，因以致富。财源既裕，用以贩运，故樟脑一项，必须让此等人为之”[⑦]。汉人婚配开始多限于熟番女，即“归化番女，亦有与汉人为妻室者，往来倍亲密”[⑧]。后来也逐渐延及生番女，出现“生番”亦喜招汉人为婿的现象，生番女也由此而汉化，《云林县采访册》记载，康熙年间“社

---

① 咸丰《噶玛兰厅志》卷5《风俗》。

② 光绪《台东洲采访修志册·风俗》。

③ 康熙《诸罗县志》卷8《风俗志》。

④ 黄富三：《台湾史论丛》第1辑，众文图书股份有限公司1980年版，第200页。

⑤ 康熙《诸罗县志》卷7《兵防志》。

⑥ 台湾省文献委员会编：《台湾史》，众文图书股份有限公司1979年版，第358页。

⑦ （清）李让礼：《台湾番事物产与商务》，《台湾文献史料丛刊》第176册，大通书局2000年版，第21页。

⑧ 乾隆《重修台湾府志》卷14《风俗二》。

番有女，嫁山下居民，能通汉语”①。

早期移民在台湾垦殖过程中，由于言语不通，与少数民族居民的沟通，大多通过“通事”进行，“内山生番尤凶，罕敢深入者，惟汉奸能通番语（俗谓之番刈），或娶番女（俗称牵手），与番议和”②。通事不仅纳番女，甚至敲诈勒索少数民族，“社番不通汉语，纳饷办差皆通事为之承理。而奸棍以番为可欺，视其所有不异己物，藉事开销，朘削无厌；呼男妇孩稚供役，直如奴隶，甚至略卖；或纳番女为妻妾，以至番民老而无妻，各社户口日就衰微”③。处于中介的通事、番割，因为与少数民族居民接触频繁，对自身婚姻问题的解决也最快，“皆纳妇为妻妾，有求必与，有过必挞，而番人不甚怨之”④。据《漳浦盘龙社林氏宗谱》记载：福建漳浦人林秀俊任淡水等社通事达50年左右，“前在唐娶妻宋氏……生一子海庙……后在台娶妻，继娶潘氏闺名哈仔霍……生二子：海筹、海文”。广东大埔张达京于康熙末年任岸里社通事长达43年，为番众敬重，该社土官阿莫复妻之以女。⑤ 所谓“番割”即指：“台湾近山人民，有惯走生番、习其言语情俗并娶番女为妇者，名曰番割。”⑥ 又称：“沿山一带，有学习番语、贸易番地者，名曰番割……生番引重，以女妻之。”⑦ 总之，通事、番割等皆娶少数民族女性为妻，这对民族间相互了解有一定积极意义。

早期移民与台湾少数民族的联姻也不断产生纠纷，政府对汉番联姻基本采取消极反对态度。康熙三十八年（1699）爆发的淡水土官

---

① （清）倪赞元：《云林县采访册·打猫东堡·凶番·附通事吴凤事迹》，《台湾文献史料丛刊》第34册，大通书局2000年版，第180页。

② （清）林豪：《东瀛纪事》卷下，《台湾文献史料丛刊》第121册，大通书局2000年版，第62页。

③ （清）黄叔璥：《台海使槎录》卷8，《台湾文献史料丛刊》第21册，大通书局2000年版，第170页。

④ （清）郁永河：《裨海纪游》卷下，《台湾文献史料丛刊》第123册，大通书局2000年版，第36页。

⑤ 尹章义：《台湾开发史研究》，联经出版公司1989年版，第190—264页。

⑥ 罗大春：《台湾海防并开山日记·附录一》，《台湾文献史料丛刊》第129册，大通书局2000年版，第67页。

⑦ 乾隆《噶玛兰厅志》卷5《风俗》。

冰冷杀主账金贤等就是因联姻而起，所谓主账就是番社通事中管理账目出入者。史载："冰冷者，淡水内北投土官、麻里郎吼番之婚姻也。麻里郎吼有女，字主账金贤。贤将娶之，其父怜女之幼也，弗与。告贤曰：俟长以归汝。贤缚丈人于树而挞之，麻里郎吼以心朔冰冷而泣。冰冷故凶悍，怒率众射杀贤；诸与贤者善者皆杀之。"① 还有一些通事、番割在娶少数民族女性为妻后，又乘移民内讧时假借少数民族名义袭击汉人，乾隆时"竹堑沿海各地开垦已成。而近山番界土广且腴，汉人渐事侵耕。嘉庆末，有粤人黄祈安者孑身来台，至斗换坪，与番贸易，颇获利，遂从番俗，改名斗乃，娶番女为妇，生二子。已而邀其乡人张大满、张细满等入山，约为兄弟，亦各娶番女，与番往来，遂垦南庄之地"②。道光六年（1826）彰化闽粤械斗，官府采取分化政策，"令闽人捕闽、粤人捕粤，化其分类之见，旬日廓清。而番割滋事，番割者，汉人通番语，窜内山娶番妇，时引生番劫掠平民，而黄斗乃、黄武二等为之魁"③。时彰化民"苦三湾番割为患，番割乃汉奸，能通番语、与生番贸易、入内山娶番妇者，有黄斗乃、黄武二、邹阿壬、徐阿来、温阿罄等盘踞三湾，为著名番割，往往散发改装，带引生番，潜出劫掠"④。

清廷对移民与少数民族联姻的禁令主要是针对汉人而言，乾隆二年（1737）巡台御史白起图等奏准：

> 嗣后汉民不得擅娶番妇，番妇亦不得牵手汉民。违者，即行离异。汉民照民苗结亲例，杖一百离异；土官、通事照民苗结亲媒人减一等例，各杖九十；地方官照失察民苗结亲例，降一级调用。其从前已娶、生有子嗣者，即行安置为民，不许往来番社，以杜煽惑生事之端。⑤

---

① 乾隆《重修福建台湾府志》卷19《杂记》。

② 连横：《台湾通史》，众文图书股份有限公司1979年版，第435页。

③ 道光《重纂福建通志》卷140《国朝宦绩》。

④ 道光《重纂福建通志》卷268《杂录》。

⑤ 乾隆《重修台湾府志》卷16《风俗四》。

乾隆《重修台湾县志》记载："归化后，番女亦有与汉人为妻室者，今禁之。"① 乾隆年间朱仕玠撰的《小琉球漫志》云："至汉人牵番女，仪节较繁；近奉严禁，其风稍息。"② 乾隆二十五年（1760）吴士功对政府既不准汉人搬移眷属，又害怕"别娶番女，恐滋扰害"，提出异议。③ 当时，甚至认为杜绝移民与少数民族居民的矛盾，只要"稽查汉奸牵娶番妇，则诸弊可杜"④。乾隆三十一年（1766）"汉人娶番妇，占番地者拿究逐出"⑤。乾隆三十三年（1768）专设北路理番同知，驻彰化县城，管理台湾北部番社一切民番交涉事，其中就包括毋许牵手番妇。⑥

随着汉族移民拓垦的日渐深入，少数民族居民为避免"资粮耗费殆尽"及"番业可以保守"的考虑，也限制少数民族女性与汉人联姻，嘉庆二年（1797）有社番规定："社中番妇不许乱牵汉人；倘通土受贿佯为不知，听其滥牵出社，该白番等会同呈官究治。"⑦ 但这些政策并不能从根本上禁止汉人与少数民族女性通婚。晚清以来，政府对台湾开发愈加重视，有关汉番联姻禁令被革除，汉番联姻增多，涉及阶层也广泛，同治十年（1871）"内地奸民"陈辉煌领牌充土番通事，"娶加里宛番女作妻"⑧。光绪年间，粤人陈宗献，年四十四岁，一直在后山剿抚社番中充当清书、典史，寄居水尾营盘对面，娶有番妇。粤人张兆辉，年四十六岁，也一直在后山抚番充当哨官，保举千总，娶有番妇，在水尾开张杂货店为业。⑨《清德宗实录》记载，

---

① 乾隆《重修台湾县志》卷12《风土志》。

② （清）朱仕玠：《小琉球漫志》卷8《海东剩语》（下），《台湾文献史料丛刊》第8册，大通书局2000年版，第83页。

③ 嘉庆《续修台湾县志》卷6《艺文一》。

④ （清）蒋元枢：《重修台郡各建筑图说·鼎建傀儡生番隘寮图说》，《台湾文献史料丛刊》第189册，大通书局2000年版，第36页。

⑤ 高贤治：《台湾三百年史》，众文图书股份有限公司1981年版，第71页。

⑥ （清）朱景英：《海东札记》卷2，《台湾文献史料丛刊》第122册，大通书局2000年版，第19页。

⑦ 《清代台湾大租调查书》第三章"番大租"，《台湾文献史料丛刊》第143册，大通书局2000年版，第606—607页。

⑧ 《申报馆·清季申报台湾纪事辑录》，大通书局2000年版，第793页。

⑨ （清）薛绍元：《台湾通志稿·埤南剿番案》，成文出版公司1983年影印本，第2047—2091页。

光绪九年（1883）台湾镇总兵吴光亮也“藉名抚番，强占番女为妾”①。有些官员由于娶少数民族女性为妻而受到少数民族居民爱戴，广东梁成口，与台湾巡抚刘铭传有交往，光绪时主东势角抚垦分局，“先是汉番隔绝，番怒则杀人，穷则来媾；既媾而又杀人，则诿过他族……既又躬历诸部，拊循其疾苦，纳番女为妾，习其语言。诸番皆昵爱，呼为阿公”②。

三 联姻对台湾少数民族居民的影响

清代台湾移民与少数民族居民女性的联姻，在一定程度上缓解了开发早期汉番间因土地占垦而发生的矛盾，婚姻缔结后，汉番间的关系总体上是由冲突逐渐走向和谐。汉族先进的农耕文明对台湾少数民族的发展，无疑会通过婚姻关系的建立而产生积极影响。汉番联姻使他们通过血亲混杂而逐步缩小双方在习俗与观念上的差距，而在观念上最终影响少数民族居民心理逐步向大陆传统文化看齐。在婚姻习俗方面，大陆汉文化的婚姻程序逐渐在台湾占据主流，汉番联姻也逐步向汉文化婚姻习俗转化，乾隆时期范咸纂修的《重修台湾府志》卷14《风俗·番社风俗》记载：“近日番女多与汉人牵手者，媒妁聘娶，文又加烦矣。”乾隆年间，少数民族居民“喜与汉人为婚，以青布四匹、小铁铛一口、米珠斤许为聘”③，以至有“近日番女与汉人牵手，媒聘礼文略如汉制”的现象。④ 婚礼逐渐汉化，说明少数民族居民的文化习俗也渐渐内地化。

汉人与少数民族女性通婚组成家庭后，自然就涉及子嗣的繁衍，台湾民间社会称之为土生仔，这些土生仔往往聚集一地形成村落，而他们在血缘上的混杂以及移民社会文教的暂时缺失，可能使这些混血

① 《清德宗实录》卷172，光绪九年十月，《清实录》第54册，中华书局1987年版，第406页。

② 连横：《台湾通史》，众文图书股份有限公司1979年版，第959—960页。

③ 乾隆《重修台湾府志》卷14《风俗二》。

④ （清）丁绍仪：《东瀛识略》卷6《番俗》，《台湾文献史料丛刊》第121册，大通书局2000年版，第76页。

儿对社会产生一定叛逆性。据《台湾府舆图纂要》记载：凤山王郎峤社“为生番巢窟，闽人、粤人与土生囝（闽人纳番妇生子，曰土生囝）参居焉”。其“南为社寮港，在龟山阴，阻溪结栅，皆土生囝聚居”。这些土生囝聚居一地，形成村落，甚至霸占社区，“近山之东西，平埔、猴洞、龙涎诸番地。……土生囝千余辈，分二十一庄联络”。在十四社番中最小的龙涎社，“复为土生囝侵夺”①。汉番联姻的混血儿在台湾具有一定的实力，对社会稳定产生了消极作用，据唐赞衮《台阳见闻录》记载：“内地无赖人，多窜入生番为女婿；所生儿，名为土生仔。常诱生番乘醉夜出，颇为民害。然道署造海船军需木料，惟生番住处有之，必用土生仔导引，始可得。”②《蠡测汇钞》也记载：“生番嗜杀，居民视为异类。惟汉奸挟货以饵，得与往来，或娶番女为妇，生子称土生仔，往往构民番衅，并倚番害民，民甚苦之。记陈宗宝生长于番，娶番妇生四子；殆本生番之出，又为番赘婿实土生仔中之尤狡者耳。”③ 陈宗宝于乾隆时充凤山县通事，“娶番妇咯根立”。后因犯罪，陈被发配仙游县枫亭驿充徒二年，“其妻咯根立并幼子发回原籍同安县安插”。但他又从配所脱逃，“偷渡过台”，其妻及子也“潜逃过海”。而陈宗宝本人就是其父陈显娶番妇所生之混血儿。④ 可见，移民与少数民族联姻养育的混血儿在台湾因族群归属问题，处于边缘人的地位。这在某种层面上，也反映汉族文化排斥婚配对象的非汉族情结。

清代移民与台湾少数民族长期交往，汉人移民开垦的土地面积也越来越广，由平原到山区，汉番接触交流范围也愈益扩大。清前期几次短暂的开放携眷行动，尤其是乾隆以后放宽携眷政策，移民性别比失衡在缩小，加上移民人口自然繁衍，移民后裔女性人口也不断增

---

① 《台湾府舆图纂要·道里》，《台湾文献史料丛刊》第33册，大通书局2000年版，第68—69页。

② （清）唐赞衮：《台阳见闻录》，《台湾文献史料丛刊》第122册，大通书局2000年版，第200页。

③ （清）邓传安：《蠡测汇钞》，《台湾文献史料丛刊》第162册，大通书局2000年版，第23页。

④ 台湾银行经济研究室编：《台案汇录己集·福建巡抚鄂宁折》，《台湾文献史料丛刊》第137册，大通书局2000年版，第71—72页。

加。同时，少数民族居民与移民的长期交流，汉化程度进一步提高，汉番互婚导致血缘混杂也屡见不鲜，“年久月深，有闽人到社为番妇赘婿者，亦有番民娶闽、粤各女为妻者，彼此婚配生传，不分气类。凡属闽、粤男女各有姓氏，生传嗣续，自从父母之姓”。婚姻互化，导致少数民族与移民在文化心态上已彼此不分，晚清台南地区的“四社番各庄无姓不有。考其实在，若是番族脉络，只潘、金、刘三姓为正派；外此别姓之番，概非四社番之血脉，均闽、粤人入籍变番者”。移民除主动入籍变番外，还有“即为番妇所赘耳”①。少数民族居民甚至愿意与汉人结为兄弟，史料称为“副遁”，乾隆时余文仪纂修的《续修台湾府志》卷15《风俗·番社风俗》记载：“半线社，多与汉人结为副遁”。一些少数民族居民甚至认为其祖先就具有汉人血统，据《番社采风图》记载，南社、猫儿干二社番，其祖兴化人，渡海遭飓风，船破漂流到台，娶番妇为妻。今其子孙婚配，皆由其父母主婚；不与别番同。② 这些观念的变化对台湾社会开发起到了积极作用。

移民与少数民族的通婚，也将中国传统文化重视贞节的观念渗透到少数民族民俗中，台湾少数民族以追求性爱自由为时尚，“女年十二、三，即有破瓜者。人家生女，亦不甚重”③。然而，晚清以来却也注重贞节，光绪十八年（1892）四月，“有某君职三角涌抚务，悦二番女，私之，留处月余，二女归，其父纠众声罪，某君习番俗，酌酒、屠豕，款之尽欢，复广市红布，分馈番众，许纳二女为妾，众乃散去”④。发生男女私情，就必须娶之，即使为妾也甘心，这是大陆传统贞节文化的典型反映。

总之，清代台湾少数民族与移民的联姻，既与清廷对移民携眷政策禁弛不定，造成移民性别比失衡有关，也与移民垦殖造成双方交流融合有关。尽管政府和少数民族对汉番联姻存在疑虑，但随着时间的

---

① （清）不著撰人：《安平县杂记·调查四社番一切俗尚情形详底》，《台湾文献史料丛刊》第35册，大通书局2000年版，第53页。

② 乾隆《重修台湾府志》卷15《风俗三》。

③ （清）丁绍仪：《东瀛识略》卷3《习尚》，《台湾文献史料丛刊》第121册，大通书局2000年版，第33页。

④ （清）蒋师辙：《台游日记》卷1，《台湾文献史料丛刊》第177册，大通书局2000年版，第23页。

推移，少数民族的汉化进一步加深，汉人与少数民族居民相互联姻也就逐步正常化，通过婚姻关系使民族间相互融合加快步伐，最终加速台湾社会经济发展。

清代台湾少数民族酒文化探析

明清时期，随着大陆移民不断渡台发展，台海两岸的往来十分频繁，有关台湾的历史记录文献更为丰富全面，台湾少数民族的社会生活逐渐在世人面前清晰起来。酒作为中华传统文化的重要内容之一，历来是各族民众文化娱乐活动中必不可少的一个组成部分，早已引起学者的极大兴趣。但台湾少数民族如何创造自己的酒文化，却并未引起学界的注意。

一　台湾少数民族的制酒业

台湾少数民族在大陆移民大规模进入前，社会生产力水平仍较低下，大致还保持着刀耕火种的落后状态。据学者研究，台湾少数民族在荷据以前的生产中还不会使用牛和犁，只用原始粗笨的鹤嘴器进行耕作。[①] 即使有少许的农业，其作物结构也相当简单，乾隆时余文仪《续修台湾府志》卷15《风俗・番社风俗》记载，少数民族“少播杭稻，多种黍、芝麻，饭皆黍米”。但台湾少数民族使用作物酿酒的历史却不晚，康熙时高拱乾《台湾府志》卷7《风土志・土番风俗》记载：少数民族“好饮酒，将米置口中嚼烂，藏诸竹筒，不数日而酒熟。客至，出以相敬；必先尝而后进”。一句“好饮酒”已经显示了台湾少数民族饮酒具有较长的历史，而且所饮之酒均为自己酿制。酿造的原料多为粮食作物。乾隆初年刘良璧《重修福建台湾府志》卷6《风俗・土番风俗》记载：“黍秫熟，留以作酒。”酿酒的工艺比较简

① 林仁川、黄福才：《台湾社会经济史研究》，厦门大学出版社2001年版，第44页。

单，乾隆《续修台湾府志》卷15《风俗·番社风俗》记载：“蒸熟置罂缶中，俟发变晒干，舂为曲，拌黍饭藏于瓮，数日后试其味，则投以水，蒸其液为酒。”这在汉化程度较高的熟番中表现更为明显，“台湾县熟番嚼米为酒，携黄梨以佐食”①。

台湾少数民族酿制的酒，至少在清初已出现了品牌——姑待酒。这种酒主要由女性酿制而成，刘良璧《重修福建台湾府志》卷6《风俗·土番风俗》记载，番民“合番妇三五，各执木杵以手舂之，声韵清远。酿酒以米置口中嚼烂，藏于竹筒，不数日而酒熟，名曰‘姑待酒’”。台湾各地几乎均生产姑待酒，如台湾县“酒凡二种：一舂秫米使碎，嚼米为曲，置地上，隔夜发气，拌和藏瓮中。数日发变，其味甘酸，曰‘姑待’。婚娶、筑舍、捕鹿，出此酒沃以水，群坐地上，用木瓢或椰碗汲饮之，酒酣歌舞，夜深乃散。一将糯米蒸熟拌曲入篾篮、置瓮口，津液下滴，藏久，色味香美。遇贵客，始出以待，敬客，必先尝而后进”②。彰化县也是“捣米成粉，番女嚼米置地，越宿以为曲，调粉以酿，沃以水，色白，曰‘姑待酒’，味微酸。外出裹其醅以蕉叶，或载于壶卢。途次遇水，灌而酌之，浑如泔”③。诸罗县酿酒女性则多为未婚女，“用未嫁番女口嚼糯米，藏三日后，略有酸味为曲，舂碎糯米和曲置瓮中，数日发气，取出搅水而饮，亦名‘姑待酒’”④。乾隆时朱景英的《海东札记》卷4对此也有类似记载，“酒用未嫁番女口嚼秫米，藏三日，微酸成曲，捣秫和置瓮中，发气，搅水饮之，名曰‘姑待’。亦有蒸秫米拌面入筐，置瓮口滴沥成者。男妇饮必尽醉始欢。渍鱼腥醢鹿脏以佐餐，味馁败为美”。

此外，尚有“老匀酿”品牌，同治《东瀛识略》卷6《番社番俗》记载：“酒有两种：一番女嚼米，置地上，越宿成曲，调饭以酿，饮时沃以水，色白味酸，曰‘姑待酒’；一将黍米合青草花同

① 台湾银行经济研究室编：《清一统志·台湾府·番民》，《台湾文献史料丛刊》第21册，大通书局2000年版，第45页。

② 乾隆《重修台湾府志》卷14《风俗·番社风俗》。

③ 道光《彰化县志》卷9《风俗志·番俗·饮食》。

④ （清）黄叔璥：《台海使槎录》卷5《番俗六考·北路诸罗番》，《台湾文献史料丛刊》第21册，大通书局2000年版，第95页。

春，草叶包煮数日，外清水漉之，藏于瓮，曰老勿酿。饮时或用木瓢或椰碗，群坐地上互汲递酌，以味酸为醇”。可见，台湾各地少数民族皆能酿酒自饮。

台湾少数民族酿酒的原料多为本地生产的黍、秫、椰子、甘薯等。刘良璧《重修福建台湾府志》卷6《风俗·物产》记载：“糯米（即秫也。米白、粒大，酿酒为佳）……番仔秫（粒甚大，土番摘穗藏之以酿酒）。”又云：“黍（粒圆而色黄，可酿酒）……鸭蹄黍（穗似鸭蹄，故名，酿酒甚美），椰子中含浆如酒，呼椰酒。”范咸《重修台湾府志》卷14《风俗·番社风俗》记载，少数民族在黍秫成熟后，“先以水渍透，番妇口嚼成粉，置瓮中，或入竹筒；亦用黍秆烧灰，搅成米曲，发时，饭或黍秫和入，旬日便成新酒。客至，漉糟，番轮饮之”。番民对酿酒十分重视，往往“择吉制酒”。而具体的酿制过程之中伴有巫术式的祈祷，“以口嚼生米为曲，和蒸饭调匀置缸中，盖以稻缨，藏密处。五日掬而尝之，盎盎然泛齐成矣。其色白，味淡，善醉易醒。作曲时，口中喃喃作声，若有所祝者然”①。

台湾各地方志对少数民族以当地土产酿酒多有记载，范咸《重修台湾府志》卷15《风俗·番社风俗》记载，彰化县酒有两种，一是“用黍米浸水，越宿舂碎，和以草曲，三、五日发气，水浸饮之”；一是“将糯米炊饭，拌曲置桶中，逾三日，橙汁蒸酒，番极珍之”。道光《彰化县志》卷9《风俗志·番俗·饮食》记载：“禾米似糯较长，香娛宜粢、宜醴。燕熟拌曲以篾为脐，置瓮口，糟实其上，液洒于下，封固藏久，贵客至乃开酌。有陈至数年者，色味香美，虽汉人之重酿无以逾也。番酒唯此最佳。”椰子、甘薯被用来酿酒，此在高拱乾《台湾府志》卷7《风土志·土产》有载，椰子“壳外有衣，肉在壳内；色白，味似乳，可以酿酒……俗呼椰酒”。康熙《诸罗县志》卷10《物产志》和乾隆《重修福建台湾府志》卷6《物产》均记载少数民族用番薯酿酒。另据光绪《澎湖厅志》卷9《风俗·风尚》记载：“以薯酿酒，名曰‘地瓜烧’。”熬糖的甘蔗渣也被利用酿

① （清）六十七：《番社采风图考·制酒》，《台湾文献史料丛刊》第21册，大通书局2000年版，第4页。

制成糖烧酒，这种酒一般人难以承受，“台地无佳酿，土人将蔗熬糖讫，以其渣酿为酒。酒百斤，米不逾数升，名曰‘糖烧’。味极苦，不堪入口”。大陆文人发出“不堪苦口进糖烧”的感慨！①

少数民族不仅使用粮食作为酿制原料，而且还摸索出将草药和粮食作物掺和酿酒，康熙《诸罗县志》卷10《物产志·货之属》记载：“酒，用草为曲制之，有老酒、烧酒诸色。”曲分为红、白二种，“杵米粉杂以众草，置蓬蒿中荫蔽之，经月而成，可以酿酒，即今白曲也。红者来自内地”。乾隆《重修凤山县志》卷3《番社风俗》也记载：“酒以黍米合青草花同舂，草叶包煮，四五日外，清水漉之，贮瓮一、二日，即有酒味。”范咸《重修台湾府志》卷16《风俗·番社通考》记载：“采苦草杂酿为酒，间有佳者。”光绪《树杞林志·番俗·饮食》记载，台湾少数民族“所饮之酒，则蒸米拌曲，各自酿之；其色红，味醴且甘”。

少数民族嗜酒风气带动了酒的生产，在留足食粮的情况下，他们将剩余粮食全部用于酿酒，六十七《番社采风图考·制酒》记载：“番嗜饮，通计所食之余，悉以酿酒。其酿法则聚男妇嚼米、纳器为之，亦一奇也。”有时甚至出现“聚男女老幼共嚼米”酿酒的盛大场景，酿酒材料准备好后，“纳筒中，数日成酒，饮时入清泉和之。客至，番妇倾筒中酒先尝，然后进客，客饮尽则喜，否则愠。……计终岁所食，有余则尽付曲蘖；来年新禾既植，又尽以所余酿酒。番人无男女皆嗜酒，酒熟，各携所酿，聚男女酣饮，歌呼如沸，累三日夜不辍”②。台湾少数民族居民年复一年地酿酒，一方面是为了待客，另一方面是为了狂欢。

二　酒在少数民族居民生活中的角色

台湾少数民族酿酒的普遍，显示了台湾酒消费市场的庞大。酒也

① （清）朱仕玠：《小琉球漫志》卷5《瀛涯渔唱》，《台湾文献史料丛刊》第8册，大通书局2000年版，第45页。

② （清）郁永河：《裨海纪游》卷下，《台湾文献史料丛刊》第123册，大通书局2000年版，第29页。

逐渐在台湾少数民族的社会习俗中充当了重要角色。对此，有学者已给予了高度评价："酒以成礼。祀神燕客，多用老酒，以术酿之，味甘而醇，陈者尤佳，故曰老酒。市上可沽，然不及家酿之美。老酒之红者用于嫁娶，取其吉也。村庄之间，或以地瓜为酒，其味较淡。而番社则以黍酿之，亲朋相见，以此为欢，亦既醉止，载歌载舞，颇有太古之风。番俗凡有罪者，课其牛酒，一饮之后，嫌疑尽释，故无用刑之罚。而汉人之与媾和者亦以牛酒。"[①] 可见，少数民族的社会生活几乎都和酒发生了关联。

婚姻是中国传统社会各族人民最具喜庆的节日，酒几乎贯穿了整个婚姻过程，男方在迎亲中，"至女家，驻轿庭中，连进酒食三次；饮毕，外弟携盘于轿前索爆竹，婿随取赠，名曰舅子爆。新人出厅拜祖先、次拜父母，父兄把酒三盏，覆以手帕上轿"[②]。高拱乾《台湾府志》卷7《风土志·土番风俗》记载，男女婚嫁"当意者，始告于父母，置酒席邀饮同社之人，即成配偶"。范咸《重修台湾府志》卷14《风俗·番社风俗》记载，台湾县"婚姻名曰牵手。订盟时……执豕酌酒，请通事、土官、亲戚聚饮贺新婚，名曰描罩佳哩"。即使离婚也少不了酒，"夫妇反目，即离异。男离妇，罚酒一瓮、番银三饼"。诸罗县男女"将成婚，男妇两家各烦亲属，引男至女家婚配，通社饮酒相庆，名曰马女无夏"。范咸《重修台湾府志》卷14《风俗·番社风俗》记载，彰化县"或娶、或赘，届期会众设牲醪相庆。不谐即离；妇不俟夫再娶先嫁，罚酒一瓮。……岸里各社，完婚三、五日，男往女家，女往男家，各以酒物相馈"。淡水厅"及嫁娶时，用海蛤一搭纪（搭纪用竹篾编成，大口小腰，高尺余，可容数斗），杀牛饮酒，欢会竟日"[③]。婚礼场面常用椰酒，康熙时曾在台湾任职的孙元衡《赤嵌集》卷4记载："东家娶新妇，自云家始安；邀人饮椰酒，置馔罗梭盘。"

酒承担的社会文化越来越普遍。少数民族人死"三日后，会集同

---

① 连横：《台湾通史》卷23《风俗志·饮食》，大通书局2000年版，第606页。

② 乾隆《重修福建台湾府志》卷6《风俗·土番风俗》。

③ 乾隆《续修台湾府志》卷15《风俗·番社风俗》。

社将死者取出，各灌以酒，然后深葬，葬不用棺椁”[①]。少数民族举办节庆活动也离不开酒，高拱乾《台湾府志》卷7《风土志·岁时》记载，少数民族居民迎神赛会之后，“置酒庙中，社众集饮，谓之食供”。刘良璧《重修福建台湾府志》卷6《风俗·土番风俗》则记载：“台俗尚王醮，三年一举，取送瘟之义也。附郭乡村皆然。……总以末日盛设筵席演戏，名曰请王，执事俨恪，跪进酒食。”光绪《台东州采访册·风俗》记载：“番人祭祀，曰做享。其俗，每当将布种，则杀牲、酿酒、蒸米稞以做享。……凡享必互以酒肉相招饮啖。”光绪《树杞林志·风俗考·番俗·饮食》记载：“若逢元旦，名曰做典，宰杀牛猪，醉舞酣歌，跳跃情态有莫可名言者焉。”

台湾少数民族民风剽悍，民俗活动多充满野性的狂欢，而酒具有的药理作用，满足了他们的狂欢心理。新竹县“下山番岁时会饮曰做田，每年三次：播种后一次，耘锄后一次，收获后一次。是日宰杀牛豕，盛陈酒肴，少长咸集，男女毕至，聚饮竟日，不醉无归。而顶山番做田，每年四次。盛酒于瓮，祭祖完毕乃群聚会饮”[②]。秋收后，“各番以酒相庆，三日乃止”[③]。据刘良璧《重修福建台湾府志》卷6《风俗·土番风俗》记载，少数民族在重大的社会活动中，往往“会同社之人赛戏，饮酒过年，名曰做年。男妇尽选服饰华丽者，披裹以出，壮番结五色鸟羽为冠，酒浆、菜饵、鱼酢席地陈设，递相酬酢，酒酣度曲为联袂之歌。男女无定数，耦而跳跃，曲喃喃不可晓。声微韵远，颇有古意”。乾隆《重修凤山县志》卷3《风土志·番社风俗》记载：“农事既毕，各番互相邀饮，必令酒多，不拘肴核。男女杂坐欢呼，其最相亲爱者亚肩并唇，取酒从上泻下，双入于口，倾流满地，以为快乐。若汉人阑入，便拉同饮，不醉不止，兴酣则起而歌舞。”范咸《重修台湾府志》卷14《风俗·番社风俗》记载：凤山县“番以鹿易酒……酒以味酸为醇。汉人至，则酌以待，欢甚，出番妇侑酒，或六七人、十余人各斟满

---

① 康熙《台湾府志》卷7《风土志·土番风俗》。

② 光绪《新竹县志初稿》卷5《风俗》。

③ 乾隆《重修凤山县志》卷3《风土志·番社风俗》。

碗以进，客逐碗皆饮，众妇欢然而退”。

频繁饮酒甚至催生了不少饮酒歌谣，乾隆《重修凤山县志》卷3《番社风俗》所记载的茄藤社饮酒歌云：“近呵款其歪（请同来饮酒）！礁年临万临万其歪（同坐同饮），描呵那哆描呵款（不醉无归）！”力力社的饮酒捕鹿歌“伊弄哄唠力（来酿酒）。麻骨里哄唠力（酿成好酒），匏黍其麻因刃临万哄唠力（请土官来饮酒）。妈良哄唠力（酒足后）”。周元文《重修台湾府志》卷10《艺文志·诗》记载：“有时客全呼兄弟（番无老幼，悉以兄弟呼之），一笑频斟打喇酥（番呼酒为打喇酥，客至男妇奉以为敬）。”

台湾少数民族之间以及汉番间的纠纷也多通过摆酒席进行排解，康熙《诸罗县志》卷8《风俗志·杂俗》记载，居民之间“闾里雀角或相诟谇，其大者亲邻置酒解之，小者辄用槟榔”。番社之间因“结仇益深，久而不解，而至势以衰弱，不能更报”时，“或举社远迁以避仇，或挽邻社出为调和，甘愿出牛、酒、布帛、农器以谢罪”①。《台湾私法人事编》中记载了较多处理人际关系和矛盾时以罚酒席来加以约束的条规，如“凡途中被盗劫抢，诸友内须当协力就庄究追；如有畏缩不前者，罚酒二席，罚金一合”②。

三　台湾酒文化的多元性

清代闽粤移民不断向台湾迁移，大陆的饮食文化也随之带入台湾，其中就包括酒文化。大陆的酒文化不仅走进少数民族的饮食生活中，而且也丰富了台湾的酒文化，加快了汉番间融合的步伐。早在康熙时期，台湾已流行饮用大陆酒，周钟瑄《诸罗县志》卷10《物产志·货之属》记载：“今多用惠泉、包酒、绍兴、镇江之属，俱至自吴越，而包酒亦渐多膺者。”清代后期，台湾酒店多销售大陆酒，光绪《新竹县志初稿》卷5《风俗》记载：“宴客者乘便到店……酒则

① （清）胡传：《台东州采访册·风俗》，《台湾文献史料丛刊》第8册，大通书局2000年版，第53页。

② 《台湾私法人事编》，《台湾文献史料丛刊》第166册，大通书局2000年版，第261页。

蒸米拌曲以酿之，有双料、有单料，兼有他港运贩来竹者，各色名目难以尽记。”这显示清代大陆和台湾的商品和文化交流的频繁。

明末以来，台湾与海外的交流也颇频繁，西方洋酒也开始传入台湾，尽管数量有限，但毕竟丰富了台湾酒文化内容。乾隆时朱仕玠《小琉球漫志》卷5《瀛涯渔唱》收录的诗云：“青州从事出遐方，照座浑如琥珀光。珍重数杯啊吼酒，颓然成醉遇周郎。”并附注“啊吼酒出外洋，味甘醇，色如琥珀；不敢多饮，以味醇而醉缓也。每瓶不逾四、五斤，价至备银四圆”。同治年间，美国人李让礼在游历台湾番地后说：“某带有火酒甚多，某送火酒一匣，虽为彼地土人所喜，然每饮不多。”[①] 台湾少数民族接受洋酒并不像接受大陆酒那么爽快，据孙元衡《赤崁集》卷4记载：“海角情多漫，贪为酒肆邻。蔗浆浓碧碗，荔子艳烧春（酒名）。讼德迷玄旨，论交悦市人（海外酿法，多用饧汁，或煨荔枝，故其味过甘，殊损酒德）。”这也在某种程度上反映了台海文化的共通性。

随着外地酒不断地进入台湾，酒类市场日渐丰富，酒席也逐渐豪华起来，康熙时，诸罗县番民“宴客必丰，酒以镇江、惠泉、绍兴，肴罄山海，青蚨四千，粗置一席。台属物价之腾，甲于天下，于是有彼此相胜，一宴而数十金者”[②]。周玺《彰化县志》卷9《风俗志·汉俗·饮食》记载，道光时，彰化县的移民也加入了奢侈性的酒席消费，而且饮用的酒多以大陆酒为主，“村民或以地瓜番黍为酒，则逊焉。若绍兴、镇江、惠泉膏粱烧等酒，皆来自外省，市中所沽，多杂他酒。城市宴客好丰，四千制钱，购备一席，虑不为欢，必肴罄山海，曰满汉席，辄费十余金”。而大陆酒在漂洋过海运往台湾的过程中，就被征收有关费用，“绍酒每坛外海九十文，内海四十五文，白烧每硼外海二十四文，内海十二文”[③]。到台湾上岸后，又被收取费

① （清）李让礼：《台湾番事物产与商务》，第147页。

② 康熙《诸罗县志》卷8《风俗志·杂俗》。

③ 《台湾私法债权编》，《台湾文献史料丛刊》第166册，大通书局2000年版，第184—185页。

用，“绍兴酒等磅工上落岸，公订每件一占，上岸半额”①。中间多个环节的收费，导致酒价的上涨，朱仕玠《小琉球漫志》卷5《瀛涯渔唱》记载：“无酒东来倍怆神，鹅黄新造味清醇。朝来漉就光浮盎，何减荥阳土窟春。”并附注：“初至台，苦无酒，而内地所载绍兴酒，价甚昂，非穷员能购也。同僚林霞海教以酿酒之法，试之甚佳。”这种由大陆运入的酒如果在台湾仿制则很难销售，陈淑均《噶玛兰厅志》卷6《物产·谷之属》记载：“鸭蹄黍，穗似鸭蹄，酿酒味特佳。而北方以膏粱酿烧刀酒，其味极酽。台人贩米江、浙，亦有兑来浸祛疯药者。若用芦黍、鸭蹄诸色仿而为之，则味尝不及。近有绍兴酒家，寓台郡中，试造此法，居人无有顾而问之者。盖水非河流，则味有咸甜、浓淡之别，不可强也。”这同时说明大陆酒的到来已冲击了少数民族既有的酿酒业。

大陆移民进入台湾后，明中叶以来的奢靡之风也传入台湾，“台俗豪奢，平民宴会，酒席每筵必二两五六钱以上，或三两四两不等。每设十筵八筵，则费中人一二家之产矣”②。乾隆时王瑛曾纂修的《重修凤山县志》卷3《风土志·番社风俗》记载，凤山县“聚饮，以木碗盛酒，土官先酌，次及副土官、公廨，众番相继而饮，醉则争雄，易生杀心。山前山后诸社，例于五年，土官暨众番百十围绕，各执长竹竿，一人以藤球上掷，竞以长竿刺之，中者为胜，番众捧酒为贺，名曰托高会”。乾隆五十年（1785）十二月林爽文起义就发端于“醵酒为乐，酒酣共谋”③。鉴于饮酒所产生的社会负面影响，出现了节制饮酒以稳定社会的呼声，乾隆《重修凤山县志》卷3《风土志·风俗》记载：“番人喜于饮酒，饮则必醉，往往乘醉，大则杀人，小则滋事，如能寡饮，自无祸端”，地方官规定“非婚祭大庆，不得过五簋”。光绪《恒春县志》卷10《义

---

① 《台湾私法商事编》，《台湾文献史料丛刊》第167册，大通书局2000年版，第44页。

② （清）蓝鼎元：《鹿洲初集》卷2《与吴观察论治台湾事宜书》，厦门大学出版社1995年版，第48页。

③ （清）不著撰人：《平台纪事本末》，《台湾文献史料丛刊》第126册，大通书局2000年版，第2页。

塾》载学校将劝酒谚语用于教学内容，“谚云：酒能成事，酒能败事”，以起到戒酒功效。

酒作为中国传统文化的重要组成部分，向来为各族人民所喜爱，成为各族人民表达喜怒哀乐生活不可缺少之物品。酒在台湾成为少数民族社交活动的最佳礼物，移民的到来丰富了少数民族的酒文化。这既丰富了中华酒文化的宝库，也体现了移民与少数民族共同开发台湾的历史。

清代台湾疫灾及社会对策

台湾的大规模开发自清初统一台湾以后开始，而在台湾社会的发展过程中，各种疫灾也屡屡给民众生活带来灾难性的影响。学界目前关注的瘟疫研究焦点集中在历史上的江南、华北地区，对台湾疫灾史关注较少。[①] 传统社会人们把具有一定传染性、给民众生活带来危害的疾病均视为瘟疫。有清一代，台湾纂修的地方志对当地的各种疫灾有相当程度的反映，本文主要以清代纂修的台湾地方志为主线，结合其他文献，讨论清代大陆移民在开发台湾过程中，各种疫灾对民众生产与生活的影响以及官方防治疫灾的对策。

一　烟瘴多疫的自然环境

台湾地属亚热带、热带湿润季风气候，温暖多雨，容易发生疫病。乾隆《小琉球漫志·海东剩语·海道》记载，台地四面皆海，“地暑湿，多疠疫”。乾隆时，沈光文也说，台湾“山气燠而难蚕，海风飙而罕鹊。……气候不齐，疫疠常作”[②]。

台湾地形以高山和丘陵为主，在清代移民大开发前，生态环境处于原始状态，被人们视为“瘴乡”。早期移民开发主要就是受到瘴气的困扰，康熙《诸罗县志》卷12《杂记志》记载：“台南北淡水均属瘴乡。南淡水之瘴，作寒热号跳发狂，治之得法，病后加谨即愈矣。

① 詹绍琛：《台湾的鼠、蚤及历史上的鼠疫》，《海峡预防医学杂志》1999年第2期；高田等：《明清时期的台湾医学》，《中华医学杂志》1997年第2期，从医学角度讨论了台湾瘟疫。

② 乾隆《重修台湾府志》卷23《艺文志》。

北淡水之瘴，瘠黝而黄，脾泄为痞、为鼓胀。盖阴气过盛，山岚海雾郁蒸中之也深”。看来台湾南北的地理差异，人感染瘴气时的症状也有差异。由于早期移民容易受瘴气感染，在一定程度上影响了台湾开发的进度，康熙时期，台湾府的北部地区因瘴气太重，移民还难以深入，“水土多瘴，人民易染疾病。……半线以北，山愈深、土愈燥，烟瘴愈厉，人民鲜至”[①]。上述描述显示，康熙时期，台湾南北尚属瘴疠高发区，但恰恰又反映了大陆移民对台湾开发已经在南北地区同时有所行动。换句话说，正是在人们的开发实践过程中才感受到了瘴气对人体的侵袭。

台湾瘴气对人的侵害到底如何？康熙三十六年（1697）大陆人郁永河到台湾淡水一带寻找矿产，亲身体验了“人言此地水土害人，染疾多殆”的民间说法。据他记载说：“余初未之信，居无何，奴子病矣。诸给役者十且九病矣。”淡水位于台湾北部，全面开发在乾隆以后，也就是说，康熙时期，此地尚属原始状态。郁永河的经历证明了这一点，他说：“人辄病者，特以深山大泽尚在洪荒，草木晦蔽，人迹无几，瘴病所积，入人肺腑，故人至则病，于人一症，理固然也。”[②] 受瘴气感染之人，轻则病、重则亡，台湾的地方志对此多有记载，同治《淡水厅志》卷 14《祥异考》记载，康熙三十八年（1699）二月，生番变乱，“劳师七阅月，官军瘴死者数百人”。道光《噶玛兰志略》卷 10《宦绩志》记载，山东胡桂曾与知府杨廷理入山查办番民事务，不幸“染瘴疫而殁”。

但随着清代移民对台湾开发的不断深入，瘴气也逐渐趋于减弱乃至消失，康熙《台湾县志·舆地志》记载，该县“人居稠密，烟火万家，零露既稀，瘴气不入”。康熙《诸罗县志》卷 7《兵防·总论》也记载：“山川之气，郁蒸而为瘴疠，得人焉为之经理，则气有所泄而闭者渐开，天地之常也。屯戍众多、邨落稠密，道通木拔，虫蛇恶物渐次驱除，阴邪既消，灾沴自息。”瘴气的逐渐消失，正反映

① 康熙《台湾府志》卷 7《风土志·气候》。

② （清）郁永河：《采硫日记》卷中，《续修四库全书》第 559 册，上海古籍出版社 2002 年影印本，第 619 页。

大陆移民对台湾的开发取得了伟大的成绩。

即使到了晚清，在台北的一些新开发区，瘴气仍然比较严重，据《申报》1880年12月20日报道："台北新辟之地，前系生番所居，人迹罕到，阴霾之气极甚，而且恶毒等物盘踞其中，积聚已深，秽浊之气，散溢两间。……一染其气，遂致患病。"另外，在南起恒春八瑶湾、北至苏澳六百余里尚未完全开发，"地处瘴乡，兵难久驻，须俟人民渐集、瘴气渐轻，而后设营镇抚"①。随着台湾移民社会逐渐转变为定居社会，台湾的瘴气只是在零星的未开发地区呈点状存在。19世纪末以后，台湾地区的疫灾已不是瘴气，而多为鼠疫或疟疾。②

二　移民开发过程中的患疫状况

台湾大规模的开发尽管始于清统一以后，但疫情发生在明代已多有记载。也就是说，早期台湾的疫灾除了瘴气外，还有瘟疫。明代阮旻锡在《海上见闻录》中记载，郑成功收复台湾后，"初至，水土不服，疫疠大作，病者十之七八，死者甚多"。康熙《台湾府志》卷9《灾祥》记载，明郑后期又有人疫发生，"郑之主臣、眷属，凋丧殆尽"。这次瘟疫由于军人流动甚至波及台北，明代夏琳《闽海纪要》记载："鸡笼山大疫。时值疫气盛行，汛守兵死者过半。"可见，瘟疫制造的人口病亡，是郑氏政权垮台不可忽视的因素之一。

清前期，台湾瘟疫流行与其地开发初始瘴气甚重有关。而社会动荡，政府屡屡用兵，天灾与人祸，加剧了瘟疫流行。蓝鼎元在《平台纪略》中记载，康熙六十年（1721）七月，清军在镇压朱一贵起义过程中，"台湾疠疫盛行，从征将士冒炎威，宿风露，恶气熏蒸，水土不服，疾病亡故者多"。对普通民众而言，由于台湾开发初始，瘟疫发生后，有足够的空间来躲避其传染，不易形成大规模的瘟疫流行，光绪《台东州采访册·风俗》记载，少数民族"遇疫流行，则

---

①（清）吴赞诚：《吴光禄使闽奏稿选录》，《台湾文献史料丛刊》第180册，大通书局2000年版，第25页。以下未注明出版社者皆同此。

② 参阅上揭詹绍琛文、高田文。

阖社尽迁于他处”。但也有坐以待毙而导致村落覆灭的，蓝鼎元《东征集》卷6《纪台湾》记载，康熙三十四年（1695）在崇爻八社“赖科等招抚归附，原是九社，因水辇一社，数年前遭疫没尽，今虚无人，是以止有八社”。

随着大陆移民不断入台及台湾本地人口的自然增长，台湾瘟疫发生的频率也逐渐增多。这些瘟疫的发生又多与天灾联系在一起，姚莹《东槎纪略》卷3《噶玛兰台异记》记载：嘉庆二十五年（1820）夏大旱，秋疫，次年六月，噶玛兰疫。这一时期，台湾瘟疫流行几乎与大陆闽粤地区同步。据研究，嘉庆二十五年（1820）广东就爆发过大规模的瘟疫，这与人口流动关系到底如何？我们不敢妄下结论，但闽粤台间人口大流动，应是这次瘟疫广泛传播的一个不容忽视的因素。①

清代朝廷派驻台湾军队的数量也较为可观，尤其是清代前期台湾社会时常发生动乱，军队往来台海之间相当频繁。战争与瘟疫之间的互动关系，已有学者进行了专门论述。战争往往会导致乃至促发疫病的爆发和流传，致使本来不太可能出现重大疫情的时期，在战争的作用下，发生了区域性的特大疫灾。② 清代台湾战乱多发，军队途经或驻扎之地往往成为瘟疫流行起点，吴赞诚上揭《吴光禄使闽奏稿选录》第26页记载，光绪四年（1878）驻守基隆花莲港一带士兵，“各营戍久力疲，不免因陋就简，茅茨不蔽风雨、沮洳不为疏泄，居者安得不病！”瘟疫流行成为威胁军队稳定的一大杀手，往往有许多士兵及军官染疫死去，据罗大春《台湾海防并开山日记》记载，光绪元年（1875）出兵平定番社叛乱，“福建巡抚王公凯泰奉命渡台……寻以王提督复于五月十五日病没，而李提督常孚、胡总兵国恒、田太守相继不起，从征将士及营勇死于疫者又千余人”。战役持续的时间越长，发生疫情的可能性就越大，士兵死亡也就会越多。

此外，学校、监狱等人口较集中地，也是疫情暴发的重灾区。

---

① 谢琦：《清代广东地区瘟疫的初步考察》，载胡春惠主编《两岸三地研究生视野下的近代中国研讨会论文集》，珠海学院亚洲研究中心2000年版。

② 余新忠：《咸同之际江南瘟疫探略——兼论战争与瘟疫之关系》，《近代史研究》2002年第5期。

三 台湾民众的治疫对策

台湾瘟疫流行期间，官府和民众采取的对策，与大陆传统逐疫方式几乎没有区别。传统社会无法认识瘟疫的来龙去脉，人们只能把瘟疫与鬼神联系在一起。早期官府也基本接受这一理念，官员每年均率民众在乡村厉坛祭祀那些因病疫死去而无后之人。康熙五十八年（1719）凤山知县李丕煜檄淡水司巡检王国兴建乡厉坛，据记载："旧郑氏时，自港东至琅峤皆安置罪人所，阴风悲号，白骨枕野，居民触之辄病疫。自是建坛祀之，不复为厉。"① 地方官沿用大陆传统的驱鬼形式来避疫，这在吴幅员辑《台湾诗钞》卷5记载的林豪《逐疫行》诗有生动描述："疫鬼跳梁舞而出，白昼攫人入其窟。十旬大索天亦惊，一城哭声气愁郁；有司曰噫无地策，谕令尔民且逐疫。狞狞闯出丈六躯，眈眈四目射妖蜮；连宵鼓角喧通衢，欲荡幺魔禳此疾。"

瘟疫流行期间，民众受害最深，他们也因此成为请神驱逐瘟疫的积极参与者，嘉庆八年（1803）淡水发生疫灾，八块厝庄庄民建设三官祠以防疫。② 送瘟神活动已成为台湾一大民俗，康熙《诸罗县志》卷8《风俗志·汉俗》记载："敛金造船，器用币帛服食悉备；召巫设坛，名曰王醮。三岁一举，以送瘟王。醮毕，盛席演戏，执事俨恪跽进酒食：既毕，乃送船入水，顺流扬帆以去。或泊其岸，则其乡多厉，必更禳之。……每一醮动数百金，少亦中人数倍之产，虽穷乡僻壤，莫敢吝者。"乾隆《重修凤山县志》卷3《风土志》也详细记载了当地送瘟神情况："先造一船曰王船……安置外方，迎至坛次。斋醮之时，仪仗执事、器物筵品，极诚尽敬。船中百凡齐备，器物穷工极巧，糜金钱四、五百两，少亦二、三百两。……夫傩以逐疫，圣人不妨从众。"以糜金数百两来祈求鬼神庇佑，显示了民众对送瘟神的虔诚。请神的另一具体表现就是邀请巫师道士做法事驱疫。而各地

① 乾隆《重修凤山县志》卷5《典礼志·坛庙》，第145页。

② 同治《淡水厅志》卷6《典礼志·祠庙》，第152页。

在与瘟疫的斗争中，也形成了某些特有习俗，康熙《诸罗县志》卷12《杂记志》记载，诸罗县红毛井，“开自荷兰，因以名。……相传居民汲饮是井，则不犯疫疠。”

对疫情的最终控制，必须用科学方法来解决。早期瘴气盛行时，人们主要通过嚼食槟榔及涂抹雄黄加以防治。台湾方志记载，槟榔“夹以扶留藤、蛎灰食之，可去瘴气”①。乾隆时，民众已能用药物治疗瘟疫，台湾“向多瘴疫，民间疗治常用大黄，是此种药物更不可缺”②。另据1880年12月20日《申报》记载，台北预防瘴疫是“每日以雄黄涂鼻孔中、口间嚼槟榔，更须壮其胆气，使邪不能入，始不受在外之毒”。对于中瘴者，“必佐以芳香，宣窍逐秽，如犀角、菖蒲、银花、郁金、生地、连翘、金汁、射干、牛蒡等类”。中医制作的药丸更受民众欢迎，台湾不少善堂刻意制造避暑疫药丸赠送百姓，以便在瘟疫期间应急。新竹《明善堂开销义举条款碑》有条文：“每年逢五、六、七等月，制造药茶、药丸施送，以祛暑疫。”③ 乡绅也多施药治疗疫病，张正端“遇疫施药多活者”，受到官方褒奖。④ 各种民间防疫机构及新式医院也逐步建立，施士洁在《后苏龛文稿》卷1《陈游戎墓志铭》称其一生从事慈善事业，其中就有“创医院及防疫会”。光绪二年（1876）夏，“兵勇染疫，于凤山刺桐脚、南势湖分设药局，派员驰赴上海、福州等处选购药料，按方散给，重聘延医诊治”⑤。

随着时间的推移，人们认识到瘟疫由人流动携带传染病毒而致。为了杜绝疫病蔓延，设立检疫所已成必然，这过于“残酷”的方式并不为时人所接受，“检疫入人家，横将老幼驱。刀圭及针药，刲剖死人肤；云欲免传染，须焚死者躯。到处人惶惶，有病应受俘；不许在家养，病院非虚拘。或有讳病人，一死如偷窬；亦有无病人，羸黄

① 康熙《凤山县志》卷7《风土志・物产》。

② 《清高宗实录》卷714，乾隆五十四年四月，《清实录》第25册，中华书局1986年版，第967页。

③ 光绪《新竹县采访册》卷5《碑碣》，第192页。

④ 同治《淡水厅志》卷16《纪人》。

⑤ （清）沈葆桢：《福建台湾奏折》附录，《台湾文献史料丛刊》第181册，大通书局2000年版，第89页。

以病诬”。检疫过程中对病人隔离禁锢、解剖乃至焚尸，“今日以疫死者，必焚烧其屋物；在医院死者，必刳剖”。这与传统文化格格不入，以至有“检疫呼杀我！疫死柔于水，检死暴于火”的慨叹。[①] 同时，对疫者及其家属实行强制隔离也逐步推行，吴幅员在《台湾诗钞》卷22记载：“一旦查有病疫者，合家闭之至七日；七日之中或再病，牢守严防必二七；严防牢守无穷期，不使家人偶亡逸。意恐亡逸传染多，偷生无路奈民何！”这种不得已而为之的隔而不治的封闭方法，客观上抑制了疫病的蔓延传播。与此同时，在鼠疫流行时，民众也开始有意识地保护自己以免感染，邱文莺在《台湾旅行记》中记载：“有因鼠疫致死者，家人恐其传染，每于送殡时，用布自裹其头及手足。”

预防瘟疫发生与传播的最好方法，无外乎重视公共卫生建设，这在台湾也越来越受到重视，唐赞衮在《台阳见闻录》卷下《胜景》中记载，台南县“城内外水沟……积久淤塞，且旧基亦多倾圮。时届夏令，地防阻逆，秽气郁蒸，亟宜疏浚重修，以利水道，而弭疾疫”。邱文莺的《台湾旅行记》中记载台北加强对饮用水的管理，改善生活条件。

台湾医学在抗击瘟疫过程中，也得到了发展，同治十三年（1874）台北地区霍乱流行，死亡甚众，台中黄玉阶精良方独创合剂，诊治施药，治愈者达七八百人。光绪十八年（1892）台北再次霍乱流行，黄氏除施济合药诊治外，并印发《霍乱吊脚痧》医书千册分送全台。其后，台湾鼠疫流行，蔓延数年，其间斑疹也流行很盛，黄氏请求官府准予成立“黑死病治疗所”，对防治工作进行全盘计划，并编撰《黑死病疙瘩瘟治法新编》，[②] 印刷数千以遍赠全台各地，为阻遏疫症传染发挥了重要作用。

---

① （清）洪弃生：《寄鹤斋选集·诗选》，《台湾文献史料丛刊》第158册，大通书局2000年版，第357页。

② 俞慎初：《闽台医林人物志》，福建科学技术出版社1988年版，第123—129页。

西　番　篇

清代移民与汉彝交流探讨

西南地区是我国少数民族的主要聚居地。彝族人数较多，分布于云南、贵州与四川交界的广大地区。清代四川彝族主要集中在川西南紧邻云南的凉山地区，包括宁远府属的西昌、盐源、会理州、越嶲厅、冕宁以及叙州府的峨边、马边、雷波、屏山等地。清初四川社会严重凋敝，政府大力鼓励移民入川垦殖，四川人口迅速膨胀，人地矛盾日趋激化。自乾嘉开始，四川汉人不断流向周边少数民族聚居区谋生。本文即以汉族移民与彝族往来为题，探讨汉彝民族间的交流与融合。不当之处，请行家批评指正！

一　移民的农业垦殖

乾隆以来，四川内地因移民的机械增长，人地矛盾不断加剧，但周边少数民族地区仍属地广人稀。乾隆二十九年（1764）四川总督阿尔泰奏称："叙州府属之屏山县界内大竹堡一带，荒地甚多，委员勘明夷汉界址，离土司夷巢二三百里，俱有大山溪河界限，其间土脉水泉悉堪种植，共勘有可垦田地十万六千六百余亩，贫民及垦者现有一千五百余户，计口授田，领票认粮，分别水旱田地，照例题报升科。惟是该处距县三百余里，可垦之田，倍于县额，将来招徕即广，烟户日增，一切纳粮输赋，编设保甲，稽查奸匪，修筑堰坝……"①正因为如此，政府积极引导汉族人口进入川西南地区垦殖，如叙州府

① 《清高宗实录》卷718，乾隆二十九年九月壬午，《清实录》第17册，中华书局1985年版，第1009—1010页。

属的雷波厅在乾隆二十六年（1761）有汉民189户，到嘉庆十九年便增至29721户。[①] 川西南人口总量也在乾嘉时有大幅度的提高，叙州、宁远两府人口分别由康熙五十二年的15003口和12500口增长到嘉庆二十五年（1820）的1735814口和1266273口，[②] 各增长100多倍。这一状况与汉族移民的进入密切相关。

汉人进入彝族地区，缓解了四川内地的人口压力，加速了彝族地区的土地开发。清代越巂、峨边、马边、雷波等彝族地区都是地旷人稀之地，“四面皆峻岭老林，绝无门户”，这些地区的土地又较肥沃，“产青稞、包谷、油麦、苦萝卜、红稻以多，畜马牛羊豕为富”，由于当地少数民族不善耕种，“专掳汉人代耕沿边山林，价贱粮轻，故川楚贫民争往垦荒，散处崖谷，界乎夷汉间为熟夷，衣冠语言无异，与民耦居无猜”[③]。这里告诉我们汉人进入彝区先是被掳而入，后来随着汉彝交往的扩大，此地易于谋生的信息不断被传扬，自然吸引了汉人移民的进入。彝人掳掠汉人进行耕种在清初一直存在着，据《清世宗雍正实录》卷80记载，雍正七年（1729）雷波一带彝区被政府查出的汉民50余户，男妇330余口，大多是被掳来的。对于这些被掳汉人愿归原籍者，政府给予盘费遣送回家，不愿回者则给予房屋牛具等就地安插。嘉庆十九年（1814）“雷波凉山生番出巢焚掠，经永宁道刘斌等带领先到之永宁等营官兵五百名，进抵大谷堆，多隆武亦行抵雷波，生番闻有大兵到来，畏惧回巢，小凉山生番有来营投首者，大凉山生番送出所掳汉人二十余人，并称随后将所掠民人一并送出，并即投诚”[④]。

汉人进入彝区，大多佃种彝人土地。据嘉庆《四川通志》卷65《户口》记载，嘉庆十九年四川总督常明对西南彝区“夷地招佃汉民开垦”情况进行统计，“招有汉佃之土司土目五十四处，夷地共有汉

① 光绪《雷波厅志》卷12《户口志》。

② 梁方仲：《中国历代户口、田地、田赋统计》，乙表77，上海人民出版社1980年版，第407页。

③ 光绪《雷波厅志》卷26《边防》。

④ 《清仁宗实录》卷290，嘉庆十九年五月癸巳，《清实录》第31册，中华书局1985年版，第964页。

民八万七千六百八十九户，男女四十二万五千二百四十七丁口”。这些“汉佃夷地”往往都立有契约，在取得佃耕权之前，汉人要向彝族人送礼，如一坛酒、肉鸡、糖、茶食等，以此表示对业主的敬意。最后，请人订立契约，主佃各一份，契约用汉字书写，说明土地四至、押金数额、租额多寡、主佃人名、中人和代笔人。租佃关系相对自由，由于汉人耕作技术较高，业主能得到实惠，故业主间争夺佃客时有发生，一些业主采取了减押加租办法挽留佃户，佃户因此取得永佃权，宣统二年（1910）雷波厅岭仁安对佃户朱起清减押加租的汉文契约即是例证：

> 立写收银文约人岭仁安，因前将宣抚司坐落高敲堡门脚水田二分，旱地一块，佃与朱起清耕种，随取押佃银三百三十两整，年纳租米八斗，耕种多年本无少欠，继因争佃人多，小人欺蒙，另行招佃，彼此争竞，凭众理议，退去银二百三十两，留一百两做押佃，按年加纳租谷共三十六石，外脚租一石，以至秋收如数自赴宣抚司署上纳，不得少欠升合，倘有拖欠，押银扣除，日后取田，非自耕不得退佃，二比不得异言别说，空口无凭，立合收约为柄。①

彝区农业开发还流行俗称“打清升”的伙种形式。伙种大致分两类：一是人少地多之家，与人伙种，自己出种出地，对方出劳力，收入对分；另一是一家出土地，一家出种子和劳力，收成则前者三分之一，后者三分之二。这种伙种形式较普遍，土司、头人、佃客、百姓、家丁均可自由结合，在彝区的汉人当然也不例外，由于汉人在彝区拥有土地较少，大多靠出卖劳动力进行伙种，这也可看作“汉佃夷地”的一种特殊形式。②

清代汉民在彝区土地开发过程中，因土地产权归属及地界划分等

---

① 《四川省凉山彝族社会历史调查：综合报告》，四川省社会科学院出版社 1985 年版，第 138 页。

② 《四川彝族历史调查资料、档案资料选编》，四川省社会科学院出版社 1987 年版，第 57 页。

问题，时常会发生纠纷，这在乾嘉时已露端倪，嘉庆十九年（1814）常明上奏说：

> 川省宁远府地界，北自大渡河起，南抵金沙江止，绵亘千里而遥，东为大小凉山系生猓熟夷巢穴，西为旄牛大山系西番各种夷类住牧之所。重岩叠嶂，不下数千余里，夷巢环布于外，汉地穿插其中……初时汉界夷疆本有定址，自百数十年来，夷地招佃汉民开垦，遂至夷汉杂处，疆界混淆。若不及早清釐，恐汉民逞作私侵，夷人恃强称衅，难免勾连争竞，酿成事端。[①]

所谓“自百数十年来”之说，表明汉人广泛进入到少数民族地区已有相当长的历史，至少已经历了数代人的奋斗，或许有些已由移民变成了世居民族。持续百年之久，说明移民的数量也会自然增多，进而形成“汉夷杂处”的社会环境。如嘉庆初年，会理地区的迁住民景象是：“男携女负，十百为群，不数年新户增至八九千家矣……或梯山以作田，或滨河而谋产，垦地焚林，其利十倍，莳烟种蔗，其利百倍。”[②] 这就是官府“恐汉民逞作私侵”之虑的来源。

随着汉族移民的不断增加，彝人将土地也逐步转让给汉人耕种，汉人久佃反客为主，《清宣宗道光实录》卷236记载，道光以后“彝民懒于耕作，田土悉给汉民耕种，久之，汉民据为己有，夷民生计日蹙”。汉人据土地为己有或许是实，但这可能只是永佃权而已。之所以发生汉人据地为己有，或许与夷人中汉文化程度较高的“熟夷”夺地有关，《清宣宗道光实录》卷240记载：“汉民耕地夷地有年，熟夷见地土渐腴，思欲夺回耕种，是此肇衅之田，地界一日不清，熟夷觊觎之心一日不息。”这里的“熟夷”说明汉夷在实践中交流的频繁及长久，使夷人已高度汉化。彝汉杂居，且人口不断增加，造成彝区人地矛盾加剧，嘉庆《四川通志》卷61称马边等地“五方杂处，地狭民稠。业农者务尽地力，虽极陡险之区皆为耰锄所及”。

---

① 嘉庆《四川通志》卷65《户口下》。

② 同治《会理州志》卷7《边防》。

嘉道以来，汉人不断地进入彝区耕种，已有可能激化汉夷间的矛盾。为了彝区的稳定，政府决定划定彝汉土地界址，不许汉人擅入彝区，也不准彝人私自招种，《清宣宗实录》卷254记载，“凡住居夷地之汉民，即属善良，亦递回原籍，责成土司土舍各谕所部，毋许容留一汉民，熟夷如有不遵，惟土司等是问”，并派兵严加逻守，绝汉民潜入之路。不过，对汉彝界址划分，已能从现实出发，承认既成事实，“如垦荒已久，搭棚建屋已成村落，未便迁移，应即断为汉界”，只是规定以后“毋许汉民再行进占。总须划清界址，汉民不得进耕夷地，夷人不得觊觎汉田，则争端永息”①。彝区土地多分布在山区，佃耕汉民也因此各自成家立业于不同山区，居住较分散，相距数里或十数里不等，政府难以统一编制管理。在制定政策时也能灵活对待，嘉庆时，四川总督常明上奏《筹定编查汉民私佃夷地章程》中说：“所佃之地各有业主，如系土司地方，即以土司为纲，列佃耕汉民于后，夷人地方，即以夷人为纲，列佃耕汉民于后。各以道里远近，挨顺编连，将户口填入牌内。”② 承认现实，因地制宜，是政府处理四川西南民族地区的主要导向。这反映了政府对汉族移民在民族区的居住权的认可，也反映了彝族地区汉化的加深。而汉夷统一编制，既方便了政府的日常管理，也为汉彝的融合与同化创造了良好的环境。

随着汉民在彝族地区的开垦，不仅使边疆的耕地面积达到了进一步的扩大，而且也改变了彝族地区的农作物结构。乾隆中后期玉米已成为彝族山区一些县的主要粮食，道咸时期，马铃薯通过移民传入凉山各地，高粱种植也在彝族地区逐步扩大。③

二　民族间的贸易往来

彝族社会有一句谚语：彝人离不得汉人，汉人离不得彝人。彝人

---

① 《清宣宗实录》卷240，道光十三年七月甲戌，《清实录》第36册，中华书局1985年版，第591页。

② 《清仁宗实录》卷261，嘉庆十七年九月，《清实录》第31册，中华书局1985年版，第545页。

③ 郭声波：《四川历史农业地理》，四川人民出版社1993年版，第173、179页。

离不得盐巴，汉人离不得皮货。这句谚语形象地概括了历史上汉彝之间的民族贸易往来。彝族社会地处西南边陲山区，素来缺少铁、布、盐等生活必需品，而彝族地区的土特产如药材、皮货等也是汉人喜爱的生活必需品，彝汉之间互通有无的商品交换也就一直不曾中断过。

商品交换离不开一定的场市，清代叙州、宁远一带的民族贸易市场分布相当广泛。叙州府的基层市场主要围绕在凉山的彝汉杂居区以及凉山的边缘地区，各地的县城已发展成为民族交易的中心地。据统计，雷波、马边、峨边等的汉彝杂居区共有场市 18 个；越嶲、甘洛共有 11 个场市；喜德、普格、金阳共有 9 个。[①]

从史料来看，彝族地区的场市主要有两个特点：一是坐商全部为汉人，而行商中绝大部分也是汉人，只有少部分是彝族没有脱离农业的商人；二是场市的定期交易，一般都在 10 天内会赶场 3 次左右，有的则高达隔天 1 次交易。道咸时期，冕宁县的场市颇有代表性，该县回龙场每月开市二、五、八日，永兴场三、六、九，福兴场与惠安场均为一、四、七，松林场则为一、三、五、七、九日。[②]按照传统农村集市的惯例，上述数字应是每旬开场的日期，这样每场每月至少有 9 次固定的开市日。而位于冕宁与宁远府中间地带的松林场，场期更多至每月达 15 天之多。方便了民众和商人，可以在不同的时间到不同的场市进行商业交易。

由于场市交易的频繁，各地场市在地理上往往成网络状分布，如宁远府的民族贸易主要集中在盐源县一带。以盐源县城为中心方圆数百里内，分布着大小 49 个场市，分为东路、西路、北路、南路四方场市，这些场市离县城最近的只有 10 里，最远的达 800 里，显示了场市分布的广泛性，每一路场市都由许多功能不同的大小市场所构成，省内外的商人多到场市进行贸易，从而将城乡通过场市网络紧密地结合在一起，推动了地区间的商业交流。盐源县的场市日期相互错开，最终形成“日日市”之繁荣景象。如盐、米市每月隔三四日即

---

① 《四川省凉山彝族社会历史调查：综合报告》，四川省社会科学院出版社 1985 年版，第 14—15 页。

② 咸丰《冕宁县志》卷 2《舆地 · 场市》、卷 11《风俗》。

开市，商人“朝往货而夕归”，尤其是收市之时更是交易的高潮，“黄昏之客货牛马至者万蹄，羊豕肉数千斤”。场市的商品交易量及市场繁荣程度，由此可见一斑。市场内交易的商品种类十分繁多，当地出产的物品“山则黄金、银、铜、铅、铁、硫磺、焰硝，虎、熊、雉、鹿，杉板、松香、茯苓、香蕈，水则井盐、海铜、石花、江碧。其食酥油御麦，其衣火浣氆氇，皆中国所恒无”。如此丰富的商品吸引了各地客商的进入，他们以丝绵、棉布、茶叶、药材、笔墨、书等当地所无之商品与之交换。每逢场市日，南来北往的赶场人使街面热闹非凡，“沿街蹭蹋，南北迷，左右顾，不胜其欲，不知所为。忽不意逢熟人，相互径醉。其归也，聚室谈新闻，夸罕见，述星命之灾祥，状梨园之怪幻，围炉听者张目支颐，且羡且问，倦犹索语不休，明日方忆忘买《时宪书》，忘买温酒瓶。嗤然自笑，啾啾悔不已。而杨柳饧箫、杏花酒旆、胡琴瞽唱，腊磬儿嘻，熙熙然太平风景焉”①。这里的场市已不单纯是商品交易场所，而且成为人们了解社会动态的新闻场所。从“南北迷，左右顾”来看，场市分布已星罗棋布。

彝族地区商业的繁盛，吸引了各地商人的到来。如雷波“土产沃富，远货他乡，而白布、红盐则取资于外郡。是以道途虽险，商贾流通”。乾隆、嘉庆时，尽管“雷波逼近夷巢”，由于“边境清平，商贾云集，两湖、豫、赣、粤之民络绎趋赴”②。宁远府驻地的西昌县因盛产蜡虫，每年蜡虫交易期间，吸引内地商人涌入该地，许多人因此而致富，西昌“四山产蜡虫，春夏之交，洪雅、夹江、峨眉市虫之客千百成群，宁雅大道旅店充塞。近山乡镇，固多虫市。即城外西街，夕阳西下，售客拥挤。川庙设虫称，灯光灿烂愈夜半，大小商人、旅馆力夫，均希赶集虫会，作一岁生计”③。汉彝间的民族贸易，丰富了各族人民的物质生活，而频繁的商品交流，也加深了民族间友谊，推动了边疆地区的经济发展。

道光时期，随着政府对汉彝民族政策的调整，边境的民族市场也

---

① 光绪《盐源县志》卷2《舆地志·场市》。

② 光绪《雷波厅志》卷32《风俗》。

③ 民国《西昌县志》卷5《礼俗》。

在交易日期与交易地点上受到限制。《清宣宗实录》卷246记载，道光十三年（1833）十二月规定越嶲厅临日河一带，每逢初二、十六在马日扛交易，越嶲厅所属之凉山一带，以敲脚河为界，逢初二在河边交易。平时则不得越河交易，更不准汉人到彝区设厂经营。1910年以前凉山地区投入彝汉市场交换商品最高年数量为牛皮、羊皮各8万张，花椒8万斤，芋片、半夏各4万斤，猪油15万斤。[①]

清代西南彝区商业的繁盛还带动了当地矿产业的开采。彝区的马边、峨边、雷波、屏山、西昌、会理等地都蕴藏着丰富的矿产。马边是著名的铜产地，据光绪《叙州府志》卷20记载，乾隆时"各处商人云集，挟重资而谋利者，不可胜数"。开采的铜产除"自完课外，分商售卖，四方贸易接踵而来，号为鼎盛一时，因有小成都之名"。马边的繁荣与商人参与当地铜矿的开采和售卖是分不开的。

三　文化的相互渗透

清代彝族地区的汉人移民来源地相当广泛，这与清代四川移民来源地众多是一致的。要了解四川的移民来源地，会馆无疑是最快捷的途径。四川移民会馆大多用宫、庙等名称来表示，里面陈列着移民故土的乡贤神灵。这在彝族地区的汉族移民中也不例外。如马边厅在嘉庆时境内就有福建人的天后宫、江西人的万寿宫、湖广人的禹王宫、广东人的南华宫以及四川人的川圣庙等。[②] 咸丰《邛嶲野录》卷21《寺观》记载，彝族地区的西昌、会理、冕宁等地的会馆有山陕会馆、湖广会馆、广西会馆、福建会馆、贵州会馆、云南会馆、江西会馆以及四川会馆等。这些大多修建于乾嘉年间。从会馆来看，进入彝族地区的汉人来自祖国各地。这本身就是一次文化的交流。随着汉民族向川西南一带少数民族地区的流动，汉彝民族文化交流也向纵深方向发展。

---

① 《四川省凉山彝族社会历史调查：综合报告》，四川省社会科学院出版社1985年版，第14—15页。

② 嘉庆《马边厅志略》卷首《舆图》。

无论何种教化，最终还得提高民众文化素质。而提高民众文化素质，首先应推广学校教育。正规的学校教育一直是少数民族地区所缺少的。早期彝族的汉文化知识主要是通过经济交流而获取的。但这种文化教育模式已不能满足政府的愿望，雍正八年（1730）四川巡抚宪德上疏，请求在建昌府大树堡一带汉彝杂居地区，按内地义学惯例设立学校，“新设建昌府，蛮夷杂处，请于汉境内择大村堡，照义学例，建设学舍，选取本省文行兼优之士延为塾师，令熟番子弟来学。俟学业有成，俾往教生番子弟。应如所请，从之”。这样做的目的是想使少数民族通过汉文化教育而逐步向化。[①] 宪德奏言很快得到批准并实行。这说明彝族地区的汉文化教育在清初已经开始。越巂卫的学校在乾隆二十九年（1764）还由卫学升为厅学。政府还向少数民族考生大开方便之门，乾隆二年（1737），川陕总督查郎阿上疏，请准四川境内一切土司所属地区童生和汉族一体应试，得到批准，“嗣后川省各属土司苗童，有志上进报名应试者，俱准其与汉民文武童一体考试，卷面不必分别，汉苗取额不必加坊”[②]。这对在民族地区推广汉文化教育有一定的鼓励作用。

随着官方教育的推广，清代外地士人也不断进入彝族地区，有部分人即以舌耕为业，从事民间性的私人办学。据光绪《越巂厅全志》卷9《人物·流寓》及光绪《盐源县志》卷10《人物·流寓》记载，有清一代自雍正至清末，湖南、云南、贵州及四川内地有15位名士不断深入两地的彝区设帐授徒。这些名士各有所长，或通五经，或精诗文，或长岐黄之术，他们的教学吸引了众多的当地人士，史料用“从学者众”进行描述，效果是“造就良多”“多为名士”之谓。内地士人在传播汉文化的同时，也带去了各自家乡的风土人情，促进了各地文化的交流，推动了民族地区文化的发展。如雷波一带“在昔风教未开”，自开设学校后，到光绪时“近一二百年来成均乡荐代不乏人，士习彬彬，颇知礼让，遵文守教，足迹不履公庭，盖声教之濡染

---

① 《清世宗实录》卷90，雍正八年正月乙未，《清实录》第8册，中华书局1985年版，第215页。

② 同治《理番厅志》卷4《边防》。

者久也"[①]。

汉彝之间的长期往来与交流，汉文化的博大精深以及汉族耕作与商贸水平较高，都催生了彝族民众的羡慕之情，彝族汉化也就不断深入。如盐源一带"文明渐起，教礼乐亦教诗书，学校既人文斯起"。这种社会风气与内地逐渐趋于同步，反过来又吸引了更多的汉人到彝区谋生，乾嘉间"商贾云来，凿井耕田，户口繁而农桑风变"。史料称这些汉人商贾来自豫、黔、滇、粤、赣、闽以及齐鲁、三吴等省。汉族移民带来的不仅是"农桑风变"，而且导致彝族"移性情之犷悍，易风俗为驯良……冠、婚、丧、祭，遵家礼以防维"[②]。

由于政府广布教化，以及各省迁入的移民对少数民族地区风俗的相互渗透，使彝区的汉化程度迅速提高，这符合中华民族在各历史时期向心凝聚的发展规律。晚清时期，汉夷之间已可用汉语进行交流，契约文书的汉化颇能说明问题。请看下列所引的两则契约文书：

（一）

立写出水田文约彝人补曲情因手事空乏，无钱费用，只得将己名下水田一份坐落泄得，上齐当主为界，下齐草坡为界，左底（抵）以纳水田为界，右底（抵）呵恺子地边为界，四界看明，并无紊乱，即日当凭引进说合。出当与□□名下管业耕耘。比日二家面议，当价铜钱十四文整，其钱一手现交，无有少欠分文，自当之后，随年耕耘，夷人不得加当另佃，后日赎取，钱到田回，恐口无凭，立当为据。

出当的夷人：补曲

引进夷人：林铃、乃乃、百户阿恺（同在）；

代字人：王三仲（笔）

同治十三年冬月十四日　立。

（二）

自请凭中请合买到火则名下山地一段，坐骆（落）荣盘山，

① 光绪《雷波厅志》卷16《学校》。

② 光绪《盐源县志》卷2《舆地志·场市》。

下齐王姓为界，上齐卢姓为界，右齐大路为界，左齐澧足为界，□林树林，□□在内，四至□明，无有危别人寸土。买价铜钱三十四文整。其钱一手拨出交清，□无少欠分文。其地凭□火则父子耕种管□，不□□言。恐口无凭，立约为据。

出约人：呷纳、打亚亚（画押）、呷呷、牛百户、百户呷（画押）

凭中人：呵母（画押）、呵铁长（画押）同在

代字人：衣足（画押）、肖文春字

光绪十八年冬月初九日　立。①

这两例关于彝人之间的土地买卖、转让合同，不但用汉字书写，而且其文体、语气，均和《清代乾嘉道巴县档案选编》中记载的内地汉人契约文书完全一致，这从一个侧面反映了彝区汉化程度。更具典型的是，凉山地区有些土司的墓志铭也用汉文书写，其格式也和汉族地区相似。雷波城25公里处的溪洛米乡大尼村有两座彝族“向天坟”，是一位土司和他的妻子长眠之所，其墓志铭是光绪年间用汉彝两种文字书写。② 这种书写方式的墓碑在凉山彝族地区并非仅有，说明汉字已经逐步渗透到少数民族文化中，在汉彝的融合与同化过程中，汉字的流行印证了汉族移民在彝族地区已扎根繁衍奋斗的历史，也证明了中华各族人民共同开发边疆的光辉历程。

从历史发展来看，汉夷文化交流往往是双向发展的，即除了主流方向的汉化外，另则是汉族的夷化。在川西南彝族地区这一过程被形象地概括为“兹次龙节、尼次马邀、朔次曲诺”的谚语。意思是第一代是龙节，第二代是马邀，第三代是曲诺。原来，汉人被彝族掠来后称“龙节”，未彝化的汉人娃子称为“朔节笃石”，两者地位相当于低等呷西阶层，故称为“兹次龙节”；当朔节和龙石婚嫁和成家以后，称为“马邀”，多半取得等级相对较高的阿加地位，故称为“尼

① 《四川省凉山彝族社会历史调查：综合报告》，四川省社会科学院出版社1985年版，第115—117页。

② 刘尧汉、卢央：《文明中国的彝族十月历》，云南人民出版社1986年版，第115页。

兹马邀”；最后，马邀逐渐上升为更高等级——曲诺。[①] 有的汉人来到彝区后，便和当地彝人通婚，经过几代以后，其原来的生活习惯便和当地的彝人一般无二。可以这样说，在汉彝民族交往过程中，汉族彝化的现象是广泛存在的。

① 《四川省凉山彝族社会历史调查：综合报告》，四川省社会科学院出版社 1985 年版，第 70 页。

清前期藏区驻军与地方经济的发展

清代西藏、青海、四川、云南及甘肃等地区是藏族的主要聚居区。清政府在藏区推崇和利用藏传佛教实行有效的政治统治，其在藏区推行的经济政策，更重要的是为了体现政治统治所需，以此强化藏族的国家认同意识。清政府对藏区治理方略的实施，促进了藏族社会的发展，维护了国家的统一。驻军是清廷对藏区主权和政治管理的最高体现，学术界对清代藏区驻军的建制和管理多有考究，但对驻军与藏区社会经济发展却没有足够重视。① 本文拟围绕清前期驻藏军队及其对藏区经济发展的影响为主题，探讨驻军在地方经济发展中的作用。

一　清前期藏区的驻军

驻军是一个国家政权对疆域领土主权实行管理的标志之一。元代已在藏区设有驻军，明代分其势而治之，在藏区设立卫所，清代对藏区实行了全方位强有力的管理，藏区的社会经济发展也因此达到传统社会的高峰，在藏区的驻军也逐步制度化。

明万历时在青海黄南的同仁保安地区设置了保安营，隶属于河州

① 陈小强：《清代对西藏的军事管理与支出》（《中国藏学》2003 年第 4 期）指出，自雍正年间开始在藏驻军的军费全由中央财政拨付。由于西藏地处偏远、交通不便，驻军和用兵的经费数额巨大，对清中央财政来说是一笔不小的花费。《清政府在西藏用兵驻军及其历史作用》（《军事历史》2001 年第 1 期）则分析了清代各时期驻兵情况及其重大意义。宋秀芳：《清朝政府对青海藏区的施政和治理》，《藏学研究论丛》第 6 辑，西藏人民出版社 1994 年版。

卫，清沿明制，乾隆时设置循化厅，将保安营改属循化厅管辖。[①] 清初在青海藏区设立西宁协，归临巩镇统辖。顺治六年（1649）置贵德所，驻守备一员，士兵150名。顺治十六年（1659）迁临巩镇到西宁置西宁镇，统辖马步兵人数12425名，屯驻西宁。康熙五十六年（1717）命皇子允福镇守西宁。雍正三年（1725）在大通、永安、白塔筑城屯兵，并在大通设总兵官，永安设游击，白塔设参将，使西宁与甘州信息相通。雍正四年（1726）在大柴旦驻兵万人，雍正十三年（1735）对青海地区的军事建置作了调整，设西宁镇、河州镇，改大通卫为协，隶西宁镇辖治。乾隆五年（1740）又于西宁镇下添设巴燕戎等8营堡，下辖37营，统率马步兵9655名。[②] 据宋秀芳考证，清代在青海柴达木地区也设驻军加强军事防御。[③]

西部地区社会经济素为发达的四川，其省内聚居的藏族民众，因与今西藏东部毗邻，所以川西的打箭炉（康定）地区成为汉藏往来交流的重镇，打箭炉之西的里塘为拉萨所辖，里塘之外又为巴塘。康熙中期以来，朝廷陆续加强了对打箭炉及其以西地区的军事控制，雍正七年（1729）设打箭炉厅，移驻打箭炉的军队在各处设营伍，安塘置铺，修建塘房、烟墩、哨楼，以保障交通顺畅。乾隆初年，朝廷在打箭炉以西先后收降50多个部落，四川以西的省界一直扩展到宁静山以东一线，与西藏的边界至此基本固定下来，形成了广大的西炉地区。[④] 清廷不断将四川版图向西扩展，对进一步控制青海、西藏、云南等少数民族聚居地具有重要的政治、经济和军事意义。

清前期，为了进一步加强对藏族主要聚集地西藏的控制，康熙五十九年（1720）清廷在西藏地区额设兵丁3000人，以后增至4000人，分驻西藏各要隘关口，并设置了驻军粮台塘汛。雍正时向西藏派驻“绿营旗官兵一千五百名……其他隘口各就地之冲僻，量设番兵防

---

① 黄南藏族自治州概况编委会：《青海省黄南藏族自治州概况（初稿）》，1963年印行，第5页。

② 黎宗华、李延恺：《安多藏族史略》，青海民族出版社1992年版，第155页。

③ 宋秀芳：《清朝在柴达木的军事防御及其对青藏社会的影响》，《藏学研究论丛》第7辑，西藏人民出版社1995年版。

④ 王纲：《清代四川史》，成都科技大学出版社1991年版，第40—41页。

守”。雍正十年（1732）朝廷考虑到藏地贫瘠，道远难行，大军给养不免繁费，因此下令裁军，“驻藏汉兵二千名，内议撤一千五百名，此后腾格那儿等处仅番兵驻防矣”。剩下的兵丁驻扎察木多（昌都）“以为联络川藏声气”[①]。清前期藏区驻军实行三年一换的驻防制，雍正时留守西藏的500人由四川派兵顶替；昌都驻扎的500名云南兵，由云南三年一换。这种驻兵轮换制一直保持到清末。[②]

清前期藏区的驻防兵丁有相当部分来自藏区，西藏地方的唐古忒番兵，“向来分派各寨农民，有事则调集为伍”[③]。乾隆时平定廓尔喀人入藏后，驻军也随之深入后藏地区。《钦定藏内善后章程》的一个重要内容就是建立西藏地方常备兵役制。常备军分绿营和藏兵两种，绿营军驻前后藏、定日、江孜各处，兵额646名；驻打箭炉至前藏一带粮台兵782名；藏军固定额数3000名，前、后藏各驻1000名，江孜、定日各驻500名；驻军头领均由驻藏大臣会同达赖喇嘛挑选年力精壮之人充任，并发给执照；驻藏大臣每年春秋两季巡视边境，检阅军队。藏军成为清朝统一领导下的一支正规军队，对保卫国防、安定地方起到了积极作用。

二　军队粮饷的供应

清代随着藏区驻军尤其是西藏驻军的增加，军需物资供应成为稳定驻军的头等大事。清前期沿袭元明两代政策，在藏区设立驿站。藏区地势高且多山，交通运输极不方便，经济交流多通过驿站完成。据学者考证，当时通往西藏的有康藏、青藏、滇藏三条驿道。[④] 川藏通道是内地通往西藏的交通枢纽，清代官员、军队出入西藏以及物资的运输等主要由此进行。清朝对此极为重视，沿途设置了许多驿站，并派兵守护。藏区通道还设有许多粮台，作为运送物资的重要中转站，

---

① （清）焦应旂：《西藏志·边防》，文海出版社1966年版，第135页。

② 何俊：《清政府在西藏用兵驻军及其历史作用》，《军事历史》2001年第1期。

③ （清）和宁：《卫藏通志》卷8《兵制》，文海出版社1966年版，第445页。

④ 曾国庆：《清代藏史研究》，西藏人民出版社、齐鲁书社1999年版，第175、191页。

其中察木多粮台最为显著，“察木多粮务委牧令为驻防、及护粮官兵三百三十三员名，内游击千总各一员，把总二员，外委马步兵三百二十九员名，三年一换。又土马兵十名，每名日支口粮面一升，折银九厘，每十名月赏羊一只，折银五钱”[①]。

藏区驻军的粮饷发放形式较灵活，有的地方直接拨给粮食，有的地区则采取按月发放银两，由士兵自行采买粮食，或入藏前在川边发给银饷，由士兵携带入藏自行采买粮食。康熙四十年（1701）九月，四川巡抚贝诺和在《题打箭炉设防疏略》中说：“查打箭炉、木鸦等处虽不产米谷，有青稞、麦、豆等杂粮可以采买，岚州、嘉庆、擦道等处有大米杂粮，足供兵食，既议折给则无运送之烦。”只是官兵未到打箭炉时，“青稞麦子每一京斗价银一钱五分、一钱八九分、二钱不等”，自官兵入炉以后，“青稞麦子每一京斗价银二钱八九分或三钱不等，今安设官兵止三千人，向后价值，谅应照旧。其米折价银两将打箭炉向时之贵贱斟酌折衷，比照松潘沿边米价，每斗一钱六分四厘之例折给各兵自行采买，以得其平等”[②]，获准执行。雍正元年（1723）四月，川陕总督年羹尧上奏：“打箭炉迤西台土司，加克瓦斯之兵，请照内地兵丁，给与盐菜银两。”[③] 西藏驻兵物资所需银两多由四川供给，雍正二年（1724）松潘总兵官周瑛带领官兵驻扎西藏，恐口粮不能接济，朝廷命四川巡抚王景灏料理。王景灏为此上奏称，“从前运藏兵饷尚可支给两月，又于八月内经承办军需之建昌道安定昌委员将叉木多所贮之银拨运五个月，米价盐菜银两就近解送西藏，合前已足支七个月口粮”，由于川藏路途遥远，为免迟误，他建议“建昌道嗣后按月扣算，以彼处约三个月饷银之时，即预解银两接济”，以达到源源相济的效果。[④]

雍正时期，藏区驻军的口粮都是官府发给银两，由士兵自行解

① （清）黄沛翘：《西藏图考》卷6《藏事续考》，西藏人民出版社1982年版，第195页。

② 乾隆《雅州府志》卷10《筹边》。

③ 《清世宗实录》卷6，雍正元年四月，《清实录》第7册，中华书局1986年版，第131页。

④ 《朱批谕旨》，雍正二年九月十六日，《四川巡抚王景灏奏》第10册，上海点石斋印本1887年版，第97页。

决。雍正五年（1727）二月，皇帝下旨，驻藏军队的“口粮钱粮宽裕支给，每岁约需银三四万两，到藏之日，听其自行买备，三年更换一次，如此则有备无患”①。每年银两三四万两，刨除军械、弹药及少量备赏用银外，平均每名士兵每年钱粮达数十两之多。雍正八年（1730）六月，四川巡抚宪德上疏：“噶达上、中、下三渡，吹音堡等处，新驻官兵口粮，前经化林协副将杨大立请给本色。而一路山径险峻，挽运艰难。”皇帝为此下诏曰：“兵丁远驻边方，朕深为轸念。彼地米价既贵，自当格外加恩。着宪德等就近酌量，并询问弁兵等；或即照商贩之价，给与折色，令兵丁自行采买；或多添脚价，给与民夫，运送本色散给兵丁。”② 粮食运输难，就会造成粮食运到目的地后价格的倍增，这就不如发给士兵银两，让他们自行采买或者雇用民夫运送。为了避免出现军粮供应危机，官府鼓励军队提前采买贮存，乾隆十八年（1753）五月，署四川总督黄廷桂奏：“现在藏兵前后换防，臣饬乍丫、昌都、巴塘、说板多、拉里等处粮台各官，以换防需备供支为辞，采买青稞二千石，存贮站台。如有需用，免致临时周章。”获准。③ 乾隆二十九年（1764）四月，因建昌镇营兵“每年自正月至七月支领本色，此外俱折银。查川省营制，多设苗疆，并非产米之地。兵丁远籴，未免有旷操防”。四川总督阿尔泰奏准照越嶲、泸宁、松潘、靖远等营之例，“于前一年豫将次年米折银，全数支领，采买米石存贮，令备弁经营，按月支领”④。这些措施的实行，为军队安心驻防提供了强有力的物质保障。

清前期，藏区发生战事之时，军队粮饷的供应则多由官府从邻近省区调运，政府为此要征调大量的畜力和民夫。乾隆初年，处理郭罗克事件用兵，应四川巡抚硕色奏“盐菜口粮，照例支给”，运军粮“每夫一名背米五斗，每站脚价一钱。牛马驮运，每站每石，脚价银

---

① 《宫中档雍正朝奏折》第7辑，故宫博物院1987年影印本，第526—527页。

② 《清世宗实录》卷95，雍正八年六月，《清实录》第8册，中华书局1986年版，第270页。

③ 《清高宗实录》卷439，乾隆十八年五月，《清实录》第14册，中华书局1986年版，第721页。

④ 《清高宗实录》卷709，乾隆二十九年四月，《清实录》第17册，中华书局1986年版，第926页。

二钱”[①]。每次军事行动所需的大量物资，均雇用民众完成。藏民服役者名曰乌拉，无论男女凡有业者都要参加。[②] 一般来说，清廷对征调的乌拉都付给脚价，由于“众番贫寒，恐不敷往回盘费”，乾隆四年（1739）四川松潘总兵潘绍周奏准“每日给脚价银一钱，俾穷番往回敷用”[③]。乾隆十三年（1748）四月，张广泗、纪山奏称，“内地运夫口粮，自雅至炉计十三大站，每夫背米五斗，共给脚银一两三钱二分五厘，余州县道路平，日给脚价银五分，概无食米，请于给价之外，每日增给口粮一升，西南两路口外，险窄难运，向定例，负重之日，每夫给银八分，口粮一升，回空之日，止给口粮，不给夫价”。由此可见，对内地运夫的口粮还酌量加给。[④] 这种出钱雇役的方式，在一定程度上会刺激藏区商品经济的良性发育。

乾隆五十三年（1788）廓尔喀入侵，军用口粮几乎均从藏区购买，朝廷指示藏民给予大力支持，史料如下：

> 通行晓谕前后藏附近之村庄：现有廓尔喀贼匪滋事，特为救护尔等而来，丝毫不能骚扰尔等，但官兵所需口粮，寻常俱向尔等承买，此时所用微多，尔若有积蓄青稞、白面、糌粑等项食物，即全数粜卖，按价给银，倘若吝啬不发，不但官兵不得口粮，不能保护尔等，万一被贼抢去，尔等反连丝毫之利亦不能得。尔等即赶紧拿出，切莫妄生疑畏。向伊等设法劝导，即动用库项买办，即或价值比前较昂，小人图利，定必争卖于官。[⑤]

这一做法在藏区几乎已成为惯例，据李世杰奏称，从乾隆十六年

---

① 《清高宗实录》卷98，乾隆四年八月，《清实录》第10册，中华书局1986年版，第482页。

② （清）陈登龙：《里塘志略·杂记》，成文出版社1970年版，第81页。

③ 《清高宗实录》卷103，乾隆四年十月，《清实录》第10册，中华书局1986年版，第548页。

④ 《清高宗实录》卷313，乾隆十三年四月，《清实录》第13册，中华书局1986年版，第139—140页。

⑤ 中国藏学研究中心合编：《元以来西藏地方与中央政府关系档案史料汇编》，中国藏学出版社1994年版，第622页。

（1751）西藏用兵之时，曾在藏中额博勒、那囊等处买谷接济兵丁，乾隆帝下令“调内地满洲、绿营官兵及明正土司兵丁，共有千名前往，所需路费，李世杰业经备办。其到藏以后所需口粮，着寄信庆林、雅满泰等，即照从前那囊等处买谷之案，并遵照朕节次所降谕旨，晓谕噶布伦等，迅速买备，今值仓促之际，即使价值稍昂亦可”。后来，庆林又奏称，在藏中办得口粮四千六百石。而达赖喇嘛又“办得一千一百只牛、一万只羊，情愿作为官兵口粮，不敢领价”。乾隆皇帝下旨嘉赏达赖喇嘛，并且规定喇嘛所办米谷、牲畜，官兵共用若干，“仍照数给价，俟陆续买得归补商上，以备养赡众喇嘛之用”①。

为了体现汉藏军人在饮食待遇方面的平等，朝廷还鼓励汉人食用糌粑。乾嘉之际，曾任驻藏大臣的松筠在《西招图略·善始》中称：

> 藏地无米，惟产稞麦，番兵糌粑是食，粮糗庶为易办。至于在藏绿营兵，平日所食稻米，皆由边外布鲁克巴等部采买，运藏应用。如有缓急，米买不及，自应亦以糌粑为食。乾隆五十三年（1788）圣皇训示：番兵既食糌粑，其绿营官兵应即一律廪给，所谓振廪同食，上下无异，示与番兵同甘苦也。②

这虽带有强制性的味道，但此政策的实施，无疑会加强汉藏民族间的交流与融合。

三　藏区军队的屯田

清代在藏区驻军的增多，解决军饷问题已经引起了官府的高度重视。由于藏区地形、气候的特殊性，生产力颇为落后，粮食产量有限，而且所需军饷若完全从内地省份调拨，即使在和平年代运费也太大，于是传统治理边疆的屯田模式在藏区驻军中推行乃大势所趋。

---

① 中国藏学研究中心合编：《元以来西藏地方与中央政府关系档案史料汇编》，第625、628页。

② （清）松筠：《西招图略》，西藏人民出版社1982年版，第23页。

藏区的军屯，始于何时？已难以考证。青海的黄南藏族自治州，“汉族初到黄南地区主要是军屯。大约从明朝初期就陆续迁来，明万历十三年，汉族正式在同仁的保安筑城定居”①。清前期，对藏区屯田愈益重视，雍正时的上谕屡屡要求屯田：青海“惟新辟地方，宜广屯种，而欲令五省有罪之人发往开垦，恐此等之人，未必习与耕种，又无家室，可以羁留边塞之处，少当留意耳，尔等一并悉心妥议具奏”。《青海善后事宜十三条》中就有屯种之条款：

> 西宁边墙内俱属可垦之田，布隆吉尔地方见在修筑城垣，请将直隶、山西、河南、山东、陕西五省军罪人犯，尽行发往大通布隆吉尔等处，令共开垦。查西宁本处人民，与驻大通三千兵丁之子弟亲戚，情愿往种者正不乏人，大通河地方不必发遣犯人，惟布隆吉尔地方远居边外，愿去之人甚少，应如所请。行文刑部并直隶、山西、河南、山东、陕西五省，佥妻军犯内，除贼盗外，有能种地者，即发往布隆吉尔地方。令地方官动支正项钱粮，买给牛籽种，三年后照例升科。②

清初在青海柴达木地区继续重兵驻防，军粮供应成了大问题。当时，柴达木地区以畜牧经济为主，就近购买不到粮食，军粮多由西宁、丹噶尔采买，路途需经几千里运往柴达木。为“省却挽运”之费，清廷决定在柴达木地区开展军屯，以就地就近解决部分军粮问题。雍正九年（1731）六月，清朝派散秩大臣达鼐在柴达木盆地东南部额色尔津地方筑城，建仓廒，此处适宜农耕，又是西宁通往得布特尔卡伦的必经之地。城建成后，派西宁、大通二镇兵1200名，由副都统殷扎纳率领前往驻扎额色尔津城，实行军屯，遇有战事即参加战斗，平时则屯种。后又因额色尔津“相距西宁远”，有孤悬之虞，故又在额色尔津东北为“各路隘口总合之所”的哈尔海图增设军屯

① 《青海省黄南藏族自治州概况（初稿）》，1963年印行，第4页。

② 吴燕绍编著：《西藏史大纲》，全国图书馆文献缩微复制中心1993年影印本，第822、828页。

点，使两地之间可为“犄角声援”。驻扎哈尔海图的兵丁有西宁镇属马步兵1500名、大通镇属马步兵500名。清军自雍正十一年（1733）春开始试行屯种。[①]

云南迪庆向为藏民聚居地，迪庆属丽江府管辖。道光《云南通志》卷43记载，丽江境内设十八汛、七十一塘、二十五哨，分布在全县境内，官兵分防，多者五十至一百名，少者十余名，定居驻守。丽江西北通往康藏大道，沿途在金沙江上下段布置有十汛。这些驻军长期定居驻防后，开山地、辟农田、修道路、兴水利、建村舍。此外，在中甸厅境内设立三汛领二十四塘；在维西厅境内设有五汛领四十二塘；拨维西协两营兵分防。此两厅原住人户甚少，设汛塘后，开田亩、建村落，亦见繁盛。其管汛塘之头目，有任命为土职守备、千总、把总，沿袭至近代。[②]

清代藏区屯田效果最好的是川西大小金川地区。学术界对此已多有研究。[③] 不管从何种角度来看，大小金川的屯田都与驻军有直接关系。川西大部分地区居住着藏族同胞，康熙五十九年（1720）岳钟琪带兵入藏平定准噶尔部叛乱，在川藏干线上设置粮台，使留驻打箭炉、巴塘等地的汉族士兵和商贸小贩日益增多。随着清政府对四川边区统治的加强，以及驻兵增多，以垦荒解决士兵生活问题已成为重要的方式，雍正八年（1730）十月，四川巡抚宪德奏，松潘镇所属南坪营，涪州旧城内外及黑格郎、会龙、隆康等处空隙荒地，“令各兵安插家口承耕，永为世业，照松潘卫地粮之例，按年起科”[④]。

清代四川屯兵主要是屯番兵，主要是指由四川境内的少数民族所

---

① 宋秀芳：《清朝在柴达木的军事防御及其对青藏社会的影响》，《藏学研究论丛》第7辑，西藏人民出版社1995年影印本，第72—73页。

② 方国瑜：《中国西南历史地理考释》，中华书局1987年影印本，第1230页。

③ 李家瑞：《清代川西北藏族地区的土屯制与屯田制》，《西南民族学院学报》1984年第4期；曾唯一：《乾隆平定金川后的善后事宜》，《四川师范大学学报》1986年第6期；潘洪钢：《清代乾隆朝两金川改土归屯考》，《民族研究》1988年第6期；潘洪钢：《乾隆朝两金川改土归屯之兴起》，《中南民族学院学报》1988年第5期；徐怀宝：《清代金川改土为屯》，《首都师范大学学报》1995年第5期。

④ 《清世宗实录》卷99，雍正八年十月，《清实录》第8册，中华书局1985年版，第323页。

组成的军队，但军队必须以屯田解决养赡问题。从乾隆六年（1741）到乾隆二十年（1755）间，四川的西北、西南地区少数民族争斗不休，连乾隆也感到头痛，他下发谕旨，要求四川官员拿出具体的处理方案，乾隆十三年（1748）二月，川陕总督张广泗奏陈在金川地区兴屯田，金川之地“汶川、保县一带所属番民……若选其精壮而向无田者，分授以地，仿照古州屯卫之意，设立屯长，约束训练，此等番民必感激踊跃……此因地制宜，不费粮饷，而番屯胜于汉屯也”①。但真正施行起于乾隆十七年（1752）杂谷土司苍旺不法，四川总督策楞、提督岳钟琪派兵平定后，在该土司藏族百姓中挑选精壮3000名作为屯兵，平时任其力田佣工，岁纳杂粮600余石，并不支给粮饷。② 四川屯练兵，统一按照清军兵制任命各级官弁，如外委、把总、千总、守备等，只是在每一职衔前加了一个“土”字，以示与八旗、绿营兵之区别。屯练兵的主要任务是维护川西广大地区的社会治安，有时也调赴外地作战。

乾隆时平定大小金川叛乱后，参照治理新疆的经验，开始在大小金川地方推行屯田，设立懋功厅及五屯，令驻守之兵就地屯田，以此筹集驻防川边军队粮饷，减少内地供粮压力。乾隆四十三年（1778）成都将军明亮、总督文绶奏请“设立五屯，并设总理屯政同知及五屯屯务，经管屯种、收粮等事。分插茅功五营，选募兵丁及内地人民情愿赴屯开垦者，分户承垦，并于该处头人带领降番投诚者，设立五屯守备及屯千总、把总等官，管领降番，给地承垦，又酌留杂谷五寨随征屯练，给地耕种，统归懋功厅同知上纳科粮”。屯田共有四种形式：

> 屯练系杂谷五寨屯练，随征至金川，原派差防拨留，给地耕种；屯番系平定两金川后，向化番人分拨给地耕种；屯兵系额设五营，选募兵丁三千名，除分拨差防外，余俱给地耕种，携眷赴屯者为眷兵，单兵赴屯者为单兵，由屯番选补者为屯兵；屯民系

① 朱批奏折乾隆十三年二月，张广泗奏折，转引自潘洪钢《乾隆朝两金川改土归屯之兴起》，《中南民族学院学报》1988年第5期。

② 《清高宗实录》卷931，乾隆三十八年闰三月，《清实录》第20册，中华书局1986年版，第528页。

内地人民愿赴屯开垦者，给地耕种。

屯练、屯番、屯兵、屯民，计屯练170户，屯番1997户，屯兵、屯民5115户，总计屯番兵民7282户。政府专门拨出资金支持军队屯田，“初办屯垦时，先给各兵口食”，并为士兵配置牛具、种子，为了让士兵安心边疆，政府“必令兵丁携眷来居”。对那些“情愿挈眷来居者”，官方给予大力鼓励，不仅酌量“资送”，而且对初至者，“照旧于应得钱粮之外，给与盐菜口粮，俟垦种已成再行停止”①。

从移民的角度来看，这属于典型的军事移民性质，这些军人在屯区的开垦，对传播农耕技术、加强汉藏民族交流均有积极意义。四川大小金川的屯兵是成功的，以至后来在边疆海岛的台湾也以此为模式开展屯练制。台湾林爽文起义时，福康安就曾率“四川屯练番兵二千人”随清军入台，“四川番兵踊跃争先”，为平定林爽文起义立下战功。事后，福康安向朝廷奏请仿照四川屯练制在台湾设立屯防，将界外未垦荒地和抄封田园分给屯丁，自耕自给，并不另给月饷，得到中央的批准。② 江维祝在《福康安整顿藏军思想初探》一文中提出，乾隆末年福康安在西藏确立了“以军养军”的办法，③ 面对3000名番兵的粮饷问题，福康安根据历代戍边官兵屯田的成例，提出将“廓尔喀交出扎什伦布寺银两及沙玛尔巴各物变价内，酌拨银两作为开垦地亩之费，耕种即敷支给。如此办理，各兵既不至枵腹从事”④。

除官兵耕种外，对投诚藏民也安排与汉人一体耕种，“维州、保县一带，地瘠民贫，妇女皆来营贸易，其内本系番人居多，应行招徕开垦，兵丁如有缺出，并于番人内招募充补”。“此等头人所有家眷番众，拟分安于金川河东、河西，与官兵相错而居，并遵旨一体酌给牛具、籽种，俾得及时种艺。”⑤ 军屯也吸引了不少汉人向藏区迁移，乾隆四十四年（1779），渠县、什邡、长宁等县民人“情愿携眷赴金

① 嘉庆《四川通志》卷87《武备志·屯田附屯练》。

② 道光《重纂福建通志》卷268《外纪》。

③ 《西藏研究》1996年第3期。

④ （清）和宁：《卫藏通志》卷8《兵制》。

⑤ 以上皆参阅嘉庆《四川通志》卷87《武备志·屯田附屯练》。

川……又有洪雅、天全、打箭炉等厅州县民人王文琳等三十户，情愿自备资斧，携眷赴金川屯垦”。对于这些自愿入迁的汉人，政府均按照上述屯田兵丁眷属的待遇进行安插。

为了保证这些内地赴边之汉人的利益，清政府还在政策上给予优惠，如金川屯田就规定，对招徕的内地民户，每户给地30亩作为永久性财产。对那些路途遥远而带来家眷的民户，“准大口日给盘费银一钱，小口日给银三分，粮各一升”。至屯所配给房屋居住，并发给生产工具、耕牛以及粮种。“初种免粮五年”，自第六年起，交纳少量的赋税，每户纳粮仅1斗2升，吸引了汉族人口的迁入。[①] 移民的不断进入使金川变成了藏汉杂处之地。据学者研究，两金川统共兵民练番7298户（名），屯田182798亩，纳粮1318石7斗6升，其中屯兵共有眷兵249户，拨田567亩，纳粮49石3升；单兵2347名，拨田25205亩，纳粮247石9斗；屯练188户，拨田5930亩，纳粮36石2斗5升。[②] 可见，大多数屯田并不是单纯的军屯，而是军民结合、汉藏混合、互相补充，促进了藏区的开发。

四　驻军与藏区经济的发展

清代在藏区的驻军，无论军饷供应的来源是购买，还是在藏区实行屯田，对藏区社会经济的发展均有积极的意义。购买军饷虽不能说是完全的有意识的商品交换行为，但是频繁购买数量庞大的物资，毕竟刺激了藏区农耕与畜牧业的发展。而且驻军营盘的房屋及军事设施建设，尤其是轮换制的推行，对沟通藏区与内地的交通往来，客观上起到了积极作用。驿站的畅通无疑会给汉藏民族经济交流创造机会。而驻军的军屯对藏区农业生产发展起到了示范效应。乾隆五十三年（1788）正月，据原任成都将军、调任四川总督保宁报：“金川屯务，经前任将军、参赞等，丈出地十一万七千六百六十亩，节年屯员广为

① （清）李心衡：《金川琐记》卷3，《丛书集成初编》第3199册，中华书局1985年版，第29页。

② 张泽成、郭松义：《中国屯垦史》，文津出版社1997年版，第343—344页。

招徕，穑事日兴，荒土尽辟，除原丈地已垦外，多垦地一万八千九百七十五亩，仍照例每户给三十亩，并限六年升科。查各屯官役、喇嘛人等，及岁修桥梁等项，需粮九百余石，俟升科后，统计新旧地亩，并汉牛一屯，每年共应征粮一千二十一石零，各项供支，自可有盈无绌。”① 这说明经过十余年的经营，金川屯务已颇著成效，基本可满足当地驻军及其他各项需要。大小金川的藏民主动学习汉族屯兵带来的先进农耕技术、畜牧及其加工技术，引进外地的优良品种。变刀耕火种为精耕细作，变二牛抬杠为单牛犁地，变木制锄犁铧为铁制耕作工具，使农业生产水平迅速提高。同时引进了豆、麦等优良品种，引入河北、山东的屯兵带来的鸭梨，同当地的山梨嫁接，在金川特殊的自然条件下，培育出至今闻名全国的金川雪梨。

军队驻防需要必备的军备器械以及营房的修缮等，均需要众多的技术人员，所以在驻军中有一些相当熟练的手工业者。实行屯田以后，军队及汉族人口的不断进入，内地的手工匠人和商人也纷纷进入藏区，寻求发展机会。如在大小金川地区，汉族工匠将内地的手工技艺与金川藏族的工艺和文化结合起来，生产出以精美工艺著称的“金川土司刀”。大小金川藏民还主动走出去，把鹿茸、麝香、熊胆等名贵药材运往汉区交易，换回自己所需的物品。他们带着祖传的片石砌墙的技艺，除了为屯军修驿站建碉楼外，还利用农闲时间到成都平原打井砌墙，为人佣工。同治《直隶理番厅志》卷 4《夷俗》记载：“诸番男妇于三冬进口，赴蜀西各郡县佣工，谓之下坝做活路……春尽则贩卖绦布、锅刀、牲畜以归所。”汉族商人在藏区也相当活跃，民国《懋功县志 · 实业》称，由于藏民不习贸易，“贸易概系内地汉人来县做工贩卖”，这些汉人“均由陕西、甘肃迁来开店为生”。道光《绥靖屯志 · 风俗》记载，在金川绥靖屯“列肆而居”的商人，“类多秦晋豫章诸地人，汉夷日用之需，咸取给于兹”。在崇化屯也是夷民不谙贸易，只有“流寓汉民作小负贩以营生”②。这些活动使

① 《清高宗实录》卷 1297，乾隆五十三年正月，《清实录》第 25 册，中华书局 1985 年版，第 438 页。

② 民国《崇化屯志略 · 风俗》。

封闭的藏区与各民族的往来更加密切，也使藏区的经济文化得到长足的发展。

随着军队增加、改土设屯的深入开展，民族融合的步伐不断加快，汉族军人与藏族相互通婚、和睦相处，已成潮流，中央政府尽管明令禁止，但禁令图具空文而已。乾隆五十四年（1789）六月二十七日，和珅等议复“台藏官兵应酌定听差应役数目并严禁弁兵雇役番妇”条款称：

> 至西藏唐古忒番妇，向以服役谋生，兵民多有雇倩喂马、樵汲、缝补之事。相沿已久。该番俗男番为僧者多，妇女闲旷者不少，若一经严禁，该番妇等乏人养赡，穷蹙无归，不能不与兵丁私相往来，是明为禁革而暗中仍行雇觅，转恐从此有奸情等事。一经犯出，奸妇奸民均当从重问拟，是欲惠番而转添一治罪之条，于番俗殊多未便。嗣后仍准其照旧雇觅服役，但必须该管将备晓谕严明，随时稽查，止准服役，毋许有奸情等事。倘被犯出，应将兵丁斥革惩治，并将不能查察之将备一并议处。庶番妇不至艰于谋生，而兵丁亦各知所儆畏矣。①

乾隆五十七年（1792），游击李胜连前并派委带兵200名，在火竹卡地方查拿夹坝，“令兵丁砍木盖房，售与客民居住，又留藏蛮妇时常奸宿”，李胜连在该处按照军法被“正法示众”，以示惩儆，并传各站员知之，永以为戒。道光二十四年（1844）七月，琦善等奏称西藏驻防弁兵原系三年一换，“例准雇役番妇代司缝纫樵汲，追后留防过多，更换日少，该弁兵奸生之子，在营食粮者，现已十居二三”。当时因差来藏之弁兵，并无留防之例，亦难留藏候补，竟有待至二三年方得轮补粮缺，各弁兵日形苦累，所以下旨不准留驻。② 从这些驻军与藏族女性时常“私相往来”，甚至生育子女来看，民族融

① 中国藏学研究中心合编：《元以来西藏地方与中央政府关系档案史料汇编》，中国藏学出版社1994年版，第650页。

② 张其勤编：《清代藏事辑要》，西藏人民出版社1983年版，第307、411页。

合的步伐确实在快速发展。

嘉道时期，藏区驻军中的部分人已和藏民融为一体，嘉庆时周蔼联指出，鹿马岭东麓鹿马塘，“驻藏兵丁例得期满换班，亦有届期不愿更换，甘心老死口外者，至五六十岁以外，其饮食起居、语言状貌与番人无异”①。道光时姚莹说：“自来驻藏大臣加意戍兵，惠爱之无不至，定例：官兵奸民妇有罪，惟西藏戍兵许雇番妇服役，盖所以慰远戍者之心也。近岁议者以为戍兵奸生子日渐繁衍，将渐成其种类，严禁革除。然戍兵生子皆内地种人，如果繁衍是变番人为我族类，我之利也。”② 驻军在藏区的屯种，长期居住生活，乃至娶妻生子，繁衍后代，他们已经逐渐融入了当地藏族社会。

综观全文，清代藏区的驻军，不仅保卫了国家领土主权的完整，为地方社会的稳定发展提供了坚强的后盾，而且对藏区地方经济的发展也发挥了积极作用，在一定程度上也促进了汉藏民族间的融合。

---

① （清）周蔼联：《西藏记游》，《西藏学汉文献丛刊》第1辑，1992年，第16页。

② （清）姚莹：《康辅纪行》卷5，《西藏学汉文献丛刊》第1辑，1992年，第60页。

清代康区藏族妇女生活探析

藏族是我国最古老的少数民族之一，主要集中分布在今西藏、四川、青海、甘肃、云南等西部广大地区，其悠久的民族文化、博大精深的藏传佛教，一直是人们关注的热点。然而，人们的目光总是聚集于历史舞台上的男性，妇女仅仅作为配角被随意地放置于历史舞台的边角。实际上，在不同区域社会经济发展的历史中，男性与女性所扮演的角色不尽相同。藏族妇女在清代藏族社会发展过程中角色相当独特，但并没有引起人们的关注。本文试图通过史料来揭示藏族妇女在创造藏族社会历史中的真实面貌。

一　藏族妇女的经济生活

有清一代，藏族地区的社会经济已有了相当大的发展，社会经济在保持传统游牧经济的同时，一些地区已逐渐向农耕经济转变。而在藏族的农耕经济活动中，妇女不仅在田野劳作方面付出的劳动要远多于男子，而且还承担着繁重的家务劳动，甚至连传统的工商业也几乎成为她们的专利，史料记载："平时操作，男逸女劳，稼穑耕耨外，妇女之力居多。主持家事，市茶布悉委诸女，供力役咸与焉。更有健于男子者，稍暇，携药笼、捻毛线、织毽子，以供衣服。"① 这里的"男逸女劳"四个字，形象地刻画了藏族妇女在藏族社会经济发展中所扮演的主角角色。近代以来，西藏女性在社会经济生活中所承担的

① 中央民族学院图书馆编：《炉霍屯志略·风俗》，中央民族学院图书馆编《中国民族史地丛刊》之十四，1979 年铅印本，第 13 页。

角色，也令人闻之愕然，史料记载：

> 西藏男子怠惰，女子强健。普通男子所操之业，在藏中大抵为妇女之职务，或耕作田野，或登山采樵，或负重致远，或修缮墙壁，建造房屋。凡普通男子所为，概为之。贸易亦多属妇人。且在家自庖厨纺织裁缝，及老幼之梳发等亦为之，并不以为劳，殆习惯使然。男子间亦耕作，不过为妇女之辅助，使牛马负载货物，亦非得女子之助不能，诚异闻也。①

上述记载，虽然有其历史和认识的局限性，但也反映了清代在藏族广大的农耕地区，藏族女性在社会经济生活中至少与男性一样担负着相同的角色和地位，即“男子所为，概为之”。就劳动量而言，女性在户外付出大量劳动之后，还要承担所有琐碎而繁重的家务劳动。

藏族这种男女劳动格局逐渐形成为历史积淀，即“殆习惯使然”。妇女在社会经济各方面担负的劳动强度均远远超过男性，“妇女和男子一样的劳动，她们比男子更能吃苦，较繁重的劳动几乎都是由妇女负担”②。换句话说，藏族女性不仅主内，也主外。藏族女性在社会经济生活中内外无别的角色意识与内地汉族女性是颇不相同的。在家务劳动方面，汉族的理想模式是“男耕女织”。而藏族却有反其道而行之的趋向，“西番妇女不操针黹，男子多腰小包藏针，补锭时则捻羊毛为线”③。而在藏族传统的游牧经济中，女性也积极投身其中，据《中华全国风俗志》下篇卷10《西藏》篇记载：“大半为游牧之生活，逐水草而转徙于四方。虽妇孺小子皆从事于畜牧。”青海黄南藏族人民多从事农牧业生产，“妇女是生产战线上的主力军。一切农活几乎都由妇女承担，男人除了犁地以外，最多在秋收、农忙时参加一些零星的劳动。牧业区，男人主要从事放牧。其他劳动都由妇女来

---

① 胡仆安编：《中华全国风俗志》下篇卷10《西藏》，中州古籍出版社1990年影印本，第12页。

② 中央民族学院研究部编：《西藏社会概况》，《中国民族问题研究丛刊》第1辑，1955年，第16页。

③ 周希武：《玉树调查记》，成文出版社1968年版，第156页。

干。……家务劳动也是妇女的事”。

商业贸易是社会生活中互通有无的必要手段，汉族的商业贸易主要由男人承担，而藏族的贸易经营却凸显了女性的主角意识，“其贸易经营，妇女尤多，而缝纫则专属男子”[①]。乾隆刻本《西藏志·市肆》也记载：“贸易经营，男女皆为，一切缝纫专属男子。”这与汉族传统农业社会的男主外、女主内的性别职业分配格局形成鲜明对比。这种职业格局与藏民自幼就逐渐培养的性别意识有关，藏族孩童稍长，“男子教书算，或习一技；女子则教识秤做买卖、纺毛线、织氆氇，不习针工，不拘女诫”[②]。藏族妇女在贸易过程中，不但坐贾行商，而且还充当中介牙人，“货物辐辏，交易街市，女人充牙僧，经纪其间”[③]。女性能否善于贸易，甚至成为藏民判断女性是否贤淑的一个重要标准，“媳以善经营、能货殖者为淑”[④]。在康定县出现了专门由女性经营的类似旅店的锅庄和代客商销售货物为特色的锅庄小姐：“本城原有十八家锅庄，凡康藏行商皆住此锅庄为旅店，不取宿膳费。盖客商之货交与主人代为贾卖，出入提取二分用代为膳费，形同内地之传统。凡营此者悉为女子，善为交际名为锅庄小姐。”

清代汉藏边境贸易以茶叶为大宗，四川雅州府属的打箭炉厅“自改土归流，人烟辐辏，万商云集，尚为川茶入藏土产出口之商埠。”[⑤]打箭炉为茶叶贸易的重要集散地，乾隆《雅州府志》卷5《茶政》记载：“炉不产茶，但系西藏总会口外，番民全资茶食，惟赖雅州府属之雅安、名山、荥经、天全、直隶邛州等五州县商人行运到炉，番民赴炉买运至藏行销。”在打箭炉的茶叶贸易中，一种名为“沙鸨”的藏族妇女非常活跃，客商的茶叶几乎都要经过其手才能销售出去，

---

① （清）松筠、黄沛翘：《西藏图考·物产类》，西藏人民出版社1982年版，第198页。

② 乾隆《西藏志·生育》，第115页。笔者注：成文出版社将该志标注为康熙修纂，综观全文，内容多涉及乾隆年间，故改为乾隆刻本。

③ 乾隆《雅州府志》卷12《藏人事》，嘉庆至光绪递补刊本，成文出版公司1983年版，第322页。

④ 中央民族学院图书馆编：《西藏见闻录》，中央民族学院图书馆1978年油印本，第9页。

⑤ 刘赞廷：《康定县图志》，民国刻本。

“打箭炉番女，年十五以上即受雇于茶客，名曰沙鸨。凡茶客贸易听沙鸨定价直。人不敢校，茶客受成而已”。井臼箕帚之事，亦女一身任之①。由于藏族女性的勤劳，尤其是其在商业贸易交往中的善贾行为令人钦佩，嘉庆《里塘志略》卷上称：“贸易之事，妇人智过男子。”清代一些汉族商人在藏区从事商业贸易，并响应官府号召，在藏区报垦土地屯田，有些人甚至与藏族妇女组成临时家庭。又有“打箭炉汉民取蕃妇家于其地者，亦多从其俗，男犹汉服，女则俨然蕃妇矣”②。

清朝藏族普通妇女有时还常常外出服役，“其差徭辄派之妇人”③。藏族地区的差徭摊派，往往是男女一视同仁，“凡有生业之人，毋论男女皆派，即他处来者，或仅妇女，但能自立烟灶、租房居住者亦派。多寡各量其贫富不等”④。藏族地区的徭役名曰乌拉，“至于土民之服役者名乌拉，凡有业之人，勿论男女皆与其选”⑤。藏族妇女任劳任怨、吃苦耐劳的行为，使她们就业的机会明显增加，“藏民体质强健，工作效率颇大，尤以女子为然……本县各种劳动工作，雇用藏民妇女，固时有间忙，价无一定，现在每日工价约有二角有奇”⑥。

与此同时，藏族妇女还在农闲时节，主动走出家门，到成都等地打工赚钱以帮补家庭生计，嘉庆时《锦城竹枝词》记载说：“北京人雇河间妇，南京人佣大脚三。西蜀省招蛮二姐，花缠细辫太多憨。（原注云：蜀中蛮人妇女，在省城内只肯雇佣，绝少卖作婢者）。”又记载说：“大小金川前后藏，每年冬进省城来。酥油卖了铜钱在，独买铙钲响器回。（原注云：蜀中三面环夷，每年冬，进省蛮人多来卖

---

① （清）周蔼联：《西藏纪游》，《西南文献丛书》第132册，兰州大学出版社2003年版，第185页。

② （清）姚莹：《康輶纪行》，《小方壶斋舆地丛钞》第3帙，杭州古籍书店影印本1985年版，第77页。

③ 乾隆《西藏志·夫妇》，国家图书馆出版社2009年版，第113页。

④ 乾隆《西藏志·赋役》，国家图书馆出版社2009年版，第140页。

⑤ 嘉庆《四川通志》卷196《西域志六》。

⑥ 张其昀：《夏河县志》卷4《农业》，成文出版社1968年版，第43—47页。

酥油，回时必买铜锣铜铙等响器，铺中试击，侧听洪音，汉人每笑其状）。”[①] 同治《直隶理番厅志》卷4《夷俗》记载：“诸番男妇于三冬进口，赴蜀西各郡县佣工，谓之下坝做活路。……春尽则贩卖缣布、锅刀、牲畜以归所。”对此现象，时人还赋诗：“熟生新旧聚三番，服语难同庶类繁，结队远行齐力作，雌雄难辨似猱猿。”下坝的藏民人数相当可观，乾隆时“杂谷等土司所辖蛮民家口数万，山多地少，所产之谷，仅敷半年食用，每岁于九月收获之后，约计五六万口，皆入内地佣工”。相信这里一定会有不少藏族女性。

藏族妇女在藏族社会经济发展过程中所扮演的极重要角色，并非偶然因素所致，这与藏族特殊的历史文化背景密切相关，藏民“最信佛，家有二男，则一男为僧，有男女各一，则男子为僧，女子继产，女多而男少，故一切劳苦操作之役，皆女子任之”[②]。由于藏民中的男性多信佛出家，在藏族地区的劳动队伍中出现“女子多而男子少”的现实，“故一切劳苦操作之役皆女子职之。内地委员兵弁至，番酋派人供役名汤役，多用女子充当”[③]。以此而言，藏族妇女在社会经济生活中独挑大梁角色的形成，也是由藏族地区独特的民族文化所决定的。

二　藏族妇女的婚姻生活

婚姻家庭作为社会最基本的细胞单位，历来是人们关注的重要话题之一，也是与妇女日常生活联系最紧密的一个话题。清代藏族妇女由于在社会经济及家庭中的特殊角色，其享受的社会权利比汉族女性要高，藏族妇女可以像男性一样，享受财产继承权。在有几个儿子的家庭，家中的长子才有继承资格。实际上，若家中男性不出家，则由男性优先承继，老大藏名为“萨达”，他（她）既继承财产，又继承户名，若家有男女各一，而男子又为僧，财产则由女子继承。[④] 女性继承家产，从藏

---

① （清）林孔翼：《成都竹枝词》，四川人民出版社1986年版，第44、51页。

② 张其昀：《夏河县志》卷3《民族》，成文出版社1968年版，第42页。

③ 周希武：《玉树调查记》，成文出版社1968年版，第152页。

④ 张其昀：《夏河县志》卷3《民族》，成文出版社1970年版，第42页。

族的婚姻习俗中也可管窥一斑，民国《西藏志》记载："如家中仅有一女，女之地位即较为强固。因其夫必须入赘其家，依妻之产业为生，取妻族之名字。妻本人，据藏人言，实为一家之根。父母死后，有主管家务之权。"① 藏族妇女在财产继承上与男性享有平等的继承权，这与藏族妇女在社会经济发展中的贡献分不开。

清代藏族的婚姻家庭也有较汉族文化独特的一面，其婚姻形态一般有三种形式：一夫一妻制、一夫多妻家庭和一妻多夫家庭。② 一夫一妻制家庭在三种婚姻形态中所占数量，"据估计大约有一半左右"。三种婚姻形式中的一妻多夫制家庭只限于兄弟共娶，并不是几个不相干的男子合娶一妻，这种婚姻家庭形式是以妇女为中心，"主妇自己住一间房，各夫轮流和她同居，不轮值的各夫或外出，或居另室，很少有家庭不和睦的事情发生"③。从妻子享受的居住空间来看，藏族妇女在一妻多夫制家庭中具有较高的地位。据余庆远《维西见闻录》记载，乾隆年间维西一带"兄弟三四人，共娶一妻，由兄及弟，指各有块，入房则系门，以为志，不紊不争。共生子三四人仍共妻，至六人如二妻"。藏族一些地区的习俗甚至认为，一夫一妻制家庭是兄弟不和睦之表现，即使有身份之家，也实行共妻，"或独妻，则群谓之不友，而女安不许。以其地寒，不产五谷，乃如此……故土官头目，家非不裕，亦共妻"④。这说明藏族一妻多夫制婚姻形式的存在有其深刻的经济和社会原因。

有学者认为，一妻多夫制的婚姻形式同时可以减少人口的过度繁衍，但笔者在收集相关资料时并未发现能证明此说的有力证据。⑤ 在

---

① 丁世良、赵放主编：《中国地方志民俗资料汇编·西南卷》（下），书目文献出版社1991年版，第876页。

② 民国二十五年铅印本《西藏志》记载：以西藏一部而言，一夫一妻制当远较一妻多夫制或一夫多妻制为通行。大概卫省每20家内，采一夫一妻制者15家，多夫制者3家，多妻制者2家。多妻制为富有者所行。

③ 中央民族学院研究部编：《西藏社会概况》，《中国民族问题研究丛刊》第1辑，1955年，第119—120页。

④ 龚友德：《中国少数民族道德史》，云南人民出版社1998年版，第253页。

⑤ 文华：《迪庆蒙古族妇女性别角色和社会地位的变迁》，《中央民族大学学报》2002年第5期。

藏族所有的婚姻家庭形态中，“主持家务的都是妇女，她们掌握着家庭的经济，同时也是家庭中的主要劳动者。男子的活动常要受妇女的支配，特别在一妻多夫的家庭中，女权更要大些，子女都是听命于母亲”①。因而，“西藏妇女之地位，由一方面观之，觉甚卑贱；由他方面观之则尊无二上，殆一家之女王也。日常自服劳动，自有财产，掌握一家之全权”②。

女性在藏族社会经济生活中独当一面的优势以及藏族特殊的民族文化背景，形成了藏族社会流行“生育以女为喜”的现象。乾隆《西藏志·夫妇》记载：“西藏风俗，女强男弱。……故一家弟兄三四人，只娶一妻共之。……其妇人能和三四弟兄同居者，人皆称美，以其能治家。”清代藏族地区的徭役负担多以家庭为单位摊派，而人户统计又以妇女为主，为了减少徭役负担，也导致兄弟共娶一妻之现象，“西番兄弟共娶一妇，生子先予其兄，以次递及。余询土人：番俗重女治生贸易，皆妇主其政，与西洋同。计人户以妇为主，番人役重，故兄弟数人共妇以避徭役”③。藏族徭役又多与住屋相联系，“番人徭役以住屋计，如三层、两层楼房者，徭役最重，平房次之，黑帐房又次之”④。而一个成年已婚女子一般情况下，拥有一个家庭，由此推断，藏民的一妻多夫制在某种层面上又是为了减少所需住房的数量，从而也达到减少徭役的目的，减少家庭经济生活的压力，而且共妻在一定程度上还能够加强家庭内的团结合作。这些因素，最终形成了藏族“生女重于生男”之习俗。⑤ 民国《西藏志》中对此现象也罗列了多种解释，其中一种说法与藏族地区真实的婚姻状况较为符合，即多夫制因恐家庭分裂、家产分散而设。多夫制之所以存在于藏族地

---

① 中央民族学院研究部编：《西藏社会概况》，《中国民族问题研究丛刊》第 1 辑，1955 年，第 118 页。

② 民国《西藏》，丁世良、赵放主编《中国地方志民俗资料汇编·西南卷》（下），书目文献出版社 1991 年版，第 920 页。

③ （清）姚莹：《康辅纪行》，《小方壶斋舆地丛钞》第 3 帙，杭州古籍书店影印本，第 77 页。

④ （清）周蔼本：《西藏纪游》，《西南文献丛书》第 132 册，兰州大学出版社 2003 年版，第 153 页。

⑤ （清）陈登龙：《里塘志略》卷 2，嘉庆刻本，第 55 页。

区，实因其地土壤较贫瘠所致。同时藏族地区土地面积较广大，需要多人照管，这也是多夫制流行的一个因素。

藏族妇女在繁荣藏族商品经济发展过程中，贡献巨大，由此也造成藏族男女在婚姻选择上，那些善于理财经商的女性，更被男性看重，“藏民上等社会之风俗，必择门户，男子以识字为佳，女子以善贸易识物价理家务为善”①。这在乾隆《西藏志·婚姻》中也有类似记载，“男识字者佳，女以善生理识货价理家务为善”②。

通过婚礼中的一些仪式，我们还可以管窥藏民男女在服饰方面享有平等权利。“男穿大襟小袖以皮褐为衣，女则短袄长裙足穿皮底袜，男多佩刀，男女俱持素珠，风俗男女无别。”③ 在藏民的婚宴中，“男女相娶同坐，彼此相敬，歌唱酬答，终日始散。男女团聚，手跃坐而歌，至于门外，歌唱于街中而散”④。《西藏图考·颜检卫藏诗》记载，婚宴过后，便出现“引袂杂男女，踏歌非醉颠”，或是“男女盛饰，群聚歌饮，带醉而归，以度岁节”⑤ 的景象：“俗每逢喜庆辄跳歌妆二良七八人至一二百人无分男女，附肩联臂络径而歌。”⑥

同治《章谷屯志略》记载，藏民婚礼宴会后，“男女数十百人联臂呼蹊，跳歌妆以为戏。是日夫妇不同室，越日妇随姐妹回母家，力作如初。婿家则日月至焉，而已及翁姑授以家事或生子女后则长依婿操作”⑦。即使在婚娶期间，女家也处于较高地位，藏族男女多为自由婚配，“男女率先私合，然后婚配。男家请喇嘛拣择吉日，通知女家，至期，两家各延喇嘛诵经礼忏，亲戚邻里，咸集女家”。在妇家摆婚宴酒席，男家请一人往女家参加婚宴，其间，“男家人长跪而后

① 胡朴安编：《中华全国风俗志》下篇卷10《西藏》，中州古籍出版社1990年影印本，第19页。

② 乾隆《西藏志·婚姻》卷4《婚嫁》，第44页。

③ （清）张海：《西藏纪述》，成文出版社1968年版，第73页。

④ 胡朴安编：《中华全国风俗志》下篇卷10《西藏》，中州古籍出版社1990年影印本。

⑤ （清）松筠、黄沛翘：《西藏图考·天时类》，西藏人民出版社1982年版，第181页。

⑥ （清）吴德煦：《章谷屯志略》，成文出版社1968年版，第61页。另《炉霍屯志略·风俗》第16页也有类似记载。

⑦ 乾隆《西藏志》《西藏图考》中对西藏地区的婚俗多有详细记载。

饮之，女家者端坐不动也，饮毕，群拥新妇至夫家”[1]。在婚礼宴会上，女方可以“见舅姑不为礼，依母家女伴坐同饮”[2]。显示了女性及其家庭的尊贵。

爱美是女性的天性，藏族妇女同样也有爱美之心，“番女涂面多用孩儿茶，亦有用葡萄捣和涂泽者，云避风日，如中华之施铅粉也。水洗之后亦多洁白”。这些美容习俗甚至连汉女也效仿，“西藏妇女以糖脂涂面，初以为怪，嗣在云南缅宣见有以草染齿如漆者，询之则意在贡媚也。别觅一草洗之，其白如故，华人亦效”[3]。

可见，在高原文化背景下，清代藏民在婚姻礼节上表现的男女双方同坐、同饮，甚至男女在歌舞中相互嬉戏的活动，在一定程度上显示了男女在社会生活中的平等。这与汉文化历来强调的“男女授受不亲”有巨大反差。

三　藏族妇女的政治生活

藏族进入文明社会以来，政治上基本实行的是父系继承制，以父权为大，并以法律形式约束妇女，规定“不听妇人言”，“妇女不准参加盟誓会广议”等，约束妇女参与政事。“家庭在分工上，男子主要负责与政府和宗教交往方面的事务，其余财产的管理，社交来往等都由妇女负责，在宗教活动上，妇女的地位是比较低的。”[4] 但事实上，由于吐蕃时期宫廷中的女性平时要协助男性的赞普和大臣们处理社会经济诸公务，难免不涉及政治生活，尤其在紧要政治关头，还会出现女性执掌权柄的现象。[5]

女性在政治关键时刻执掌权柄的现象，到清朝受到官方的认可。

---

① （清）李心衡：《金川锁记》卷3，《西南文献丛书》第102册，兰州大学出版社2003年版，第479页。

② 同治《章谷屯志略》，成文出版社1968年版，第67页。

③ （清）周蔼本：《西藏纪游》，《西南文献丛书》第132册，兰州大学出版社2003年版，第278页。

④ 中央民族学院研究部编：《西藏社会概况》，《中国民族问题研究丛刊》第1辑，1955年，第119页。

⑤ 关东升：《中国民族文化大观》，中国大百科全书出版社1995年版，第152页。

《大清会典事例·兵部》卷589记载，清代对土司承袭规定：承袭者首先是嫡子嫡孙，无嫡子嫡孙者，以庶子庶孙承袭，无子孙者，以其弟或族人承袭，族无可袭者，或妻或婿有为“土民”所服者，也准承袭。这一规定其实为女性承袭土司一职提供了法律依据。藏族妇女在一定条件下可以承袭土司一职，成为管理本地民众的首领，藏族称之为女土官。嘉庆刻本《西藏纪述》中记载了四川雅州府属董卜宣慰司与明正司在康熙、雍正时期土司职承袭情况。康熙元年（1662）清政府颁给董卜宣慰土司印信，康熙四十九年（1710）该土司“出兵宁番，在事身故”，其子坚参达结年幼“不能理事”，由“其妻桑结护理印务”。而明正土司瞪争吁吧印信是康熙五年（1666）政府颁发的，康熙二十年（1681）噎争吁吧病故，子蛇蜡喳吧承袭，康熙三十九年（1700）蛇蜡喳吧意外死亡，因其乏嗣，“其妻工喀以继夫职”。后工喀病故无子，工喀侄女保女也于康熙四十一年（1702）身故，清政府于康熙五十七年（1718）颁发印信给桑结，令其视事。[①]四川巡抚年羹尧对此上奏，“河西宣慰司故土官蛇蜡喳吧之土妇工喀病故，并无应袭之人，请将蛇蜡喳吧嫡女桑结承袭。应如从请，从之”[②]。雍正三年（1725），打箭炉发生地震，土司桑结被压身故。其儿子坚参达结于该年承袭了董卜宣慰司的职务，雍正七年（1729）又因“明正员缺，无亲支族舍可议袭替”，“请以董卜宣慰司坚参达结兼袭母职”。雍正十一年（1733）二月，坚参达结病故，以长子坚参囊康承袭董卜宣慰司职务，因其“年未及岁”，“印务暂令坚参达结次妻王氏么么护理”，并以次子坚参德昌承袭明正司，同样因其年幼，又由坚参达结之妻喇章署理，喇章乃小金川土司汤鹏之女。[③]

上述的工喀、桑结、喇章、王氏么么四位妇女，其中明正司女土官工喀因夫死乏嗣而继夫职，随后因桑结乃其夫侄女之女而继明正司一职；另桑结又与喇章、王氏么么两儿媳皆因其丈夫身故，子尚幼而先后掌管地方土司印务。于此可见，清代藏族社会的政治权力仍是以

---

① 保女生四女，长女乌金布、次女做兜亦俱先故，三女索浪过嫁藏番，四女桑结出嫁董卜土司雍中七立。

② 吴燕绍编著：《西藏史大纲》，全国图书馆文献缩微复制中心1993年版，第603页。

③ （清）张海：《西藏纪述》，成文出版社1968年版，第1—8页。

男子为中心的，妇女们只能在其夫死后且缺乏后嗣或是与无后嗣的去世土司属近亲关系的情况下，才可担任土司一职。特别是桑结在护理董卜宣慰司印务的同时，还以其亲属身份袭举明正司一职。当然如身故土司有子则由子继承，子若年幼，则先由其妻代为护理印务。这一现象在藏族地区较为普遍，乾隆年间，明正、木坪两土司，各因其子年幼，皆系土妇任事。[①] 但不管怎样，藏族女性还是在政治舞台中有了大显身手的机会：凡土司死或其子尚幼，则其妻暂行袭职，谓之土妇。明正土妇工喀乃宣慰司蛇蜡叱吧之妻，于康熙五年（1666）归诚，即今土司甲木恭语尔布之祖母也。里塘亦系土妇名阿错，绣蟒数珠帽上缀以红顶，迎送拜跪与土司无异。[②]

藏族传统的游牧生活，决定了藏族传统文化的崇尚武力，女性对此耳濡目染，也养成好武之习俗。“夷俗尚武，咸工击刺之术。虽妇女亦解谈兵。”女性甚至也可以统兵治理一方，“崇化属之独角寨屯千总肯朋死，子幼，其妻板登尔跻摄职，抚治番民，岁时随各屯弃参渴。服男子顶戴”[③]。这一史料透露了藏族妇女尽管可以主政，但男权的阴影仍然笼罩着女性，所以板登尔跻要“服男子顶戴”。但在同时期的汉文化中，男权社会中的妇女是排斥在政治之外的，即使子幼，汉族女性最多也只能躲在幕后垂帘听政而已，女性根本不可能走到政治舞台的前方。而藏族女性在特定的条件下则可以享受土司继承权，并受到法律保护，妇女的政治生活空间得以延伸，可以与男性一样行使土司职权。当然，这些妇女是清代藏族妇女中的特殊阶层，而她们所参与的各种政治活动，也成为这一阶层妇女政治生活的代表。

即使在宗教信仰方面，藏族女性同样也可以与男性一样享有平等的出家权利，虔诚地践行着自己的宗教信仰，“藏民笃信佛教，所生子女，出家者居多数，男子为喇嘛，女子为觉魔子，犹如比丘尼”[④]。

---

① 吴燕绍编著：《西藏史大纲》，1993 年，第 920 页。

② （清）周蔼本：《西藏纪游》，《西南文献丛书》第 132 册，兰州大学出版社 2003 年版，第 150 页。

③ （清）李心衡：《金川琐记》卷 3，《丛书集成初编》第 3199 册，中华书局 1985 年版。

④ 胡朴安编：《中华全国风俗志》下篇卷 10《西藏》，中州古籍出版社 1990 年影印本，第 8 页。

《西藏纪游》卷2也记载："番中女尼号觉母子，自藏以西多有寺院，亦有耕种为业者，遇官差仍供乌拉也。浪噶考有江珠胡图克图寺在海子边，相隔巨浸约二十余里，亦觉母女尼也。"而子女较多的家庭也一定会让其中一二人出家，"凡儿女有三五人者，必舍一二以为僧尼"①。同时在藏族的宗教事务者，女性甚至还可以晋升为住持，金川的"勒乌围，旧有喇嘛寺。女喇嘛住持，能先知未来事，为夷人推信"②。

综上所述，有清一代，藏族妇女在社会经济、婚姻家庭及政治舞台等各方面均展示了女性的风采。在藏族性别文化观念中，没有汉族传统文化强调男女性别的主从观念，也没有汉族士大夫们制造出来的对女性的种种行为规范，女性在藏族社会经济生活中承担了应有的角色，由此也给她们带来了一定的社会地位。

---

① （清）萧腾麟：《西藏见闻录》，《西南文献丛书》第36册，兰州大学出版社2009年版，第201页。

② （清）李心衡：《金川琐记》卷3，《丛书集成初编》第3199册，中华书局1985年版，第27页。

广东对平定金川叛乱的财力支持

金川地区位于清代四川的西北部，属于藏族聚居地。乾隆十二年（1747）至十四年（1749）和乾隆三十六年（1771）至四十一年（1776），大小金川发动了两次大规模的叛乱，清政府调集了巨大的人力、物力和财力，两次将其平定。第一次金川战争，清廷调派各地满汉屯土官兵共62500余员，用帑银760余万两；第二次金川战争，清廷调集各地满汉屯土官兵129500余员，动用帑银6160万两。金川之役列乾隆“十全武功”之首，历时最久、耗资尤巨，仅有案可查的银两就在6800万两以上。[①] 这些银两除了中央拨银外，多是从各地征调及商人捐输。据不完全统计，广东对两次平乱的财力支持大约有283万两之多。学术界对金川叛乱问题的研究已经取得了相当丰硕的成果，但对朝廷平乱经费来源问题的讨论并不多见。本文拟以广东财力支持为例，对军费的来源及其运送入川情况作一大致勾勒。

一　清前期广东经济发展状况

清代广东社会经济发展十分快速，其经济发展水平在全国居于前列，尤其是乾隆二十二年（1757）朝廷实行广州一口通商政策，广东与国内外市场的联系更为密切，广州成为中国沟通海内外市场的主要货物集散地，广东商人将广货及洋货源源不断地运销内地市场，内地商人也将一切允许出口的货物运进广东。为了更好地组织商贸活动，广东商人在全国各通都大邑建立了会馆，以囤积货物、联络乡

① 李鸿彬、白杰：《评乾隆朝金川之役》，《清史研究》1998年第2期。

情，开展各种商业与社会活动。全国各地商帮也云集广东从事商业活动，并建立会馆组织。[①]

清代前期，珠江三角洲经济已经崛起，广货在全国市场上销售强劲，其特有的品质极具竞争力，各地商人纷纷南下广东，号称“走广”，安徽、浙江、福建等省商人在广东市场十分活跃。傅衣凌先生指出，“（福建海商）在国内，则与徽、浙、粤商人共同参加海上贸易的活动。它的活动地点，首为广东。我们知道，明代的广东，为一冒险家的乐园，贾人欲得厚利者，皆相率南入粤东，号称走广”[②]。福建商人在广州经济实力非常雄厚，著名的广东十三行中的福建籍商行占了10家。[③] 以广州为中心的泛珠三角贸易网络逐渐形成并迅速发展，广东商人是其中最有实力的商帮，左右和引导着区域性的市场发展。[④]

清代前期，广东具有的特殊贸易地位，在全国商人眼中潜伏着无穷商机，外省商人纷至沓来，广州、佛山等城市建立了众多的外省商业会馆。美国学者韩格理认为，仅在广州，除了会馆外，还另有100个以上的各种行会，分别代表各种特定的行业。[⑤] 佛山在行政区划上虽仅是一个镇，但其在商业上的地位却与广州城并驾齐驱。据罗一星先生研究，广州是“洋货”和“土特产”的集散中心，佛山是“广货”和“北货”的集散中心。广州、佛山的地域性会馆主要是由山陕、安徽、江苏、浙江、福建、江西、楚北、楚南等省商人建立[⑥]。大量商业会馆的建立，极大地促进了地方经济发展。

广东商人在清初开海后，北上拓展市场的力度进一步加大，涉及的地域也更加广泛。乾隆《澄海县志·埠市》记载，潮州一带商人“自展复以来，海不扬波，富商巨贾卒操奇赢，兴贩他省，上溯津门，

---

① 参见刘正刚《广东会馆论稿》，上海古籍出版社2006年版。

② 傅衣凌：《明清时代商人及商业资本》，人民出版社1956年版，第114页。

③ 张晓宁：《天子南库——清前期广州制度下的中西贸易》，江西高校出版社1999年版，第51页。

④ 刘正刚：《粤商与清代泛珠三角经济交流》，《学术论坛》2005年第2期。

⑤ ［美］韩格理：《中国社会与经济》，张维安等译，联经出版社1980年版，第245页。

⑥ 罗一星：《明清佛山经济发展与社会变迁》，广东人民出版社1994年版，第243页。

下通台厦……千艘万舶，悉由澄分达诸邑”。乾隆《澄海县志·生业》具体描述每年三四月间，潮州商人“租舶艚船，装所货糖包，由海道上苏州、天津”，至秋又“贩棉花、色布回邑，下通雷琼等府，一来一往，获息几倍”。舶艚船又称洋船、商船，“以载货出洋，闽粤沿海皆有之”。清廷专门制定了一系列宽税政策，鼓励粤商北上沟通南北物资交流，“闽粤商船来贸易，历任念其远涉重洋，风涛颠险，均有宽税之条……以示优恤”[①]。这一政策进一步刺激了粤商北上开拓国内市场，也为粤商带来了高额的经济回报。

清代以来，广东与内地的经济往来十分密切，福建运到广州的商品有红茶、樟脑、糖、靛青、烟草、纸、漆器、上等夏布、矿产，从广州运回的商品有毛棉布匹、酒、麦等；四川运到广州的商品有金子、黄铜、铁、锡、麝香、药材，运回的商品有欧洲布匹、漆器、眼镜；云南运到广州的商品有黄铜、锡、宝石、麝香、槟榔、禽鸟、孔雀翎，运回的有丝织品、毛棉布匹、各种食品、烟草、书籍；广西运到广州的商品有米、肉桂、铁、铅、扇子、木材，运回的有多种土产、海外来货；贵州运到广州的商品有金子、水银、铁、铅、烟草、香料、药材，运回的有洋货；湖南运到广州的商品有大黄、麝香、烟草、蜂蜜、苎麻、鸣禽，运回的则有毛织品、线装书籍；江西运到广州的商品有粗布、苎麻、瓷器、药材、土产品、洋货等。[②] 也就是说，内地省份运到广州的商品以地方土特产品为主，主要是供出口；而从广州运回的商品则以洋货、加工产品和书籍为主。这种以广州出口为导向的经济交往，加强了广东与全国市场的经济联系，促进了国内市场网络的完善。

广东商人既受益于清前期社会的繁荣稳定，又受益于国家的政策优惠，获得了巨大的商业利润。为此，在国家军需、赈济、河工出现困难时，粤商积极捐助予以回报。乾隆南巡时，商人成为主要的捐助者，据《潮州会馆记》记载，广东潮州籍的商人两度参加迎驾活动，

---

① 天津市档案馆等编：《天津商会档案汇编》第2册，天津人民出版社1994年版，第2100—2108页。

② 姚贤镐：《中国近代对外贸易史资料1840—1895》，中华书局1962年版，第304—305页。

乾隆十六年（1751）潮商首次“恭逢皇上南巡，翠华临莅，适经上塘，诸商跪接于门外。天颜温霁，赏赐彩缎二十匹。感沐鸿恩异数，舆情鼓舞，式廓日增”。乾隆二十二年（1757）潮商再次“恭届銮辂重临，敬设歌台灯彩，众商踊跃相将，输诚欢庆”。潮州商人的两次接驾显示了粤商财力的雄厚，同时也为粤商发展带来了“日新月盛”的商机。①

二　广东财力支持平定金川之乱

清代广东地方经济的发展，自然使之成为朝廷多次调拨银两入川平乱的重要区域。朝廷两次平定金川之乱，除了国库拨银及大量调集四川民力和财力外，还有就是从四川邻近的广西、湖南、贵州等省调集。但由于第二次金川之役持续时间太长、耗费人力物力太大，仅仅依靠这些省份已难以支撑。据乾隆十二年（1747）六月纪山上奏：“现今新旧军需，分头猬集、支用甚繁，川省地处边陲，更宜有备无患。”经部议，从江西、湖北两省拨银40万两，后又从江西拨银20万两，共60万两。为了保障前线有充裕的财力支持，“军需银两理应充裕”，这次中央把视线转向了沿海富庶的省份广东省，“再拨银六十万两协济，行文广东巡抚在于该省春拨留备银内照数动支，文到作速委员解赴川省交纳”②。

这次从广东调拨的银饷额度为60万两，为湖北、江西两省之和，在一定程度上显示了广东对平定金川之乱的重大财力贡献。这些拨款很快到位，乾隆十二年（1747）十一月，“湖北、江西先后共解到饷银六十万两……速行解川协济”③。乾隆十三年（1748）正月，广东的银饷也陆续运到，据纪山奏言：“征剿金川，一切军需费用浩繁，经先后会疏题拨银共一百七十万两内，湖北、江西、广东等省奉拨银

① 江苏省博物馆编：《江苏省明清以来碑刻资料选集》，生活·读书·新知三联书店1959年版，第340—345页。

② （清）来保：《平定金川方略》卷2，《清代方略全书》第12册，北京图书馆出版社2006年版，第79页。

③ （清）来保：《平定金川方略》卷4，第132页。

一百二十万两俱已协解到川，布政司将解到银两支发外，仅存银一十二万两”①。第二次金川之役，由于“所有军需各项用费浩繁”，为了缓解军费支出，朝廷决定再从广东调拨银两120万两，仍居于各省之首。乾隆三十六年（1771）十一月，据在成都的桂林、阿尔泰奏言：

> 今臣桂林与阿尔泰公同商酌，副将军温福业已到川，分路前进，盐粮夫马等项势在急需，所有存库银两……已支用三十七万七千余两，库存仅六十七万余两等，臣等通盘筹划，恐将来不敷应用，仰恳敕令近川省分酌拨银三百万两，迅速解川，以备接济，统俟事竣核实报销。奏入，上敕部速议具奏。次日，户部奏言：现在进剿贼酋饷银，自宜充裕，应准其在邻近省分拨解，以济急需，臣等请于湖北、湖南各拨三十万两，广东拨六十万两，又于广东盐课内拨六十万……令各督抚派委干员迅速解往。上从之。②

除此，广东商人在两次平定金川之役中，捐银助饷也颇为踊跃。据乾隆时周硕勋编纂的《潮州府志》卷23记载，乾隆十四年（1749）朝廷平定大金川之役时，其中广东盐商捐银助饷情况如下：

> 乾隆十四年大金川逆首未靖，据盐商吁请捐银以助军饷，长汀埠查永盛捐银四千六百八十两，兴宁埠漆组捐银三千三百一十两，平远埠徐明高捐银二千二百七十两，上杭埠李飞渭捐银二千二百三十两，大埔埠查义文捐银一千五百八十两，镇平埠黄子怀捐银一千二百三十两，宁化埠查永悉捐银一千一百两，嘉应埠江逢济捐银一千两，武平埠韩钟和捐银八百两，清流埠查组文捐银七百两，连城埠宋湘韩捐银六百二十两，海阳埠蔡佩兰捐银四百五十两，石城埠吴永叔捐银四百五十两，长乐埠邱宏英捐银四百二十两，兴国埠徐文声捐银三百五十两，永定埠郑燕宗捐银三百

① （清）来保：《平定金川方略》卷5，第168页。

② （清）阿桂：《平定两金川方略》卷10，第14册，第420—421页。

二十两，丰顺埠张相昌捐银三百二十两，惠来埠冯载之捐银三百两，饶平黄冈埠漆惟龙捐银二百五十两，饶平海山埠斯作基捐银二百两，雩都埠王东来捐银二百五十两，揭阳埠章舜俞捐银二百五十两，潮阳埠朱泰来捐银二百二十两，归化埠陈秉之捐银二百两，会昌埠金遗安捐银一百七十两，瑞金埠邵宏英捐银一百七十两，澄海埠陈日淦捐银一百七十两，普宁埠章有恒捐银一百五十两，长宁埠余发枝捐银一百四十两，俱依本埠所销引盐以分多寡，每封捐输五十两，随价报纳，共计银二万四千九百两。①

这次捐助的商人主要分布在粤东地区的潮州盐场，食盐属于国家专卖，盐商得益于国家，自然少不了报效国家。“天下兴亡，匹夫有责”，爱国商人在国家出现困难时，虽不能亲自操戈上阵，杀敌效国，但可通过捐助形式为国家效力。乾隆十四年（1749）三月，“议准金川用兵，粤商查廷实、胡大展等捐银十万两以佐军糈”。查、胡两人均属于盐商，据当时的两广盐运使菩萨保详称：“商人查廷实、胡大展等呈称，金川逆酋跳梁不法，荷蒙天兵进剿，行见指日荡平，第商等边海营生，未能亲执戈矛，少效驰驱之力，情愿捐银一十万两，稍佐大军粮秣之费，请于己巳（十四年）、庚午（十五年）、辛未（十六年）三年随同正余盐价完纳，移解藩库。”两广总督硕色立即将盐商的请求上报户部，户部经过调查，又上报皇帝：“臣等伏查，川省大军已经凯旋，而现办善后事宜亦有所费，应如该督所奏，准其报捐，以资办理。”商人捐输获得了乾隆皇帝的准许。②

朝廷根据商人捐助的数目，“分别议叙”官品，这是中国传统社会国家对商人一以贯之的做法。这在战争的特殊时期，对调动各方面的力量无疑有积极意义。第一次平定金川之乱时，广东盐商对朝廷的捐款，受到了朝廷的恩赏，史载：

奉旨分别议叙，其二千两至四千以上之查永盛等四人，准给

① 乾隆《潮州府志》卷23《盐法》。

② 盐务署编：《清盐法志·两广二十七·杂记门一·捐输》，民国九年线装本。

> 六品顶戴，八百两至一千两以上之查义文等五人，准给七品顶戴，六百两以上至七百两之查组文等二人，准给八品顶戴，四百两以上之吴永叔等三人，准给九品顶戴。赏给捐银三百两以上之徐文声等四人，每人匾额一面，价银五两，银花一对，价银二两四钱一分，红绸二匹，价银二两四钱三分。赏给捐银二百两以上之漆雕龙等五人，每人匾额一面，价银五两，银花一对，价银一两二钱零五厘，红绸一匹，价银一两二钱一分五厘，赏给捐银一百两以上之金遗安等四人，每人匾额一面，价银五两。①

又据《清实录》记载："据两广盐埠商人吴青岳等呈称，近值大兵进剿金川，荡平在迩。商等远居岭表，志切同仇。敬请捐银二十万两，代解军营，以抒蚁悃等语。"朝廷为此于乾隆三十八年（1773）十二月十四日下旨给两广总督李侍尧："办理金川军务以来，一切军需动用，俱拨解部库银两，原无藉乎助捐。前以淮浙等商，情切急公，曾允所请。今两广商人，一例爱戴抒忱，亦姑俯从所请。着李侍尧查明各商捐数多寡，呈报该部，一体照乐善好施之例议叙。"②

在第二次平定金川之乱中，广东盐商踊跃捐输，广东盐商吴青岳和洋行商人潘振承分别捐银20万两。潘家是乾隆时广州十三行首富，潘振承是潘家创业功臣，驰骋商场30年，累积财富以千万计。潘振承本名启，外国人称之为潘启官，他为了达到既富且贵，以贵促富的目的，多次捐输而官居六品，并被授三品顶戴。第二次金川之役，潘振承等商人捐助20万两，"据李侍尧奏，现在川省办理军务，广西商众李念德等吁请照东省之例捐银二十万两。洋商潘振承等亦请照两省埠商捐银二十万两，稍振军需等语"。洋商的捐助引起了广东众商的响应，乾隆对此大加赞赏，并要求按规定行赏，乾隆三十八年（1773）十二月下诏："该商等既属踊跃急公，情词恳切，姑允所请，着该督将各商捐银数目核定等次，即行咨部，照例分别议叙，原折并

---

① 乾隆《潮州府志》卷23《盐法》。

② 《清高宗实录》卷948，乾隆三十八年十二月，《清实录》第20册，中华书局1986年版，第27—28页。

交户部核存，钦此。”①

可见，乾隆时期两次平定金川之役，广东地方政府和商人作出了巨大的财力支持。

三 银两入川水陆并举

广东与四川路途遥远，历经千山万水，从广东运送大批银两入川，本身就是一个十分困难的问题。据记载，广东输送银两辗转数省，途经广东、广西、湖南、湖北、四川5个省份的50个州县。从广东南海县起程，到湖广零陵县止，主要以水路为主，自零陵县至成都县则主要以陆路为主。

> 自广东南海县起，历三水县、高要县、德庆州、封川县、广西苍梧县、昭平县、平乐县、阳朔县、临桂县、灵川县、兴安县、全州而至湖广零陵县，俱系水路。自零陵县，历祁阳县排山驿、衡阳县、衡山县黄茅驿、湘潭县、善化县、宁乡县、益阳县、新阳县、邱陵县大龙驿、清化驿、澄州顺林驿、湖北公安县孱陵驿、涴市驿、松滋县、宜都县、东湖县白沙驿、建平县、归州、巴东县、四川巫山县小桥驿、奉节县、云阳县、万县、梁山县、垫江县、长寿县、巴县、璧山县、永川县、荣昌、隆昌、内江县、资州、资阳县、简州而至四川省城成都县，俱系陆路。合并声明等由，连环批到本阁部堂。②

广东各级官府为了保证银两按时按量运送到四川，地方州县官员往往亲自指挥押送，朝廷也命令沿途各州县抽出官弁押送。由于银两数额庞大，常常分批次运送，每隔五日陆续启程。乾隆三十九年（1774）广东洋行商人吴青岳等为金川平乱“捐银二十万两解赴川省

① （清）阮元：《两广盐法志·捐输》，道光十五年辑。

② 四川省档案馆编：《清代巴县档案汇编（乾隆卷）》，档案出版社1991年版，第40—43页。文中未注出处者，皆与此同。

投纳”，就是分为四起领解，间五日分起行走入川。而且当时广东的归善县县丞陈万选、香山县香山司巡检张仁治、归善县平海司巡检胥瀚等亲自督办领解起程。据当时的“传牌”记载：

> 今各商捐解银两，关系川省军需，似应赶急领解，以期迅速。随饬各委员赴司，将银二〔中缺〕装鞘五十个，拟于乾隆三十九年二月十六日领解起程。又给二起委员陈万选银五万两，眼向弹兑〔中缺〕委员张仁治银五万两，眼同弹兑装铝五十个，拟于二月二十二日领解起程。又给四起委员胥瀚银五〔中缺〕领解起程。合就分别填具各起环批四张，详请查核卦发。并请分别给发咨文及沿途拨兵防护，兵〔中缺〕委员解领。仍俟各起委员前后起程之日，另文详请〔中缺〕广东省城起由水陆至川省，请赐分别移咨前途各省院宪，转饬各地方官预派官弁，备具夫马车辆船支〔中缺〕咨明大部。

乾隆三十九年（1774）四月，广东洋行商人潘振承等“捐银二十万两解赴川省投纳”，与上次委员归善、香山官员不同的是，这次委员的广东地方官员是“乐昌县罗家渡司巡检杨学玢、长乐县十二都司巡检黄元禧、陆丰县河田司巡检张铜英、潮阳县门辟司巡检蔡士俊”，也是“分为四起领解”运送入川。由此也可见，广东官府对运送银两的高度重视。这次银两运送尽管也是分四次进行，但考虑到金川之役急需经费，并没有按照上次间隔五日行走，而是隔二三日就分别启程：

> 查向例委员领解纳银，系间五日分起行走。今洋商捐银两关系川省军需，似应赶紧领解，以期迅速。随饬各委员赴司，将银二十万两，内给头起委员杨学玢银五万两，眼同弹兑装鞘五十个，拟于乾隆三十九年三月十一日领解起程。又给二起委员黄元禧银五万两，眼同弹兑装鞘五十个，拟于三月十四日领解起程。又给三起委员张铜英银五万两，眼同弹兑装鞘五十个，拟于三月十七日领解起程。又给四起委员蔡士俊银五万两，眼同弹兑装鞘

> 五十个，拟于三月二十日领解起程。合就分别填具各起环批四张，详请宪台查核卦发，并请分别给□□文及沿途拨兵防护，兵牌下司，以便同粮驿道勘，分别转发各委员领解。仍俟各起委员前后起程之日，另文详请（中残）水陆路至川省，请赐分别移咨前途各省院宪转饬各地方官预派兵弁，备具夫马车辆船只按站护送。

为了保证银两运送的万无一失，沿途各地都选派了兵力做好接应工作，运送一般是在白天行走，晚上休息，休息时将银寄贮所经州县城内的大堂，并添拨更夫重点巡防。如住宿处所离州县衙门较远，地方官则会拨兵役前赴巡逻保卫，沿途地方政府都要拨出兵力和民力像接力棒似的一程运送至下一程。当时规定："起解饷鞘定例，每万两拨兵二名，若数至十百万两，恐汛兵不敷，酌量通融照料。"运送银两每进入一站，都有完备的交接手续，"将银批验明及缮备咨文、兵牌、护牌，檄发布政司转给各该员领解"。广东运送入川银两严格执行了这一规定，专门颁发的通行"传牌"，要求"牌传经过沿途州县台站一体遵照，迅将夫役预备齐全，如遇广东委员杨学玢等管解军饷到境，照例应付，并会同营员多拨干练兵役查点护送，校站交替，切勿稍有疏虞"。上引的巴县档案对此记载为：

> 今洋商捐解四川饷银分起领解内，头起委员杨学玢、二起委员黄元禧、三起委员张铜英、四起委员蔡士俊，各领解银五万两，每起营汛应拨兵十名，州县拨役十名护送前赴贵部堂投纳。相应咨会。为此，合咨贵部堂，请烦查照希即转饬沿途州县营汛文武各官遵照。如遇委员巡检杨学玢等分起领解前项银两经过，派拨员弁协同督押，查照兵牌选拨正身兵役小心加谨护送，务保无虞，并备齐夫马车辆船只应付，将饷鞘用铁链联贯，及将兵役人夫姓名开单妥付委员查点分派，按号管押，逐程护送。遇晚于所至之该州县城内将银寄贮该州县大堂，添拨更夫加紧巡防。如住宿处所离州县衙门尚远，应令地方官预拨干役前赴支更巡逻，并令委员将饷鞘小心点验，毋致疏虞。

乾隆时期，大小金川叛乱直接影响了国家的稳定，清朝廷果断地予以平定，大得民心。正因如此，当国家在平定叛乱过程中出现财力困难时，商人才会踊跃捐银，地方政府也才会积极响应朝廷号召筹措银两；而清前期广东社会经济的发展一直又走在全国前列，粤商的活动也十分活跃，所以，广东人民珍惜国家稳定的大好局面，对乾隆平定大小金川叛乱的举措，报以实际的财力支持，这也是民心所向。这一历史事实还说明，在中央政府的领导下，东西部之间实行经济互动是完全可能的。

乾隆末年藏兵进出台湾始末探析

乾隆五十一年（1786）底，台湾爆发了震动朝野的林爽文事变，乾隆皇帝一直寄希望于福建官府能将事变平息。不料，直到次年八月，林爽文事变仍愈演愈烈。在这一紧要关头，乾隆皇帝决定从四川、贵州、广西、湖南等地调集军队入台平乱，其中四川的军队主要由能征善战的藏族屯练降番组成，也就是本文所说的藏兵。那么何谓屯练降番？他们在平定林爽文事变中扮演了何种角色？对台湾社会有何影响？这些问题，尽管学术界在讨论林爽文事变时已有所涉及，但限于史料，对四川屯练降番入台始末多语焉不详。① 随着有关史料不断被整理出版，四川屯练降番在平息林爽文事变过程中的功绩愈益凸显，其战斗力及其战后奖赏是任何参战军队都无法比拟的。本文尝试对此进行讨论。

一　何谓屯练降番

所谓“屯练降番”是指由四川境内的少数民族所组成的军队，其构成主要是藏族子弟。清前期四川西部的少数民族时常变乱，从乾隆六年（1741）到乾隆二十年（1755）间，是四川西部少数民族地区的多事时期，民族之间争斗不休，连乾隆皇帝也感到头痛，“至川省番蛮，种类繁多，历年多生事端”②。他为此于乾隆十二年（1747）

① 黄典权：《林爽文事变中的四川屯番》，《台北文物》1958 年第 6 卷第 3 期。

② 《清高宗实录》卷 286，乾隆十二年三月，《清实录》第 12 册，中华书局 1986 年版，第 286 页。

十二月传旨询问川陕总督张广泗："川省近来何多事耶？……卿当益策经猷，计出万全，为一劳永逸之计。"① 其间，连续数十年的大小金川骚乱，清廷为此付出了巨大代价，先后动用数十万军民，倾四川全省的人力、物力进行征战。在战争期间，仅国帑就支出了7000多万两，相当于四川全省110年的田赋银收入。②

为了有效地解决西部民族间的矛盾问题，朝廷决定组织一支能征善战的常驻军队，且军队养赡也能就地解决，于是以当地少数民族为兵源，实行屯田制是一个两全其美的办法。乾隆十七年（1752）杂谷土司苍旺不法，四川总督策楞、提督岳钟琪派兵平定后，在该土司所辖的藏民中挑选精壮3000名作为屯兵，平时任其力田佣工，岁纳杂粮600余石，并不支给粮饷。遇有征调，屯兵作战也最为勇敢，乾隆誉之为"军营得力之人"，谕令对屯练要"另加爱惜，遇有奋勇者，随时奖慰。如实有出众功绩，并当奏闻赏录，以示鼓励"③。这就是四川屯练降番的由来，屯练就是从降番中挑选出来的。

乾隆平定大小金川叛乱后，要求将降番编为屯练，"至各处降番，若移于他处编管，未免人多费事，伊等俱系娴于耕作之人，两金川又有可耕之地，现在凯旋后，两金川地方立汛安营……用此等降番就所在垦耕安业，尽力农功……令其交粮，亦省川省运饷之劳"④。为此，成都将军明亮等人于乾隆四十三年（1778）奏请设立五屯，并设总理屯政同知及五屯屯务，经管屯种收粮等事，分插懋功五营，"并与该处头人带领降番投诚者，设立五屯守备及屯千总、把总等官，管领降番，给地承垦。又酌留杂谷五寨随征屯练，给地耕种，统归懋功厅同知上纳科粮"。具体屯耕办法是"兵丁三人共给与地亩一分，大率两人当差，一人耕种，计一人所耕，足供两人之食。……初办屯垦

---

① 《清高宗实录》卷305，乾隆十二年十二月，《清实录》第12册，中华书局1986年版，第1002页。

② 陈世松：《四川通史》，四川大学出版社1993年版，第161页。

③ 《清高宗实录》卷931，乾隆三十八年闰三月，《清实录》第20册，中华书局1986年版，第528页。

④ 嘉庆《四川通志》卷首7《圣训七》。

时，先给为各兵口食，一面官办牛具籽种，但必令兵丁携眷来居，始堪永久”①。屯练兵丁既是官府控制少数民族的一种手段，也是解决军饷运输的最佳方式。

四川屯练兵被统一纳入清军兵制管理系统，任命外委、把总、千总、守备等各级官弁，只是在每一职衔前加了一“土”字，以示与八旗、绿营兵之区别。屯练兵主要任务就是维护川西广大地区的社会治安，有时也调赴外地作战，如乾隆四十九年（1784）五月，清廷剿办甘肃石峰堡回民事变，“命保宁挑选成都屯练番兵二千名带赴巩昌、安定协剿。七月，事定，撤兵回川”②。

乾隆五十一年（1786）林爽文事变爆发，直到次年，官府对此仍束手无策，乾隆决定派军支援，四川屯练降番很快进入皇帝视线，乾隆五十二年（1787）八月初二上谕曰：川省屯练降番素称矫捷，剿捕甘肃回民甚为得力。“着保宁即于屯练降番内挑选二千名，并拣派曾经行阵、奋勇出力之将领张芝元等分起带领，从川江顺流而下，由湖北、江南、浙江一路前赴闽省。所有沿途应用船只及一切应付事宜，并着舒常、李世杰、琅玕等豫为筹备，免致临时迟误。”③ 八月二十一日，四川地方官府立即着手调运屯练降番，“专委三标中军驰赴杂谷新疆，会同该管将领检派屯练一千六百名，降番四百名，均挑选曾经打仗健壮之人，并派得力土弁木塔尔日朋、丹巴西拉布等带领，星赴成都”。据史料记载，这些屯练“原系维州协专属，该协副将那苏图屡经出师，人亦明白勇往，现令与懋功协副将张芝元一同管领”④。该处新疆是指川西北一带的军屯之地，嘉庆《四川通志》卷87《武备志·屯田附屯练》记载：“乾隆四十一年，定西将军阿桂平定大小金川，奉旨新疆改土为屯。”

---

① 嘉庆《四川通志》卷87《武备志六》。

② 李桓：《国朝耆献类征初编》卷31《宰辅》，民族图书馆古籍室1984年影印版，第31页。

③ 《清高宗实录》卷1286，乾隆五十二年八月上，《清实录》第25册，中华书局1985年版，第239页。

④ 《钦定平定台湾纪略》卷32《八月二十一日至二十三日》，大通书局2000年版，第509页。

二　屯练降番入台过程

在处理林爽文事件的关键时刻，即台湾形势危急的乾隆五十二年（1787）八月，乾隆有调集四川屯练降番的念头。但他仍希望台湾战机能出现奇迹，避免四川藏兵长途跋涉，八月初五日上谕："若常青等续有捷报剿捕得手信息，则所调川省屯练降番，远隔数省，调发需时，竟可停止前进矣。若贼首林爽文、贼目庄大田等得以擒获，即福康安于途次亦可旋回，毋庸前往台湾也。"第二天，皇帝在圣旨中仍希望能得到常青等的捷报，目的是可以降旨，"屯练降番停止进发，以省烦扰"①。自此以后，四川藏兵已在乾隆脑海中挥之不去。

时隔十日，八月十五日，乾隆上谕又指出："现在台湾北路正有机会可乘，福康安尤应及早到彼，督同办理。其前调川省屯练降番，究恐缓不济急，俟常青等续有捷音奏到，即当降旨，停止进发。"八月十九日，乾隆仍希望常青能速战速决，"常青等若能于福康安未到以前，趁此兵力到齐，军威壮盛之时，将首伙各犯弋获，则平定全台仍是伊等之功"，并再次提及四川屯练番兵，"日内如续得常青等奏报捷音，即当降旨停止"。乾隆不想调用屯练番兵，除了希望台湾林爽文事变能早日解决外，还有一个深层次的原因就是担心西部土司借此了解内地兵力实情，从而给朝廷带来更多的麻烦，"至前此拟调川省屯练降番一事，朕反复思之，究为失计。此等屯练降番，前此征逆剿回时，已经调用。今又行征调，既使屯练降番等见内地兵力有限，遇事必仗伊等出力，且连次征发，并似内地屡有事端，转启众土司轻视内地之心，殊为失算"②。

但乾隆等待台湾的捷报却迟迟没有出现，于是他将心动付诸行动，八月二十一日下旨，"川省屯练降番，前已有旨派调二千名。该

① 台湾银行经济研究室编：《台案汇录庚集》，《台湾文献史料丛刊》第139册，大通书局2000年版，第487—490页。

② 同上书，第507—512页。

处兵丁，自胜江西、广西远甚。是二千人足抵二万人之用，尤可资以杀贼”，并最终决定征调藏兵入台助战，八月二十三日上谕：“前据福康安奏调川省屯练兵二千。朕初意续得捷音，尚应停调。今看此情形，势难中止。现据鄂辉等奏到，业经照数派拨，令鄂辉统领前进。”① 同一天，鄂辉等奏言，藏兵已由松潘镇总兵穆克登阿率领到达成都，然后换乘船只，经水路向福建出发，“自成都由水路至重庆，需用内江船只。查现在上游各属两次赶办米石，俱已运竣，足敷雇用”。自重庆至湖北的船只因运粮紧张，难以调配，只好从下游调拨船只到重庆，乾隆官修《钦定平定台湾纪略》卷 32 记载，鄂辉等要求“原委办船之文武各员，将下游川船速行赶赴重庆供载”。重庆方面因船只不够，“即将复运三十万石尾帮之船暂停运米，先尽兵行，再续到之船随后运米，亦不致守候稽延”。至于沿途一切供支，传令“水陆地方预备夫马及盐、茶、米、面、肉食、柴斤等项，宽裕应付”。其实，这些运米船只也是运往福建接济军队的。林爽文事变时，朝廷下令从四川调运 50 万石大米接济台湾，“台湾军务尚未告竣，一切兵食及平粜、抚恤等事，在在急需，不妨多为储备。川省素为产米之区，连岁收成丰稔，积储较裕，着保宁再行采买米三十万石。……接续运赴江南交李世杰等一并委员运往闽省，以资接济。……至此次运闽米数需用海船较多，着传谕李世杰、闵鹗元将海船宽为豫备，俟前次川米二十万石抵江起运后，所有续办米石一经运到江省，即接续配船起运，以期迅速抵闽，毋误要需”②。

随着台湾战事的发展，八月二十四日，福康安要求藏兵加快行军速度，尽快进入台湾，以便调遣，“四川屯练降番二千，恳饬各督抚速拨赴闽，听候调用”③。又奏：“四川屯练降番兵二千名，赴闽进剿，必须行程倍加迅速。”缩短行程是加快速度的一种有效途径，原

① 台湾银行经济研究室编：《台案汇录庚集》，《台湾文献史料丛刊》第 139 册，第 516—523 页。

② 《清高宗实录》卷 1284，乾隆五十二年七月，《清实录》第 25 册，中华书局 1986 年版，第 209 页。

③ 《清高宗实录》卷 1287，乾隆五十二年八月，《清实录》第 25 册，中华书局 1986 年版，第 259 页。

拟“以川兵原定于江南、浙江行走”，浙江巡抚琅玕认为应改由江西之九江府河口镇等处，这样既可以缩短行军的旅程，又可以节约更多的时间，以期早日到达福建。九月十二日何裕城奏：如不经浙江，“从河口镇起旱，由铅山县过岭，经入闽省之崇安县，达建宁府前进，计程四百三十里，较琅玕拟路程尚可少行五百六十余里，兼可少过一岭，更为便捷”。兵贵神速，乾隆批准了取道最短距离的路线，下旨：“此次屯练各兵，行期紧急，若早到台湾一日，即可得一日之用。今由铅山旱路入闽，路程既较琅玕所拟之路为近，自应即改从此路行走，以免稽迟”，并对何裕城的计策进行嘉奖。①

九月十八日，四川藏兵先头部队五百人抵达九江，并立即起程赴闽，“川省屯练降番兵二千名，先经副将那苏图带领头起兵五百名，于九月十八日抵江西九江府境，当即起程前进”。九月二十一日，第二批五百人藏兵也抵达九江，“松潘镇臣穆克登阿带领二起五百名，于二十一日抵九江境，即于次早起程前进”；成都将军鄂辉率领的第三批五百名藏兵，于二十四日抵九江，“亦于次早起程”；副将张芝元带领的第四批五百名及额外多带降番三十一名，于二十六日抵九江，“于次早起程，并由南康、南昌、饶州、广信等府前进”。江西地方官府妥善做好了各项接应工作，臬司额勒春于南昌省城上船处督率照料，藩司李承邺则于铅山县过岭出境处，亲为经理。在江西境内，“例给口粮、盐菜之外，量给食物钱文，分别犒劳”。由于分批前进，人数相对较少，“屯番等赶紧行程，甚属踊跃，亦极安静”②。《钦定平定台湾纪略》卷40记载，十月十六日，何裕城奏：四川屯练降番兵二千三十一名抵江西九江府境后，由南康、南昌、饶州、广信等府行抵河口镇，“经藩司李承邺率同府县等在彼经理，分起过铅山县之分水岭，至初八日全抵闽省之崇安县迅速前进”。

从乾隆五十二年（1787）八月下旬皇帝决定四川屯练入台，到十

---

① 《钦定平定台湾纪略》卷36《九月初七日至十二日》，大通书局2000年版，第583页。

② 《钦定平定台湾纪略》卷39《十月初三日至初七日》，大通书局2000年版，第623页。

一月初一日大军登陆台湾，时间两个月稍多。屯练入台先由水路出四川、重庆，然后经湖北、江西后，改由陆路进入福建，“此次调赴台湾，自川江顺流而下，由湖北、江西入闽境”①。抵达崇安县后，“计程不过七、八日可抵厦门”，渡海赴台。乾隆估计福康安“到彼一二日，即可到齐”②。福康安先到厦门后，“自大担开舟，连次遇风阻回，复在崇武澳守候逾旬。适四川屯练与广西之兵踵至，而风亦转利，遂于二十八日申刻放洋，至二十九日申刻，兵船共一百余只，齐抵鹿仔港”③。也就是说，十月二十八日，福康安统率军队由崇武澳启程东渡，二十九日抵达鹿仔港。时值大海退潮，无法登陆，直到十一月初一日才登陆台湾。④ 时正在福建的赵翼对此也有记述，乾隆五十二年冬十月，“所调蜀番及粤西兵共五千先至。有旨，官兵不必至府城，当即往鹿港行进。会飓风不得渡，守风于崇武澳。二十八日，忽得顺风，一昼夜数百艘尽抵鹿港海口，樯竿如栉，列数里”⑤。

朝廷和各级官府对四川屯练兵入台后的生活也十分关注，闽浙总督觉罗伍拉纳奏云：“四川屯土番族平日口食，以牛羊肉麦为生，不惯米饭。台湾四面环海，所产鱼虾，气腥味咸，该官兵素未曾食。且由川起程赴闽，即经四川总督臣保宁奏明给予牛羊蔬菜等物，以示优异，录折知会，一体照办。内地沿途均系按照川省议定章程，一体应付，并给与腌肉裹带渡台。”即使在后来撤退的过程中，也是给咸腌肉裹带，“此次大功告竣，该屯番等凯旋内渡……既系裹带，必须咸腌，俾免臭腐”⑥。乾隆也谕令尽力照顾藏兵的饮食习惯，下令购买牛六十只，以备屯练降番口食之用。“所买牛只，未经渡台以前，即

① “中央研究院”史语所编：《明清史料》戊编，中华书局1987年版，第3本，第294页。

② 台湾银行经济研究室编：《台案汇录庚集》，《台湾文献史料丛刊》第139册，第585页。

③ 道光《彰化县志·例言》，大通书局2000年版，第13页。

④ 《清高宗实录》卷1293，乾隆五十二年十一月，《清实录》第25册，中华书局1986年版，第349页。

⑤ （清）赵翼：《皇朝武功纪盛》卷4《平定金川述略》，《丛书集成初编》第3999册，中华书局1985年版，第56页。

⑥ “中央研究院”史语所编：《明清史料》戊编，中华书局1987年版，第5本，第431页。

赏给屯番牛四十只，解至台湾牛二十只，亦经赏给。”福康安在藏区打过仗，了解“屯练降番生长西陲，素食肉麦”，于是又买麦饼供番练食用。这些费用由中央财政支出，闽浙总督觉罗伍拉纳奏称，“今该屯练降番剿捕贼匪甚为出力，前项灰麦、炒麦、光饼俱已随营赏散食用，应请将用过价银照册准销”。至于住宿，由于台湾“地势卑湿，民间安床，尚虞潮气熏蒸，铺以棕垫，官兵随营安架帐房，倘遇雨水，若非棕垫稍为隔潮，则朝夕不能坐卧，衣履亦必沾湿”[①]。为了防止屯练官兵“受湿染病”，福康安下令采买“台湾棕垫三千个”供藏兵使用。

三　屯练在台英勇善战

乾隆五十二年（1787）十一月初一日，福康安、海兰察等统率四川屯练番兵终于在台湾鹿仔港登岸。据道光《重纂福建通志》卷268《杂录·外纪》记载，初四日，这支军队投入解救被“围久”的诸罗战役，初八日黎明，清军在仑仔顶与林爽文军展开激战，林爽文军死伤惨重，清军“长驱至牛稠山，山距诸罗城六七里”，林爽文拥众阻溪自固。海兰察统率四川屯练番兵居中，另有两支军队从左右配合作战，并告诫中军“距贼不至百步勿发‘枪’炮箭”，屯练番兵率先越溪冲入贼阵，“‘枪’箭齐发，贼大败奔窜”。诸罗城解围是清军平台战争的转折点，清军从此掌握了战争主动权。道光《彰化县志》卷11《兵燹》记载，初九日，林爽文数万军攻诸罗城西北，试图夺回诸罗，福康安命海兰察“以侍卫屯练兵五百人出，飞镞疾驰”，林军逃窜“多相践踏死”，清军穷追不舍，直至火烧“贼窝”。

林爽文失去诸罗后，坚守于斗六门、集集埔，就高叠石为陡墙，拥众二万余人扼险据守。四川番兵在这次战役中再次发挥了勇猛优势，十二月，海兰察“率巴图鲁侍卫奋勇渡溪，飞炮冲破石墙，四川番兵腾而上，枪箭齐发”，林爽文军大溃。爽文逃入生番地界，福康

① “中央研究院”史语所编：《明清史料》戊编，中华书局1987年版，第5本，第392页。

安传谕各社通事，宣谕“生番缚献爽文”。不久，爽文父母等亲眷被获送交清军大营。[①] 十二月十八日，清军与林爽文军在小半天再次发生激烈战斗，时林军踞小半天山顶，内做石墙，外列木栅，为死守计。清兵在作战关键时刻，“四川屯练兵攀折木栅，贼匪溃散，生擒贼目林追、林二、林添、孙东海、王若敬等，爽文逃匿埔里番社中”[②]。

接下来的任务，是抓捕逃入生番社中的林爽文。次年正月初九日，皇帝上谕军机大臣等：“现在所带巴图鲁等及官兵内之四川屯练、贵州等省兵丁最为骁健，于登山履险更属矫捷。如林爽文逃入内山，生番等竟敢将伊潜匿，何难勒兵直入内山分路搜捕！生番等见官兵已入番境，益加震慑，岂有不争先擒献之理。”[③] 谕令要求福康安尽快抓获林爽文，以便番兵早日撤退，“林爽文一日不获，即官兵一日不撤，经年累月，与贼相持。虽驻兵日久，经费亦属小事。但台湾地方一交三月，气候即已炎热，所调官兵内如屯练、贵州及别省兵丁素来不耐湿热，若至彼时尚在该处驻扎，必致易生疾病，其气更馁”[④]。其实，在此之前，福康安派巴图鲁侍卫及屯练兵丁等改装易服，“同差役、社丁、通事等分投搜缉”，正月四日将林爽文与其二弟林跃生抓获。[⑤]

林爽文手下最得力的干将庄大田，也是在四川屯兵参战中被捕获的，乾隆五十三年（1788）正月初四日，福康安率兵直追庄大田于台南的琅峤，“其内山十八社皆生番所居，外则柴城等处，迫近海岸，鸟道崎岖，林箐稠密”。初次交锋，庄大田退据柴城。清军兵分六路，其中总兵穆克登阿领屯练番兵为一队，经过一个上午激战，遂获庄大

① 道光《重纂福建通志》卷268《杂录·外纪》。

② 道光《彰化县志》卷11《杂识志》，大通书局2000年版，第375页。

③ 《清高宗实录》卷1296，乾隆五十三年正月，《清实录》第25册，中华书局1986年版，第413页。

④ 《清高宗实录》卷1297，乾隆五十三年正月，《清实录》第25册，中华书局1986年版，第427页。

⑤ 《清高宗实录》卷1298，乾隆五十三年二月，《清实录》第25册，中华书局1986年版，第444页。

田及其弟庄大韭等四十余人，又获田母黄氏。台湾基本平定。[①]

乾隆在平定林爽文事变过程后，对参战将士已大加赏赐。乾隆五十二年（1787）十二月，诸罗战役胜利后，乾隆就下谕赏赐："四川屯练降番及广西等兵，随同将领前抵诸罗杀散贼匪及攻克斗六门等处，均能打仗出力，自应一体加恩，用奖劳勚。"[②] 台湾平定后，对四川藏兵更是奖赏有加，乾隆五十三年（1788）二月十九日，谕军机大臣等："四川屯练降番屡经调派，此次随同官兵征剿更为出力，现已有旨令军机大臣酌议，将川省额设土外委四十名照从前金川之例，每名每年加给银二两；其屯练兵丁，即将此次随征之一千五百名作为定额，令该督等按每名每月给银五钱；其余一千五百名，俟有缺出，以次拨补。并将此次随征之降番五百名作为新屯练，每名每月给银五钱；其余番丁亦以次挑补，俱作为定例。"二十日，乾隆要求军机大臣对战死沙场的屯练家属再加赏赐："随征屯练降番屡次打仗，或有阵亡者尤堪悯恤！著福康安、鄂辉传集该番众等，俟回川后于军机大臣议准二千额数之外，再将阵亡人等子弟各赏给一两钱粮一分，以示格外体恤。若伊等家属先有闻知，未免哀悼。俟将来撤兵后，再行传谕李世杰等遵照办理。"[③]

三月二十一日，乾隆下令对远道而来台湾的各省参战兵丁进行恩赏，"湖南、贵州、广西、四川屯练兵丁，俱应酌加恩赏。如该四省兵丁现已撤回，著李侍尧于该兵丁内渡时，每名各赏给银二两。如此旨到时，回兵已离闽境，各归原省，即著李侍尧咨各该督抚按名赏给"[④]。这一指示很快在四川得到贯彻，五月初三日，四川总督李世杰上奏朝廷说："川省屯练土外委四十名，蒙恩各赏银二两。查有新设十名，亦同派赴台湾，请一体赏给。从之。"不仅如此，乾隆对四川屯练降番的奖赏，由入台士兵进而扩大到整个四川屯练降番，五月

---

① （清）丁绍仪：《东瀛识略》，大通书局2000年版，第89页。

② 《清高宗实录》卷1295，乾隆五十二年十二月，《清实录》第25册，中华书局1986年版，第391页。

③ 《清高宗实录》卷1299，乾隆五十三年二月，《清实录》第25册，中华书局1986年版，第469页。

④ 《清高宗实录》卷1301，乾隆五十三年三月，《清实录》第25册，中华书局1986年版，第499页。

十六日皇帝上谕："前因四川屯练降番派往台湾剿捕贼匪，甚为出力，已将额设土外委加给银两，而攒拉、促浸两处土弁未经赏给。此次该土弁等带领降番随同官兵征剿，均属奋勇，所有攒拉、促浸额设土守备六员、土千总九员、土把总十六员、土外委四十六员，俱著照屯练土弁之例，分别赏给钱粮，以示奖励。"①

四　屯练降番离台凯旋回川

四川藏兵从雪域高原来到炎热潮湿的海岛台湾，面临着完全不同的自然环境的挑战。早在擒拿林爽文的过程中，乾隆已考虑到屯兵的撤退问题，督促福康安速战速决。乾隆五十三年（1788）春正月，谕军机大臣等："著福康安于南北两路一律肃清，大功告蒇后，除台湾应留额兵外，应将素耐炎热之贵州、湖南二省兵丁内，择其强壮得力者，挑择数千留彼弹压。其余如屯练兵，最不耐炎热及伤残病废者，俱应先撤回。……庶随征出力兵丁，既不至久留受热，以致不习水土，染患疾病。"②

林爽文被抓捕后，乾隆更加关注四川番兵的撤退问题。乾隆五十三年二月二十七日，谕军机大臣等："台湾地方一交三月，气候即已炎热。屯练兵丁素不耐热，计此旨到时已属三月下旬，即应早行撤回。著传谕鄂辉即令原带屯练之总兵将官率领屯练等先行内渡，取道回川。"③ 四川屯练降番性不耐热，调至台湾时，"正在冬令，气候平和，该屯练等打仗出力，并未稍形劳乏。"为防止其因气候炎蒸过甚，不服水土，朝廷令其先行撤回。因人数众多，决定在鹿耳门、鹿仔港两处渡海，鹿仔港内渡的屯练降番由总兵穆克登阿带领，顺利抵达大

---

① 《清高宗实录》卷1305，乾隆五十三年五月，《清实录》第25册，中华书局1986年版，第557页。

② 《清高宗实录》卷1297，乾隆五十三年正月，《清实录》第25册，中华书局1986年版，第437页。

③ 《清高宗实录》卷1299，乾隆五十三年二月，《清实录》第25册，中华书局1986年版。

陆。[①] 据四月初七日李侍尧奏，“四川松潘镇总兵穆克登阿带领屯练降番兵丁，已由厦门、蚶江及铜山、漳浦等处登岸，接续前进，（三月）二十四日即可全过泉州”[②]。

四川藏兵凯旋回川的路途粮饷供应，仍由经过地方官府供给，然后报中央下拨。据湖北巡抚福宁称：“四川屯练降番官兵赴闽进剿，奏凯回营，由湖北黄梅县小池口入境，乘坐江西原船径送汉镇换船，载至东湖县登岸，由陆路送至四川巫山县出境。”据称官兵在湖北时开支的“盐菜口粮、船价、船户水手守空口粮、纤夫骑马折夫共银四千八百七十七两五分九厘”[③]。乾隆“敕部覆销”，从国库拨款。[④] 四川屯练撤退到湖北境内时，因遇长江春水上涨，福康安上奏要求改由陆路前进，“现在春水涨发，湖北宜昌府以上，滩高流急，逆水难行，时日每多稽滞，应令其到四川交界，改由陆路行走。该处系山道，林木茂密，尚不致十分炎热。屯练等素习山行，毋庸多备夫马，途中行走凉爽，亦可不生疾病”。并咨明湖广、四川督抚，予以安排。[⑤]

中央和地方对四川番兵凯旋回营也做了大量实质性工作。第一，屯练番兵自巫山县入境至四川省，由川省至新疆杂谷各寨，沿途“俱系雇夫应付”。这些雇夫主要用来抬屯兵，一般是一兵配抬夫二人，染兵及重伤配抬夫四名，所用夫价银五千一百七十两四钱。第二，回归路途病死的屯练番兵，朝廷指令地方官“捐赏棺木”，由抬夫将其遗骸抬回，“待亡者之家属自行埋葬”。这项开支抬夫工价银六百一十一两三钱九分。第三，赏给家属坐饷。据旧例：屯土弁兵金川案内及调赴甘省两次，家属“每名月给银一两一钱五分五厘”，这次自然也“毫厘不能短少”。据此，战后，应补家属坐饷银一万六千四十二两五钱。屯兵回到四川后，地方官府立即兑现褒奖政策，“渡台凯旋屯兵二千七十七名，每名赏银二两，共银四千一百五十四两”。对在

① “中央研究院”史语所编：《明清史料》戊编，中华书局 1987 年版，第 5 本，第 293 页。

② 《钦定平定台湾纪略》卷 58《三月二十三日至四月十四日》，大通书局 2000 年版，第 921 页。

③ “中央研究院”史语所编：《明清史料》戊编，第 5 本，第 352 页。

④ 同上书，第 390 页。

⑤ “中央研究院”史语所编：《明清史料》戊编，第 3 本，第 293 页。

战场阵亡士兵，“赏给伊子弟银一两”，总共支赏银四千六百九十六两。对那些跟役替补而阵亡者也有赏，“查有在军前阵亡杂谷各寨屯兵系一十七名内，阵亡于堡寨之克兰绒耳甲、纳子克尔甲、上孟董之壬、占太兰木甲等，因在军前时系以同往跟役，顶补名缺，是以凯旋抵省时，各承领银二两，随经营员查明，已将每名多赏银一两”①。

与此同时，官府还根据参战屯练的军功、伤残等级给予额外奖赏。据四川总督李世杰统计，共有屯土弁兵 2878 次名次领过恤赏银两，其中包括：第一，阵亡土兵阿吉壬、章太等 30 名，每名恤赏银 25 两，共银 750 两；受头等伤屯兵 3 名，每名赏银 15 两，共银 45 两；受二等伤屯兵 8 名，每名赏银 12 两 5 钱，共银 100 两；受三等伤土官 6 员、土外委 2 员、土兵 64 名，每名赏银 10 两，共银 720 两。第二，参与诸罗解围战、拿获庄大田，从优议叙，列为超等土外委木耳吉等 34 员、土兵 506 名，每名赏银 4 两，共银 2160 两；列为头等土外委格什等 87 员、土兵 753 名，每名赏银 3 两 3 钱 3 分 3 厘 3 毫，共银 2799 两 9 钱 7 分 2 厘。第三，攻克斗六门、拿获林爽文，照例议叙，列为超等土外委格什等 31 员、土兵 506 名，每名赏银 3 两，共银 1611 两；列为头等土外委绒耳吉等 86 员、土兵 762 名，每名赏银 2 两 5 钱，共银 2120 两。以上共支银 10173 两 9 钱 7 分 2 厘。②

五　四川屯练模式在台推广

四川屯练番兵除了在平定林爽文事变中战功赫赫外，战后，福康安还将四川屯练模式在台推广。在平定林爽文事变过程中，他采纳郑光策“招义勇以厚兵威”的建议，从台湾本土招集“熟番”作为义勇，配合对台湾地势不明、言语不通的官军作战。③ 史称：“自台湾

① 台湾银行经济研究室编：《台案汇录庚集》卷 2《四川总督李世杰题本》，《台湾文献史料丛刊》第 138 册，大通书局 2000 年版，第 253 页。

② “中央研究院”史语所编：《明清史料》戊编，第 4 本，第 361 页。

③ （清）贺长龄、魏源：《清经世文编》卷 84《兵政》，中华书局 1992 年版，第 2070 页。

剿办逆匪林爽文时，始有团练乡民防堵之事。乡勇名目由是而起。”①这些“乡勇”的善后安置就是仿四川屯兵耕种。乾隆也认识到番兵对地方治乱的重要性，乾隆五十三年（1788）三月，皇帝就台湾善后事宜谕军机大臣等：“今思此次搜捕逆匪，该处熟番尚为得力。……今此等熟番向化日久，驯熟可用，或即照四川屯练、楚省苗民之例，酌量挑选，即于应在台湾募补兵数内将此项熟番参半充补。既可防范地方，又足以示绥戢。”②

台湾屯政始于明郑时代，目的也是解决军饷，清军入台后废止。乾隆五十二年（1787）开始筹划仿四川屯练例：台湾“熟番向化日久，此次逆匪滋事，熟番并无从贼者，且淡水等处现在招集乡勇甚多，莫若将此项入官田产，如四川屯练之例，即给与熟番耕种，按则升科，令其安居管业，自为守护，既可以示绥戢又可招抚生番，岂不一举两得!”③另据道光十年（1830）纂修的《彰化县志》卷7《兵防志·屯政》记载，林爽文事变后，福康安立即向朝廷奏报，“台湾熟番向化日久，随军打仗出力有功”，要求“仿照四川屯练之例”，招募熟番给予田地耕种，并提出较详细的规划：

一、全郡熟番九十三社，约可挑壮丁四千名。请分为大屯四处、每屯安设四百人，小屯八处、每屯安设三百人，作为额缺，即令在本社防守。户小之社或数村归并，或附入大社。其立屯之地应酌量地势，按照番社多寡，与营汛官兵声息联络。

一、屯弁照四川屯练之例，南、北两路额设屯千总二员，统领番众；屯把总四员，分管各屯。每屯设屯外委一员，即在番社头目内择其曾经出力及素所信服者，由总兵拣选充补，详明督抚给与札付，报部存案。

---

① 《清仁宗实录》卷183，嘉庆十二年七月，《清实录》第30册，中华书局1986年版，第414页。

② 《清高宗实录》卷1300，乾隆五十三年三月，《清实录》第25册，中华书局1986年版，第478页。

③ 《清高宗实录》卷1291，乾隆五十二年十月，《清实录》第25册，中华书局1986年版，第309页。

一、番界内山现有未垦及入官埔地八千八百余甲，请将屯丁每名拨给二甲、外委每员三甲、把总每员五甲、千总每员十甲，自行垦种，免其纳赋。①

乾隆五十三年（1788）台湾仿四川屯练正式设屯，督宪觉罗伍奏称：“按每甲合内地民田一十一亩三分一厘，令其自行耕种，以免筹给月饷，俾资养赡。”② 乾隆五十三年六月，台湾知府杨廷理等会禀：“台湾地方番民间处，当逆匪滋事之时，该处熟番均能奋勇出力，现在事竣自应酌量挑补弁兵，分给田亩，以示体绥而资捍卫。今据福康安等仿照屯练之例……各屯番丁宜设立屯弁以资管辖。”这些屯丁“分屯防守，遇有搜捕贼盗等事，又须听候征调，所有一切徭役，免其承应”③。

乾隆五十五年（1790），台湾全面实行番屯，“全台设大小屯凡一十二处，番千总二员、番把总四员。每屯各设番外委一员；大屯番兵四百人、小屯番兵三百人”。其中台湾县“辖小屯一所，驻新港社，番外委一员、番兵三百人。外委分给凤山属大北坪埔地三甲。新港社番兵二百零一名，分给凤山属大北坪埔地二百四十四甲七分一厘六毫八丝，益以南崁、林口埔地九十四甲，凡埔地三百三十八甲七分一厘六毫八丝。卓猴社番兵六十八名，分给凤山属上淡社南坪顶埔地一百一十一甲四分五厘二毫。大杰巅社番兵三十一名，分给凤山属南崁、林口埔地五十二甲。凡番兵三百名，每名各分给埔地一甲六分有奇不等”④。与四川屯练兵丁自耕不同，台湾有相当一部分屯兵一开始就将土地佃给他人耕垦，道光《彰化县志》卷7《兵防志·屯政》记载：“屯丁一名，给以埔地一甲，使垦而耕焉，数口之家，亦可无饥矣。无如所给之埔，皆远其所居之社，势难往耕，不得不给佃开

---

① 《清高宗实录》卷1305，乾隆五十三年五月，《清实录》第25册，中华书局1986年版，第570页。

② 台湾银行经济研究室编：《台案汇录甲集》卷1《福建布政司详覆酌议厘剔台湾屯务近弊由》，《台湾文献史料丛刊》第133册，第55页。

③ 台湾银行经济研究室编：《台案汇录甲集》卷1《户部尚书景安等议奏清厘台湾府屯田地屯租折》，《台湾文献史料丛刊》第133册，第34页。

④ 嘉庆《续修台湾县志》卷4《军志》。

垦，而岁收其租税。”由此台湾产生了屯丁大租现象，起因并不一致，或因屯地离社较远而不能耕种，或无工本之力开辟，或因屯番不谙耕作等。[①] 台湾屯政的兴废问题，庄金德在《台湾屯政之兴废》一文有详细的分析，[②] 此不赘述。总之，台湾番屯是仿四川屯练例实行的。嘉道时期，官府继续在噶玛兰厅、水沙连等地设立屯番，显示这一方式是成功的。

① 杨国桢：《明清土地契约文书研究》，人民出版社 1988 年版，第 321 页。
② 庄金德：《台湾屯政之兴废》，《台湾文献》1960 年第 4 期。

嘉庆时期藏兵赴台湾始末探析

清乾隆年间，平定大小金川叛乱后，将降番编为屯练，这就是本文所说的藏兵，其主要任务是维护西部民族地区稳定，有时也调赴外地作战。乾隆末年就被调赴台湾平定林爽文事变。① 嘉庆年间，台湾爆发蔡牵事变，嘉庆帝在困境之际，再次决定调拨藏兵赴台助官征剿。学术界对蔡牵事变比较关注，但对藏兵赴台征剿蔡牵却几乎无人问津。2004 年 7 月，国家图书馆藏历史档案《剿平蔡牵奏稿》公开影印出版，共 4 册，其中披露了朝廷从四川征调藏兵赴台参加围剿蔡牵的较为详细的内容。本文据此勾勒藏兵赴台的大致过程，目的是借此展现藏兵在清代国家军事行动中的地位。

一　藏兵赴台的背景

嘉庆时期续修的《台湾县志》卷 5《外编·兵燹》记载：蔡牵系福建泉州同安人，"初佣工自食，继为寇，出没海上，遂成巨憝，为浙、粤、闽三省大患"。嘉庆五年（1800）蔡牵率部进入台湾鹿耳门，以后屡率船抵达台湾，既和官军对抗，也劫掠过往台湾海峡的商船。嘉庆十年（1805）攻入台湾淡水、凤山等地，与当地反清首领洪老四、吴淮泗等"联络声势"，合计旗下有 2 万多人，蔡牵被推举为首领，"自称镇海威武王"，造成台湾"南北路声息不通"，朝野为之震动。

---

① 刘正刚、魏珂：《乾隆末年藏兵进入台湾始末探析》，《暨南学报》（哲学社会科学版）2006 年第 1 期。

嘉庆十年十一月，蔡牵率部在台湾淡水沪尾港一带重创官兵。时淡水同知胡应魁会同署都司陈廷梅带兵围剿，结果陈廷梅在战斗中身亡，胡应魁也受伤。台湾北路协副将金殿安、台湾镇总兵爱新泰、台湾知府马夔升等又“先后带兵赶往堵缉”，蔡牵率部迅速撤至鹿港，“勾结陆路匪徒乘机滋事”。可见，台湾驻军根本阻挡不了蔡牵的进攻，“官兵南北不能兼顾”①。既然台湾本地兵力已无法对抗蔡牵，“必得内地大帮舟师赶到，水陆夹击，方可一鼓成功”②。然而，由于蔡牵“与沿海居民久相融洽”，甚至连沿海驻扎的“水师兵丁及投诚贼匪，亦有为蔡牵通信之人。官兵一有举动，彼早闻信远飏，即有可乘之计”③。嘉庆帝获悉这些情报后，自然会产生对沿海水师平定蔡牵的不信任。

然而，嘉庆帝还是希望福建内陆的军队能最先渡台平定蔡牵叛乱。嘉庆十年十二月初，福建提督李长庚率舟师由厦门渡台，但直到是月中旬，官方也未收到他对蔡牵的“攻剿信息”。闽浙总督玉德“不胜焦灼”，只好在福建各处筹备一支赴台军队，“预派省标各营官兵五百名作为二起，汀州、漳州各营官兵五百名作为三起，延平、建宁各营官兵五百名作为四起，宁可备而不用，勿致临时周章”④。与此同时，蔡牵在台湾的动作十分猛烈，一面分路攻打台湾府城，一面在盐水港、笨港等地与官军展开拉锯战。⑤ 在台官兵虽奋勇抗击，但效果仍不理想，“贼匪散而复聚，势甚猖獗”⑥。蔡牵为了阻止大陆官兵登陆，在鹿耳门一带凿船下沉堵塞航道。

远在北京的嘉庆帝获悉这些消息后，更加忧虑台湾事态的发展，十一年（1806）二月，他在上谕中指出：台湾各处“贼势”已不下万余，“必须厚集兵力，大加剿办，方能一鼓集事”。这一次，嘉庆

---

① 全国图书馆文献缩微复制中心编：《剿平蔡牵奏稿》第4册，全国图书馆文献缩微复制中心2004年影印本，第950—951页。

② 《剿平蔡牵奏稿》第1册，第15页。

③ 《清仁宗实录》卷117，嘉庆八年七月，《清实录》第30册，中华书局1986年版，第565页。

④ 《剿平蔡牵奏稿》第1册，第39页。

⑤ 同上书，第45—48页。

⑥ 同上书，第63页。

帝决定除继续从福建调派军队外，“当于邻近省份咨调应用”[①]。嘉庆帝的这一想法，可能是福建官府一直想说的话。他们立即向朝廷报告，台湾“贼众兵单”，福建沿海各口“均须分兵防守，殊难再行调拨”。主动请求朝廷从邻近的广东、广西二省“各调兵二千名”，赴台参战。[②]

嘉庆帝对福建官员的表现颇为恼火，嘉庆十一年（1806）三月，他痛斥闽浙总督玉德无能，以致“现在蔡逆竖旗称王，勾结台湾陆路匪徒，焚劫凤山，围攻郡城已逾两月，鹿耳门凿船堵塞，嘉义县知县被围”。他将玉德与乾隆时镇压林爽文的总督常青对比，“从前林爽文滋事，时署总督常青即系自行带兵前往剿办……今玉既未亲自渡台，乃驻扎海口一无调度节次，零星抽拨官兵不及三千名，任意延玩”。为此，他专门派赛冲阿为钦差大臣到福建前线督办围剿。[③]并决定“调派四川屯练及各镇官兵三千五百名，并派吉林、黑龙江劲旅三百名齐赴厦门，克日渡洋进剿”。要求玉德“及早筹办”船只、军火、粮饷等战备物资，且必须要“务期宽裕应用”[④]。与此同时，嘉庆帝还决定从四川调运米粮入闽，“现因闽省逆犯蔡牵在台滋事……军粮最紧要，因思四川、湖南、江西三省均系产米之区，应行预备拨往。着传谕督抚于本省仓谷先行碾动，四川省预备二十万石，湖南、江西各预备十万石”[⑤]。

嘉庆帝为何要从千里之外的四川西北部调集藏兵赴台作战？诚如上述所言，嘉庆帝从地方官员的奏报中获悉沿海居民、士兵、衙役等和蔡牵集团存在着千丝万缕的联系，难以扑灭愈演愈烈的蔡牵叛乱，对福建官方镇压蔡牵已失去信心，嘉庆十一年（1806）二月十九日上谕，“连日盼望闽省奏到攻剿蔡逆得胜情形”，但一直未得到消息。嘉庆对玉德“办理此事甚属延缓，殊不足恃”。在和德楞泰讨论剿灭蔡牵问题时，“论及蔡逆滋扰台湾事，德以须及早多派兵力，庶剿捕

---

① 《剿平蔡牵奏稿》第 1 册，第 94—95 页。

② 同上书，第 98—99 页。

③ 同上书，第 106 页。

④ 同上书，第 155—157 页。

⑤ 《剿平蔡牵奏稿》第 3 册，第 882 页。

不至费手，伊自请赴闽渡台剿办，并选派巴图鲁侍卫章京带领前往，请召川省屯练自易得力，现已有旨谕令勒保调派五寨屯练兵一千名，两金川兵五百名，瓦寺兵五百名，共计兵二千名。惟是此项兵力到闽过台，须用船只及军需粮饷等项，该督务必早为备办，以供应用，并须预为量备马匹，以备随带赴台，以供驰骋攻击之用”①。藏兵赴台就是在这种情况下进行的。

二　藏兵赴台前的准备

嘉庆十一年（1806）二月十九日，朝廷通过军机处给四川总督、湖北督抚、江西巡抚下发廷寄，从四川“挑派五寨兵一千名、两金川兵五百名、瓦寺兵五百名，共二千名，迅即调集前赴福建泉州、厦门，随同德过台征剿”②。赴台藏兵分别从四川管辖的松潘、川北、建昌三镇抽调组成，赴台行军途中的总指挥是四川总督勒保强力推荐的川北镇总兵田朝贵，此人“久习军务，人亦勇往”③。

四川总督随即将藏兵在川省的行军路线及各镇带兵将领情况奏报朝廷，“所有松潘镇营在成都上游，所调兵丁即令齐集省城，所候点验启行。其川北、建昌两镇距省较远，若令俱由成都取道转滋迂绕，现在川北镇总兵田朝贵业经奉派带兵。奴才札令田朝贵将本镇兵丁按数挑足后，即亲自管带坐船，由嘉陵江水路直至重庆。其建昌镇兵丁，札令参将刘彪等带领，由雅州至嘉定登舟，俱到重庆会齐，分起前进，均责成田朝贵统辖押后，务期沿途约束，安静行走”。朝廷原先准备征调2000名藏兵，最后实际在四川“所调汉土官兵共有三千五百名，为数较多，将来拟以五百名为一起，分作七起行走”④。

这次征调内地各省兵丁赴台，以四川藏兵数量最多。闽浙总督在三月初九日奏报中说，嘉庆帝“特派德楞泰带领巴图鲁侍卫前往剿办，调派四川屯练及各镇官兵三千五百名，并派吉林、黑龙江劲旅三

① 《剿平蔡牵奏稿》第2册，第576—577页。

② 《剿平蔡牵奏稿》第3册，第815—818页。

③ 同上书，第804页。

④ 同上书，第841—844页。

百名齐赴厦门，克日渡洋进剿”[①]。不过，对赴台藏兵的具体数字有不同说法，三月十二日上谕：“闽省洋盗蔡牵滋事，著传谕勒保即挑派五寨兵一千名、两金川兵五百名、瓦寺兵五百名，共二千名，迅即调集前赴福建泉州、厦门，随同德楞泰过台征剿。”[②] 可以肯定在两千名以上是无疑的。

被征调的藏兵，一般在10—20日左右，就可从各自军营抵达成都集合，“查自成都省城至瓦寺计程四日，至五寨计程六日，至两金川计程九日，统计往返程途及在彼挑派料理，约近者十余日，远者二十余日，可以陆续到省”。当时的计划是：“一俟各兵到省，即令先后分起登程，由成都旱路至江口登舟送至重庆，再由重庆换船送至夔州府属之巫山出境，仍先期知会湖广总督预备料理，以期迅速过境。”[③]

二月二十八日，四川总督勒保将调派带领屯练兵丁赴台的将备衔名清单上报给朝廷，他们是四川阜和协副将马元、四川惟州协副将柱汲、四川懋功协副将马文斌等三员副将；四川会川营参将刘彪一员；四川督标左营游击江万里、四川黎雅营游击傅廷标、四川叠溪营游击汤占先等游击三员；四川泸州营都司龙必达、四川梁万营都司史定川等都司二员；四川庆宁营守备李思贵一员。这些军官长期在四川西部一带任职，“均在军营带兵多年，于出征事宜最为熟悉”。按照计划，这些藏兵一旦到达福建，就交德楞泰指挥。德楞泰在乾隆末年曾跟随福康安“渡台剿办”过林爽文事变，“熟悉该处情形”。他对藏兵当年在台作战之勇猛，十分熟悉。他在和嘉庆帝会谈时，特别强调“四川屯练兵丁素称矫健，从前亦经福（康安）带往台湾随同征剿”。正是在德楞泰力荐下，嘉庆帝才决定挑派五寨、两金川、瓦寺等藏兵前赴福建泉州、厦门，“随同德过台征剿”[④]。

三月十四日，浙江巡抚在上奏朝廷的折子中引述二月二十六日军机处廷寄说：“调派五寨及金川、瓦寺屯练兵两千名，由湖北取道江

---

① 《剿平蔡牵奏稿》第2册，第596页。

② 《剿平蔡牵奏稿》第3册，第804页。

③ 同上书，第829—832页。

④ 同上书，第824—826页。

西赣州，前往福建厦门渡台剿办蔡逆，并经谕令沿途督抚，将应行预备官兵过境事宜，妥为筹备。现又查明乾隆五十二年征剿林爽文时，调取四川省屯练将番，系由湖北、江南、浙江行走，从长江顺流而下，两个月余即经到彼，较为之由江西赣州取道前往计程须八十余日者更为捷速。所有此次四川省屯练各兵，着仍查照乾隆五十二年行走。道途令其赶紧前往，不必取道赣州，致稽时日。"[①] 这次藏兵出征的具体行程，仍是出川后，"由江西九江府入境，至沿山县之河口镇，起旱过领，直抵闽省崇安县，道路较为近捷"[②]。

嘉庆帝征调藏兵赴台的档案记录时间是嘉庆十一年（1806）二月十九日，嘉庆帝在诏书中指示藏兵可能经过的各地督抚，"预备需要船只夫马等项，妥速支应，镇静弹压，俾得迅速潜行"。对藏兵赴台寄予了厚望。二月二十日朝廷又下旨给四川，要求赴台藏兵仍按乾隆五十二年路线行走，及早入台平乱，"由湖北取道江西赣州，前往福建厦门渡台剿办蔡逆。……所有此次四川省屯练各兵，着仍照乾隆五十二年行走道路，令其赶紧前往……其应行预备船只夫马供支一切，并派员弹压照料之处，俱著照上次章程妥为经理"。强调"赶紧前往"，显示征调藏兵入台贵在神速的紧迫性。强调"此次奉调川兵赴台剿办蔡逆，自应仍照上次道路行走，以期迅捷"。这里的"上次"是指乾隆五十二年（1787）藏兵赴闽由湖北入江西再入闽的最佳路线。二月二十九日，江西地方官上奏朝廷，已预备好四川屯练兵丁行走所需事宜，做好了各项接待工作，"现将营马预行派定临时协济驿站，并宽雇民船、人夫以备支应盐粮、薪蔬等项，悉照上次章程，飞饬各属遵照预备"[③]。

三　藏兵赴台途中的终止

为了整肃军容，四川官方还专门为赴台土兵配备了统一服装，据

① 《剿平蔡牵奏稿》第3册，第871—873页。
② 《剿平蔡牵奏稿》第4册，第1241页。
③ 《剿平蔡牵奏稿》第1册，第418—423页。

勒保奏称："查土兵平素并无军装，此时远涉随征，军容自宜整肃。奴才与各司道预为捐制秋帽、蓝布大衫、青布夹马褂、白布套裤、布鞋等二千分，每到屯土兵一起按名散给，各土弁亦酌赏绸缎、荷包、小刀等物，并于例支口粮之外，各赏牛羊、食盐、烟茶食物，直送出境。俾令鼓舞欢欣，奋勇赴敌。"①

三月初一日，四川总督勒保上奏，"头起瓦寺土兵到省起程，并酌定沿途应付各事宜"。此次藏兵分七起起程，各有将领管带，并派专员逐程经理"弹压及照料船只等事"，下令凡藏兵经过之各府州，必须"分段护送，并饬各该管道员综司其事，以期一切悉臻妥协"。为了节省时间，避免藏兵上岸延误行程，对土兵的军需物品一律在船上散发，"惟兵丁逐日有应支盐粮，逐站有应发船价，若由沿途地方官按站给发，势必到处停泊稽留。今酌定每兵一起，遴委妥员一人，于台费项下动支银两，令其携带随兵行走，即随路应付，直送至巫山出川境为止。其逐日需用之口食、柴薪等项，亦令委员即在舟次散给，如此办理，酌各兵不令登岸，行程较为迅速"②。

三月初九日，被遴选首批"瓦寺土弁兵丁五百名齐集省城"，四川总督会同成都将军、署提督总兵等到场，"亲加逐名点验，俱属矫健精壮，所带鸟枪刀矛器械亦属齐全。随面为奖励谕令，沿途安静行走奋勉出力。该弁兵等志切同仇，神情俱甚踊跃"③。

一切准备就绪后，勒保"即派令游击傅廷标、守备郭成酌带兵弁、通译作为头起，于初十日管领起程，由陆路至江口下船，约计本月二十日前后，即可行抵重庆"。随后，四川又调集了五寨官兵，"据差弁禀称，五寨头人一闻征调之信，极为踊跃，即遵派土兵一千名，并带兵土弁现已陆续起身，约于十三四日可以到省等语。其两金川等处虽距省稍远，谅亦可先后就道，松潘镇标兵五百名现亦具报起程，十五六日可以到省"。这些赴台藏兵最终将在重庆集中，然后乘船沿长江而下。因此，勒保命令重庆官府，"至各兵至重庆会集，需

---

① 《剿平蔡牵奏稿》第3册，第808—809页。

② 同上书，第804—806页。

③ 同上书，第807页。

用船只较多，已饬该道府督率地方官雇备足数，临期只须酌量大小均匀配载，仍多雇水手舵工小心管驾，遇有险滩，谕令各兵上岸行走，过滩后仍即下船，并多拨哨船在滩伺候护送，以昭慎重”①。

就在已调派好的藏兵陆续赴台过程中，台湾却传来好消息，三月十三日，玉德奏报，“官兵连日痛剿贼匪首逆，蔡牵业已逃窜，台湾陆路各贼匪甚为稀少，不日即可剿灭”。嘉庆帝为此批示：“德楞泰出京以来，接据李长庚、爱新泰等奏到蔡逆穷蹙各情形，看来南北陆路匪徒，累经官兵剿杀，纷纷溃散，可毋庸另行厚集兵力。前所派京中后起之巴图鲁侍卫章京等及东三省劲旅、四川屯练兵，停止调派。”② 二十六日，四川总督根据朝廷旨意，被征调藏兵“未到屯土各兵均着一律停止”，已经调派好的松潘等三镇兵一千名，“此项兵丁一并归营，毋庸调遣”。调派军队的所有开销由国家负责，“其先经支给盐银赏项即毋庸缴还，俱照例核实开销”③。但对已在路途上的藏兵，嘉庆帝下旨继续赴台，但不要过急，“川省调派屯练各兵沿途只须按程行走，不必过急”④。

四月初八日，四川方面“连奉谕旨，以台匪即日肃清，松潘等镇官兵无用预备，应令各归营伍”⑤。然而，藏兵此时按计划已经起程了五批。其中第五批是刚抵达重庆的松潘官兵500名，“即在重庆暂为驻候”⑥。与此同时，四川官府立即派人沿途追赶已出发的藏兵，“飞饬沿途州县，逐起停截，并差营弁乘坐哨船顺风直下，于何处赶上即于何处截回。内惟第三起五寨兵、第四起两金川兵俱于重庆下游截回。其第一起瓦寺兵、第二起五寨兵，接据沿途禀报，已于三月二十七八日由巫山县出川境，二十八日抵楚省巴东县。奴才所派差弁于川境内未能赶上，至四月初一日到巴东后，已据楚省派在巴东照料官兵之荆宜施道达明阿，飞传下游各保，俟各兵行至何处，即便截

---

① 《剿平蔡牵奏稿》第3册，第809—812页。

② 《清仁宗实录》卷158，嘉庆十一年三月，中华书局1986年版，第39页。

③ 《剿平蔡牵奏稿》第4册，第1343—1344页。

④ 《剿平蔡牵奏稿》第2册，第449—450页。

⑤ 《剿平蔡牵奏稿》第3册，第855页。

⑥ 同上书，第851—852页。

回。……计此二起土兵行抵荆宜一带，该处地方官自必遵旨截回，不致再行前进，除俟各起屯土弁兵撤回省城，遣令归寨”[①]。嘉庆还下令停止四川米石调拨，“所有四川米二十万石……概行停止碾运”[②]。至此，藏兵赴台行动结束。

嘉庆年间的藏兵赴台远征蔡牵，最终因蔡牵垮台而作罢。但这一行动意义却相当深远，从嘉庆十一年（1806）二月十九日决定征调藏兵赴台开始，藏兵在一个月间就迅速挑派完毕，且先头部队已出发进入湖北境内，可见其速度之快捷。这在当时的通信条件下无疑非常高效。这至少说明，一方面藏兵在国家政治军事地位中的角色十分特殊，国家在地方出现动乱难以平定的危急关头，总是会征调藏兵参战；另一方面藏兵在国家政令下达后迅速集结出发，既凸显了国家对藏族聚居地的管理十分到位，在一定程度上也反映了藏族对国家的认同与归属感。这一事件还说明，清代中央运用国家政权的力量完全可以实行东西部资源的互动配置。

① 《剿平蔡牵奏稿》第3册，第857—858页。

② 《剿平蔡牵奏稿》第4册，第1307—1308页。

清代藏族农业经济初探

藏族主要集中生活在祖国西部的广大地区，以今西藏、四川、青海等地最为集中，特殊的地理位置和气候，使藏族农业经济发展呈现出与内地明显的差异。乾隆《西藏志·风俗》记载：西藏“饮食惟茶为最要，次青稞、炒面、酥油、牛羊乳、牛羊肉等类”。这就牵涉藏区农业经济的问题。考古工作者发现，早在4000年前，藏族先民已能使用各类精制的石器、陶器、骨器，并能种植粟米、青稞等作物。① 唐代以来，藏族先民与中原的贸易往来颇为频繁。清前期，祖国的统一繁荣，使各族间的经济往来日益加强，藏族经济也因此获得发展。② 本文尝试描述性地分析清代藏族农业发展的状况。

一 藏区农耕技术的发展

藏族的农业生产早在隋唐以前就能使用牛耕，并制作牛轭，用二牛骈耕的形式开垦土地。③ 唐宋以后，随着藏族与其周边民族经济文化接触的频繁，藏族的农业生产技术也逐步得到提高。这从藏族人口在不同历史时期的增长中可得到证明。因为农业生产的发展是保障人口增长的物质条件。据学者对西藏地区人口研究表明，北宋时人口峰

---

① 童恩正：《西藏昌都卡若新石器时代遗址的发掘及其相关问题》，《民族研究》1983年第1期。

② 对清代西藏经济的研究，主要有张世明《清代西藏社会经济的产业结构》，《西藏研究》1991年第1期；苏发祥《论清朝治理西藏地方的经济政策》，《西藏研究》1997年第4期。这些论文虽然都涉及西藏农业，但并没有能深入、专门地对清代藏族农业经济发展进行研究。

③ 索南坚赞：《西藏王统记》，民族出版社2000年版，第35页。

值为60万人，元代人口峰值一度下降为50万人，明代则上升为75万人，清代人口大幅度攀升，康熙初年为115万多人，乾隆末年为139万人，鸦片战争爆发前后，人口峰值为150万人左右。[①] 从某种意义上说，人口的不断增长，就是农业经济发展的结果；而人口的不断增长，又促进了土地使用面积的不断扩张，宋元时期，沿今雅鲁藏布江流域一带已有藏族居民点的分布，有了居民点就说明藏民族已在此从事农耕生产了。

清代藏族农业生产水平的进步与内地农业区一样，并没有发生实质性的变化，一些地区甚至仍保持“刀耕火种”“烧荒肥田”的落后生产状态。[②] 在农具的使用上也仍保持过去铁制、木制的传统，“炉霍夷人耕稼多用二牛，以木五尺许，缚二角端，中施一长木至牛后，横加短木，下贯五锹锸，形齐如锄，每于高下转折处，骈牛彳亍，殊少便捷。其锄甚小，范铁而成……启土甚艰”[③]。一些地区的农业生产也趋于粗放型，“布种之后，不事锄耘，草莱横生，粮苗不茂”[④]；对肥料的使用也处于随意而为的阶段，“夷人粪田无法，立夏前后撒种，亩需一斗，稀稠不匀。种后惟拔草一二次，即望收获，恒有听草长而不除者”[⑤]。这表明传统的农业生产发展到清代已基本上是裹足不前，藏族地区也不例外。

但是，清代藏族的农业区在保持原有水平的基础上却在不断扩张，一些地区的农业耕种水平也有一定程度的提高。西藏地区的农业区域已遍布于雅鲁藏布江中游的干、支流河谷和与四川交界的藏东怒江、澜沧江、金沙江峡谷地带。据资料记载，海拔4400米的羊卓雍湖畔在17世纪中期已有了相当规模的开垦。清末的光绪二十五年

---

① 参阅赵文林、谢淑君《中国人口史》，人民出版社1988年版，第374、452、457页。

② 李炳东、俞德华：《中国少数民族科学技术史丛书·农业卷》，广西科学技术出版社1996年版，第406页。

③ （清）李之珂纂：《炉霍屯志略·耕种》，《中国民族史地资料丛刊》之十四，第33页。

④ （清）杨应琚：《西宁府新志》附《呈钧览》篇，青海人民出版社1987年版。

⑤ （清）李之珂纂：《炉霍屯志略·耕种》，《中国民族史地资料丛刊》之十四，第33页。

(1899)，十三世达赖喇嘛向全藏人民颁布文告，鼓励藏族人民开垦土地、发展农业生产：

> 西藏亦如其他土邦，只因不够勤奋，尚有许多荒地未加以开垦。即令个别人意欲垦殖，亦因当地首领之侵害并妒忌而受阻。官府、贵族、寺庙等于各自占有范围内垦荒、植树，也常为相邻之其他人所诬告阻拦。此类行为，于己于人尽皆无益。故今后凡有劳力之贫困户，均可于山冈谷地中之公共土地，尽力垦荒、植树、种刺柴，不得加以阻拦。①

十三世达赖的文告对广大藏民开垦荒地的积极性，对扩大藏族耕地面积和提高藏族人民的农业生产技术水平起到了积极的引导作用：一方面是藏族的上层统治者为了增加自己庄园的收入，不断强迫民众开荒以扩大自营地；另一方面是广大民众通过各种渠道开垦土地。因此藏族地区的耕地面积在清代有了一定的扩大，农业垦区已由原先分散在气候温凉的雅鲁藏布江中游和藏东三江河谷地区扩展到靠近后藏寒冷的各河流上游和藏南高原的河谷湖盆地区。应该说，这一扩展是藏族民众在清代不断奋斗的结果。

在藏族农业土地不断扩展的过程中，藏族民众为了不使地力消耗过度，采取了内地较先进的休耕轮作制，在用地的同时注意养地，从而形成较合理的农业生产结构和土地利用结构。“如小麦等粮今年种获，明年再种则无实。必须移徙一次，以纾地力。”② 可见，这种休耕轮作制是藏族民众在长期的生产中摸索出来的经验，“惟是卑屯天寒土薄，古称不毛，一切耕获情形与内地不同。初夏始种豆麦青稞，隔年迁移一次，以纾地力，否则苗不结实”③。

---

① 转引自成崇德编《清代西部开发·西藏篇》，山西古籍出版社 2002 年版，第 198 页。

② （清）李之珂纂：《炉霍屯志略·耕种》，《中国民族史地资料丛刊》之十四，第 35 页。

③ （清）杨应琚：《西宁府新志》卷 20《炉霍屯志·土宜物产》，青海人民出版社 1987 年版。

除了土地休耕外，藏族民众还懂得利用农作物的轮种，以发挥土地的最大使用率，“夷人有三土七石之谣。阳坡高下俱可耕，垦溪箐中，日色不到者不堪种植。地多浇薄，再熟之区不多，如小麦八月种，至次年七、八月熟，其地再种小麦则无实，须另种荞豆，以纾地力。牟麦三月种，六、七月获。荞麦四月种，八月获。豌豆、蚕豆俱三月种，八月获。青稞二月种，五月获”①。据史料记载，乾隆年间，吉隆、巴则等地已出现了与内地相似的一年两熟的耕作制度。清驻藏大臣在《西招纪行诗》中写道：“济咙为卫藏极边，外接廓尔喀，西南行十日可抵阳布，番民大小四百余户，地气和暖，一年两熟。”同时入藏的汉民也将一些内地的先进生产技术逐渐传入西藏，如在墨竹工卡、桑阿却宗等自然条件较为优越的地区已开始种植水稻了。

藏族民众农业生产所采用的休耕制、轮作制及入藏汉族人带来的农业生产技术，皆反映了藏族地区农耕技术的进步，并对藏族地区农业生产的发展形成了较大的推动力，加快了藏族地区农业生产的发展；一些地区的农业生产水平逐渐接近内地，在墨竹工卡，“人勤耕稼，稻畦绣错，一如内地”②。恩达以东的梭罗桥山附近，“两旁皆良田无隙地，弥望青葱，内地秋稼之佳，亦不过如此”③。清人所纂的《巴塘志略》中收录的一些诗词亦体现出藏族农业生产的欣欣向荣气象：“安得迎来龚渤海，尽驱牛犊事春耕”；“夏麦秋荞地力肥，圆根歉岁亦充饥；板犁木耒农工罢，黄犊一双系角归。”但藏族地区多地处高原，如遇恶劣的地理条件，往往会造成农业产量的减收：“小麦、青稞、莞豆，俱三月种，雨水调均八月获，否则九月获。此时如遇冰雹，颗粒无收。”④ 又载：“加以冰雹，四时无常，粮苗无常。粮苗初生遭值尚无甚害，若稍长暨成熟，一值风驰雹骤，折损过半，甚至颗

① （清）吴德煦纂修：同治《章谷屯志略》，成文出版社 1987 年影印本，第 84 页。

② （清）王世睿：《进藏纪程》，《小方壶斋舆地丛钞》第 3 帙，杭州古籍书店，第 51 页。

③ （清）林隽：《由藏归程记》，《小方壶斋舆地丛钞》第 3 帙，杭州古籍书店，第 54 页。

④ （清）李之珂纂：《炉霍屯志略·耕种》，《中国民族史地资料丛刊》之十四，第 34 页。

粒无收……而且卑屯霜雪极早，七、八月间麦苗成熟，屡致霜压苗坏。”①

农业在西藏地方经济发展中扮演重要角色，西藏地方政府与寺庙财政收入大部分来源于农业经济。藏族农民缴纳的实物地租有粮食、氆氇、木棉、盐、茶、酥油、果食等，偏远地区则以货币折缴。前藏地方除征收实物外，每年征收银两计12.7万余两；后藏地方包括实物在内，每年征收银两约计6.7万两。征赋之外，尚有税课罚赎及布施之物等，清代魏源在《圣武记》卷5《西藏后》中称藏民“布施多于赋税”②，这项收入的数量不易估计。赋税作为财政收入是评价农业生产发展的重要标准，清代藏族地区普遍出现用银两征税或折色银，体现了藏族农业经济达到了较高的发展水平。

水利是传统农业生产发展的命脉。藏族地区特殊的地理条件，使水利在农业生产中更具特殊重要性。历史上，西藏一直设有管理向农田放水的官员——曲本（ཆུ་དཔོན་），督察水利灌溉。清代以来典籍对西藏水利建设有了零星记载。如《有泰驻藏日记》记载驻藏大臣有泰在拉萨署内“看滔（淘）井，赏其（指淘井工）四元藏钱”③。又《藏辅随记》言：“江孜营官寨一山崛口曲迷荡桑者，尼庵也，建于山峡。番语水井曰曲迷（意为水眼、指泉），庵旁有井，故名。”这是人工开凿取地下水。光绪十三年（1887）三月，查办大臣张荫棠提出设立西藏农务局，主张设置“总办二员、帮办二员、文案二员、劝农官八员、植物园丁十余者”。同时要求在“山坡各地宜多掘土坑沟渠以贮水，多种树木则雨水必多”。此外，要求投资打井灌溉，“多买开井机器数副，每副八十元，随地可以开井，以资灌溉”④。测绘官员陶思曾于光绪三十四年（1888）底在江孜发现：“年楚河东西岸口平野夷旷，田亩纵横，土性黏固，空气干燥，故番农皆开渠引

---

① （清）杨应琚：《西宁府新志》附《呈钧览》篇，青海人民出版社1987年版。

② （清）魏源：《魏源全集》第3册，岳麓书社2004年版，第225页。

③ 有泰兄升泰，光绪十三年任驻藏帮办大臣，翌年抵拉萨，升办事大臣，十八年卒，谥恭勤。

④ 吴丰培：《清季筹藏奏牍》卷3《张荫棠牍》，商务印书馆1938年版，第15、16页。

水，以收灌溉之利。今年楚河东西岸均有长渠一道（并设水口以制稽粑），各田庄又均有界沟旱溉潦泄，有裨农功”①。毫无疑问，人工修建的水利设施对农业生产有不可或缺的作用。

二　农作物品种在藏区的普及

藏族地区独特的地理位置，使其农作物种植也多具有区域性特征。史载：“青稞如麦而叶穗较短，四月播种，六、七月即可收获，盖因外地寒五谷不生，惟稞麦较宜尔。”② 即便如此，随着农业的不断发展，清代藏族的农作物种植也已相当普及，据史料记载，到清末仅西藏地区的农作物种植已在前后藏地区均有较大发展，前藏（包括拉萨城、札什城、奈布东城、桑里城）等 30 余城的大部分地区种植有青稞、麦、小麦、荞麦、莞豆等作物。江卡、乍丫、察木多、达隆宗等地区则种植有大麦、青稞、圆根、豌豆等粮食作物，以及梨干、葡萄、核桃、杏干等经济果木。③ 另据《西藏图考》记载，江孜、后藏、定日等地无上述土特产，阿里生产的农作物为青稞麦、大麦、莞豆、豌豆、粟米等。对西藏东西两地所产的农作物产品作简单比较，从中可发现其主要农业品种大致相同，如青稞、大麦、莞豆、豌豆，其中青稞为西藏人民的主粮。参照谭其骧先生主编的《中国历史地图集》第 8 册《清前期》与《西藏图考》卷 1 中所刊清代西藏全图，可以发现，靠近汉藏边界的西藏东南部江河较多，密布了藏布江、怒江、乌苏江等 10 多条河流。④ 而其西北部则属高原地带，仅有为数较少的河流。显然，地理位置的差异给农业的生产带来很深的影响。

西藏地区低地的农作物品种还有冬瓜、黄瓜、辣椒及一些水果，经济作物则有香蕉、橘子、桃子、梨、黑枣、杏、甘蔗等。其中辣椒除藏族人自己食用外，大量晒成干辣椒运往高原腹地交换茶盐。而青

---

① （清）陶思曾：《藏輶随记》，四川官印书局，宣统元年，第 26 页。

② （清）周蔼联：《西藏纪游》，《西南文献丛书》第 132 册，兰州大学出版社 2003 年版，第 162 页。

③ （清）黄沛翘：《西藏图考》卷 5，西藏人民出版社 1982 年版，第 151 页。

④ 谭其骧主编：《中国历史地图集》第 8 册，中华地图学社 1975 年版。

稞、荞麦、油茶、元白菜等高原农产品具有耐寒、耐旱和适应复杂气候的特点，在西藏地区多被普遍种植。汉族人入藏时往往将内地的农业生产技术以及一些农作物品种带到藏区加以传播推广。乾隆《西藏志·物产》记载："拉萨谷属产青稞、小麦、胡豆、豌豆、菜子。自他处贩来者皆绿豆、黄豆、冰豆、稻米……近汉人自中国带来菜种有白菜、莴苣、菠菜、苋菜、韭菜、萝卜、桐蒿、四季豆、苦豆……"以此可见，汉藏民族间在农作物品种方面的交流。

位于川藏交界的藏族聚居区，因为与汉族人相毗邻，汉藏民族的频繁交流，使这里的农业生产水平明显较高，与内地差距大大缩小。这从其农业物产品种的丰富也可窥见一斑，如《汶川县志》物产篇在谷物类就记载有粳稻、粟米、玉麦、麦、荞麦、油菜、蓝菜、菜子、苏麻等近 10 种；豆类作物有黄豆、花豆、白豆、大白豆、白毛豆等 16 种之多；蔬菜类有白菜、青菜、菠菜、苋菜、芹菜、萝卜、茄子等 44 种；瓜类有东瓜、南瓜、北瓜、苦瓜等 11 种；果属有胡桃、石榴、葡萄等 17 种。① 雅州府的农作物种植品种也相当繁多，据《雅州府志》卷 5《物产》统计，其境内生产的谷物有稻、麦、小麦、御麦、黍、菽、荞麦等；蔬菜有冬瓜、黄瓜、青菜、丝瓜、茄子、绿菜、南瓜、芹菜、油菜等；豆类作物有胡豆、赤豆、黑豆、黄豆、刀豆等。② 仅从这些农作物的种植情况来判断，已经很难区别汉藏民族农业之区别。在大小金川地区，尽管"山寒地瘠，稻谷不生"，但史料仍称该地区"土宜物产"，其谷物类有小麦（俗名冬麦）、牟麦（俗名春麦）、青稞、荞麦、黄豆、黑豆、蚕豆、豌豆、芋麦、黍、粟、蜀黍、天粟米等；蔬菜则有莱菔、圆根③、白菜、青菜、莴苣、苋菜、芹菜、洋芋等 18 种；瓜果有南瓜、北瓜等 10 种。这些作物中的大部分是汉藏民族交往的历史见证，"蔬菜种亦繁，芦菔、白菜等传自内地，而质厚味美尤过

① 民国《汶川县志》卷 4《物产》。

② 乾隆《雅州府志》卷 5《物产》。

③ 据清李心衡《金川琐记》载：圆根即擘蓝大头菜之属，比芦菔坚实，味如薯蓣，微带药气，夷人歉岁作粮食，叶可饲猪。另在清《西宁府新志》卷 20《炉霍屯志·土宜物产》中记载，"惟圆根为夷人素茹之蔬，形如萝卜，白色而扁，生植颇多"。

之多。山韭亦有家畦者。惟圆根为夷人素茹之蔬”[①]。如果以此与内陆中原的河南省北部新乡县所产农作物品种作一粗略比较，就会发现，藏族农业区与汉族农业区的差距在逐步缩小。据乾隆《新乡县志》卷18《物产志》记载，谷属有稻、小麦、大麦、玉麦、黍、粟谷、高粱；豆类有黄豆、青豆、黑豆、豌豆、蚕豆等10种；蔬菜有白菜、菠菜、芥菜、芹菜、苋菜、莴苣、韭等20种；瓜类则有东瓜、西瓜、南瓜、北瓜、苦瓜、丝瓜等12种。[②]

由此可见，藏族地区农作物品种已较齐全，与中原的品种基本等同。而且，越是靠近内地的藏族区域，其农业生产水平与内地的差距就越小。汉族在藏族一些地区的农作物品种推广中起到了很大的作用。如《炉霍屯志略》中记载的粮食就有小麦、青稞、莞豆及蔬菜“萝卜、圆根、白菜、洋芋、葱、蒜”。而蔬菜中的萝卜、白菜、葱、蒜等则是“自汉人传种”[③]。

三 汉族对藏族农业发展的支援

清代藏族农业的发展，与汉族军民进入藏区的支援是分不开的。如雅州府的藏族聚居地在明末清初的战乱中就是汉族移居地之一，时人李蕃在《明末清初雅安受害记》中记载，四川“茅舍尽毁，人民无依，悉赴川西逃生”。清初政府招民入川开垦，川西边地的汉藏交界地成为移民迁入地之一。乾隆《雅州府志》卷5《风俗》记载：“自献逆蹂躏之后，土著者少，四方侨寓，大率秦、楚、吴、粤、滇、黔之人居多。”雅州府是四川西部最大的行政区，境内藏族分布地域广泛。移民进入川西藏区，一部分人从事农业生产，嘉庆十九年(1814)，四川总督常明在“清查户口疏”中对包括“西番各夷”在

① 吴德煦：《章谷屯志略》，成文出版社1986年版，第85—86页；另外清李心衡《金川琐记》（《丛书集成初编》第3199册，中华书局1985年版）记载的农作物与此大同小异。

② 乾隆《新乡县志》，成文出版公司1987年影印本。

③ （清）李之珂纂：《炉霍屯志略·土宜物产》，《中国民族史地资料丛刊》之十四，第17页。

内的土地垦殖也进行清查，“汉夷地界之不清，总由汉佃夷地之故。清查之法，只须将汉人所种夷地逐段清出，则界址自可判然。惟住耕夷地之汉民原佃既有荒地熟地之别，开垦成熟后，又有辗转顶佃或当或卖之不同，蛮荒夷俗不能如内地之交易分明，且日久年深，屡易其主，逐加清理。”① 这些生活在川西地区的“西番各夷”基本上是定居的世居民族，他们不断招汉人开垦，以致夷汉疆界不清。汉族人在藏区的居住，往往将农业生产技术带入该地，农作物种植也随之在藏区传播推广。乾隆《西藏志·物产》就记载，汉族人将中原地区的白菜、莴苣、菠菜、苋菜、韭菜、萝卜、四季豆等菜种引进种植。

清代汉族军民不断进入藏区耕种，许多人最终在藏区安家落户，扎根边疆。民国《九龙县图志·垦殖》记载，该县少数民族居民“悉以游牧为业，不习农耕”。由于土壤丰饶，汉人皆愿来此辟荒，并形成固定的例规，土地开垦成熟后，按其旧制，要向百户长纳粮。清末在此安家落户的汉人竟超过14000户。民国《巴安县图志·垦田》载，清末荒地皆归官招垦，无论汉蛮僧俗有愿垦荒者，都可以到官府承领执照。懋功地区汉人陶、俞、廖、陈等于嘉庆、道光年间，由遂宁、安岳、德阳、乐至等地迁居巴安，“承佃土司地土耕种”。民国时懋功所属的沃日土司境内有汉民470户，男1010丁、女696口；夷民360户，男830丁，女550口。②《炉霍屯志略·呈钧览》记载，炉霍屯有“大小四十七村，夷居一千四五百户，汉居五百余户。土旷人稀，气候温和，其土肥沃”。以至晚清藏民流传的藏区竹枝词对此也多有表露：“番汉杂居数百家，何须晴雨课桑麻。”③

汉族军民不断进入藏区从事农业开发，也引起清廷的关注。清廷对汉族人在藏族地区多实行屯垦政策，设立专门官员进行督垦。据《章谷屯志略》记载：“屯务一员系催收兵民番练、科粮督劝耕垦地亩及管理汉番词讼。”乾隆时，两次金川战役使金川地区人口损失惨

---

① 光绪《盐源县志》卷12《艺文志·奏疏》。

② 民国《懋功县志·氏族》。

③ （清）钱召棠纂辑：《巴塘志略》，《西南稀见方志文献》第16卷，兰州大学出版社2003年版，第373页。

重，许多村寨空无一人，战后清廷在两金川地区设立懋功厅，其下分设靖化、崇化、抚边、懋功、章谷五屯，令驻守之汉族绿营兵就地屯田。据嘉庆《四川通志》卷首之七《圣训七》记载，乾隆四十年（1775）上谕军机处：“一俟官兵扫平金川，即应于两金川之地，酌安绿营设官驻守，自当以屯田为妥。两金川地面可耕之土甚多，而绿营兵众屯种又其所习。”而清朝在藏族地区进行的屯耕多是采取兵农合一的方式，乾隆《雅州府志》卷5中有详细的记载：“赡军备塞屯耕为良，未烦输代，自致富强。军屯之制，寓兵于农。”大小金川叛乱平定后，政府专门拨出资金支持军队垦屯，初时屯垦时，先给各兵口食，并为士兵配置牛具、种子，为了让士兵安心边疆，政府对那些“情愿挈眷来居者”，给予大力鼓励，不仅酌量“资送”，而且对初使者，“照旧于应得钱粮之外，给与盐菜口粮，俟垦种已成，再行停止”。这些携带眷属的军人在屯区的开垦，对传播农耕技术，加强藏区的农业发展均有较大促进作用。

军屯也吸引了生活困难的汉人迁入此地谋生。乾隆四十四年（1779）户部在《议复新疆牛马农具事宜》中说：

> 今据四川总督文绶咨称：渠县、什邡、长宁等县民人段万儒等十二户，情愿携眷赴金川屯垦，请照携眷赴屯兵丁，派赴杂谷屯练之例，官为资送。……到屯后，每户拨给地三十亩，赏给籽种二石，农具一副，借给牛一只，折银十两二钱，拨给房二间，每间给银二两，听其自行修理。未收获以前，每日大口借给米八合三勺，小口折半。借给其籽种、农具、房价照例报销，牛价、口粮俟该民户生计就绪，分年征还。又洪雅、天全、打箭炉等厅州县民人王文琳等三十户，情愿自备资斧，携眷前赴金川屯垦。请其自赴屯所，由屯员安插，每户给地三十亩，赏籽种二石等语。……金川地方设镇安屯，自应多招广徕，以为开垦。①

① 中国科学院民族研究所四川少数民族社会历史调查组：《金川案》，1963年印行，第140页。

从上述描述可知，乾隆年间，各级官府在招民开发“西番”的政策上，也像清初开发四川一样给予了众多的优惠措施，如金川屯田就规定，对招来的内地民户，每户给地 30 亩作为永久性财产。对那些路途遥远而携带家眷入藏的汉族民户，“准大口日给盘费银一钱，小口日给银三分，粮各一升”。至屯所配给房屋居住，并发给生产工具、耕牛以及粮种。“初种免粮五年”，自第六年起，交纳少量的赋税，每户纳粮仅一斗二升，“或青黄不接，又准赴屯仓借贷，还新抵陈”，在种种优惠移民入藏政策的吸引下，金川地区户口大增，土地开垦殆尽。① 又如抚边屯也是在大小金川平乱后，才安插汉民赴屯耕垦，“始有内地民人往来住牧，历年久，自以为籍”②。总体而言，清代汉族军民的屯垦对藏族地区的土地开发与农业生产的发展起到了一定的示范作用。而军民屯垦所涉及的雅州府、九龙县、巴安县、金川、抚边屯等区域都处于靠近西藏的川西及川西北地区，进入这些地区的汉民大多来自富庶的川中地区。应该说，有清一代汉民的进入，对藏族地区的土地及农业生产的开发具有重要意义。

清政府对藏族地区的开发，继承了元明以来对西藏实行的优惠政策，多次免除西藏地方向中央王朝所纳的赋税，如乾隆六十年（1795）闰二月下旨，将前藏赋税宽免一年，后藏免其一半，并拨出库银四万两，救济失业和流离失所的贫困藏民，同时下令 3 年内免除乌拉的差役和赋税。③ 在藏族地区所收赋税，官府又以采邑的形式赏给达赖和班禅额尔德尼，且西藏地方所有的财政收入也均归达赖和班禅。但必须指出的是，清中期以后对西藏的开发，却过于强调保持西藏地区军事与政治的稳定，一定程度上限制了藏族农业生产发展的进程。

---

① （清）李心衡：《金川琐记》卷 3，《丛书集成初编》第 3199 册，中华书局 1985 年版。

② 民国《抚边屯志略草案》，《中国地方志集成·四川府县志辑》第 66 册，巴蜀书社 1992 年版。

③ 《清高宗实录》卷 1472，乾隆六十年闰二月，《清实录》第 27 册，中华书局 1986 年版，第 674 页。

清代移民与川西藏区开发

清代四川属于典型的移民社会，移民遍布巴蜀各地。四川西部有相当部分为藏族聚居地，据乾隆《西藏志·疆圉》载，雍正三年（1725）勘定川藏疆址，“始定于南墩宁静山岭上为界，并建分界牌：岭东之巴塘、里塘属四川，岭西属西藏。其中叫察卡、中甸属云南，三处疆界始分”。本文所论川西藏区，主要指川西的松潘、懋功、杂谷、雅州、宁远等地，这些地区在清代有众多的汉民移入聚居，对汉藏民族间的社会经济文化交流做出了积极贡献。

一　移民与农业拓垦

汉族何时进入川西藏区，已无从考证。但川藏间的民族往来，自古以来就没中断过。唐朝时吐蕃不断向东扩张，势力已达松潘地区，并与这里的羌人融合，发展成为松潘草地的藏族。与此同时，唐朝公主入藏联姻，应是中原汉民入藏的真实记录。宋代以来，不少汉人迁入羌区落业，据宋《太平寰宇记》卷80和《建炎以来朝野杂记》甲集卷18记载：宋太宗雍熙年间，茂州共有1515户，其中汉族326户。之后，汉人就源源不断地进入藏区安家落户。清代改土归流后，迁入藏区的汉人更多，仅松潘直隶厅在嘉庆元年（1796）就有749个寨堡，27509户，共96207人，其中汉族10554户，共50002人。[①]自乾隆十五年（1750）至道光三十年（1850）的100年间，迁入甘

① 四川省阿坝藏族自治州政协委员会文史资料委员会编：《阿坝藏族羌族自治州文史资料选辑》第4辑，1986年编印，第3页。

孜藏区的汉人就达1.6万。①

清代是汉人进入藏区的高潮期。据《明末清初雅安受害记》称：明清战争使四川“茅舍尽毁，人民无依，悉赴川西逃生”，雅州成为川人重要避难场所之一。清初政府招民入川开垦，川西边地成为移民迁入地之一。乾隆《雅州府志·风俗》记载：“自献逆蹂躏之后，土著者少，四方侨寓，大率秦楚吴粤滇黔之人居多。”雅州府是川西最大行政区，境内藏族颇多。移民迁入起初均靠近汉族区，如名山县“若赣、若闽、若粤、若秦晋，间以游宦经商寄籍斯土”②。

各省移民入川后，为了增强同籍间的情感沟通，纷纷以原籍乡绅闻人为祭祀对象建立庙宇。这些庙宇由同乡捐资而建，“互以乡谊连名建庙，祀其故地名神，以资会合者，称为会馆”③。川西边地多有会馆建立，如咸丰《天全州志·祠庙》记载，楚省人建禹帝宫；江西人建万寿宫；闽省人建天上宫；陕省人建武圣宫。随着移民不断深入藏区，会馆也随之在藏区出现。民国《崇化屯志略》记载，该屯在乾隆末年就建有禹王宫、万寿宫、黔南宫、南华宫等。茂州则有川主庙、陕西馆、山西馆、江西馆、湖广馆、广东馆等。④ 同治《直隶理番厅志·祠庙》载有禹王宫、万寿宫、陕西馆、山西馆等。会馆是移民的地缘性象征，一般设有客长管理移民，世居民族则由乡约管理，“客籍领以客长，土著领以乡约”，客长、乡约“均为当时不可少之首人”⑤，这种管理结构在清代各省罕见，反映移民实力在地方社会中的强大，由此导致客长权力的膨胀，甚至连官府办案也须在客长协助下才能进行，如天全州“凡有命案重件……客长权柄最大，胥吏往拿案犯，非客长同去不能得手”⑥。清代四川移民基本上属于拓展性或求富性的经济移民。

移民进入川西藏区，一部分人从事农业生产，生活在川西藏区的

---

① 格勒：《甘孜藏族自治州史话》，四川民族出版社1984年版，第131页。

② 民国《名山县新志》卷5《户口》。

③ 民国《南充县志》卷7《掌故志·风俗》。

④ 道光《茂州志》卷2《祠祀志·寺观》。

⑤ 民国《犍为县志·居民志》。

⑥ 咸丰《天全州志·风俗》。

各族人民，“有汉夷共居一处者，有汉夷闲杂零星散处者，有汉民自成村落者，与内地情形迥异”①。汉人在藏区的居住，往往将农业生产技术带入该地，农作物种植也随之在藏区传播推广，乾隆《西藏志·物产》记载：“拉撒（拉萨——引者注）谷属产青稞、小麦、胡豆、豌豆、菜子。自他处贩来者则绿豆、黄豆、冰豆、稻米……近汉人自中国带菜种有白菜、莴苣、菠菜、苋菜、韭菜、萝卜、桐蒿、四季豆、苦豆……”

清代汉人不断进入藏区耕种，民国《九龙县图志·垦殖》记载：该县少数民族居民“悉以游牧”为业，不习农耕。由于土壤丰饶，汉人皆愿来此辟荒，并形成固定的例规，汉人必须有人介绍，经过百户长的同意，才可“前往开垦”，百户长负责担保。土地开垦成熟后，按其旧制，要向百户长纳粮。晚清以来，汉人在此安家落业者竟超过1400户。民国《巴安县图志·垦田》记载，清末荒地皆归官招垦，无论汉蛮僧俗有愿垦荒者，都可以到官府承领执照。懋功地区汉人陶、俞、廖、陈等于嘉庆、道光年间，由遂宁、安岳、德阳、乐至等地迁居巴安，“承佃土司地土耕种”。汉人增长较快，民国时懋功所属的沃日土司境内有汉民470户，男1010丁、女696口；夷民360户，男830丁，女550口。② 今天丹巴县居民有三分之一为汉人，是乾隆前后由陕西、成都、灌县、遂宁、安岳等地迁入，与藏民通婚融合，现已成为世居居民。③

汉人迁入在一定程度上分享了藏区的资源，有时会发生摩擦。乾嘉时，茂州汶川地属崇山峭壁，土瘠民贫，“其民间子弟亦有俊质，往往无力读书，是以应试之童寥寥，附近州县视其入学之易，心存觊觎，或认本籍同姓为一宗，或置买些微山场称为载粮民籍，希图考试……如徐彦吉者，灌县石羊场人，其父先年在汶置地载粮四厘，兄弟数人入汉，便宜已极，乃因包引同姓硬估，出保未遂所欲，胆敢以串局把持上控”。道咸时，地方官府甚至规定土司所蓄树木自行革除，

---

① 光绪《盐源县志》卷12《艺文志一·奏疏》。

② 民国《懋功县志·氏族》。

③ 中国人民政治协商会议丹巴县委员会编：《甘孜藏族自治州丹巴县文史资料选辑》第2辑，1989年编印。

不准汉民砍伐烧山。① 当然，这或许反映了汉人在藏区因势力的增大而破坏了原先的固有规则，从而引起藏民的不满。

清代川西边地移民有部分来自军队。为了巩固藏族地区稳定发展，清廷在川藏边地实行派驻官兵制度，但藏族上层仍不时发生叛乱。乾隆时进行过两次金川战役，使川西的金川地区人口损失惨重，许多村寨空无一人。战后清廷在两金川地区设立懋功厅，其下分设靖化、崇化、抚边、懋功、章谷五屯，令驻守之汉族绿营兵就地屯田，以此筹集驻防川边军队粮饷，减少内地供粮压力。乾隆四十年上谕军机处“一俟官兵扫平金川，即应于两金川之地，酌安绿营设官驻守……但现在所有余粮，止可为初立营制之需，将来经久恒规，自当以屯田为妥。两金川地面可耕之土甚多，而绿营兵众屯种又其所习”②。

大小金川叛乱平定后，政府专门拨出资金支持军队屯田，“初办屯垦时，先给各兵口食”，并为士兵配置牛具、种子，为了让士兵安心边疆，政府“令兵丁携眷来居”。对那些“情愿挈眷来居者”，官方给予大力鼓励，不仅酌量“资送”，而且对初至者“照旧于应得钱粮之外，给与盐菜口粮，俟垦种已成再行停止”。从移民的角度来看，这属于典型的军事移民性质，这些军人在屯区的开垦，对传播农耕技术、加强汉藏民族交流均有非常积极的意义。“维州、保县一带，地瘠民贫，妇女皆来营贸易，其内本系番人居多，应行招徕开垦，兵丁如有缺出，并于番人内招募充补。”③ 移民的不断进入使金川变成了藏、汉杂居地。除官兵耕种外，对投诚藏民也安排与汉人一起耕种，“此等头人所有家眷番众，拟分安于金川河东、河西，与官兵相错而居，并遵旨一体酌给牛具、籽种，稗得及时种艺”④。

军屯也吸引汉人迁入此地谋生。乾隆四十四年（1779），“渠县、什邡、长宁等县民人段万儒等十二户，情愿携眷赴金川……又有洪

---

① 四川省阿坝藏族自治州政协委员会文史资料委员会编：《阿坝藏族羌族自治州文史资料选辑》第4辑，1986年编印，第152—155页。

② 嘉庆《四川通志》卷首《圣训七》。

③ 嘉庆《四川通志》卷87《武备志六·屯田附屯练》。

④ 同上。

雅、天全、打箭炉等厅州县民人王文琳等三十户，情愿自备资斧，携眷赴金川屯垦”。对于这些自愿入迁的汉人，政府规定“照携眷赴屯兵丁派赴杂谷屯练之例，官为资送”①。也就是按照汉族绿营兵丁眷属的待遇进行安排。为了保证这些内地赴边之汉人的利益，清政府还在政策上给予优惠，如金川屯田就规定，对招徕的内地民户，每户给地 30 亩作为永久性财产。对那些路途遥远而带来家眷的民户，“准大口日给盘费银一钱，小口日给银三分，粮各一升”。至屯所配给房屋居住，并发给生产工具、耕牛以及粮种。“初种免粮五年”，自第六年起，交纳少量的赋税，每户纳粮仅 1 斗 2 升，“或青黄不接，又准赴屯仓借贷，还新抵陈”。在种种优惠政策的吸引下，金川地区户口日增，土地开垦殆尽。② 又如抚边屯也是在大小金川乱后，才安插汉民赴屯耕垦，“始有内地人民往来住牧，历年久自以为籍”③。应该说，清代汉族移民对川西藏族地区的开发是很有成效的。

二　移民的商业活动

商人也是清代川藏边地移民的重要构成部分。清代各地商帮在利益的驱动下，不断深入川藏边地进行商贸活动。据 1933 年统计，西康商人总数约 1.2 万人，其中陕籍 7000 人、川籍 3000 人、藏人 2000 人。川陕商人多分布在康定地区，甘孜、理化（理塘）、巴安（巴塘）、昌都等地也不少。川藏边地商业多在古粮台基础上发展起来。乾隆年间平定西藏后，自打箭炉（康定）至后藏，设立了里塘（理塘）、巴塘、察木多（昌都）、拉里（嘉黎）、拉萨、扎什伦布寺等粮台，以资军粮转运，这些粮台后来就发展成市场，而粮台的商人一开始多系随军的驿卒、营屯士兵及随军小官吏等落籍经商者。④

---

① 中国科学院民族研究所四川少数民族社会历史调查组：《金川案》，1963 年印行，第 140 页。

② （清）李心衡：《金川琐记》卷 3《屯户》，《丛书集成初编》第 3199 册，中华书局 1985 年版，第 29 页。

③ 民国《抚边屯志略草案》。

④ 游时敏：《四川近代贸易史料》，四川大学出版社 1990 年版，第 40—43 页。

清代汉藏间贸易无论从区域还是从商品种类及交易量来看，民族贸易都相当频繁。至少到清末，几乎所有的川藏交界地区的藏族县都与内地有商业贸易往来，据《中国地方志集成》第67辑《四川府县志辑》记载，当时汉族商人已深入康定、瞻化（新龙）、炉霍、甘孜、白玉、德格、登科（邓柯）、泸定、丹巴、九龙、雅江、道孚、理化、义敦（今巴塘县雅洼区）、定乡（乡城）、巴安、得荣等县，用内地商品调换藏族土特产，带动了藏民的经商热潮。松潘的藏商和寺庙商集队合伙经营，活跃在川、青、甘边界一带，他们用牦牛驮运茶叶、宗教用品，去青、甘、川草地交换畜产品、药材、青海盐等。藏商到松潘的时间多集中在每年的下半年，松潘城北门外还专门设有接待藏商、寺庙商的客店。许多藏商、寺庙商甚至往返于西藏、甘孜、灌县、成都、重庆等地，获利很大。[①] 在贸易过程中，藏族妇女经商更令人关注，嘉庆《里塘志略》记载："贸易之事，妇人智过男子。"

有些地区因汉族移民的长期聚居，而逐渐发展成商业街道。民国《雅江县图志·治所》记载，该县下临渡口，为由川进藏之咽喉，刚建县时，尚无城郭，只有一条东西走向的街道，居民140余户均为汉人。这些汉人是康熙五十八年（1719）在此设渡时由汉源征募来的水手。作为交通要道，进藏的过路官商因等候渡船多须在此歇脚，由此带动渡口商业的发展，"烟、茶、酒市日渐繁华"。《入藏程站》记载："南墩有汉人寺，每年七月，巴、察两地客民皆云集贸易，如内地庙会。"[②]"南墩"地处今西藏芒康县帮达乡拉敦村，"巴、察"指今天的巴塘和昌都。通过这些商贸往来，将川藏连为一体，促进了两地经济的互动发展。

雅州府下属打箭炉厅因地理位置特殊，成为民族贸易的重要活动场所。乾隆《西藏志·藏程纪略》称："打箭炉为蜀西极边，皆番地，乃藏路咽喉……其地番汉咸集，交相贸易，称闹市焉。"自改土归流后，该地号称"人烟辐辏，万商云集"。自明末四川战乱时已有

---

① 四川省阿坝藏族自治州政协委员会文史资料委员会编：《阿坝藏族羌族自治州文史资料选辑》第4辑，第12—14页。

② （清）盛绳祖辑：《入藏程站》，《小方壶斋舆地丛钞》第3帙，杭州古籍书店1985年印行，第34页。

商民避乱到打箭炉从事茶叶贸易，清代雍正、乾隆时汉商在打箭炉建立了关帝庙、陕西馆、湖广馆等商业场所。① 这说明汉商在打箭炉的数量与经营实力不断增强，形成了一定规模的商业经营。打箭炉商业最盛时汉人占85%左右，其中陕西商人在此就设有13家知名商号，这些商号长年在打箭炉进行商业贸易，并不断在川藏乃至全国其他城市设立分号，从而将西部地区的川藏与全国市场连为一体，加快了西部民族地区社会经济的开发。

打箭炉陕帮知名商号一览表②

商号名	资本额	主要业务	支号	备注
恒盛合	银一万五六千两	麝香、黄金	木里	约创办于明初
魁盛隆	五千两	麝香、黄金、虫草、贝母、皮张	昌都	光绪十年停业
利盛公	二万至三万两	同上	扎坝、甘孜	1951年歇业
裕盛魁	一万两	同上	丹巴	
复兴隆	一万五六千两	绸缎、布匹、药材	成都、甘孜	民国十年歇业
永盛长	一万五千两	麝香	上海	民国六年歇业
天顺益	一万三四千两	绸缎、布匹、皮张	成都	
金盛元	八千两	药材	道孚	
茂盛福	极盛时十五万两	麝香、黄金、羊毛、药材、皮张	木里、昌都、重庆、上海、玉树	民国十年歇业
德泰合	极盛时十八万两	同上	甘孜、理塘、雅安、乐山、重庆、上海	民国十九年倒闭
春发源	一万八千两	绸缎、布匹、皮张	成都	
如义和	极盛时五万银圆		炉霍	
育德恒	一万五千两	就地转手兼放账		民国二十年消亡

茶叶是藏民生活中不可缺少的重要物品，乾隆《西藏志·风俗》

① 光绪《打箭厅志》卷上《建置沿革·坛庙》。

② 中国人民政治协商会议甘孜藏族自治州康定县委员会编：《康定县文史资料选辑》第1辑，1987年编印，第101—102页。

称：藏民“饮食惟茶为最要，次青稞、炒面、酥油、牛羊乳、牛羊肉等类”。茶叶成为民族间贸易的大宗商品，打箭炉成为茶叶贸易的重要集散地，乾隆《雅州府志·茶政》记载：“炉不产茶，但系西藏总会口外，番民全资茶食，惟赖雅州府属之雅安、名山、荥经、天全、直隶邛州等五州县商人行运到炉，番民赴炉买运至藏行销。”清代对边地茶商实行“茶引制”，茶引每1张购茶100斤，另附免税茶14斤。除官方正常贸易外，走私贸易也颇活跃。雍正时官方税银每张征收4钱7分5厘，而私贩则“每茶百斤私税银2钱或金5分”。利益驱动使走私茶叶的活动颇为猖獗，当时陕省行茶定例“如有多带，即行查拿，照私盐律治罪”①。这虽是对陕商的规定，但适用对象包括了藏区的贩茶商人。

雍乾时，打箭炉出现了“商旅满关，茶船遍河”的繁荣景象，其中包含着一定的走私贸易。② 汉藏民族贸易以以货易货方式为主，乾隆《雅州府志·风俗》称：“汉人与番人博易不用金钱，汉以细绢、茶、布，夷以红椒、盐、马。”汉族商人从内地购置茶叶、绸缎、毛绸、花线、土布、铜铁、瓷器及杂货食品等，运往藏区交换，藏民则以羔羊皮、野牲皮、羊毛、香茸、贝母、大黄、甘松、虫草及牛羊牲畜等特产换取所需的内地商品。为了能在川边民族贸易中立住脚，一些汉族商人甚至在藏区报垦土地，并与藏族妇女组成临时家庭。③ 有的深入藏民之中，与藏民打成一片，他们或在山石隙地从事种植稞麦、药材等生产活动，或从军入伍，或从事小本贸易。

为了方便与藏民进行广泛的经济往来，汉人“不论农桑，皆习番语”④。懋功是重要的汉藏商品交易场所，当地药材为出产大宗，“汉番贫民，半系挖药为生，但本境不善炮制，出卖无多，全行发往灌县销售”⑤。民国《懋功县志·实业》称，由于藏民不习贸易，“贸易概

---

① 乾隆《雅州府志》卷14《艺文》。

② 乾隆《雅州府志》卷5《茶政》。

③ （清）李心衡：《金川琐记》卷3《租妇》，《丛书集成初编》第3199册，中华书局1985年版，第29页。

④ 同治《松直隶潘厅志略·民俗》。

⑤ 民国《懋功屯乡土志·商务》。

系内地汉人来县做工贩卖”，这些汉人“均由陕西、甘肃迁来开店为生”。道光《绥靖屯志·风俗》记载，在金川绥靖屯“列肆而居”的商人，“类多秦晋豫章诸地人，汉夷日用之需，咸取给于兹”。今康定城区的秦晋会馆就是当年由陕西、山西商人修建的商业场所，除了钟鼓楼外，还有戏楼舞台，看戏的广场可容纳数百人。[①] 在崇化屯也是夷民不谙贸易，只有“流寓汉民作小负贩以营生”[②]。

在汉人不断进入藏区的时候，藏民也不断深入内地佣工、经商。同治《直隶理番厅志·夷俗》记载：“诸番男妇于三冬进口，赴蜀西各郡县佣工，谓之下坝做活路……春尽则贩卖缣布、锅刀、牲畜以归所”。对此现象，时人还赋诗：“熟生新旧聚三番，服语难同庶类繁，结队远行齐力作，雌雄难辨似猱猿。”藏区的少数民族已高度汉化，正如民国《泸定县图志·风俗》称，“风俗悉已向化为汉人礼节，人民俭朴，皆以农耕为业。春冬两季赴汉源或雅安等处背茶或米，运至康定”销售。史料中的“悉已向化”可能有美化成分，但从人民能以农耕和商业贸易为生来判断，泸定已基本具有汉人生活的特色。

三　汉藏民族的交融

移民的进入与落籍，使川藏边地已成五方杂处之地。民国《道孚县图志·风俗》记载，该县已成为“藏族土著及汉人五族杂处之地”，汉人占有较大比例。年深日久，民族间开始相互通婚，促使了汉藏的交融进程。如九龙县为“五族杂处之地，言语不同，风俗各别……土夷有招婚之风，凡汉人于此安家者竞为入赘之宾，数十年以还，生子育女，半为同化”[③]。这里的同化是指汉夷婚后子女的汉化。理化县也是“蛮汉联姻，生子喜读汉书”，设治以后，凡临城附近早为同化。[④] 丹巴因与懋功、天全等地接近，境内汉人居多，设治以后，

① 中国人民政治协商会议甘孜藏族自治州康定县委员会编：《康定县文史资料选辑》第3辑，1989年编印。

② 民国《崇化屯志略·风俗》。

③ 民国《九龙县图志·风俗》。

④ 民国《理化县图志·风俗》。

“汉夷联姻，生子愿读汉书”[1]。强调了汉夷联姻及其相互交融的关系。

中华民族自古以来就是由多民族构成的大家庭，其向心的凝聚力始终以汉族为主体而不断相互融合。汉藏民族在长期社会经济活动中取长补短，相互同化与融合。移民在川藏边地从事社会经济活动，起初均由通晓民族语言的“通事”翻译，以后逐渐相互理解。藏族波密部落自称系汉人苗裔，“土人相传乃从前进藏之兵，因无饷而流落于此，与番女配，子生孙而孙又生子，自成一部落焉”。宣统元年（1909）赵尔丰率边兵护送川兵入藏，行至察木多时，波密人来投，称前代原系汉人，仍愿归汉，赵允之并重赏，波密人以其地所产之棉、所种之粮、所织之布，呈验于赵，以实其确为汉人之据。[2] 这里暂且不论波密部落是汉还是藏，即使其原属汉人，但与藏女婚后生育的后代，至少应是汉藏混血后裔，并且“子生孙而孙又生子”，然后成为部落。该部落能够耕织结合，说明其已由游牧生活转变为农耕生活，这是汉化的汉藏混血后裔。有些汉化藏民甚至讳言自己为藏人，理番的“六里、九枯、三番、十砦皆汉番杂处”，九枯就有“久离番籍羞家世（九枯系番种染汉习，讳言夷籍——原注）”之谓。[3] 茂州也因汉藏民族的交往，到嘉道时藏民“饮食服物冠婚丧祭，渐与汉民等矣”[4]。炉霍有数百家挖金开垦的汉人，他们与藏民的交往使汉语已成为该县城市居民交流工具。有些偏远地方藏人虽仍守旧制，但也知汉人礼节。[5]

清前期，川边藏民教育较为落后，在科考中藏区汉人明显占优势，内地汉人甚至进入藏区冒籍考试，引起藏区官民的不满。据《汶川清嘉庆三年学政碑》规定：“汶川学籍，嗣后非土著廪生不得保结，非土著人民不得应试章程。”汶川县“外籍考试由来已久，碍难深究”。为解决此问题，汶川土著居民上控于县，“请嗣后非系本地

① 民国《丹巴县图志·风俗》。
② 民国《西康建省记·波密投诚记》。
③ 同治《直隶理番厅志》卷4《边防·夷俗》。
④ 道光《茂州志》卷1《舆地志·风俗》。
⑤ 民国《炉霍县图志·风俗》。

土著人民，即有分厘微粮即冒认本籍同姓为一宗，其现住他县有籍可归者，一概不准应试”；如冒籍被查出，将从重究办冒考之童。郫县人骆凌霄对此不满而上茂州呈控，但被驳回：“各归原籍。”接着，灌、郫、温、崇四县徐安然等又上省呈控，李学宪批道：“尔等即系载粮民籍，该土著廪生岂无认识保结之理？尔今赴考，廪生不肯画押，其非土著可知，妄渎不准。”随即，省里批示茂州敦促汶川县调查，县主调查结果为“徐安然等均非汶川土著民籍，辄因岐考不遂，胆敢□名越控不休”①。这个案件不仅汶川本籍上告，而且灌、郫、温、崇等县冒籍人士甚至越级上控，案件惊动县、州、省三级政府。这一案件至少可以理解成少数民族子弟汉化程度有所提高，他们需要通过科举考试进入仕途，进而改变自己的身份，但其汉化程度毕竟有限，因而与汉人在考试中竞争不占优势，正因为如此，他们才反对汉人冒籍考试。从碑文来看，确实有一部分汉人长期移居生活在该地，这在一定程度上也促进了双方的交流与同化。

藏族地区清代最早设立学校大概在康雍年间。康熙五十九年（1720）岳钟琪带兵入藏平定准噶尔部叛乱，在川藏干线上设置粮台，使留驻打箭炉、巴塘等地的汉族士兵和商贸小贩日益增多，于是在两地设立私塾，供汉人及藏族子弟入学。雍正时四川巡抚宪德请求在夷蛮杂处地设立义学，选“文行兼优之士延为塾师，令熟番子弟来学，俟学业有成，俾往教生番子弟”。此折得到礼部批准。② 义学的目的是系统培养已基本汉化的“熟番”，然后让他们去教育“生番”。道光五年（1825）李涵元在金川绥靖屯创兴义学，校址设于城隍庙左廊，延师训课；崇化屯也捐集银两创设学堂多所。③ 这些学校往往采取单一汉语教学，强化藏民汉语水平，民国《石渠县图志·风俗》记载，石渠临城附近，凡入学读书之人，皆“稍知汉人□□礼节”，不读书者则仍守其旧。由此也可看出教育在民族融合中的作用。民国

① 四川省阿坝藏族自治州政协委员会文史资料委员会编：《阿坝藏族羌族自治州文史资料选辑》第4辑，第152—155页。

② 《清世宗实录》卷90，雍正八年正月乙未，中华书局1985年版，第215页。

③ 四川省阿坝藏族自治州政协委员会文史资料委员会编：《阿坝藏族羌族自治州文史资料选辑》第4辑，第28—29页。

《定乡县图志·风俗》记载，“人民犷悍”，设立学校后，情况明显好转，“立学校以广教育，未数年间，凡毕业生皆知汉人礼节”。光绪三十三年（1907）赵尔丰奏请朝廷在巴塘分设学区，吸收藏族子弟入学。① 自此以后，藏区学校数量大增，清末康定、甘孜、白玉、德格、石渠、登科、泸定、丹巴、九龙、雅江、义敦、定乡、稻城、巴安、得荣等县均设有各类官办学校，数量总计在45所以上，汉夷男女学生人数至少在千人以上，② 藏民出现“送子读书，习学华语”的潮流。所有这些无疑会促使汉藏民族的交融进程。

当然，在某些藏族地区一开始推行官话教育并不是一帆风顺。如清末巴安设立官话小学堂，起初竟“无人入学”。即使向藏民宣传“汉夷共为一家，应读书，始知汉礼”之道理，但收效仍不大。官府只好命令地方头人子弟带头“入学读书”，并以读书代替“当差”。数年后，“凡先入学者皆知汉书于己有益，四乡宣传，于是百姓子弟皆愿入学读书”③。为了普及教育，政府一度强迫藏族儿童入校学习，当时就规定，“无论汉蛮，凡小儿五六岁皆送入学堂读书”④。读书往往与应试做官连为一体，当时这可能是鼓励少数民族教育的最好手段。但少数民族子弟参加考试又往往和汉族发生矛盾，地方官员极为重视协调工作。雍正八年（1730）四川巡抚宪德就曾因茂州学子考试而上疏，茂州羌民久列版图，载粮入册与汉民无异，应“准其与汉民一体应试，卷面不必分汉羌，取额不必加坊，一体凭文去取”。这一建议似乎未曾落实。乾隆初年四川学政隋人鹏上奏，要求“嗣后四川所属一切土司苗童，有志向上报名应试者，应准其与汉民文武生童一并凭文去取”。这次上疏得到肯定回答，“应如所请，嗣后川省各属一切土司苗童，有志上进报名应试者，俱准其与汉民文武童一体考试，卷面不必分别，汉苗取额不必加坊，其进学名数即入于各该学定

---

① 李延恺：《谈谈历史上的藏族教育》，《藏族史论文集》，四川民族出版社1988年版，第142页。

② 《中国地方志集成·四川府县志辑》第67辑，巴蜀书社1992年版。

③ 民国《巴安县图志·教育》。

④ 民国《定乡县图志·学堂》。

额内，一律凭文去取”[①]。读书与做官连在一起，或许是推动当时藏民教育的极好手段，由此吸引藏童的入学求知，同时也促进了民族间的交融和同化进程。

总之，清代汉民移居川西藏区，既与政府对藏区的优惠政策有关，也与藏区土旷人稀、物产独特的环境有关。汉人入藏不仅推动了藏区社会经济的发展，而且也促进了藏区的汉化进程。汉人在藏区所开展的社会活动，将地处西部的藏区与内地紧密地联系在一起。而在长期的社会实践过程中，汉藏民族之间的往来与融合得以不断加强，共同为藏区开发而奋斗。事实上，在藏民汉化的同时，也有汉人夷化倾向。康定地区的汉人就学习藏语，半夷半汉之语言竟成当地通行之官话，如藏人称“马”为“哒”，称“伙计”为“阿喽”，说“把马牵过来”为“达克乎”。汉语“伙计，把马牵过来”，在此地的藏人表述为“阿喽，达克乎”，汉人表述为“阿喽，把哒牵过来”[②]。因此，从某种角度而言，清代藏区汉藏间的融合与同化是双向的，但主流是汉化。

① 同治《理番厅志》4《边防·筹备》。

② 民国《康定县图志·风俗》。

从判例看嘉道时期蒙古西部的民族交流

在清代蒙古西部的阿拉善地区属于沙漠性气候，以游牧经济为主。清代中叶，汉族移民不断进入，导致阿拉善地区的社会经济发生变化，民族间不断发生各类民事纠纷。学术界对汉族移民蒙古虽有关注，但一般较为笼统。而通过某一时期某一地区的个案研究来揭示蒙汉民族交往问题，至今尚无专文论述，本文主要以全国人民代表大会民族委员会办公室于1958年印行的《内蒙古自治区巴彦淖尔盟阿拉善旗清代单行法规及民刑案件判例摘译》① 为依据，通过这些民事判例来管窥清嘉道时期蒙古西部地区蒙汉民族之交流。尽管判例主要限于阿拉善地区，但在某种程度上是对蒙古西部蒙汉交往的一个缩影。这些案件揭示了清中叶蒙古西部地区的社会经济发展状况。

一　汉人移民对地方经济发展的影响

清代蒙古西部阿拉善旗人70%从外地迁入，最高统辖者是扎萨克诺颜，下设印务处即旗衙门，蒙汉之间纠纷由专设的理事官厅裁判，理事官厅叫“对子”“听差处”②。阿拉善旗蒙古贵族称为台吉，一般

① 全国人民代表大会民族委员会办公室编：《内蒙古自治区巴彦淖尔盟阿拉善旗清代单行法规及民刑案件判例摘译》，全国人民代表大会民族委员会办公室1958年油印本。

② 全国人民代表大会民族委员会编：《内蒙古自治区巴彦淖尔盟阿拉善旗情况》，全国人民代表大会民族委员会办公室1957年，第51页。

普通民称为哈喇楚。阿拉善在康熙三十六年（1697）建旗，治所在定远营（今巴彦浩特市），据《定远营记》碑文载，定远营设立于雍正八年（1730）：

> 贺兰山北，乃朔北之保障，沙漠之咽喉也。圣心轸念山后一带，切近宁城，特移厄洛特（即额鲁特）郡王阿定部落于西海，渡厄尔多斯（即鄂尔多斯）七佐领于河东，险要尽归内地，命侍郎臣通智细行踏看，复命会同督臣岳钟琪详议具奏。别命臣通智暨光禄卿臣史在甲督理工务，修浚惠农、昌润二渠，建设新渠、宝丰两县，安插二万余户，耕畜遍野。而贺兰山后葡萄泉等处，水甘土肥，引导诸泉，亦可耕种。兼之，由山阴挺生松柏，滩中多产红盐，且形势扼瀚海往来之捷路，控兰塞七十二处之隘口。奉旨特设一营，名曰定远。爰相地形高下，因山筑城，气势轩昂，设武弁置屯兵，西接平羌，遥通哈密、巴里坤等处，东接成镇，远连三受降城、两狼山之要地。……雍正八年岁在庚戌秋八月之吉。①

这段史料说明在建立定远营时，官府已迁徙数万户汉人进入阿拉善地区，兴修水利进行耕种，并设立带有军屯性质的定远营，逐步改变阿拉善地区原有蒙民以牧畜为主的产业结构。

汉族移民主要来自甘肃民勤县，也有部分山西、陕西、山东、宁夏人。民勤人种大田的多，山西、山东人种蔬菜和瓜类。② 由于人口相对稀少，西部草原仍多处于原始面貌，狼群为害颇为严重。嘉道时期官府鼓励民众打狼，道光元年（1821）十月初一日官府规定："我旗众阿尔得应尽力打狼，消除狼害，以利全旗平安放牧，繁殖牲畜维持生计。"对捕狼之人，不仅给予物质奖励，甚至还给予政治待遇的刺激，"大狼皮一张赏银三两、狼仔皮赏银一两，以资鼓励。又对一

---

① 全国人民代表大会民族委员会编：《内蒙古自治区巴彦淖尔盟阿拉善旗情况》，第51页。

② 同上。

贯努力打狼众多者，有顶戴的升顶戴，无顶戴的赏顶戴。以上规定，严饬全旗，永为定例遵行”①。清中叶以后，来此贸易之汉人看见阿拉善旗黄河沿岸附近低洼地带土质肥沃，计划垦殖。一开始蒙古人因怕破坏牧场，不许汉人耕种。但随着经商汉人对蒙古人纳税，渐渐熟识，同时蒙古人亦需食粮供给，始许汉人在居住地附近进行有限度的垦殖，但汉人很快突破了垦殖界线。光绪二年（1876）清朝废除了禁止汉族妇女出关的法令后，汉族农民定居逐渐增多，垦地进一步扩大。②

随着汉人垦殖成效的显著，蒙古民众也受到了刺激，蒙古人积极申请荒地自耕，可暗中却招来汉人开垦，道光十六年（1836）五月二十五日的一份判决即说明此问题：台吉笔帖式好吉申请将伊贺通格以西白沙沱边察干额尔格一块旱地，招蒙古人耕种一年，获得批准。但实际上，“察干额尔格之地已由达木勒章京达兰台招汉人李达隆耕种”。达兰台“为了从察干额尔格之地每石征收三斗租粮维持生活，就把汉人李达隆招来”③。这明显违背了垦荒初衷，经请示谕令：将达兰台降级二等，汉人李达隆收获后立即离开。后来，一些蒙古族官吏也开始寻找水源招汉人耕作，如咸丰十年（1860）五月二十二日昆都笔帖式丹必申请：“奔巴图西南叫做巴音塞—乌兰阿塔哈那—散丹之地，有稍出水的迹象，可否赏给奴才，以自力掏挖，如出水则招好的汉人开垦其西边的小块荒地种二块农田，以作生命养料。”获得批准。④ 这说明随着汉人在蒙古西部的垦殖，定居的农耕文明已逐渐被蒙古人接受。

传统农耕社会的耕种往往离不开牛，牛为汉人农业生产的重要资源，因此蒙古法律严禁偷杀耕牛。有关案例显示早在乾隆时已出现禁宰牛只判决，乾隆三十年（1765）毛吉班迪等三人，“驮盐当中偷杀

---

① 全国人民代表大会民族委员会办公室编：《内蒙古自治区巴彦淖尔盟阿拉善旗清代单行法规及民刑案件判例摘译》，第 3 页。

② 《钦定理藩部则例》，天津古籍出版社 1998 年版，第 125 页。

③ 全国人民代表大会民族委员会办公室编：《内蒙古自治区巴彦淖尔盟阿拉善旗清代单行法规及民刑案件判例摘译》，第 15 页。

④ 同上书，第 11 页。

吃汉人牛一头，虽然牛主汉人不知，依法将毛吉班迪等三人，每人责打二十五鞭”①。而且越到后来，对偷盗牛只惩罚越重，道光十六年（1836）六月初二日判决：箭丁色音呼举报，“有叫希德尔者牵一条三岁牛前来出卖，可能是偷来的”，经审问，希德尔承认：在去衙门城谋求生活途中，“发现从昆都笔帖式达穆崔房后河水处出来十余条牛，便起贼心，从该牛群里抓一条三岁牛，路上适逢衙门城汉人张三，便将牛以一千六百文卖给了他。本年四月二十四日，又起贼心，仍从该牛群中偷了三岁牛一条，以三千五百文卖给张韬恒店，待取钱时，被昆都敏珠尔捉住了。除此并无其他偷盗行为”，最终判决鞭打希德尔一百鞭，“交主人拨什库敏珠尔管教使役。汉人张三以低价买取赃物，应逐出衙门城境”，色音呼被赏给三岁牛一条。② 蒙古法律对耕牛的保护，其实是对汉人农耕文明的认同。

寻求水源一直是阿拉善旗牧业与农耕的头等大事。因为水源而发生纠纷的现象较为普遍。嘉庆十年（1805）七月初二日案例显示，章京塔瓦苏木所属在巴尔贡丹木巴、沙尔吉拉等地居住的什户长拨什库达希、达鲁古嘎拉图、箭丁拉扎布、臣普勒、红惠、门都等 18 人申诉：“副章京班迪在奴才们的牧场——塔拉乌兰之地岭北，现在正挖着一井，如果此井出水，章京班迪在此放牧时，奴才等的少数牲畜，将因此失却仅有的牧场而受损失。”据此，诺颜下谕：“章京班迪所挖之井，如果出水，丹木巴、沙尔古拉等地众人，仍从该井用水，后日不论何人，在章京班迪所挖井的南北及西至格德楞以北，东至沙漠边至哈木古勒图后面以北，在这些地方不得挖井惹起争吵。”③ 汉人也有因放牧打井，与蒙古族发生矛盾，道光十三年（1833）二月初八日判决，“把沼高、查埃子、查尔川吉等地八个汉人的牲畜均已赶回原地。准许这些汉人放牧的是台吉伊德尔、箭丁乌勒吉保音、桑吉、吉拉台、雅丹杰、萨木丹、拉布丹等”。由于先前曾有汉人马家等放牧，擅自打井居住，至今尚未结案，因此对台吉、哈拉楚等容

① 全国人民代表大会民族委员会办公室编：《内蒙古自治区巴彦淖尔盟阿拉善旗清代单行法规及民刑案件判例摘译》，第 21 页。

② 同上。

③ 同上书，第 13 页。

收汉人居住加以严惩，台吉伊德尔鞭一百，箭丁乌勒吉保音等六人各鞭五十，各枷号一个月，期满再鞭五十。而拉布丹又因常容留汉人居住，引惹事端，令其向内迁移。对主管该地区的达木勒扎兰衔达兰台、章京衔沙艾、白顶戴昆都宁达嘎三人各降一级，金顶戴昆都车尔丹、巴雅斯古郎二人各鞭五十。① 这些案例显示，对水资源的合理配置与利用，已成为蒙古西部地区官民十分关注的事项，这或许是蒙古西部地区农耕与畜牧经济发展，需要更多水资源的体现。

二　阿拉善地区的商业发展

商品流通是社会经济发展不可缺少的环节，阿拉善旗的商业主要由汉商操纵，至少在清初，汉人的行商坐贾已到此开展商业活动。但商业普遍发展则是在清中叶以后，主要集中在定远营一带，商号主要经营皮毛、百货、杂货、酒类和药材等。坐商多是山西人，也有民勤、银川等地人，行商多是河南、山东等地人。最大的坐商是创设于清初的祥泰隆，为山西平遥人创办，俗有“先有祥泰隆，后有定远营”之说。② 汉人长期在此贸易，对蒙古人社会经济文化产生了一定的影响，蒙古人开始效仿汉族的装束，这引起了蒙古贵族的不安。嘉庆二十五年（1820）九月初九日阿拉善王爷下令：“禁止阿尔得仿效汉人戴毡帽和草帽。”③ 但是民族间的文化交流并不是一纸禁令就能收到实效的，禁令的出台反而使蒙古人仿效汉装趋势愈演愈烈。道光十三年（1833）十一月初七日又下令：“各在所属地之内，永远禁止戴用毡子剪的帽子、穿鞋、养驴、雇佣汉人之事。”道光十五年（1835）闰六月二十八日又发布同样令。道光十九年（1839）五月十八日再次下令重申：“严禁戴毡帽、养毛驴、穿鞋子、盖板升等事，

---

① 全国人民代表大会民族委员会办公室编：《内蒙古自治区巴彦淖尔盟阿拉善旗清代单行法规及民刑案件判例摘译》，第14页。

② 全国人民代表大会民族委员会编：《内蒙古自治区巴彦淖尔盟阿拉善旗情况》，第37—38页。

③ 全国人民代表大会民族委员会办公室编：《内蒙古自治区巴彦淖尔盟阿拉善旗清代单行法规及民刑案件判例摘译》，第7页。

作为定例，永远遵行。”[①] 这预示着蒙古人汉化的程度在不断加快，也暗示了汉人移民数量不断增多。

蒙古人与汉人的交易主要是牲畜，汉人经商需要证件，嘉庆二十五年（1820）规定：“在我定远营经商居留的汉人，携带证件在旗内经商，欺骗众阿尔得骗取蒙古四种牲畜，致使牲畜日益减少。为杜绝此种现象，禁止出城行商，以免旗内众阿尔得陷于债务，以利民生。为此，永为定例立档，以示遵行。”道光元年（1821）四月初二日王爷再次重申这一禁令。[②] 这说明汉人是蒙古西部地区商业活动的主要经营者，其商业交易量的庞大，已经引起蒙古贵族的注意，汉人购买牲畜往往在当地放牧，等待时机出手。

汉商牲畜的日益增多，并在蒙古人牧场境内放牧，给蒙古人生计制造了不少困难，因此而产生既限制汉商活动，又限制汉人在旗内放牧的规定。嘉庆二十五年五月二十三日乾清门行走阿拉善和硕特额鲁特扎萨克加一级和硕亲王谕令：

> 为公告严行禁止事，查本王所辖之旗，蒙民世代依赖牲畜及牧场为生。唯闻如今蒙汉杂居，进行交易，居留我定远营之汉商和蒙古人进行交易时，以高价赊销货物，以低价收取牲畜，被汉商欺骗。去年调查居留我旗放牧之汉人牲畜驼、马、牛、羊已达数千之多，破坏损伤境内的草场，且食苏利贺尔、陶木苏等草……此乃皆因官员等徇情失职，延袭旧例，发放证件，不加细查所至。除向彼等严加训饬外，今年停止发放证件和征收草头税。饬令汉商等以本年九月为限，将各该所有牲畜尽行出售或赶往关内。如汉人需要骑、驮骆驼，只限十只以内，不得超过。自布告日起，汉人等应即将牲畜出售，不得继续在旗内放牧。如有违反，既经查出则将汉人等牲畜赶入关内并将该汉人等交付钦差

---

① 全国人民代表大会民族委员会办公室编：《内蒙古自治区巴彦淖尔盟阿拉善旗清代单行法规及民刑案件判例摘译》，第9页。

② 同上书，第2页。

蒙汉事务衙门严惩不贷，仰即一体遵行。切切此布。①

这一告示首先承认了蒙古西部地区已经是“蒙汉杂居”，说明到嘉庆末年蒙古西部地区已出现了大量的定居汉人。其次承认了蒙古西部地区商品交易的频繁，交易的商品具有典型的草原特色。该告示承认了汉人购买牲畜的私有产权，只是对数量及放牧地进行了严格规定。

尽管蒙古贵族总是想方设法控制汉人的商业行为，但民族融合的步伐以及商业利润的驱使，都刺激了蒙汉交易更加频繁。道光元年（1821）四月初二日蒙古贵族又以蒙汉文公布了《乾清门行走阿拉善和硕特额鲁特扎萨克加一级和硕亲王谕令》，内容仍是限制汉商的交易活动，但并不是禁绝：

为布告周知事，查在我定远营城内经商的汉人，将蒙民之各种牲畜高价收买，谋取重利，对旗民非常苛刻。今后凡蒙汉人等赶来大小牲畜，不论出售人或收买人均在兰兴牧场、永泰号两处，由台吉藏布、侍卫臣普勒两人议定价格，卖给愿出高价收买之人。其手续费为每只驼二十文、每匹马十文、每条牛十文、每只羊四文。买卖双方各出一半。此钱由昆都拨什库钦达门、朝克苏木、那旺达雅、德尔其特等人收取后，一半交于和硕厢，一半充做台吉藏布、侍卫臣普勒两人之食费。②

此谕令强调了官府对牲畜交易的调控手段，以防止汉人对蒙古人的不利交易。这一禁令还显示，蒙古西部的蒙汉民族之间一直是和平相处的，即使发生纠纷也是通过法律途径来解决。

在蒙古西部民族地区，食用羊应由蒙古人宰杀才能出售，不允许其他民族宰杀，“肉价须由印务处规定时价”。道光十三年（1833）

---

① 全国人民代表大会民族委员会办公室编：《内蒙古自治区巴彦淖尔盟阿拉善旗清代单行法规及民刑案件判例摘译》，第2页。

② 同上书，第3页。

二月，汉人郭昌买一驼在额尔和达延台吉宝尼希理的阿勒巴图安平家里宰杀，被箭丁苏那木发现后，送贿一千文。又额尔和达延台吉的哈里雅图沙门及汉人王丹浩二人看见，以告发威胁，各取少许肉。最后判罚郭昌二十五鞭；箭丁苏那木倒回一千文贿赂交旗仓，鞭五十；王丹浩鞭二十；安平身为蒙人，允许别人在家杀驼，鞭五十。[①] 嘉道以后，这一戒律也随着汉人移民的增加而被突破，汉人在蒙古地区购买牲畜就近屠宰，然后运往内地销售，沟通了蒙古西部与内地的经贸往来，进一步刺激了蒙古西部的商业化倾向。

汉人和蒙古人交易的大宗物品是粮食，一般要将粮食运送到衙门城销售。道光十七年（1837）五月，据汉人黄姓申诉："小人等三人驮九驴驮粮食，前来衙门城出售，不料于本年五月初八日夜间，行至沙尔古都勒路上时出来三个骑马的蒙古人，用石子投掷，劫去粮食四口袋。"经对被捉拿的嫌疑人敖海、巴图、哈拉呼等刑讯，敖海供称：五月初八日夜间，"我同巴图二人骑马看马群，看见从沙尔古都勒出来三个汉人，赶九驴驮粮而来，我便起贼心，同巴图商量劫粮。巴图同意说：我们人少，再找一个人。这时正遇苏鲁克其哈尔胡，在他同意之下，给他一匹马骑，我们三人就在哈拉陶老盖后路上，同那三个汉人相遇，用石子投掷威吓，夺下了四口袋粮食"。其余二犯也供认不讳。官府判决为："首犯敖海带二十五斤木枷四十天，期满责打一百鞭；从犯巴图带二十斤木枷四十天，期满责打八十鞭；哈尔胡带二十斤木枷四十天，期满责打六十鞭，并追回他们所劫粮物，给付事主黄姓汉人等。"[②] 可见，法律对汉人在旗内的正当贸易加以保护。但对有可能损害蒙古人利益的商品交易则加以干涉，如阿拉善旗的吉蓝泰、察汉淖尔、哈喇淖尔和雅布赖等是著名的盐池，汉人常组成数百头骆驼进行大规模的贩盐生意，将盐运往兰州、秦州等处销售，为了不影响蒙古人的利益，道光二年（1822）七月十一日官府下令规定：

① 全国人民代表大会民族委员会办公室编：《内蒙古自治区巴彦淖尔盟阿拉善旗清代单行法规及民刑案件判例摘译》，第16页。

② 同上。

"永远禁止将雅布赖青盐卖给西方汉人，并立印文档册。"[1]

鸦片战争后，贩卖鸦片也波及蒙古西部地区，法律对牵涉鸦片交易的各方均严惩。道光二十五年（1845）八月二十二日有一判决称：原喜从内地买吸鸦片，罚一百鞭，"戴手铐脚镣交付拨什库玛格苏尔永做家奴管束。被他劝诱吸了二口鸦片的敦都布，罚五十鞭，交付该管什户长，以二个月之期镇压管教，期满再鞭五十。卖五钱烟土的卢姓汉人，打二十五鞭，驱逐出境。永发店掌柜汉人赵姓容留卖烟土的卢姓汉人住宿，打十五鞭"[2]。道光三十年（1850）二月二十一日判决曹宝二吸食鸦片案，曹宝二称："我是青台吉的哈木吉拉嘎，今年二十二岁，与父达秀等同居。去年十月得病，由银川街汉人买鸦片烟和烟具，我一人吸食，我妻虽曾劝阻，并未理睬，照常服食。后被达鲁古昆都奥敖、杜木苏、衙役敖特根、五十三等发现被捉，别人实不知我吸烟之事。"因此，罚曹宝二鞭一百，以三年为期，交付排生达苏玛歹严加管教使役，并赏给捉拿曹宝二之达鲁古昆都奥敖等四人大牛一头。[3] 据此也可以了解，道光年间鸦片贸易已经延伸到我国内陆的广大地区，严重损害了各民族人民的身心健康，受到各民族人民的抵制。

三 汉蒙民事纠纷的处置方式

嘉道年间，蒙汉之间民事纠纷已不仅仅表现在农业垦殖与商贸领域，还波及其他社会生活诸方面。据道光十一年（1831）四月初八日判决，蒙古西部地区的煤矿开采也引起了蒙汉间纠纷，道光九年（1829）南公爷"呈请诺颜批准在查干朝老图高勒挖掘煤炭，不料于去年冬季，台吉保音大来、阿力格齐等带领汉人李福等来，令他们在南公所开之煤田挖煤，奴才等曾阻止李福挖煤，并赶走了他们。今年正月初八日汉人李福又带领了一批汉人挖煤，奴才等赶不出去，继而

---

① 全国人民代表大会民族委员会办公室编：《内蒙古自治区巴彦淖尔盟阿拉善旗清代单行法规及民刑案件判例摘译》，第5页。

② 同上书，第41页。

③ 同上书，第39页。

又有汉人吴英等也在已经挖掘的二坑中间挖煤，驱赶不走，声称台吉保音大来有债务，该李福、吴英等所开煤坑已有四处”。又据南公爷报告：“小人是遵守诺颜谕令的，但我兄台吉保音大来、台吉阿力格齐二人，指使汉人李福在我煤坑挖掘，虽经阻挡也不停止，而台吉保音大来被汉人李福操纵。”经审问台吉保音大来称：“小人苦于还债，在弟弟公爷煤坑附近挖煤，想以此维持生活，将李福带来是我的不是，但绝未指示吴英等人挖煤。”官府调查后判决：“台吉保音大来、阿力格齐二人生计困难，理应呈请诺颜予以解决，却恣意在南公爷所开煤田附近，招揽汉人挖煤，破坏风土，乃系违法，且恐引起后日其他台吉也如此模仿。为此罚台吉保音大来五畜，赶走其所招揽汉人，台吉阿力格齐也应处罚，但无可罚牲畜，经向诺颜请示处理的办法，谕令责打阿力格齐五十鞭。”[①] 这是蒙民之间的产业纠纷，但透露了汉人在蒙古地区采煤业中居于优势地位，也显示了汉人全面参与边疆开发的历史脉络。

随着阿拉善旗地区社会的发展，边疆的汉人移民职业逐渐多元化。嘉庆二十五年（1820）八月初七日审问汉人程麻子称：“我是治疮伤的。马甲保彦达赍之姐姐塔木长疮，因我不会蒙古语，经汉人王家翻译，给她喝了一服药。喝了以后，该妇女于六月初八日死去。”程麻子因住王家，王家因此被罚马一匹、银十两，给付事主马甲保彦达赍。[②] 程麻子以行医为业，从罚款来看汉人王家在蒙古西部已走上富裕道路。蒙民的居住大多以蒙古包为主，其寺庙等高层建筑则多由汉人修建。道光十三年（1833）三月二十二日判决：前建寺时，由于监督不力，以致上二层须拆除另建，为拆除需给汉人工资二十九千多文，[③] 说明部分汉人以建筑为业。

从一些民事审判的案件来看，在经济交往中，蒙汉债务纠纷较多。道光十六年（1836）六月十一日，箭丁特莫格尔将催收债务的汉人张实朴走失骆驼一只抓住售卖。特莫格尔称：道光十四年

---

① 全国人民代表大会民族委员会办公室编：《内蒙古自治区巴彦淖尔盟阿拉善旗清代单行法规及民刑案件判例摘译》，第 13 页。

② 同上书，第 30 页。

③ 同上书，第 14 页。

（1834）夏季，“发现张实朴走失的五岁牝驼一只，在察干额尔苏地方抓住后，打算交还给该汉人索取一点报酬”，最后在衙门城“把驼以六千文卖给箭丁额仁亲。但额仁亲知道汉人的驼后，只给了我们五千四百文”，最终判罚首犯特莫格尔罚一百鞭，而图利收买的额仁亲罚三岁驼一只，以偿还汉人。① 这一案件的起因是汉人催收债务引发。道光二十四年（1844）三月二十六日箭丁官布因伪造使用假币，被债主喇嘛叶冷丕勒投诉，官府立即对箭丁官布审讯，其中也牵涉偿还汉人债务问题。由于蒙古西部蒙汉交流的进一步加强，一些蒙民已逐渐改变了原有的淳朴习性，在生活穷困之际，也会从事违法行为。道光十六年（1836）正月二十九日箭丁塔琴扎布因家贫无法生活，从喇嘛达希借二四千文，“买了好银子掺了铁”，打成银块卖给汉人商号。②

蒙汉民众在长期的生活实践中，民族间的隔阂逐渐缩小。道光元年（1821）四月，箭丁毛好尔班弟带领姐妹及子女共五人，“同边境汉人等厮混，到处游浪，作贼行窃，招惹事端”，毛好尔班弟被打五十鞭，交苏木什户长陶克陶乐管教使用十年，其他眷属被罚给蒙古贵族“永作家人使役”③。道光三十年（1850）三月，箭丁图布沁因生活困难将亲生幼儿送给了吕姓汉人养育，被判决鞭一百。④ 这两个案例说明，蒙汉民众相互信任的亲密关系在民族交往中不断强化。这种亲密感的强化还引发了一些孤身汉人与蒙古族女性发生情感关系，嘉庆二十五年（1820）八月初七日判决：“将衙门城兴盛号汉人王家和章京朝木本苏木所属妇女宝尔胡、章京却扎布苏木所属姑娘门都胡三人传来对质审问，均供认有通奸之事。汉人王家受到罚款处罚。”⑤ 尽管汉人受到惩罚，但案件显示男女之间是互愿的“通奸”行为。道光三年（1823）七月二十七日又发生汉人孙昌和衙门城堆厅服役

① 全国人民代表大会民族委员会办公室编：《内蒙古自治区巴彦淖尔盟阿拉善旗清代单行法规及民刑案件判例摘译》，第 22 页。

② 同上书，第 21 页。

③ 同上书，第 34—35 页。

④ 同上书，第 39 页。

⑤ 同上书，第 30 页。

人好盛阿之妻陶格松通奸事件。[①] 按照清代法律规定，内地民人不准聘娶蒙古妇女，如有私行婚嫁者，“将所娶之妇离异归宗，将主婚之蒙古并违禁之民人各枷号三个月，满日鞭一百，民人递解回籍”[②]。这一法律在一定程度上会导致蒙汉男女间“通奸”行为事件上升。婚姻血缘交流是民族融合的最本质表现，这些案例显示，嘉道年间蒙汉民族的亲密关系已发展到了一定的深度。

总之，嘉道时期，随着汉族移民不断迁入阿拉善地区，蒙古西部地区的社会经济已不再是单一游牧经济，农耕经济有了一定程度的发展，这之间，蒙汉民族间在农业垦殖、商业贸易、借贷等多个领域均发生了民事纠纷，这预示着蒙古族传统的社会生活已悄悄发生转型，这与中国社会转型大致吻合。嘉道时期发生在蒙古西部的蒙汉纠纷，解决的途径是以蒙古律例为准，《蒙古律例》卷12《断狱》规定：“民人在蒙古地方犯事，照蒙古律治罪。”[③]

---

① 全国人民代表大会民族委员会办公室编：《内蒙古自治区巴彦淖尔盟阿拉善旗清代单行法规及民刑案件判例摘译》，第30页。

② 《钦定理藩部则例》，天津古籍出版社1998年版，第243页。

③ 佚名：《蒙古律例》，成文出版社1968年影印本，第230页。

明末清初西部虎患考述

虎是凶猛而又危险的兽类动物，人称兽中之王。所谓虎患是指虎对人及其家畜的袭击与伤害。据学者研究，吃人虎在历史上极为少见。虎吃人习性的养成，既有环境的关系，也有人为的因素。如果自然生态系统未遭破坏，野生动物数量丰富，虎觅食容易，一般不敢去攻击人；而且虎天性谨慎多疑，只有在找不到野食的情况下，才会冒险去接近居民生活区，盗食家畜乃至袭击人。① 因此虎患的出现与人类对自然生态环境的破坏是密切相关的。目前史料关于中国境内最早的虎患记载，就发生在西部地区，秦昭襄王时“白虎为害，自秦蜀巴汉患之。……虎历四郡，害千二百人”②。这之后文献对西部虎患记载颇少，如宋太宗至道元年（995）陕西“梁泉县虎伤人”③。而史料对明末清初西部虎患的记载尽管十分零散，但反映的历史事实却是空前绝后的。本文主要通过散见于地方志、笔记、文集等的资料，对明末清初西部的虎患情况作一大致描述性的考察，希望能对当今西部开发与环境保护提供点滴借鉴。

一　陕晋地区

这一地区是我国文明发祥地之一。宋以前一直是我国政治、经济与文化的中心。宋代以后，随着政治经济重心向东、向南转移，这一

① 谭邦杰编著：《中国的珍禽异兽》，中国青年出版社1985年版，第93页。

② （明）陈继儒：《虎荟》卷1，《丛书集成初编》第1364册，中华书局1983年版，第1页。

③ 雍正《陕西通志》卷47《祥异》。

地区相对落后。然而，自明代以来，随着我国人口压力不断加大，自明初开始这一地区就一直成为人口的主要迁出地。如洪武时期，河南地区的彰德、卫辉、怀庆、开封、河南、南阳等府都接纳了大量的山西移民。①

明清时期不断增长的人口压力，迫使人口不断向山区与边疆地带迁徙，导致了山地与边疆土地的大开发。在人类寸土必争的压迫下，以山区为生存基地的各种禽兽，也在不断地伴随着人类的山地开发而被消灭。明末清初，我国各地普遍产生的虎患，可能正是人地矛盾尖锐的突出表现。位于山西、陕西与内蒙古交界的河曲地区，明弘治二年（1489）秋七月就发生过“虎狼噬人”的现象。大同府的灵丘位于太行山区，在天启六年（1626）秋九月也发生“猛虎伤人”案。到明末清初时，灵丘虎患十分猖獗，清初人宋起凤在《稗说》卷1《兽食虎》中记载：“大同灵丘山中数多虎，相率十数成群，当昼噬人。灵丘驻裨帅，常牧放营马山下，虎时就群中残啮去。军人相戒，捕之不得。”② 老虎不仅吃人，而且还猎食军马，这些活动居然是白昼进行。这只能说明此地的山区土地开发迅速且人口密度较高。

事实上，仅山西而言，明中叶以后，其境内的老虎活动记载已相当多，如嘉靖十一年（1532）冬南部的解州运城发生饥荒，“虎入禁垣，踞池神庙”③。嘉靖年间中部汾州孝义县的城“郭外高唐、狐岐诸山多虎。一樵者朝行丛箐中，忽失足堕虎穴。……日落风生，虎啸逾壁入，口衔生麋，分饲两小虎……樵遂骑而腾上”④。此与清王士禛《池北偶谈》卷20《义虎》颇雷同。这条资料说明，该处尽管多虎，但并没有发生虎患，甚至连樵者误坠虎穴，竟能骑虎而上，其缘由大概是史料中的虎“口衔生麋，分饲两小虎”有关。也就是说，老虎的食物链并无中断，虎还没有到食物断绝而袭击人的地步。

---

① 葛剑雄主编，曹树基著：《中国移民史》第5卷，福建人民出版社1997年版，第266页。

② 中国社会科学院历史研究所明史室编：《明史资料丛刊》第2辑，江苏人民出版社1982年版，第26页。

③ 雍正《山西通志》卷163《祥异二》。

④（清）张山来：《虞初新志》卷4《义虎记》，民国《笔记小说大观》。文中所引笔记文集出自《笔记小说大观》《清代笔记丛刊》《中国野史集成》。

明代为了防御北方元人残余势力的南下，中央政府在长城沿线修筑“九边”，并沿“九边”实行军屯，后来的开中又有商屯、民屯的实施。所有这些活动，都使沿线的大量树木被砍伐，山地被无序地开垦，“即山之悬崖峭壁，无尺寸不垦”①，进而带来了生态环境的大破坏，由此也就加剧了虎患的发生。在“九边”沿线上的山西宁武县，史载其境内“多虎，村民被噬者甚众”②。村民被食甚众，说明虎患出现频繁。当然，在与虎的争斗中，人类的智慧总是技高一筹，所以史料称位于吕梁山的山西岢岚州地处万山中，“最多虎。故居民能以一人杀一虎”③。多虎，或许正反映山区的开发力度加大，使虎被迫出山与人为患。而人类在与虎的斗争中，也不断摸索杀虎经验，故才会出现一人杀一虎的现象。陕西平凉府泾川县打虎能手万夫雄，少负膂力以拳勇称，一日与“范姓友早行深山中，忽林莽出巨虎，缚范以去……万遂撼大树拔之，怒持树往追，经里许，震天一呼，虎为逡巡退步者三，范得以脱，因梃击虎，中其项，虎负狰狞欲迎斗，然项痛竟不能举，万乘势一再击之，虎毙矣。母虎暨虎子相寻至……复相继而毙于其手”④。万氏一人在深山之中连毙三虎，颇有黑旋风李逵沂岭连杀四虎的雄风。此则史料反映的背景是在深山中，老虎在清晨就敢只身对两个行人大开杀戒以及母虎与虎子相寻至，都意味着老虎在深山中觅食的困难，而被迫袭击行人。

而连续不断出现的虎患，给人民的生命财产造成了重大的损失。所以虎患问题，也引起了地方政府的注意，为了保护民众，地方政府有时甚至出动军人参与助剿老虎行动。钱泳在《履园丛话》卷14《祥异》中载：“陕西汉中府西乡县出一猛虎，伤人无算，猎户与官兵莫能制之。……时村家养牛数十头，正在山上，见此虎至，群牛皆退缩，惟一牛独前，与虎熟视者久之，忽奋力一角穿虎喉，虎立毙。报之县官，遂将此虎赏畜牛之家，并以银五十两奖之，一县称快。”

---

① （明）庞尚鹏：《清理大同屯田疏》，陈子龙等编《明经世文编》卷359，中华书局1962年版，第3867页。

② （清）陆长春：《香饮楼宾谈》卷1《肉身土地》。

③ （清）赵翼：《簷曝杂记》卷3《镇安多虎》附记，中华书局1982年版，第46页。

④ （清）张山来：《虞初新志》卷8《万夫雄打虎传》。

西乡县位于秦岭与大巴山之间，这里是明清时期人口流动最为集中的山区之一，大批流民进入山区，长期主要从事土地垦殖及工商业活动。从村家养牛数十头且放牧山上，可以看出当地山区已多被开发成耕地。这在某种程度上，也就使老虎的活动范围被不断缩小，进而断绝了老虎的食物来源。老虎出山吃人及家禽已成必然。面对虎患，当时人们能够采取的措施就是猎杀老虎。

二 四川地区

四川号称“天府之国”。明末清初，长期的战乱使四川人口极度减少，清代修纂的四川各地方志往往用“靡有孑遗”来表述清初人口的极度稀少。四川虎患多发生在城乡，尤其以城市居民区为主，这与陕晋地区的虎患多发生在山区不同。笔者认为，陕晋虎患是在流动人口流动开发山区的过程中不断形成的，而四川虎患的出现则是长期战乱，造成人口死亡，或大部分逃往深山避难，反而使城乡变得空虚荒凉所造成的。

四川的虎患也是以山区县为多。山城重庆府是虎患的多发地区，府属江津县在明成化二十三年（1487）“多虎患，县令黄昭祷于神乃息”。清顺治年间，饱经战乱的江津已成为“虎狼之穴”，老虎甚至可以“翻屋登梯，号为神虎”[①]。而道光《綦江县志》卷10记载，綦江“群虎白日出没，下城楼窥破残人户。……行者虽五、七同群，执器械，前后中间必有一失”。群虎于白日出没于城乡，而且敢袭击手执器械的一群人，这种虎灾情况在重庆府属的荣昌县也有所见，光绪《荣昌县志》卷19记载，张懋尝主仆八人赴荣昌县上任，入城后竟然看不到人的踪迹。天将暮，一群老虎突然窜出，其中的五人当即丧生虎口。营山县“顺治七年人民稀少，虎患大作，昼夜为害。凡耕作必会集方敢偕作，然其来疾于掣电，往往攫人于广众之中，同榻之上”[②]。与重庆府接壤的叙州府也是虎患多发区，乾隆《富顺县志》

---

① 雍正《四川通志》卷38之4《祥异》。

② 同治《营山县志》卷27《杂类志》。

卷5记载，该县至清初“数年断绝人烟，虎豹生殖转盛，昼夜群游城郭、村圩之内，不见一人驰逐之。其胆亦张，遇人即攫，甚至突墙排户，人不能御焉。残黎之多死于虎”。县城北门玉水井街一带，“久成虎穴，寥寥居民，无一人敢从此采樵”。这些说明清初重庆、叙州的虎患，已不是单一地发生在深山老林地区，而是多发生在城乡居民区。老虎的数量之所以相当可观，是因为“数年断绝人烟，虎豹生殖转盛”，虎袭击人时基本上都是成群结队进行，这正反映了战乱给四川造成的破败萧条窘况。

由于老虎成群出没，所以即使民众集体持械外出，也难以抵挡虎的袭击，沈荀蔚在《蜀难叙略》中记载：自顺治五年（1648）至八年（1651）春的三年多时间里，“川南虎豹大为民害，殆无虚日。……民数十家聚于高楼，外列大木栅，极其坚厚，而虎亦入之；或自屋顶穿重楼而下，啮人以尽为度，亦不食。若取水，则悉众持兵杖多火鼓而出，然亦终有死者。如某州县民已食尽之报，往往见之。遗民之得免于刀兵饥馑疫疠者，又尽于虎矣。虽营阵中亦不能免其一二”。连军营中的士兵都难免为虎所杀，真令人难以置信！

川北地区也是虎患重灾区，据《明清史料》甲编第六本载，清初川北人口十分稀少，社会状况是“城市鞠为茂草，村疃尽变丛林”，由此产生的后果是“虎种滋生，日肆吞噬”。这是一种不应该有的恶性循环，人口稀少，老虎成群；而老虎食人，又导致人口减少。顺治七年（1650）四川地方官员向朝廷奏称，顺庆府“查报户口，业已百无二、三矣！方图培养生聚渐望安康”。战后，地方官员积极从事招徕户口，重建家园的美好计划，但却屡受到“频年以来”虎患的严重干扰，“据顺庆府附廓南充县知县黄梦卜申称：原报招徕户口人丁五百零六名，虎噬二百二十八名，病死五十五名，现存二百二十三名。新招人丁七十四名，虎噬四十二名，现存三十二名”。可见虎患是影响四川战后重建的最大障碍之一，作者感慨道：“夫南充之民，距府城未远，尚不免于虎毒，而别属其何以堪哉！”嘉庆《南充县志》卷6记载：“县治、学宫俱为虎窟。”

群虎据城为害，肆意吞噬人的生命，反映四川社会在清初的战后重建已十分紧迫。这种据城为害的虎患，在清人文集中也有记载。彭遵泗《蜀碧》卷4记载：顺治初年四川“遭乱既久，城中杂树蓊郁成林……多虎豹，形如魑魅饕餮。然穿屋顶逾城楼而下，搜其人必重伤，毙即弃去，不尽食也。白昼入城市，遗民数十家，日报为虎所害，有经数日，而一县之人俱尽残者”。这些行为都在白天发生，这或许与城中仅“遗民数十家”有关。与顺庆府毗邻的保宁府在明末清初的战乱后，也是虎患多发区，康熙时赵彪诏编《谈虎》记载，顺庆、保宁二府“多山，遭献贼乱后，烟火萧条。自春徂夏，忽群虎自山中出，约以千计，相率至郭，居人趋避，被噬者甚众”。数以千计的群虎出山入城，也许过于夸大，但老虎数量可观且集体进城觅食，与四川整个地区的虎患情况是一致的。被噬者众说明该地还处于战争的废墟之上。

除了山区虎患严重外，成都平原在清初也是虎患重灾区。康熙初，费密将其耳闻目睹的事编成《荒书》，其中顺治四年（1647）清将李国英入成都，“留张得胜守之，辟草莱而居”。不久张为其部下杀死，“自得胜死，成都空，残民无主，强者为盗，聚众掠男女屠为脯。继以大疫，人又死。是后，虎出为害，渡水登楼。州县皆虎，凡五、六年乃定”。这则史料说明顺治四年，四川首府成都已被全面大破坏，守将等也只能“辟草莱而居”，后来的内乱又加剧了整个成都地区的破坏度，以至发生长达5—6年的虎患。与成都府接壤的邛州在明代就有虎患，州属蒲江于嘉靖三十年（1551）有虎出没为害，嘉靖四十四年（1565）“虎复为患”①。

明清时期，四川虎患持续的时间比较长，直到康熙十年（1671）以后，全国已基本上走上恢复生产的正轨，但四川仍多有老虎出没。康熙十一年（1672）王士禛自川北进入成都，他将沿途见闻著成《蜀道驿程记》，内中记载：闰七月二十六日抵（潼川府）建宁驿，“竟日出没荒草中。土人云：地多虎，日高结伴始敢行”；八月二十六日至（夔州府）云阳“北十里遇虎，众列炬噪逐，久之乃去。馆人云：此地至宜城最多虎害，日暮无敢行”；九月二十五日到成都双流县，入城后见“虎迹纵横”。可见，当时四川各地的虎患依然相当

① 雍正《四川通志》卷38《祥异》。

严重。三藩之乱爆发，四川再次成为主战场之一。战后的四川“所存惟兵”，虎患之灾卷土重来。康熙二十一年（1682）陈奕禧运饷银入川，把在四川的沿途见闻辑为《益州于役记》，内中记载：十月初八日在（保宁府）广元县“仆役拔刀斩棘而入，茅中有虎，野不识人，骤见乃惊遁去……至于沙岸，虎豹之迹交错”；二十四日在盐亭“见虎……归秋林驿宿店……终夕群虎逐鹿，鸣声绕床不绝”；二十九日入（成都府）汉州“城内外皆林莽，成虎狼之窟”。这里没有具体介绍虎患情况，但虎多应是事实。康熙二十二年（1683）方象瑛典试入川，著有《使蜀日记》记载，九月初一日经汉州“抵新都县，皆名区。乱后中衢茅屋数十家……虎迹遍街巷”。这时的老虎仍以城市边缘的林莽为安身之处。

明末清初四川虎患的祸害程度也最为惨烈。康熙初年欧阳直著《蜀乱》（又名《欧阳氏遗书》），记述了四川虎患情况，“蜀中升平时从无虎患，自献贼起营后三四年间，遍地皆虎，或一二十成群，或七八只同路，逾墙上屋，浮水登船爬楼，此皆古所未闻，人所不信者。内江奔溃，余途次草中，月下见四虎过前；又于叙南舟中，见沙际群虎如牧羊，皆大而且多。过泸州，舟中见岸上虎数十，逍遥江边，鱼贯而行……大抵蜀人死于贼者十之八，死于饥者十之二，仅存者又死于虎之口”。欧阳氏的说法过于笼统，但至少反映虎患在战后的一段时间内，对四川社会发展所起的破坏作用。康熙时赵彪诏编著《谈虎》亦云：顺治时，四川“虎患，十百为群，或夜半扶椽瓦而下，尽啮室中老幼”。清人刘石溪在《蜀龟鉴》卷5对清初四川死于虎患的人口作过粗略估计，“自崇祯五年为蜀乱始，迄康熙三年而后定”，在漫长的30余年中，川南“死于瘟虎者十二三”，川北“死于瘟虎者十一二”，川东“死于瘟虎者十二三”，川西“死于瘟虎者十一二”。作者将虎特别标出，反映了老虎之害在人类历史中的记忆是触目惊心的。

清初四川地区长时期存在虎患，是战乱所造成的结果。但至少到康熙末年，四川已变成全国著名的米粮生产基地。这说明大规模的移民进入四川后，已逐步改变了四川的荒凉局面。康熙以降，四川虎患记载的罕见，正反映四川开发已见成效。[①] 大规模人口移民四川，在恢复与重建四川社会的同时，老虎也在开发进程中被捕杀殆尽。

三　黔滇桂地区

贵州、云南地处云贵高原，均与四川广泛地接壤，明末清初也屡有虎患的发生，并且老虎出没地点也与四川颇类似。明嘉靖四年（1525），贵州最北的思南府与四川交界，就有老虎进入府署“吼而出，不知所之”。如果说，这次老虎在城市出现仅是一次预演的话，那么，万历五年（1577）与贵阳府毗连的威清卫，老虎则入城大开杀戒，史称“虎入城，害三百余人”。万历二十一年（1593）贵州西部与四川交界的毕节卫出现过“虎入东关民家，伤六七人乃就毙”。万历二十六年（1598）兴隆卫又发生“虎食百余人”的恶性惨案。[②] 与四川的虎患相比，明代贵州的虎患要稍为逊色一些，至少没有出现类似四川那样大规模的群虎为害现象。但贵州的虎患也基本上是老虎深入城乡之中袭击民人。这或许与明代贵州开发的落后有关。有明一代，官方记载的贵州人口总数始终没有突破30万。这一数字到清初的雍正以前，又下降到21388丁数，约计10万人。[③] 人口稀少，又加上地形的多山，因此到了清初贵州的虎患也颇为嚣张，康熙年间，浙江人吴杰，以军功授黔西都阃。该地经常有老虎出没，“每夕必伤鸡犬，群相告诫，时总戎方宴集，客散后，见虎在山怒吼，取兵符调吴围擒”[④]，最终制伏老虎。道光《遵义府志》卷17《物产》记载，“乾隆二十年虎夜入桐梓汛官署，衔千总某妻去”。

在长期与虎的斗争中，人们对虎的形状、习性开始有了初步的认识。据清代《昭代丛书》戊集卷50收录的康熙赵彪诏编《谈虎》记载，遵义府“多虎。有四种：斑虎与常虎文质同，黄毛虎无黑文尤狞

---

① 刘正刚：《闽粤客家人在四川》，广西教育出版社1997年版，第43—49页。

② 乾隆《贵州通志》卷1《地理类》。

③ 梁方仲编：《中国历代户口、田地、田赋统计》，上海人民出版社1980年版，第204、258页。

④ （清）慵讷居士：《咫闻录》卷1《吴都阃》，重庆出版社2005年版，第12页。

恶，蓑衣虎毛长被体，如蓑衣状，刀箭不能入。而朱虎最狞，尝于绥阳村落间，二日啮三十七人，捕之则咆哮入山，卒不能致”。遵义在明代及清初还属于四川省管辖，后来划归贵州。道光《遵义府志》卷17《物产》和近人徐珂在《清稗类钞》中记载贵州、四川虎患时，基本上是上述资料的复制，但却将时间锁定为康熙年间。[①] 这条资料反映如果没有长期与虎打交道的经验，或长期受虎患的影响，是难以从虎皮形状给虎分类的。这至少暗示此处不仅经常有老虎出没，而且虎的数量也比较多，所以人们才能观察到虎的不同形状与习性。生活在山区的人民，在与虎的斗争中，还逐渐摸索出一套捕虎与驯虎的经验，变害为宝。史载："黔多山，重峦深谷间时有虎迹。山居之农善捕虎，捕必生致之，以术豢养使之训，能代耕牛之役。……且力强而性奋，无牛之惰，有牛之功。"[②] 从"山居之农善捕虎"，而且所捕的虎多在"重峦深谷间"来分析，清代贵州的山区开发已有了一定的深度。

云南是多虎之地，据方志记载，清代云南至少有近50个厅州县有虎出没，分布遍及云南东西南北，以滇南、滇西和滇东北分布较广。[③] 光绪《永昌府志》卷3《天文志·祥异》记载，明正德三年（1508），腾冲多虎；嘉靖三年（1524），夏腾越多虎。多虎与云南当时的自然环境较好有关。民国《新纂云南通志》卷58《物产考·动物》记载：滇中产虎，虎性孤独，"常徘徊林莽间，袭食水牛、野猪等"。调查显示，虎类分布与其所嗜动物极有关系，"大致野猪等生息之处，即多为虎类出没之处"。后来因"交通日辟，林野日稀，食物范围益加缩小"，虎种也就更加式微了。这里强调的是，虎的生存环境被破坏，虎也就减少了。但云南的虎患其实也具有一定规模。如《谈虎》引《滇行纪程》云，康熙时，"余过三尖山口百顷铺，崇冈陟降，屡屡见虎。夜望虎眼甚绿，一开一合，闪闪如灯。土人讳言虎，谓之山王"。民国《蒙化县志稿》卷11《物产志》记载：县境内

① 徐珂：《清稗类钞》第12册《动物类》，中华书局1984年版，第5513页。

② 徐珂：《清稗类钞》第5册《农商类》，中华书局1984年版，第2271页。

③ 民国《新纂云南通志》卷58《物产考·动物》。

有虎“性凶残猛悍，食他兽畜并伤人”。明隆庆末年，陇川有虎“残害人畜不可计，百方阱捕竟不能得”；天启五年（1625），东街居民李发阳遭虎袭击而死；太和县南乡民李士桂夜出寻牛，结果在田野中遇虎，与虎搏斗致虎死。①

广西的虎患也是从明中叶以后开始频繁出现的，且地域也颇为广泛。据雍正《广西通志》卷3《祥异》记载，明嘉靖六年（1527），南宁府“虎入武缘县城”；嘉靖十一年（1532），“虎入梧州府城”；嘉靖十四年（1535），虎入太平府城，“民杀之。嗣后，越十日，凡二虎相继入城，民俱杀之”；嘉靖十五年（1536）秋八月，在郁林州的“兴业县有虎患，民祷于城隍，七虎俱毙”；万历元年，柳州府“融县虎为害”；万历二年（1574），怀远县“虎为害”。可见，明代广西虎患基本上发生于广大的城乡地区。

清代广西虎患更为严重，史料多用“虎暴”来形容。民国《钦县志》卷首《编年大事记》转引雍正《钦州志》记载：“康熙八年春夏，虎暴；（康熙）二十四年，虎暴。”乾隆《廉州府志》记载：“康熙十年，钦州虎蹂近郊，白昼噬人；四十四年，冬虎入城。”② 这些资料说明，广西的虎患自明嘉靖以来一直延续到康熙中叶仍十分严重。即使到乾隆年间，虎患也时有所闻。乾隆某年秋，梧州府杂货商王际余，以沿乡卖杂货为业。一日“赴各村索欠去矣，数日而际余不归。……时方多虎，而际余贸易向在山村，人咸以为必罹虎患矣”③。乡村社会某人的失踪，村民们首先想到的是为虎所害，看来该地必发生过多次虎患则属无疑。位于西部的镇安府，与云南接壤，南为越南界。清前期“镇安多虎患。其近城者，常有三虎”，地方官员募能杀虎者，“一虎许赏五十千”。老虎甚至就在村民的房前屋后，等待捕食村民。所以史料说“其俗屋后皆菜园，甫出门至园，而虎已衔去矣”。因为多虎，谷仓在门外都无须看护。“人家禾仓多在门外，以多虎，故无窃者。”④ 广西虎患持续时间之长，或许是广西开发相对

① 民国《新纂云南通志》卷263《附录》。

② 民国《钦县志》卷首《编年大事记》。

③ （清）清凉道人：《听雨轩笔记》卷3《余记》，商务印书馆1931年版，第57页。

④ （清）赵翼：《簷曝杂记》卷3《镇安多虎》，中华书局1982年版，第46页。

滞后所造成的。明代广西官方人口峰值为167万人，清雍正年间下降为100万人左右。当然，随着人口的不断迁入，到乾隆中叶人口增长到2350多万。① 所以，虎患也随着地域的开发渐趋萎缩。

综观全文可知，明末清初，我国西部地区沿山西、陕西经四川到贵州、广西以及云南等相互毗邻的省份均发生过程度不同的虎患，对人民的生命财产造成了严重的损失。虎患不仅频率高，而且涉及的区域相当广泛。以西南地区而言，清代西南地区至少有150个府州厅县有虎生存活动的踪迹，几乎占当时西南地区府州厅县总数的67%左右。② 我们虽不能肯定这些地区都发生过虎患，但从本文分析的明末清初各地发生的虎患情况来判断，应该说绝大部分地区的老虎都曾参与了对人类的侵袭。同时，虎患期间，老虎的数量相当庞大，史料中屡屡用群虎加以表述，这在一定程度上也凸显了当时虎患的残酷性。

虎患的出现，显示了当时人口压力不断加大，山区的开垦不断向纵深方向深入，大面积的山林资源被破坏。人们对山地的无序开垦必然导致自然环境与植被的破坏，不仅影响了动物群的数量，甚至造成某些动物物种的灭绝，老虎生存的食物链被破坏。老虎被迫与人为敌，而在这场生存权利的较量中，人类终于制伏了为害的老虎。如四川的史料记载，“虎豹熊罴殆无常产，县境四面皆山，在昔荒芜，尚或藏纳。今则开垦几尽，土沃民稠，惟见烟蓑雨笠，牛羊寝讹而已”③。又载“野禽兽皆居山，山中人渐多，虎豹熊罴亦稀见矣”④。康熙中叶以后，西部社会经济已步入发展正轨，这之后虽偶有虎患发生，但已构不成在广泛的地域内造成威胁，这说明人类的滥垦荒山使虎失去了生存环境而极度减少。

虎的减少与人为的过度捕杀也有极大关系，如四川庆符县在乾隆四年（1739）有“虎食人不能制，县令杨元理出示：令民间火枪、

① 梁方仲编：《中国历代户口、田地、田赋统计》，上海人民出版社1980年版，第204、258页。

② 蓝勇：《历史时期西南虎分布变迁研究》，《贵州师范大学学报》（自然科学版）1991年第2期。

③ 同治《万县志》卷3《地理志·物产》。

④ 道光《补辑石柱厅新志》卷9《物产志·毛之属》引《旧志》。

弓弩逐之，得虎数十余，患遂息"[①]。捕杀老虎成为当时各地消除虎患的重要措施。各种人为因素的加害，最终使老虎的数量在急剧减少并濒临灭绝的境地。明清虎患的消长，对今天西部开发过程中正确处理好土地开发与保护野生动物的关系或许有警示作用。环境与自然资源，是人类及一切动植物赖以生存的基本条件，保护自然环境，合理地开发和利用自然环境，是现代化建设的一项基本任务。在推进经济建设的同时，除了进行人口控制外，还要大力保护和合理利用各种自然环境，在保护中开发，在开发中保护，只有这样，才能促进社会的可持续发展。

① 光绪《叙州府志》卷23《祥异》。

附　　录

清前期四川和台湾移民政策之比较

清代移民在我国人口迁移史上占有极重要的地位，清代也是汉族人口向边疆地区的大扩散时期。自康熙平定“三藩之乱”以后，国内形势基本趋于稳定，史称清前期的康雍乾三朝为“丁男不知兵革之患，亭障从无烽燧之警”① 的太平盛世。在这一时期内，我国人口的自发性迁移表现得异常活跃，出现了几股规模庞大的移民潮，四川和台湾的移民运动尤为突出。这种和平时期内的大规模移民潮，与历史上各朝代因天灾人祸而产生的人口流迁有着本质的不同。正是清前期大规模的移民涌入，使四川和台湾在清代均处于典型的移民社会形态；也正是由于大规模移民的涌入，使四川和台湾的社会经济逐步走向繁荣，以至四川自雍正以降即成为我国重要粮仓之一，而台湾也因此成为我国重要的米糖生产和出口基地之一。有关清代四川和台湾的移民史问题，学术界虽多有研究，但把在这一相同历史背景下出现的移民潮加以对比研究，至今却寥寥无几。本文拟通过清政府对这一时期四川和台湾的移民政策、制定移民政策的社会背景以及贯彻实施移民政策对两地开发进程的影响等问题进行比较研究，来探讨政策的制定与实施即政府行为在社会变迁过程中所起的作用。

一　两地移民政策的差异

清初的四川和台湾均属人稀土旷之地，因而吸引了大批民众自发地向两地迁移。但清政府对两地制定的移民政策却颇不相同。

① 《清朝文献通考》卷19《户口考一》，浙江古籍出版社2000年版，第5035页。

清前期政府对四川所实行的移民政策主要有哪些呢？首先，招抚流遗与劝官招民。早在战时的顺治十年（1653），政府即“以四川荒地听兵民开垦，官给牛种”，对占领区进行垦殖，但收效甚微。康熙三年（1664）夔东十三家失败，四川境内战事最终平息，于是四川的重建迫在眉睫。康熙六年（1667）湖广道御史萧震上疏请求以驻兵屯垦荒地，他说，蜀省“地多人少，诚行屯田之制，驻一郡之兵，即耕其郡之地；驻一县之兵，即耕其县之地；驻一乡之兵，即耕其乡之地”①。与此同时，政府开始大力招募因战乱而外逃的四川本省劳动力。康熙七年（1668）户部下令“蜀中流民寄居邻省者，现在查令回籍。而山川险阻，行李艰难，地方各官有捐资招抚，使归故土者，请敕议叙”②。当时招民授职之例在全国已取消，可清廷对四川却破了例，史称“查招民授职之例已经停止。但蜀省寇氛之后，民少地荒，与他省不同。其现任文武各官，招抚流民，准量其多寡，加级纪录有差”③。为了鼓励普通百姓回籍落业，清廷首先要求在外省避难的四川乡绅带头回籍，以给百姓树立榜样。康熙二十五年（1686）六月，户部批准四川巡抚姚缔虞关于“四川乡绅应回原籍”的上疏，并强调指出“四川土旷人稀，若居官者，尽留他省，则川中人益稀少，愈致荒芜矣”④。康熙二十七年（1688）七月，皇帝对四川巡抚噶尔图说：“姚缔虞曾奏四川缙绅迁居别省者甚多，应令伊等各归原籍，则地方富庶，于贫民亦有裨益。此事尔等次第行之。四川荒土甚多，尔当募民开垦。”⑤

清政府在招抚四川本省难民回乡的同时，还大力鼓励外省人入川落籍生产。康熙七年（1668）朝廷批准了四川巡抚张德地奏请，“无

① 《清圣祖实录》卷24，康熙六年九月戊申，《清实录》第4册，中华书局1985年版，第328页。

② 《清圣祖实录》卷27，康熙七年十一月戊午，《清实录》第5册，中华书局1985年版，第380页。

③ 同上。

④ 《清圣祖实录》卷126，康熙二十五年六月戊午，《清实录》第5册，中华书局1985年版，第347页。

⑤ 《清圣祖实录》卷136，康熙二十七年七月丁丑，《清实录》第5册，中华书局1985年版，第475页。

论各省州县人民，虽册籍有名，而家无恒产，出外佣工度日之人，至于册籍无名而又无家业，流落于彼游手游食之人，准令彼地方查出，汇造册籍，呈报本省督抚，移咨到臣。臣即措处盘费，差官接来安插，此等游手游食之人……在他省无地可耕，久则势必放辟邪侈之事无所不为。一至蜀土，无产而有产，自为良民；在于蜀省，无人而有人，渐填实而增赋税，一举两得，无逾于此"①。为此，他还建议奖励招民有成效之官员，"蜀省舍招集流移之外，别无可为裕国之方，请以无论本省外省文武各官，有能招民三十家者，量与纪录一次；有至五六十家者，量与纪录二次；或至百家者，不论俸满即准升转"②。而张德地也正因为招民有功，康熙九年（1670）五月，被朝廷加封工部尚书衔，"以招民议叙也"③。康熙十年（1671）六月，四川湖广总督蔡毓荣上疏说：

> 蜀省有可耕之田，而无耕田之民。招民开垦，洵属急务。但招民限以七百名之例，所费不赀，能招徕者甚少。臣谓非广其招徕之途，减其开垦之数，宽其起科之限，必不能有济。请敕部准开招民之例，如候选州同、州判、县丞等，及举贡、监生、生员人等，有力招民者，授以署职之衔，使之招民，不限年数，不拘蜀民流落在外，及各省愿垦荒地之人，统以三百户为率。俟三百户民尽皆开垦，取有地方甘结，方准给俸，实授本县知县。其本省现任文武各官，有能如数招民开垦者，准不论俸满即升。又蜀省随征投诚各官，俟立有军功，咨部补用者，能如数招民开垦，照立功之例，即准咨部补用。④

这一奏疏无疑会刺激准官员招民入川的积极性，更加拓宽了四川

---

① "中央研究院"史语所编：《明清史料》丙编第10本，1999年编印，第1000页。

② 同上书，第1001页。

③ 《清圣祖实录》卷33，康熙九年五月乙酉，《清实录》第4册，中华书局1985年版，第447页。

④ 《清圣祖实录》卷36，康熙十年六月乙未，《清实录》第4册，中华书局1985年版，第485页。

招民垦荒的渠道。从上述张、蔡两官员奏疏之良苦用心来看，正反映了清初四川百废待兴急需劳动力之迫切现状。

其次，对土地垦殖权和户籍权的规定。清前期四川除贯彻执行中央对各地制定的垦荒抚民统一政策措施外，还享受了中央给四川的不少特殊优惠政策。在土地垦殖权方面，康熙二十九年（1690）清廷“以四川民少而荒地多”，特定《入籍四川例》：“凡流寓愿垦荒居住者，将地亩永给为业。”[①] 这一措施肯定了移民对土地占垦的所有权。直到雍正六年（1728）三月，户部还下令“入川人民众多，酌量安插，以一夫一妇为一户，给水田三十亩，或旱地五十亩。如有兄弟子侄之成丁者，每丁增给水田十五亩，或旱地二十五亩。若一户内老小丁多、不敷养赡者，临时酌增，俱给以照票，令其管业”[②]，基本上保证了入川移民均有属于自己的土地进行耕种。而对移民入川的户籍问题，早在康熙十年（1671）即有“定各省贫民携带妻子入蜀开垦者，准其入籍”的规定；[③] 康熙二十九年（1690）十一月，户部议覆四川陕西总督葛思泰疏言：“蜀省流寓之民，有开垦田土，纳粮当差者，应准其子弟在川一体考试，著为例。应如所请。从之。”[④] 依科举制度之例，移民能在四川参加考试，则是对其户籍权的肯定和确认。

最后，赋税政策。清初定各省垦荒地亩以“三年起科”[⑤]。唯独对四川又实行了例外的优惠，康熙下诏准四川招民开垦之例，“其开垦地亩，准令五年起科”[⑥]。其起科的田地也是由百姓自由申报，史称清初“来川之民，田亩任其插占，广开四至，随意报粮。彼此州县

---

① 嘉庆《四川通志》卷64《食货志》。

② 《清世宗实录》卷67，雍正六年三月丁丑，《清实录》第7册，中华书局1985年版，第1029页。

③ 光绪《奉节县志》卷9《户口》。

④ 《清圣祖实录》卷149，康熙二十九年十一月甲午，《清实录》第5册，中华书局1985年版，第650页。

⑤ 《清朝通典》卷1《食货一》，浙江古籍出版社2000年版，第2023页。

⑥ 《清圣祖实录》卷36，康熙十年六月乙未，《清实录》第4册，中华书局1985年版，第485页。

惟恐招之不来，不行清查”①，以至川省出现“有报粮升合，而占地数块者”的现象。② 时至康熙四十八年（1709）中央仍反对清丈四川地亩，史载康熙告诫四川巡抚年羹尧说：“比年湖广百姓多往四川开垦居住，地方渐以殷实，为巡抚者若一到任，即欲清丈地亩，增加钱粮，即不得民心矣。”③ 直到雍正七年（1729），四川才开始全面地清丈田亩。清丈的结果为：田亩总额为459027顷83亩，是明朝万历年四川田亩额134827顷76亩的3.4倍；而此年四川的田赋总额为656426两，仅为明万历年四川田赋额1616600两的40%左右。④ 这就是清前期“国家赋税，莫重于东南，而四川为最轻”的有力证明。⑤ 清末薛福成曾指出：“四川古称饶裕，国初定赋，以其屡经寇乱，概从轻额，故其地五倍江苏，而钱粮不逮五分之一。”⑥

此外，清前期还对各省入川的贫民给予牛种、口粮等经济上的援助，如雍正五年（1727）各省贫民大规模逃荒入川，川陕总督岳钟琪奏请“请开招民事例，给穷民牛具籽种，令其开垦荒地，方为有益”。雍正帝看完这份奏折后批令：“今据岳钟琪奏请设法安插，令其开垦，以为生计，此实安辑贫民之急务。其牛具、籽种、口粮等项之费，不必另开事例。现今有营田水利捐纳银两敷余之项，存贮在京，著于此内，拨发十万两解川应用。倘有不敷，该督抚再为奏请。”⑦ 雍正六年（1728）三月，户部规定，给入川开垦人户“每户

---

① 《宫中档雍正朝奏折》第9辑，管承泽折，台北“国立”故宫博物院1978年版，第767页。

② 《宫中档雍正朝奏折》第4辑，法敏折，台北“国立”故宫博物院1978年版，第735页。

③ 《清圣祖实录》卷239，康熙四十八年十月己酉，《清实录》第6册，中华书局1985年版，第385页。

④ 彭雨新：《四川清初招徕人口与轻赋政策》，《中国社会经济史研究》1984年第4期。

⑤ 光绪《江津县志》卷4《赋役志》。

⑥ （清）薛福成：《庸庵文编》卷1《应诏东言疏》，《近代中国史料丛刊·正编》第95辑，文海出版社2001年版，第1089页。

⑦ 《清世宗实录》卷61，雍正五年九月己卯，《清实录》第7册，中华书局1985年版，第941页。

给银十二两”①，助其应急之需。

通过以上史料的梳理分析，可以看出，清前期四川的招民开垦政策是全方位开放的，既采取优惠措施鼓励人民携家自愿入川，又以升官为手段大力倡导官员招民入川，甚至连外省的游手好闲之人，四川也乐意筹措盘费接入四川。不仅如此，清前期对四川的移民政策基本上是连续不变的。乾隆时期，一些官员屡请朝廷禁止外省人民入川，但均为皇帝否决。如乾隆二十五年（1760）贵州巡抚周人骥奏请设法限制各省人民入川，乾隆批评他说：

> 此所谓知其一，不知其二也。国家承平日久，生齿繁庶。小民自量本籍生计难以自资，不得不就他处营生糊口，此乃情理之常。岂有自舍其乡里田庐而乐为远徙者？地方官本无庸强为限制，若其中遇有生事为匪之人，则在随时严行查禁，不得以一二败类潜踪，遂尔因噎废食。今日户口日增，而各省田土不过如此，不能增益。正宜思所以流通，以养无藉贫民……若如周人骥所奏，有司设法禁止，不但有拂人性，且恐转滋事端，否则徒为增设科条，而日久又成故事。封疆大吏当通达大体。顺民情所便安。②

乾隆三十二年（1767）四川总督阿尔泰又奏禁止各省人民入川疏。乾隆帝批道：“此等无业贫民转徙往来，不过以川省地广粮多，为自求口食之计。使该省果无余田可耕，难以自赡，势将不禁而自止。若该处粮价平减，力作有资，则生计所趋，又岂能概行阻绝？……倘此等民人，入川或有滋事为匪，致为乡里之害，即按罪严惩，以儆其余，亦督抚等分所应办，又何事鳃鳃过虑？”③

---

① 《清世宗实录》卷67，雍正六年三月丁丑，《清实录》第7册，中华书局1985年版，第1030页。

② 《清高宗实录》卷604，乾隆二十五年正月庚申，《清实录》第16册，中华书局1985年版，第786页。

③ 《清高宗实录》卷784，乾隆三十二年五月壬申，《清实录》第18册，中华书局1985年版，第645页。

与四川的移民政策相比较，清政府对台湾采取的移民措施则显得相当保守、消极。清前期朝廷对台湾的移民政策大致可以分为三个方面：

第一，内迁明郑势力。清廷统一台湾后，不是将明郑余部就地安插，而是尽力将其势力迁往内地省份。据《清实录》记载，康熙统一台湾后，侍郎苏拜等人上疏称："郑克塽、刘国轩、冯锡范、明裔朱桓等俱令赴京，其武职一千六百有奇，文职四百有奇，或愿回籍，或愿受职，应听部察例议叙。兵四万余人愿入伍归农，各听其便。"康熙帝对此朱批道："命郑克塽家口亲族及刘国轩、冯锡范本身家口，俱令遣发来京。其伪官并明裔朱桓等，俱于附近各省，安插垦荒。余如议。"① 统一台湾的功臣施琅也曾"派拨船只，将各官陆续载入内地，查系外省者，分发外省各府县原籍安插，系本省者，即交各府县原籍安插，仍取其地邻保结存查。""其尚在台湾伪官卒约计只三千余员名。"② 清廷统一台湾后，如此大规模地遣返在台官兵及其家属，从统治者的角度出发，固然有利于其对台湾的统治，但这一措施的实施，无疑也减缓了台湾社会经济的开发。另据邓孔昭先生研究，在清政府取得台湾的最初一年里，从台湾移回大陆的人口肯定不会少于5万。③ 这种情形与清前期政府要求四川地方官招抚流遗以及要求四川乡绅返籍归里的措施迥然不同。清初在台的郑氏文武官员及其兵丁民众的大量返籍，使台湾一度陷入"人去业荒"的悲凉境地。不仅如此，清初还曾一度严禁赴台任职官员携带眷属。直到雍正十二年（1734）才放宽为"逾四十无子者，准其挈眷过台"④。自乾隆四十一年（1776）起政府准许官员眷属入台，史称："嗣后，台湾文武各官，无论年岁若干，有无子嗣，如有愿带眷口者，俱准其携带，其不

---

① 《清圣祖实录》卷118，康熙二十三年十二月甲辰，《清实录》第5册，中华书局1985年版，第239页。

② （清）施琅：《靖海纪事》下卷《移动不如安静疏》，福建人民出版社1983年版，第125页。

③ 陈孔立：《台湾研究十年》，厦门大学出版社1990年版，第259页。

④ 连横：《台湾通史》卷3《经营纪》，商务印书馆2010年版，第57页。

愿带，亦听其便，著为令。”①

第二，凭照与不准携眷入台。清政府统一台湾后，唯恐台湾再次成为各种反清力量的集结地，故对大陆人民往来台湾严加管制。康熙二十三年（1684）清廷取消通海之禁，允许人民出海贸易、捕鱼。但对大陆与台湾间人民的往来却限制颇严。清前期对渡台人民的规定大致有三：“其一为，欲渡船台湾者，先给原籍地方照单，经分巡台厦兵备道稽查，依台湾海防同知审验批准，潜渡者严处……其二为，渡台者，不准携带家眷。业经渡台者，亦不得招致。其三为，粤地屡为海盗渊薮，以积习未脱，禁其民渡台。”② 这种凭照和不准携眷入台之政策，几成为清前期对台移民政策的主流。这一政策的实施，不仅使渡台之人失去了天伦之乐，而且酿成了台湾人口之变态组合（即以男性为主），性别的单一，也给台湾社会的稳定带来了不利因素。这种政策与清前期的四川鼓励移民以“家”“户”为单位入川垦荒之政策形成了强烈的反差。康熙二十四年（1685）台湾府诸罗知县季麒光曾上疏请求清廷准许台湾按四川招民例招民入台。他说：“台湾自伪郑归诚以后，难民丁去之，闲散丁去之，官属兵卒又去之。卑县设法招徕，虽时有授廛附籍之人，然重洋间隔，闻多畏阻而不前。……请照昔年奉天、四川③招民之例……广劝招募，在贫民有渡海之费，相率而前，到台之日，按丁授地，并照伪郑遗生熟牛只照田给配……不特人民汇集，抑且野无旷土，田赋日增，国势军费有攸赖矣。”④季氏奏疏并未获得清廷批准，但由此可以知道，清初台湾的移民政策没有四川移民政策那样优惠、那样吸引人。

清前期政府采取多种优惠措施，大力鼓励外省人民携眷入川落籍垦荒；而对台湾除采取凭“照单”入台外，还一度禁止粤民入台。这种政策一方面造成沿海大规模的“偷渡”入台之风，另一方面也

---

① 《清高宗实录》卷1007，乾隆四十一年四月辛酉，《清实录》第21册，中华书局1985年版，第517页。

② 《台湾省通志》卷2《人民志·人口篇》。

③ 原文为“四州”。笔者疑为“四川”之误。理由是：第一，清初招民垦荒属朝野皆碑之事，其与东北地区招民开垦政策十分类似。第二，查《地名大辞典》奉天条，无四州之辖。

④ 康熙《台湾县志》卷10《艺文志》。

造成了台湾移民来源地的单一性，即使后来准许粤民入台，但有清一代，台湾的移民潮始终没有四川那样波澜壮阔。事实上，凭“照单”迁移之举，在清前期的四川和台湾移民过程中均使用过，然而其用意却不同。四川的凭照入川，据史载始于康熙五十一年（1712）四月，康熙谕令大学士等说：

> 湖广民往四川垦地者甚多，伊等去时，将原籍房产、地亩悉行变卖，往四川垦地。至满五年起征之时，复回湖广，将原卖房产地亩，争告者甚多。潘宗洛以此情由，曾缮折启奏。嗣后湖广民人有往四川种地者，该抚将往种地民人年貌、姓名、籍贯，查明造册，移送四川巡抚，令其查明。其自四川复回湖广者，四川巡抚亦照此造册，移送湖广巡抚，两相照应查验，则民人不得任意往返，而事亦得清厘，争讼可以止息。[①]

雍正五年（1727）六月，户部知照四川地方官时称：“查康熙五十一年，湖南巡抚洛宗洛题请，楚民入蜀开垦，该地方给与印照，仍造册送四川巡抚查验，有回楚省者，川抚亦给照造册，两相稽查，遵行在案。”[②] 可见，四川的凭“印照”入川，是在移民过程出现问题的情况下，即因湖广籍移民逃避赋税且又回原籍争讼房产地亩而产生的，其实质是要将移民固定在四川的土地上，即“民人不得任意往返”。而台湾的凭照入台，却在清廷统一台湾后即行开始，至迟应从康熙四十一年（1702）算起，[③] 其实质是要阻止人民入台落籍垦荒。

清前期对移民携眷入台的问题，清政府总是举棋不定，反复无常。据台湾学者庄金德先生研究，自康熙二十三年（1684）至乾隆五十五年（1790）的106年间，在台湾移民问题上，群臣之奏请与朝

---

① 《清圣祖实录》卷250，康熙五十一年四月壬寅，《清实录》第6册，中华书局1985年版，第478页。

② 《清世宗实录》卷58，雍正五年六月戊子，《清实录》第7册，中华书局1985年版，第880页。

③ 陈孔立：《台湾研究十年》，厦门大学出版社1990年版，第255页。

廷之决策，均集中在携眷入台问题上，其间曾出现过“五禁四弛”①，其中禁期长达95年，而弛期仅为11年。乾隆五十五年正式设立“官渡”以后，清廷对携眷之事，虽未再严加干涉，但也未曾积极倡导，严禁携眷与偷渡的措施，至此才趋向尾声。

第三，在垦田起科方面，台湾不仅没有减轻赋税，反而高于四川及内地各省。史载：“台湾田园分上中下三则，酌议匀征矣。然海外之田，与内地不同。内地之田，多系映壤，为民间世守之业；台湾水田少而旱田多，砂卤之地，其力浅薄，小民所种，或二年或三年，收获一轻，则移耕别地，否则委而弃之。故民无常产，多寡广狭亦无一定之数。况田租之最重者，莫如苏松等府，每亩输纳一斗五六升至二斗止矣。今田园一甲计十亩，征粟七石八石，折米而计之，每亩至四斗三斗五六升矣。民力几何？堪此重征乎？……大江左右，田税既重，丁税不过一钱，且或一家数口而报一丁，或按田二三十亩而起一丁，未有计口而尽税之，如台湾者；未有每丁重至四钱八分，如台湾者也。”② 这与清前期四川招民时期的轻税缓征政策相比，真是天壤之别！

二 移民政策差异的缘由何在

清前期四川和台湾两地出现的大规模移民开发活动，基本上都始于康熙二十年（1681）前后，且两地迁入的移民均以自发性移民为主流。四川真正的大规模自发性移民潮是在康熙十九年（1680）平定“三藩之乱”以后开始的，而台湾的自发性移民潮则始于康熙二十二年（1683）清廷统一台湾之后。清廷为何在同一时期内对两地却采取了截然不同的移民政策呢？亦即其历史背景如何？

四川地处祖国的西南边陲，素有“天府之国”的美誉。自秦汉以来，一直是历朝政府开发的重点，也是战乱时期人们避难的良所。在经济上属于老开发区。秦灭巴蜀后，曾“移秦民万家实之”。秦始皇

① 参见《台湾文献》第15卷第3期，《台湾省通志》卷2《人民志·人口篇》。

② 康熙《台湾县志》卷10《艺文志》。

“克定六国，辄徙其豪侠于蜀，资我丰土”[①]。这虽并非单纯性经济移民，但却为四川社会经济的开发奠定了人力基础。秦时，蜀守李冰主持修建的都江堰水利工程，“灌溉三郡，开稻田，于是蜀沃野千里，号陆海。旱则引水浸润，雨则杜塞水门。故记曰：水旱从人，不知饥馑，时无荒年，天下谓之‘天府’也”[②]。西汉初年，全国大饥馑，“人相食，死者过半，高祖乃令民得卖子，就食蜀汉”[③]。三国两晋时期，避战乱入蜀之人更多，加速了四川的开发。西晋左思的《蜀都赋》对此一时期四川社会经济的繁荣作了极好的描述。唐代已有“扬一益二”之说。到了宋代，四川经济的发展已是“蜀有可耕之人而无其地；荆襄有可耕之地而无其人”[④]，走在了全国的前列。

宋元之交，四川境内却遭受了残酷的战争蹂躏，户口耗损严重，据清光绪《内江县志》称：“宋元争蜀，资内三得三失，残民几尽。”又称：“迨元一统，则已地荒民散，无可设官。一时资州、内江、资阳、安岳、隆昌、威远州县并省，终元代九十年未复。唯安岳复于至正元年。”可见，资州等基层州县政权在整个元代都不曾恢复，虽不能断定这些地方绝无人烟，但至少应为户口稀少到“无可设官”的程度。即使安岳复设官府，然已是元朝晚期。明朝统一全国后，曾大徙湖广等省人口实四川，此举在明清以来撰修的四川各地方志中均有明确记载，如道光《邻水县志》称：“今合邑祖籍，多系明初入蜀，谓之老民。”民国《名山县志》称：“元代名山惨遭杀戮，死亡转徙，县中古户，几无孑遗。明洪武十四年徙楚实蜀，名山号为乐郊，来者尤众。”[⑤] 大批客民的入川开发，使明代四川的社会经济逐步走上繁荣。

然而，明清之际四川地区再次遭受了半个多世纪的战争蹂躏，社会经济受到了空前绝后的大劫难。史书对四川地区此时期的情况记录

---

① （晋）常璩撰，任乃强校注：《华阳国志校补图注·蜀志》，上海古籍出版社 1987 年版，第 148 页。

② 同上。

③ （汉）班固：《汉书·食货志》，中华书局 1962 年版，第 1127 页。

④ （宋）苏轼：《苏东坡集》后集卷 10《御试制科策》。

⑤ 以上转引自李世平《四川人口史》，四川大学出版社 1987 年版，第 131、135 页。

令人触目惊心！清代和民国时期编修的四川各地方志在《户口》卷内，绝大部分均有“靡有孑遗”“孑遗无几”的记录。这虽有夸张之嫌，但至少反映了清初四川十分荒凉残破之事实。康熙初年，四川巡抚张德地由广元入蜀赴任，“沿途瞻望，举目荆棒，一二孑遗，鹑衣菜色”。在川省“境内行数十里，绝无烟爨；迨至郡邑，城鲜完郭，居民至多者不过数十户，视其老幼，鹄面鸿形；及抵村镇，止茅屋数间，穷赤数人而已”①。后他又由顺庆、重庆以达泸州，溯流而上，“舟行竟日，寂无人声，仅存空山远麓，深林密箐而已”。各州县“非数十家，或十数家，更有止一二家者，寥寥孑遗，俨同空谷。而乡镇市集，昔之棋布星罗者，今为鹿豕之场”②。抵成都后，见成都处于“荒烟蔓草之中”③。在叙州府“叙属虽有十县两厅，荒残者十居其八，稍可充邑治者，仅一二处耳”。在川东4州29县，如奉节、永川、璧山、铜梁、定远等县，“或无民无赋，城邑并湮；或哀鸿新集，百堵未就。类皆一目荒凉，萧条百里”④。由此可见，清初四川的社会和经济遭到了空前的破坏。直到康熙十年（1671），四川仍是“蜀省有可耕之田，而无耕田之民”⑤。正当各级政府积极筹划战后四川的社会重建工作时，不料康熙十二年（1673）又爆发了“三藩之乱”，四川地区再次沦为战乱的重灾区，此次战乱历时八年，“蜀省久为贼踞，百姓逃亡，所存惟兵”⑥。

清廷平定“三藩之乱”后，四川境内户口总数的大幅度下降令人难以置信！据载康熙二十四年（1685）全川人丁总额仅有18509丁，约合9万余人，在全国各省排倒数第二位。⑦ 这些数字虽不一定准确，

① 康熙《四川总志》卷35《筹边》。

② 康熙《四川总志》卷10《贡赋》。

③ 康熙《四川总志》卷首《张德地序》。

④ 康熙《四川总志》卷10《贡赋》。

⑤ 《清圣祖实录》卷36，康熙十年六月乙未，《清实录》第4册，中华书局1985年版，第485页。

⑥ 《清圣祖实录》卷96，康熙二十年七月庚申，《清实录》第4册，中华书局1985年版，第1216页。

⑦ 梁方仲编：《中国历代户口、田地、田赋统计》，上海人民出版社1980年版，第258、272页。

但其反映清初四川境内人烟稀少的事实应是可信的。正因如此，清初四川地方官才大声疾呼：“蜀省洊罹惨劫之后，民无遗类，地尽抛荒……舍招集流移之外，别无可为裕国之方。”① 而清初四川的人稀土旷，又正好为各省移民入川的自由占垦土地创造了条件，史载各省移民在川插占土地，“惟力是视，俱伐树白之以为界，强有力者得地数十丈不止”②。一些荒山地区，甚至“由人手指某处至某处，即自行为业”③。土地买卖时，地价十分便宜，“先年人少田多，一亩之田，值银不过数钱”④，或银一两“可购十亩之地”⑤，甚至有“以鸡一头、布一匹而买田数十亩者，有旷田不耕，无人佃种而馈赠他人者”⑥。清初社会上流传着四川经济生活易于致富的各种说法，如“川省肉米平贱，一去落业立可富饶”⑦，“川省膏腴，每亩种一石可收谷百余石，百物俱贱，易于资生”⑧。清廷规定入川移民插占的土地，“凡一插标，即为己业，后亦不得争论”⑨。

四川大规模的自发性移民运动即是在上述背景下产生的。清政府之所以对四川采取特殊优惠的移民政策，除了上述四川荒凉凋敝，不得不招民重建社会经济外，我们认为，还与四川所处的特殊地理位置有关。四川的川东、川北分别与内地省份的湖北、湖南、陕西、甘肃等交界毗邻，而川南、川西南、川西、川西北等又与云南、贵州、西藏、青海等省区为邻，这些地区主要为少数民族聚居地，土司经常生事。因此，开发和重建四川，加强四川在政治、经济和军事上的地位，这对清廷进一步控制和管理西藏、青海、云南、贵州等大西南地区，具有重大的意义。四川的稳定与繁荣，对内地和整个西南地区均

① “中央研究院”史语所编：《明清史料》丙编第10本，1999年编印，第1001页。

② 民国《华阳县志》卷35《纪事》。

③ 民国《万源县志》卷5《风俗》。

④ 《清圣祖实录》卷256，康熙五十二年十月丙子，《清实录》第6册，中华书局1985年版，第534页。

⑤ 民国《荣县志》第12《礼俗》。

⑥ 民国《南溪县志》卷2《食货》。

⑦ 《宫中档雍正朝奏折》第9辑，石礼哈折，故宫博物院1978年影印本，第553页。

⑧ 《宫中档雍正朝奏折》第22辑，鄂弥达折，故宫博物院1978年影印本，第186页。

⑨ 蔡方炳等：《于清瑞公政书》卷1《规划铜梁条议》，《近代中国史料丛刊·续编》第32辑，文海出版社1976年版，第137页。

有举足轻重的作用。

与四川同一时期进行移民的台湾地区，地处祖国的东南一隅，隔海与大陆相望。但与四川的社会经济开发相比较，台湾却显得相当晚。历史文献记载大陆汉人与台湾的交往主要有：三国时代东吴大将卫温、诸葛直率兵万人赴台，但旋即归来。隋朝炀帝曾派朱宽赴台招抚，土人不从。隋炀帝再派陈稜等率兵征讨，胜利而归，但没有在台湾设置行政管理机构。直到南宋时代，才有极少部分汉人因逃避战乱而移居台湾落业。清朝重修《台湾府志》陈大受序云："元明以前，率为逋逃数。"元代曾两次经营台湾亦无结果。但元朝政府设立澎湖巡检司，则是我国官府对台澎地区正式设置行政管理机构的开始。明朝初年，由于国力不足，北方蒙古人还不时南下进攻，加上倭寇时时到大陆沿海各省抢掠之故，明太祖于洪武二十一年（1388）下令将澎湖居民迁到漳州、泉州等内地，并撤销巡检司。[①] 明朝后期，漳州海澄人颜思齐和泉州南安人郑芝龙以台湾为基地，从事海上贸易活动，部分漳泉居民也随之入台。这些人在台湾聚落成村，从事拓垦生活。故后人有"中土人之入台湾，自思齐始"之说。明末清初，荷兰殖民者占据台湾，他们招募汉民对台湾进行零星的开垦。荷据时代，台湾汉人有 5 万人左右。[②]

康熙元年（1662）郑成功收复台湾，并以台岛为根据地进行抗清复明活动。清政府为了切断郑氏义师与大陆人民的联系，强行对台湾实行封锁政策，屡次对东南沿海地区颁布禁海、迁海之令，下令将东南沿海居民一律后撤 30 里至 50 里。界外房屋城堡全部拆除烧毁，内地民人有进入界外者，一律处死。迁界的手段十分残酷，"令下即日，挈妻负子，载道露外，放火烧屋……部院派往海边烧屋，计用长夫一千三百名"[③]。"刻其十日内不迁，差兵荡剿……当播迁之后，大起民

① （清）顾祖禹：《读史方舆纪要》卷 99《福建五》，中华书局 2005 年版，第 4517 页。

② 陈孔立：《清代台湾移民社会研究》，厦门大学出版社 1990 年版，第 84 页。

③ （明）海外散人：《榕城纪闻》，《台湾文献汇刊》第 2 辑第 14 册，厦门大学出版社 2004 年版，第 157 页。

夫，以将官统之出境，毁屋撤墙，民有压死者。”① 即使如此，沿海地区仍有不少居民偷渡赴台，据载在“迁海令”执行期间，郑成功“招沿海居民之不愿内徙者数十万人，东渡以实台地”②。“数十万人”之众，未免夸大其词，但至少可肯定有许多人移居台湾这一事实。据陈孔立先生研究，郑氏时代，台湾汉人人口当在10万—12万人之间，比荷据时代汉人人口增加了6万人左右。③ 康熙二十二年（1683）郑氏降清，台湾正式纳入清廷版图，清政府于是在台湾设府置县，隶属福建省，对台湾首次行使在中央政府统一领导下的开发职能。由此可见，直到明末清初，台湾虽没有经历过像四川那样大规模的战乱洗劫，但台湾的社会经济开发却处于非常缓慢的渐进状态。因此，清初的台湾仍属荒芜之地，人烟稀少。但台湾的土地却相当肥沃，史称：“台湾地气和暖，无胼手胝足之劳，而禾易长，亩较内地之终岁勤者，其劳逸大异。此台农之足乐也。”④ 所产“稻米有粒大如小豆者”，“糖蔗、杂粮有种必获”⑤，“台地土壤肥沃，田不资粪，种植后听之自生，不事耘耔，坐享收成，倍于中土。”⑥ 而“台湾好趁食”及“台湾钱，淹脚目”之谚，早已脍炙人口。福建漳泉之人在清初就将其“视为乐土，相率而往者岁数千人”⑦。正是这一切，吸引了清代闽粤大批移民的入台。

综上所述，我们认为，四川在我国历史上属于老经济开发区，其财政收入对政府有很大的影响。同时，四川既与内地省份接壤，又与西南地区少数民族相毗邻，因而四川的稳定对全国的安定形势均有极大的益处；而台湾在清初属于新经济开发区，且仅为福建省下辖的一个府，土地狭小，财赋无多，加之台湾远隔重洋，又曾是反清根据

---

① （明）余飏：《莆变纪事》，《台湾文献汇刊》第2辑第14册，厦门大学出版社2004年版，第104页。

② 沈云：《台湾郑氏始末》卷4，顺治十八年条，台湾省文献委员会1995年版，第50页。

③ 陈孔立：《清代台湾移民社会研究》，厦门大学出版社1990年版，第87页。

④ 康熙《台湾府志》卷10《艺文志·高拱乾疏》。

⑤ 乾隆《台湾县志》卷12《地志·纪事》。

⑥ （清）朱景英：《海东札记》卷3《记土物》，岳麓书社2011年版，第28页。

⑦ 乾隆《福建通志》卷9《风俗》。

地，清廷忧虑移民入台太多，日久也许会再次酿成反清运动。清政府正是基于上述原因，故对四川的开发重建采取了开放型的积极移民政策，对台湾的经济开发却实行了封闭保守的消极移民政策。

三　政策差异造成移民进程的不同

清政府对四川和台湾实行不同的移民政策，遂造成了两地移民进程及规模的殊异。

四川因政府在各省官员中大张旗鼓地宣传移民入川政策，因而入川移民源源不断且规模庞大。尽管由于史料的欠缺，我们无法弄清楚清前期入川移民的总数是多少，但通过某些史料，我们仍可管窥当时移民规模的大致情况。康熙中后期，仅湖北一省的移民数就相当可观，据史载："近有楚省宝庆、武冈、沔阳等处人民……携家入蜀者不下数十万。"[①] 雍正五年（1727）湖南省因"本省歉收米贵，相率而迁移四川者不下数万人"[②]。雍正末年，广东仅惠州、潮州和嘉应二府一州所辖县，"一县之中，至少亦必有千人。以有入川人民各县计之，不下万余"[③]。连雍正皇帝也说："联闻有广东民人，携老挈幼前往湖南地方，每日或二三百或四五百名口不等……是以前往四川觅食佣工种地。"[④] 按此说法，广东每月入川人数也当在万人左右。以此可推想当时各省入川的移民规模。

乾隆年间，入川人数一度仍持高不下，据乾隆十三年（1748）三月，张允随奏称："臣于上年奉命兼辖资州，检查旧案，计自乾隆八年至今，广东湖南两省人民，由黔赴川就食者共二十四万三千余口，其自陕西、湖北而往者更不知凡几。"[⑤] 以此计算，则每年广东湖南两省仅经过贵州入川人数就有近 5 万人。乾隆十八年（1753）至二十

---

① 雍正《四川通志》卷 47《艺文志》，文渊阁四库全书本。

② 同治《新化县志》卷首上《诏谕》。

③ （清）杨锡绂：《四知堂文集》卷 17《咨议禀·奉委查办入川人民事宜条禀》，《清代诗文集汇编》第 295 册，上海古籍出版社 2010 年版，第 371 页。

④ 《宫中档雍正朝奏折》第 21 辑，鄂弥达折，故宫博物院 1978 年影印本，第 546 页。

⑤ （清）张允随：《张允随奏疏》卷 9。（四川大学图书馆善本书室藏）

年（1755）入川的广东、湖南、广西、福建、江西等省户数总计为6374户。[①] 每户之中，到底裹挟多少人口？据贵州巡抚周人骥称："臣滋黔以来，两年之间，据报自楚粤等省由黔而往川者。共有四千六百余户，男妇大小五万五千余名口，推之前此所过不知凡几……查有一户之中，多至数十名口者。"[②] 可见，直到乾隆中叶，四川的移民规模仍波澜壮阔，相当可观。据笔者估算，清前期远离四川的闽粤两省移民入川人口达10万以上。[③]

清前期四川移民政策的优惠、开放，不仅使入川的移民规模相当庞大，而且移民的省籍来源地也较为广泛。清代四川的人口基本上由移民及其后裔所构成。如宣统元年（1909）刊刻的《成都通览》卷2称："现今之成都人，原籍皆外省也。"据该书统计，移居成都的外省籍有：湖北、湖南、河南、山东、陕西、云南、贵州、江西、安徽、江苏、浙江、广东、广西、福建、山西、甘肃16个省区。成都人的原籍基本上可以代表清前期入川移民的原籍构成状况，各县或小有差别。如雅州府"四方侨寓大率秦楚吴粤滇黔之人居多"[④]；大邑县"全资两湖、两广、江西、山陕之人来邑垦荒生聚"[⑤]。众多省份的大量移民进入四川，带来了四川人口的急剧增长，到乾隆五十六年（1791）时，四川人口总数已达近950万人，[⑥] 是康熙二十四年（1685）四川人口总数的100多倍。而造成清前期四川人口快速增长的原因，正是清廷对四川实行开放型移民政策的结果。

清前期台湾因移民政策的消极保守，使其移民规模和移民原籍省份，均没有出现四川那样的壮观场面。台湾归附后，"人民稀少，地利有余，又值雨水充足，连年大有，故闽广沿海各郡之民，无产业家室者，俱冒险而来，以致人民聚集日众"[⑦]。康熙六十年（1721），台

① （清）彭遵泗：《蜀故》卷3《赋税・户口》，《西南史地文献》卷13，兰州大学出版社2003年版，第186页。

② 乾隆朝内政军机处录付奏折，胶片19，中国第一历史档案馆藏。

③ 拙作《清前期闽粤移民四川数量之我见》，《清史研究》1994年第3期。

④ 嘉庆《雅州府志》卷5《风俗》。

⑤ 光绪《邛州大邑县乡土志・户口》。

⑥ 严中平：《中国近代经济史统计资料选辑》，科学出版社1955年版，第362页。

⑦ 康熙《台湾府志》卷10《艺文志》。

湾朱一贵起义时，居住在台南的广东移民曾纠合13大庄、64小庄的13000余名粤民，协助清军镇压起义军。[①] 可见当时移台粤民人数已有相当规模。但由于清政府严禁移民携眷入台，故台湾移民人口呈病态结构。康熙时即有“内地各津渡妇女之禁既严”的记载。[②] 据《清世宗实录》卷61记载，雍正五年（1727）九月庚辰，高其倬又称：“查台湾远隔重洋，实称要地。旧例：闽粤人民往台垦种者，所有妻眷，一概不准携带，止许只身在台，而全家仍在本籍。盖在台虽为游民，而在本籍则皆土著。今若令其搬眷成家，是使伊等弃内地现在之田庐，营台地新迁之产业，在民间徒滋烦扰，非国家向来立法之初意。”获得了朝廷的批准。雍正末年，蓝鼎元指出，“广东潮惠人民在台种地佣工谓之客子，所居庄曰客庄，人众不下数十万，皆无妻孥。时闻强悍，然其志在力田谋生，不敢稍萌异念，往年渡禁稍宽，皆于岁终卖谷还粤，置产赡家，春初又复之台，岁以为常”[③]，形成了一种特殊的“候鸟式人口”迁移，而非像四川移民那样拖家带口的扎根式迁移。

单身赴台，严重地影响了台湾的移民规模及其移民人口在台湾的自然增长。而清廷规定凭照入台的移民政策，又使台湾移民出现了一种变态的方式：偷渡。偷渡的移民数量也颇可观，康熙五十年（1711）有官员称：“奸顽商艘并营哨船只辄将无照之人，每船百余名或多至二百余名偷渡来台。其自厦门出港，俱用小船载至口外僻处登舟，其至台，亦有小船于鹿儿门外，陆续运载至安平镇登岸，以致台厦两同知稽查莫及。”[④] 当时偷渡去台，“厦门是其总路，又有自小港偷上舡者，如曾厝安、白石头、大担、南山边、镇海、岐尾；或由刘武店至金门、料罗、金龟尾、安海、东石，每乘小渔船私上大船”[⑤]。如此多的偷渡地点，正说明当时移民入台人数甚众，史载：

---

① ［日］伊能嘉矩：《台湾文化志》下卷，江庆林等译，台湾省文献委员会1991年版，第142页。

② 康熙《诸罗县志》卷12《杂记志》。

③ （清）蓝鼎元：《鹿洲初集》卷12《粤中见闻》，厦门大学出版社1995年版，第236页。

④ 康熙《台湾府志》卷10《艺文志》。

⑤ （清）黄叔璥：《台海使槎录》卷2《赤嵌笔谈》。

"内地穷民在台营生者数十万，其父母妻子俯仰乏资，欲急赴台就养，格于例禁，群贿船户，顶冒水手姓名，用小渔船夜载出口，私上大船抵台，复有渔船乘夜接载。"① 而偷渡者路途之惨状，也是四川移民过程中所不曾出现过的，"内地民人或闻台地亲年衰老，欲来侍奉，或因内地孤独无依，欲来就养。无如例有明禁，因甘蹈偷渡之愆。不肖客头奸艄，将船驶至外洋，如遇荒岛，诡称到台，促客登岸，荒岛人烟断绝，坐而饥毙；俄而洲上潮至，群命尽归鱼腹。因碍请照之难，致有亡身之事"②。据《清高宗实录》卷265记载，乾隆十一年（1746）四月甲申，户部议准巡视台湾给事中六十七等奏：

> 内地民人有祖父母、父母在台，子孙欲来侍奉；或子孙在台，祖父母、父母、妻子内地无依，欲来就养者，准其给照来台，入甲安插一案。接准部咨，详议具题。查台湾编氓多系内地之人，其在台年久，置有恒业者，往往不能弃产回籍，应如所奏，在台人民果有祖父母、父母在籍，准其赴台就养；如祖父母、父母在台，准其子孙赴台侍奉；若本人在台，而内地妻少子幼，并无嫡亲可托者，亦准其搬移聚处，即赴台侍奉祖父母、父母之子孙；果有幼少妻子亦准一体赴台，仍照从前搬养成例，令台防厦防各同知于登簿换文时，留心稽察，验明人照相符，方准配船渡台，并令内外地方官先行关查明确，方准给照。如有藉称伯叔兄弟及妻之兄弟族戚，一概不许滥给照引。倘朦混影射越渡，立即解回，并将滥给照引之地方官，严参议处，徇隐具结之地邻族保，一并严究。其荒僻口岸，严饬各员弁常川巡察，如有游旷之徒作弊偷渡，擒拏重究。倘有疏纵，照徇纵偷渡例参处。从之。③

可见，与四川"措处盘费，差官接来安插"相比，台湾移民过程

① 乾隆《台湾县志》卷12《地志·纪事》。

② （清）吴士功：《请开台民携眷之禁疏》，贺长龄《清经世文编》卷84《兵政十五》，中华书局1992年版，第2087页。

③ 《清高宗实录》卷265，《清实录》第12册，中华书局1985年版，第435—436页。

简直就是一部血泪史。

乾隆五十四年（1789）政府取消对赴台民人携眷的禁令，但仍规定禁止无照偷渡和无照携眷。[①] 直到清光绪元年（1875），清廷才废除“所有从前不准内地民人渡台各例禁”[②]，对台湾实行开放性移民。但四川却早在乾嘉之时，已由过去的土旷人稀变成“无荒可垦”了，迄至道光，更有“昔之蜀，土满为忧；今之蜀，人满为患”之叹。[③] 嘉道以后，四川人口已开始向邻省迁移，如当时贵州“兴义各属，已无不垦之山，而四川客民……仍多搬往，终岁不绝”[④]。

清前期对台湾实行消极保守的移民政策，极大地限制了人民的入台开发，据学者研究，直到嘉庆十五年（1810），台湾人口数量才只有194万人。[⑤] 而有清一代，台湾移民之来源地，基本上限于福建、广东两省而已。

综观全文可见，清初的四川和台湾均属土旷人稀的待开发区，但鉴于两地在国家政治和经济中的地位不同，清廷对两地重要性的认识相去甚远。可以说，政策的制定与实施即政府行为，其在社会变迁的过程中往往具有举足轻重的作用。

---

① 《清高宗实录》卷1345，乾隆五十四年十二月乙亥，《清实录》第25册，中华书局1985年版，第1237页。大学士公阿桂等议准、闽浙总督觉罗伍拉纳等奏称，内地客民领照赴台湾，责令行保船户，开报姓名籍贯、年貌、住址，并往台湾作何生业，呈报该管厅员查验，立即给照放行，移明台湾各厅，验放入口。其出口之处，仍令守口员弁查验放行，如有给照迟延，验放留难等事，即将该员弁严行参处。

② （清）朱寿朋编：《光绪朝东华录》第1册，光绪元年正月，文海出版社2006年版，第3页。

③ 道光《新都县志》卷3《食货志》。

④ （清）贺长龄：《耐庵奏议存稿》卷5《奏复汉苗土司各情形折》，《贺长龄集》，岳麓书社2001年版，第124页。

⑤ 陈孔立：《清代台湾移民社会研究》，厦门大学出版社1990年版，第92页。

清代移民开发台湾与四川对少数民族地区的影响

明清时期官方文献分别以“东番”“西番”称呼台湾、四川的少数民族及其聚居地。台湾的少数民族居民遍布岛内各地，四川的少数民族主要分布在川西北、西部和南部等周边地区。移民进入台湾与四川，都必然会和少数民族居民发生交流与冲突。台湾移民的锐意垦拓不断受到少数民族居民的抵抗，汉番矛盾较尖锐，在汉人的不断强力开垦下，原先居住于西部沿海平地的平埔族最先逐渐汉化，一部分“生番”逐渐转变为熟番，并逐步汉化，另一部分则退守内山，仍保持原有生活习惯。汉人与四川周边少数民族的友好往来源远流长，移民向四川周边的民族聚居地迁移则受到欢迎，加速了少数民族地区社会经济的发展。台湾和四川汉族移民与少数民族的关系说明，不同民族间的往来必须建立在长期交流与相互了解的基础上，才能减少不必要的摩擦，形成兄弟般的情谊，最终共同推动中华民族的发展。

一　移民进入东番地区

清代台湾与四川均属于典型的移民社会，四川居于内陆西南，台湾属于东南海岛，台湾少数民族在明代称为“东番”，《明史》卷323《列传第二百十一外国四》记载：“鸡笼山在澎湖屿东北，故名北港，又名东番。”这一称谓与当时祖国大陆西部地区的少数民族“西番”是对应的。据《明史》卷90记载：“西番即古土番。洪武初，遣人招谕……俾因俗以治。”《明史》卷330记载的西番范围更为广泛，“西番，即西羌，族种最多，自陕西历四川、云南西徼外皆是”。可见，“西番”实际上是指西部地区的广大少数民族。清代对台湾少数民族的称谓除沿用明代“东番”名称外，[①] 在官私文献中还有“番族”“土番”的称谓。对居住于平地已逐渐汉化者称为“熟番”“化番”或“平埔番”，即平埔族，对居住于山区尚未汉化者称为“生番”“野番”或“高山番”，即高山族。康熙《诸罗县志》卷8《番俗》记载，“内附输饷者曰熟番”，或称“化番”；“未服教化者曰生番，或曰野番”，台湾少数民族皆以“社”为单位。

清代台湾移民社会形成之前，理论上讲，台湾的土地均属于当地少数民族居民所有。汉族移民入台实际上是分享与占有了少数民族的土地和生活资源。随着移民数量不断增加，少数民族的土地被汉族侵垦不断增加，汉番冲突也就日趋激烈。清代移民在台湾土地开发过程中，基本上是循着从台湾西部海岸的南部地区，不断向北部和中部地区挺进，因此，早期汉人与台湾少数民族居民的接触与冲突主要是平埔族。清前期，平埔族有150余社，分布在台湾西部平原及丘陵地域，在汉族入台之前，凡海拔在500米以下的土地，均可视为平埔族的原居地。至道光初年，在移民不断占垦土地压力下，平埔族被迫放弃故居地，举族迁移，向埔里盆地、宜兰平原迁徙，并将原居住的“埔眉番”（泰雅人与布农人）逐进山中。[②] 清代平埔族因与汉人长期杂居共处，其社会经济发展已过渡到以农耕为主、狩猎为辅的状态，其种植的旱稻颇有名气，光绪《台阳见闻录》卷下《番部·饮食》载：“熟番种植，多于园地。所种悉旱稻、白豆、绿豆、番薯；又有香米，形倍长大，味甘气馥，每岁所种止供自食，价虽数倍不售也。”是书《番部·香米》又载：“熟番多于园中旱地种稻，粒圆而味香，名曰香米，又名大头婆，甚为珍重。”少数民族居民对稻作农耕看得较为神圣，乾隆时巡台给事中六十七著《番社采风图考》载：“郡邑附近番社，亦三、四月插秧。先日猎生酹酒祝空中，占鸟音吉，然后男女偕往插种，亲党饷黍往馌焉。”平埔族农耕种植业的普及，与汉

① 《清史稿》卷71《志四十六地理十八》也载：“台湾：古荒服之地，不通中国，名曰东番”，中华书局1976年版，第2263页。

② 陈国强、田珏：《台湾少数民族》，江西教育出版社1994年版，第125—126页。

族移民不无关系。

台湾移民开垦土地，除了自然环境恶劣外，移民还要面对几乎没有交往过的少数民族居民挑战。清代台湾“生番”主要以狩猎为主，狩猎又叫“出草”，狩猎武器较简单，主要是标枪和弓箭，因此，狩猎时需集体围捕猎物，雍正《台海使槎录》卷8《番俗杂记·捕鹿》记载：“鹿场多荒草，高丈余，一望不知其极。逐鹿因风所向，三面纵火焚烧，前留一面；各番负弓矢、持镖槊，俟其奔逸，围绕擒杀。”随着汉人向山区的不断进发，“出草”习俗发展为猎人首，据光绪《新竹县志初稿》卷5《风俗考·番俗》记载：“内山生番或数十家为一社，或百十家为一社；各社皆有土官、有壮丁。除妇女而外，其壮丁皆备鸟铳，听土官呼召，兼习强弩短刀。凡有出草（杀人曰出草）及战斗，长于埋伏掩袭，不知步伐止齐之法，出没茂林丰树中。”这则史料出处较晚，但却明白说明“杀人曰出草”的事实。而“生番”杀人由来已久，乾隆时范咸纂《重修台湾府志》卷16《风俗·番社通考》记载：“生番素喜为乱……其俗尚杀人，以为武勇。所屠人头，挖去皮肉、煮去脂膏，涂以金色，藏诸高阁，以多较胜，称为豪杰。”蓝鼎元在《东征集》卷4《复吕抚军论生番书》记载：“生番杀人，台中常事。”移民垦殖深入遭“生番”杀害者明显增加，“内山生番野性难驯，焚庐杀人，视为故常。其实启衅多由汉人，如业主、管事辈利在开垦，不论生番、熟番越界侵占，不夺不餍；复勾引伙党入山搭寮，见番弋取鹿麂，往往窃为己有，以故多遭杀戮。又或小民深入内山抽藤锯板，为其所害者亦有之”[①]。客家人《渡台悲歌》也对此有记录，“抽藤做料当壮民，自家头颅送入山，遇到生番铳一响，燃时死在树林边；走前来到头斩去，无头鬼魅落阴间”[②]。一些地方因接近“生番”，即使已初有开发，但在“生番”的抵抗进攻下，汉人只好撤退，范咸《重修台湾府志》卷1《封域》记载，罗汉门附近“沃衍平畴，极目数十里”，汉人在此建立了外埔、中埔、内埔三个村庄，汉番杂处，“继以远社生番乘间杀人，委而去之。今

① 乾隆《重修台湾府志》卷16《风俗·番社通考》。

② 黄恒秋：《台湾客家文学史概论》，台北文史工作室1998年版，第181页。

则茀草不可除矣”。雍正时期，“生番”杀人不断增多，官府不得不出面干涉，史载：“水沙连，旧为输饷熟番。朱逆乱后，遂不供赋。其番目骨宗等自恃山溪险阻，屡出杀人。逮雍正四年，复潜踪出没，恣杀无忌。”官方出动军队进行镇压，“擒获骨宗父子三人，搜出藏贮头颅八十五颗”①。直到光绪年间，恒春县的尖山、水坑一带，“仍有凶番屡出杀人，割去头颅无虑数十，并杀高仕佛汛官林武兴及防兵一名，焚毁汛房”②。

清前期，台湾的民番之争大多因移民垦拓土地而起，一些赴台官员也乘机设立庄田招佃开垦，乾隆九年（1744）朝廷下令禁止台湾武员置产，“朕闻台湾地方，从前地广人稀、土泉丰足，彼处镇将大员无不创立庄产，召佃开垦以为己业，且有客民侵占番地，彼此争竞，遂投献武员，因而据为己有者。……是以民番互控之案，络绎不休。若非彻底清查，严行禁绝，终非宁辑番民之道”。他下令严查且永行禁止。③ 然而地方官在上报朝廷时却有意进行回避。乾隆十七年（1752）“台湾彰化县生番骚扰村庄、杀死兵民”。乾隆下令调查原因，结论为：“细察此次凶番残杀兵民，其为因奸民占种番地，熟番逞凶焚杀，已无疑义。”但此前“该郡文武禀报犹以事出生番为言，与提臣查覆情形迥异；始终欲以生番焚杀掩其致衅之由，且听信通事张达京诡言嫁祸，粉饰欺蒙。参请严办，以重海疆”④。

清代随着汉人移民的不断入台，少数民族居民由原来的主体族群，逐渐在大规模的移民压力下，成为非主流群体，汉人则上升为台湾主体民族。这种身份地位的变化，使汉番间的矛盾更为突出，尤其是汉人的土地开发日益接近“生番”境界，“生番”杀害汉人不断增多，雍正年间，闽浙总督高其倬上奏称：“番人焚杀一节，此事情节中有数种：一则开垦之民侵入番界及抽藤吊鹿，故为番人所杀；一则

① 乾隆《重修福建台湾府志》卷19《杂记·祥异》。

② 光绪《恒春县志》卷19《凶番》。

③ 《清高宗实录》卷212，乾隆九年三月戊子，《清实录》第11册，中华书局1985年版，第726页。

④ 《清高宗实录》卷408，乾隆十七年春二月癸卯，《清实录》第14册，中华书局1985年版，第358页。

番社俱有通事，通事刻剥，番人愤怨之极，遂肆杀害，波及邻住之人；一则社番杀人数次，遂自恃强梁，频行此事，杀人取首，夸耀逞雄”①。汉人强入番界以及通事的刻薄引发了“生番”对汉人的仇杀，以致汉人有“自来番性嗜杀”之印象。由于移民不断渡台，汉番的土地开发已呈犬牙交错状地交合在一起，乾隆十年（1745）户部议奏，“台郡民番错壤，经福建布政使高山，会同巡台给事中六十七，彻底清查，断以民地归民、番地归番，各相允服”，得到皇帝批准。②汉人的不断进取直接危及少数民族居民的生活范围，双方仇杀不可避免。直到晚清，番人与汉人冲突仍不时发生，刘铭传云：“今刘朝带所开之地，仅老狗社与加九岸番毗连，加九岸仇杀居民，缉凶未获。诸社竟敢潜伏路左，杀害官弁二百余人。”③

面对台湾少数民族居民的仇杀，汉人在开发过程中也不断加强自卫能力，这在噶玛兰的开发过程中表现最为明显。道光《噶玛兰厅志续补》卷下《艺文》记载的姚莹的《噶玛兰原始》称：“噶玛兰本名蛤仔难，在淡水东北三貂、金笼大山之后，社番地也。……其始番居不知开辟，杂处深林水窟之中，捕鱼打鹿而已。”康熙时有汉人与之零星市易，乾隆三十三年（1768）民人林汉生始召众入垦，但“为番所杀。后或再往，皆无成功”。直到嘉庆元年（1796）才有漳浦人吴沙招漳、泉、粤三籍流民入垦噶玛兰。吴沙系漳浦人，“招三籍流民入垦”，并率乡勇200余人。“初入，与番日斗，彼此杀伤日众。”④可见，吴沙对噶玛兰开发是在组有“乡勇”情况下，通过与少数民族居民斗争而逐步展开。这在四川移民社会就没有出现这种情况。移民对噶玛兰的开垦，使少数民族居民不断减少，顺治七年（1650）噶玛兰族人口数为9770人（包括未归顺者1647人），嘉庆十五年

① 台湾银行经济研究室编：《雍正朱批奏折选辑》，《台湾文献史料丛刊》第69册，大通书局2000年版，第141—142页。

② 《清高宗实录》卷235，乾隆十年二月庚午，《清实录》第12册，中华书局1985年版，第32页。

③ （清）刘铭传：《刘壮肃公奏议》卷4《抚番略·副将开山战没折》，大通书局2000年版，第235页。

④ 道光《噶玛兰厅志续补》卷下《艺文》，成文出版公司1983年影印本，第113—115页。

(1810) 仅为 5540 人(包括彰化徙来流番 990 人),道光元年(1821)为 5569 人。[①]

少数民族居民的锐减,既有被不断汉化的可能,也有可能迫于汉人压力而向外迁徙。但无论是哪种情况,少数民族居民都受到了移民的侵欺,曾任噶玛兰通判的柯培元作《熟番歌》对此有所描述:

> 人畏生番猛如虎,人欺熟番贱如土。强者畏之弱者欺,毋乃人心太不古。
>
> 熟番归化勤躬耕,荒埔将垦唐人争。唐人争去饿且死,翻悔不如从前生。
>
> 传闻城中贤父母,走向城中崩厥首,啁啾鸟语无人通,言不分明划以手。
>
> 诉未终,官若聋,窃窥堂,有怒容。堂上怒,呼杖具,杖毕垂首听官谕。[②]

汉人移民对番地的侵垦及其官府对汉人的袒护,都使少数民族居民生活区域和人数规模在不断缩小,番人尽管想通过官方途径去解决纠纷,但遇到的汉人官员又往往袒护汉人,番人在受到肉体与心灵的折磨之中败下阵来,最终也增加了他们对汉人的仇视心理。噶玛兰开发过程中盛行的结首制,也是移民遭遇少数民族居民竭力反抗的结果。所谓结者,是指具结于官,约束众佃,通力合作,从事拓垦,维持秩序。结是一种拓垦组织单位,也是一个具有界址的空间单位,结首制是与武装连在一起,这与移民强行开垦番地,遭到少数民族居民反抗不无关系,"全台虽各有生番之害,惟兰地实逼处此,其害尤甚"[③]。正因如此,移民多建筑土围或竹围居住以自卫,噶玛兰头围就是嘉庆元年(1796)吴沙率民开垦。道光时修纂的《噶玛兰志略》已有"五围二十三结"。

① 阮昌锐:《兰阳平原上的噶玛兰族》,《台湾文献》1966 年第 1 期。

② 道光《噶玛兰志略》卷 13《艺文志》,成文出版社 1983 年影印本,第 191 页。

③ 咸丰《噶玛兰厅志》卷 5《风俗下》。

"生番"与"熟番"成为清代官府对台湾少数民族居民共通使用的一种行政性用语。对其划分问题，主要以归化为依据，雍正六年（1728）九月台湾总兵王郡奏称："台湾自我朝开辟以来，则有生、熟二番。其向西一带山脚服役纳课者为熟番；而分散居山不入教化者为生番。……各种生番，其每社多则百余人，少则数十人，性虽嗜杀俱皆不识不知，而所怯者惟枪与炮耳。"① 王郡奏折说明，清代对"生番"、"熟番"的界定颇为明显，"生番"是不服从官府统治、不服役纳课，而"熟番"则服役纳课，服从官府统治。

随着汉人移民与熟番的垦殖不断深入，"生番"与汉人及"熟番"的矛盾愈益激烈，少数民族杀害汉人的"番害""番乱"事件层出不穷，雍正年间最为频繁，仅雍正四年（1726）八月至十一月就发生了8次"生番"袭击汉人事件，杀害汉人及"熟番"60余人；雍正九年（1731）至十年（1732）台湾中部又屡屡发生"番害"事件，杀害汉人150余名。正因为"生番"不断杀害汉民，清朝改行"生番"隔离政策，官府对之采取的措施就是"惟枪与炮耳"的武力镇压。与此同时，为了减少番汉间的冲突，清朝划定汉番界线，阻止汉人与"熟番"和"生番"的接触，在番界上设立界石，派兵驻守。② 事实上，汉番界线随着时间推移而不断变更，也就是说，随着汉人对生番土地的不断越界侵垦，政府往往都承认其垦殖事实，番汉界线就不得不重新划定。乾隆二年（1737）闰九月巡视台湾御史白起图曾就汉人"归还番地"一事，提出"宜分别办理，以安民生"。朝廷批复："应如所奏，饬地方各官严禁民人私买番地，并将近番地界划清，以杜滋扰，所有私占番地，勒令归番；其契买田土，久经垦熟升科者，查明四至，造册报部存案。"③ 乾隆中叶，以红线表示旧定界，以蓝线表示新定界。道光《彰化县志》卷7《兵防志·屯政》

① 《宫中档雍正朝奏折》第11辑，故宫博物院1978年影印本，第220—221页。

② 唐立：《试论清代台湾生番之归化与汉族拓垦：以乾隆至道光年间为中心》，载张炎宪主编《中国海洋发展史论文集》第6辑，"中央研究院"中山人文社会科学研究所，1997年。

③ 《清高宗实录》卷52，乾隆二年闰九月丁卯，《清实录》第9册，中华书局1985年版，第886页。

记载："昔日之土牛红线，至今已无遗迹。界外之荒埔，俱为民间之乐土，而其详不可得闻矣。"自清初至日据时代番界一直在变，汉人垦殖的区域越来越大，而生番的生活区域反而愈加窄小，汉族移民与少数民族居民之间发生冲突势成必然。

二　移民向西番地区进发

与台湾移民社会相比，四川属于老农业开发区，其境内的少数民族多集中分布在周边地带。但少数民族与汉族人民的交流往来，自古以来一直没有中断过。不仅如此，历代中原王朝对四川周边少数民族的管理制度也在不断完善。而台湾的少数民族不仅与汉族接触较少，而且在清代以前官府也未在台湾设立过管理少数民族的制度。所以，无论是民间还是官方，四川少数民族与汉族的交流都是源远流长，有较深厚的情感基础。清代各地移民进入四川，一开始主要是向易于开发的平原地区转移，接触的主要是不同省籍的汉人。随着四川各地开发的加快，移民人口不断向周边少数民族地区渗透，与少数民族的交往较频繁。自乾隆末年开始四川内陆人口不断流向西部和西南部的藏族、彝族聚居地，并逐步在这些民族聚居地落籍定居，对民族地区发展做出了贡献。

汉族何时进入川西藏族地区，已无从考证。但川藏间的民族往来，自古以来就不曾中断。唐朝公主入藏联姻，应是汉人入藏的真实记录。这之后，汉人就源源不断地进入藏区安家落户。明清改土归流后，迁入藏区的汉人更多，仅松潘直隶厅在嘉庆元年（1796）就有749个寨堡，27509户共96207人，其中汉族10554户共50002人。[①]清代自乾隆十五年（1750）至道光三十年（1850）的100年间，迁入甘孜藏区的汉人就达1.6万。[②] 清代是汉人进入藏区的高潮期。据《明末清初雅安受害记》称：明清战争使四川"茅舍尽毁，人民无

① 四川省阿坝藏族自治州政协委员会文史资料委员会编：《阿坝藏族自治州文史资料选辑》第4辑，1986年编印，第3页。

② 格勒：《甘孜藏族自治州史话》，四川民族出版社1984年版，第131页。

依，悉赴川西逃生”。雅州成为川人的重要避难场所之一。清初官府招民入川开垦，川西边地成为移民迁入地之一。乾隆《雅州府志》卷5《风俗》载，“自献逆蹂躏之后，土著者少，四方侨寓，大率秦楚吴粤滇黔之人居多”。雅州府是川西最大行政区，境内藏族颇多。移民迁入地起初均靠近汉族区，如名山县“若赣、若闽、若粤、若秦晋，间以游宦经商寄籍斯土”[①]。懋功地区汉人陶、俞、廖、陈等于嘉道年间，由遂宁、安岳、德阳、乐至等地迁居巴安，“承佃土司地土耕种”。民国时，懋功所属的沃日土司境内有汉民470户，男1010丁、女696口；夷民360户，男830丁，女550口。[②] 今天丹巴县居民有三分之一为汉人，汉人是乾隆前后由陕西、成都、灌县、遂宁、安岳等地迁入，与藏民通婚融合，现已成为定居人口。[③] 汉人迁入在一定程度上分享了藏区的资源，有时会发生摩擦。乾嘉时，茂州汶川地属崇山峭壁，土瘠民贫，“其民间子弟亦有俊质，往往无力读书，是以应试之童寥寥，附近州县视其入学之易，心存觊觎，或认本籍同姓为一宗，或置买些微山场称为载粮民籍，希图考试。……如徐彦吉者，灌县石羊场人，其父先年在汶置地载粮四厘，兄弟数人入汶，便宜已极，乃因包引同姓硬估，出保未遂所欲，胆敢以串局把持上控”。道咸时，地方官府甚至规定“土司所蓄树木自行革除，不准佃写汉民砍伐烧山”[④]。当然，这或许反映了汉人在藏区因势力的增大而破坏了原先的固有规则，从而引起藏民不满。但在官府引导之下，汉藏关系仍以友好交往为主流。

与汉族的定居相伴随，川西边地多有会馆建立。如咸丰《天全州志》卷2《祠庙》记载，楚省人建禹帝宫；江西人建万寿宫；闽省人建天上宫；陕省人建武圣宫。随着移民不断深入藏区，会馆也随之在藏区出现，民国《崇化屯志略》载该屯在乾隆末年就建有禹王宫、

① 民国《名山县新志》卷5《户口》。

② 民国《懋功县志·氏族》。

③ 中国人民政治协商会议丹巴县委员会编：《甘孜藏族自治州丹巴县文史资料选辑》第2辑，1989年编印。

④ 四川省阿坝藏族自治州政协委员会文史资料委员会编：《阿坝藏族自治州文史资料选辑》第4辑，1986年编印，第152—155页。

万寿宫、黔南宫、南华宫等。茂州则有川主庙、陕西馆、山西馆、江西馆、湖广馆、广东馆等。① 同治《直隶理番厅志·祠庙》记载有禹王宫、万寿宫、陕西馆、山西馆等。移民进入川西藏区，一部分人从事农业生产，生活在川西藏区的各族人民，“有汉夷共居一处者，有汉夷闲杂零星散处者，有汉民自成村落者，与内地情形迥异”②。汉人在藏区的居住，往往将农业生产技术带入该地，农作物种植也随之在藏区传播推广，乾隆《西藏志·物产》记载：“拉萨谷属产青稞、小麦、胡豆、豌豆、菜子。自他处贩来者皆绿豆、黄豆、冰豆、稻米……近汉人自中国带菜种有白菜、萵苣、菠菜、苋菜、韭菜、萝卜、桐蒿、四季豆、苦豆……”

商人也是清代川藏边地移民的重要构成部分。为了在川边民族贸易中立稳脚跟，一些汉族商人甚至在藏区报垦土地，并与藏女组成临时家庭。③ 汉族商人深入藏族聚居地，与藏民打成一片，他们或在山石隙地从事种植稞麦、药材等生产活动，或从军入伍，或从事小本贸易。为了方便与藏民进行广泛的经济往来，汉人“不论农桑，皆习番语”④。懋功是重要的汉藏商品交易场所，当地药材为出产大宗，“汉番贫民，半系挖药为生，但本境不善炮制，出卖无多，全行发往灌县销售”⑤。民国《懋功县志·实业》称，由于藏民不习贸易，“贸易概系内地汉人来县做工贩卖”，这些汉人“均由陕西、甘肃迁来开店为生”。道光《绥靖屯志·风俗》载，在金川绥靖屯“列肆而居”的商人，“类多秦晋豫章诸地人，汉夷日用之需，咸取给于兹”。而在今康定城区的秦晋会馆就是当时陕西、山西商人修建的商业场所，除了钟鼓楼外，还有戏楼舞台，看戏的广场就可容纳数百人。⑥ 在崇化屯

---

① 道光《茂州志》卷2《寺观》。

② 光绪《盐源县志》卷12《奏疏》。

③ （清）李心衡：《金川琐记》卷3，《丛书集成初编》第3199册，中华书局1985年版，第29页。

④ 同治《松直隶潘厅志略·民俗》。

⑤ 民国《懋功屯乡土志·商务》。

⑥ 中国人民政治协商会议甘孜藏族自治州康定县委员会编：《康定县文史资料选辑》第3辑，1989年编印。

也是夷民不谙贸易，只有“流寓汉民作小负贩以营生”①。

在汉人不断进入藏区的时候，藏民也不断深入内地佣工、经商。同治《直隶理番厅志》卷4《夷俗》记载：“诸番男妇于三冬进口，赴蜀西各郡县佣工，谓之下坝做活路。……春尽则贩卖缣布、锅刀、牲畜以归所。”对此现象，时人还赋诗：“熟生新旧聚三番，服语难同庶类繁，结队远行齐力作，雌雄难辨似猱猿。”藏区的少数民族已高度汉化，正如民国《泸定县图志·风俗》称，“风俗悉已向化为汉人礼节，人民俭朴，皆以农耕为业。春冬两季赴汉源或雅安等处背茶或米，运至康定”销售。史料中的“悉已向化”可能有美化成分，但从人民能以农耕和商业贸易为生来判断，泸定已基本具有汉人生活的特色。移民的进入与落籍，使川藏边地已成五方杂处之地。民国《道孚县图志·风俗》记载，该县已成为“藏族土著及汉人五族杂处之地”，汉人占有较大比例。年深日久，民族间开始相互通婚，又促使藏族的汉化进程。如九龙县为“五族杂处之地，言语不同，风俗各别……土夷有招婚之风，凡汉人于此安家者竟为入赘之宾，数十年以还，生子育女，半为同化”②。这里的同化是指汉夷婚后子女的汉化。理化县也是“蛮汉联姻，生子喜读汉书”，设治以后，“凡临城附近及大陆一带早为同化”③。丹巴因与懋功、天全等地接近，境内汉人居多，设治以后，“汉夷联姻，生子愿读汉书”④，强调了汉化与汉人居多及其汉夷联姻的关系。

清前期，川边藏民教育较为落后，在科考中藏区汉人明显占优势，内地汉人甚至进入藏区冒籍考试，引起藏区官民的不满。据《清嘉庆三年学政碑》规定：“汶川学籍，嗣后非土著廪生不得保结，非土著人民不得应试章程。”汶川县“外籍考试由来已久，碍难深究”。为解决此问题，汶川土著居民上控于县，“请嗣后非系本地土著人民，即有分厘微粮即冒认本籍同姓为一宗，其现住他县有籍可归者，一概不准应试。”如冒籍被查出，将从重究办冒考之童。郫县人骆凌霄对

① 民国《崇化屯志略·风俗》。

② 民国《九龙县图志·风俗》。

③ 民国《理化县图志·风俗》。

④ 民国《丹巴县图志·风俗》。

此不满而上茂州呈控，但被驳回："各归原籍。"接着，灌、郫、温、崇四县徐安然等人又上省呈控，李学宪批道："尔等即系载粮民籍，该土著廪生岂无认识保结之理？尔今赴考，廪生不肯画押，其非土著可知，妄渎不准。"随即，省里批示茂州敦促汶川县调查，县主调查结果为"徐安然等均非汶川土著民籍，辄因岐考不遂，胆敢□名越控不休"①。这个案件不仅汶川本籍上告，而且灌、郫、温、崇等县冒籍人士甚至越级上控，案件惊动县、州、省三级官府。这一案件至少可以理解成少数民族子弟汉化程度有所提高，他们需要通过科举考试进入仕途，进而改变自己的身份，但其汉化程度毕竟有限，因而与汉人在考试中竞争不占优势，正因为如此，他们才反对汉人冒籍考试。从碑文来看，确实有一部分汉人长期移居生活在该地，这在一定程度上也促进了双方的交流与同化。

三 官府调解台湾汉番矛盾的滞后

清代官府对台湾与四川移民与少数民族的往来，并没有听之任之，而是积极加以干预指导。清政府对台湾汉番间的矛盾，设立土牛，严禁汉人侵垦番区，后来又设立"隘"，保护汉番各自利益。对移民进入四川周边少数民族聚居地，政府从减轻四川人口压力考虑，大力引导与鼓励汉人向周边少数民族地区流动。

台湾移民与少数民族居民关系的紧张引起了官府的注意，乾隆中期以前，台湾西部海岸平原的平埔族原有土地在汉族不断垦殖下，已几乎流失殆尽，随后清廷重新配置平埔族土地于西部平原东侧沿山附近生番边界一带，加以保护，并利用平埔族"熟番"防守"生番"的出草杀人，以及镇压汉人在台湾的动乱；对高山族的"生番"则从清前期消极的隔离封禁到晚清的积极番地保护开发。清代对台湾少数民族居民的管理，往往根据其教化程度，将其划分为生、熟番，并设官进行管理，"台湾僻处海外，向为土番聚居。自归版图后，遂有

① 四川省阿坝藏族自治州政协委员会文史资料委员会编：《阿坝藏族自治州文史资料选辑》第4辑，第152—155页。

生、熟之别。生番远住内山，近亦渐服教化；熟番则纳粮应差，等于齐民。凡社中皆择公所为舍，环堵编竹蔽其前，曰公廨（即社寮），通事居之，以办差遣。土官之设，系众番公举，大社四、五人，小社二、三人，给以牌照，各为约束”①。所谓“内山”大约是指汉人绝少进入之地，“凡山之绵渺阻绝、人迹不到者，统称内山”②。而这些内山大多居住着“生番”，他们与汉人接触不多。史实表明，台湾少数民族居民的汉化并非由清朝官府直接推动汉番融合的结果，主要是汉族移民一开始不断向“熟番”占垦租赁土地耕种，与平埔族发生冲突、交流到逐渐融合，然后又逐步与“生番”发生往来，从而导致了台湾少数民族居民的汉化出现多个层面的现象，形成“熟番”、半熟生番和“生番”的格局。“熟番”已基本汉化，半熟生番则处于汉化的转变阶段，“生番”则基本保持原有的自身状态。乾隆时的《闽政领要》卷中《台郡情形》对这三种情形有较详细表述：

> 台属番民有熟番、半生熟番、生番三种。熟番向化已久，与齐民无异，以耕种为生计，充铺兵、走递公文、应徭役、运送官米，颇为驯良。半生熟番则附山为居，亦知耕种，第不与民人交涉，往往有窜出抢夺杀害之事。生番则在深山之中，遍身刺绣，不穿衣服，不知耕作，惟以捕鱼猎兽而食，语音不通。北路淡水、彰化等处生番尤为凶悍，性嗜杀人，往往潜出戕害庄民，辄行割去头颅，以示勇力。

可以断言的是，半生熟番正是在与汉人和“熟番”的不断交流往来中，一步一步地向“熟番”转化。“生番”则由原先以“捕鱼猎兽而食”及“不知耕作”的游牧生活逐渐向半生熟番“亦知耕种”的农耕生活转变，但又不时发生杀人行为。“生番”则仍然固守传统，保持“凶悍”习性。官府在早期是尽量阻止汉番来往，即使后来容许汉人开垦番地，也更多的是对既成事实的肯定，或在对既成事实基

① 乾隆《重修福建台湾府志》卷6《风俗·土番风俗》。

② 康熙《诸罗县志》卷1《封域志·山川》。

础上的延伸。

清代为了防止移民对番地的过分侵垦，而引起台湾地方社会的动荡，对番地基本采取保护措施，严禁汉人侵垦。其标志性的措施是“隘”的设立。据学者研究，“台湾设隘，仿于郑氏。永历十九年(1665)，谘议参军陈永华请申屯田之制，以开拓番地，而人民之私垦者亦日进，每遭番害，乃筑土牛以界之，禁出入。土牛者，造土如牛，置要害，戍兵防守。至今尚留其迹。或曰红线，则以土筑短垣，上砌红砖以为识，耕者不得越。归清以后，仍沿其制。而垦田愈广，渐入内山，官不能护。乃为自卫之计，设隘寮，募隘丁，以资捍御”①。清初仍沿袭明郑时代实施的“土牛”办法。土牛也随着移民垦拓的深入而不断变动，乾隆五十五年（1790）闽浙总督伍拉纳的一份奏折显示，乾隆时就数次强化土牛之界，“台湾地土膏腴，易于谋食，无藉民人，愈聚愈多，往往深入内山，垦越滋事。虽于乾隆十五（1750）及二十五（1760）等年两次立碑，并于淡、彰二厅设立土牛以分界限，因阅年既久，日渐废弛。自应遵奉部行，划定界址，庶可束边境而杜争端。兹据台湾镇、道等请以此次清查归屯地段为准，或抵山根，或傍坑崁，令地方官拣用坚厚石料，竖立碑界，详开年月地方，大书深刻。并称存档原图，从前以红、蓝、紫色画线为界，今即添画绿线，以别新旧”②。可见，不同时间段的画线是以不同的颜色来标示的。

其实，土牛之设，并没有能够阻止移民的积极进取，越界占垦屡屡发生，当然，有些越界是通过先佃番人土地，最后据为己有，“从前因淡水、彰化二处，垦辟日增，另行划定界限，设立土牛，禁止奸民越界占垦，免滋事端。乃因生聚日繁，民人私向生熟番黎佃地耕种。……熟番等归化日久，渐谙耕作，祇以业经典卖，无由取赎”。正因如此，乾隆后期，移民越界占垦番地现象在台相当普遍，“不特嘉义以南多有侵越，即淡水等处续定土牛界，亦□虚设。此时若不将

① 连横：《台湾通史》卷13《军备志·隘勇》，商务印书馆2010年版，第273页。

② 台湾银行经济研究室编：《台案汇录甲集》卷1《闽浙总督伍拉纳奏为筹议台湾新设屯所分拨埔地事宜折》。

埔地彻底清厘，事过境迁，界址必仍混淆”。而且越是与番人接近之地，私垦土地也就越多，“其集集埔、虎仔坑、三貂、琅峤等处，接壤生番，私垦田亩甚多，此等偷越民人，本应逐加惩治，惟念开垦以来，生番日久相安，并无事故，一经驱逐，沃土既须抛荒，而游民又无归宿，应请照新定民买番地之例，一概升科，免其查究”。这种由移民先行越界开发，待成熟后，官府认可的现象在台湾垦拓过程中几乎成为一种模式。而且官方在书面文字中，每次都强调划界巡查，但实际上也只是具文而已，“清查之后，即以所垦地方为界，拣用坚厚石料，竖立界石，列开立界年月地方，大书深刻，俾人一望而知”①。

其实，土牛之设到乾隆末年已成故事，“台地寸土，悉由生番渐次开成”。以埔里六社而言，居全台心腹，襟带数县，为中权扼要之区。乾隆时福康安奏称：“从前设立土牛，禁民占垦；因生齿日繁，私佃耕种，土牛之界，竟成虚设。良田弥望，多在界外，旧设土牛，早无遗址可寻。民人开垦，与生番日久相安，并无事故。”据此，则土牛之界，在乾隆年间业已全无，私垦升科，早已深入番地之内。乾隆末年六社一带，汉人进入尚少，林爽文曾“谋据险要”于此，但“彼时私入之人无几、生番之势尚强，不为所据”。嘉道年间，“私入之人较多，生番之势极弱，今昔异形”②。乾隆十一年（1746）五月，户部议覆“台地民番事宜”时，重申：“民垦番地虽久经禁止，但不分别定罪，小民不知畏惧。请嗣后番地，均听各番自行耕种。”对私自侵界垦荒则处以重罪，“若奸民潜入生番界内私垦者，照越渡缘边关塞律治罪”。为了消除汉番间的矛盾，勘界画线势在必行，“番社地界，从前地方官原各查禁；而奸民不顾戕杀，每觊侵越。仅委佐杂微员，不足弹压。应令地方官于农隙亲勘，传同土目、通事、乡保、业户立表定界，统限一年内，造册报竣”。

为了防止番人的袭击，官府还强调移民应集中生活，并成立非军事组织保护自己，“至生番乘秋穿越林莽，出界戕杀，其迫近番地零

① 台湾银行经济研究室编：《台案汇录甲集》卷1《附台湾府知府杨廷理等会禀》。

② （清）丁日健：《治台必告录》卷4《斯未信斋存稿》，《议水沙连六番地请设屯丁书》。

星散处之庄民，该督等议令于秋冬移附近大庄居住，恐民情不便。应饬地方官善为劝谕，毋庸立定章程。其设法堤防之处，应如所议，令贴近生番庄社各设望楼一，悬挂铜锣，每楼分拨五人昼夜巡逻，近社者派番，近庄者派民，十日一轮，各自保护。邻庄有警，互相救援，倘有坐视不救者，即行究治”①。乾隆初年福建巡抚周学健奏：“台郡凤山县民邱子刚等因越界筑坝引水灌田，俱被生番戕害。查向来内地民人或侵入番境致被残害，生番罕有无故逸入内地、戕害民人者。是欲保全内地民人，惟有严越界之禁。今邱子刚等被害，皆缘不遵禁令，衅由自致。”②

随着土牛的形同虚设，隘寮组织逐渐形成。隘的出现，说明移民开垦已由过去对“熟番”拥有的平原、盆地开发，转向生番居住的山地。由于生番以射猎为生，许多部落又有出草猎首习俗，经常杀害汉人。据统计，自清初到同治末，番害案件共发生 71 起，其中因汉民进入番界开垦而被杀死者占近 35%。③ 于是，汉人移民开垦山地，就设立隘寮，私自雇请隘丁把守，以防止少数民族居民的袭击。同治《淡水厅志》卷 3《建置志》记载：“淡地内山，处处迫近生番，昔以土牛红线为界。今则生齿日繁、土地日辟，耕民或逾土牛十里至数十里不等，红线已无踪迹；非设隘以守，则生番不免滋扰。”连横认为，官隘始于康熙六十一年（1722），实施者为时任福建巡抚杨景素。④ 但杨景素出任台湾地方官员的时间最早在乾隆二十三年（1758），乾隆五十二年（1787）上谕军机大臣就涉及此问题：“台湾疆土既开，民安耕凿，处处皆成膏腴之地。自杨景素议立界限之后，

---

① 《清高宗实录》卷 266，乾隆十一年五月戊申，《清实录》第 12 册，中华书局 1985 年版，第 458 页。

② 《清高宗实录》卷 225，乾隆九年十月，《清实录》第 11 册，中华书局 1985 年版，第 915 页。

③ 林再复：《台湾开发史》，三民书局 1993 年版，第 190 页。

④ 其实，杨并没有出任过福建巡抚，只是从乾隆二十三年起担任过分巡台湾道员之职。邓孔昭对此也有辨析（参见邓孔昭《台湾通史辨误》，江西人民出版社 1990 年版，第 149 页）。连横说法的依据可能是乾隆时范咸纂《重修台湾府志》卷 16《风俗 · 番社通考》所载的“康熙六十一年，官斯土者议：凡逼近生番处所，相去数十里或十余里，竖石以限之，越入者有禁”。

界外良田美产转界生番，而生番以射生为业、不事耕种，势必内地民人仍往偷垦，日久徒滋事端。”[①] 乾隆所言可能是指官隘设立自杨开始。隘几乎都建于乾隆年间，凤山县的埤口溪隘、加腊埔隘、双溪口隘、杜君英隘、新东老埤隘、万巾庄隘、吧阳毛狮狮隘、粪箕湖隘、坊寮浦姜林隘等官隘全部建于乾隆年间。[②] 隘最先是由移民私自修建的防番设施，其功能主要是防止番害。这种由民间自发设立的保护措施，后逐渐得到官府的认同。

台湾的隘有官隘、民隘之分，而且民隘的数量多于官隘。据同治《淡水厅志》卷3《建置志》记载，该县有民隘24处、官隘5处。隘的经费主要来源于隘附近荒林的开发，开发的主力军是隘丁，带有军屯的性质。无论民隘官隘，有关人事任免、隘丁征调以及给养的补充等重要事务都必须经官府之手。嘉道以来，隘的修建逐渐转向内山地带，内山因“生番”活动频繁，直接威胁移民的生产和生命安全，乾隆曾在上谕中指出：“内山系生番巢穴，向闻遇有内地民人到彼，即行杀害。”[③] 嘉庆以后，汉人移民向内山垦殖进一步加快，遭到“生番”杀害的可能性剧增，隘的设置也随之增加。噶玛兰地区自嘉庆元年（1796）吴沙率三籍民人入垦，但真正开发是在嘉庆十五年（1810）以后。这之前，政府对噶玛兰一直实行“封界”，恐开垦引起番衅。官方准许开发前提就是设隘，“自设官后，沿山次第设隘，以壮丁守之；（嘉庆）二十一、二年间，犹有生番逸出杀人，今则防堵益密，林木伐平，沿山皆成隘田，而居民安堵矣。……以上隘地十九所，北自梗枋，南至施八坑，不过弃界外数百甲之地，免其升科”[④]。可见，移民对台湾开发的深入，加快了不同族群的融合步伐。

隘也随着移民拓殖空间的变化及番人汉化的进展而变化。史载：“南路之旷土早已垦耕无余，北路则官隘有废，民隘有增。缘生齿日

---

① 《清高宗实录》卷1281，乾隆五十二年五月，《清实录》第25册，中华书局1985年版，第167页。

② 道光《重纂福建通志》卷85《关隘·凤山县》。

③ 《清高宗实录》卷1273，乾隆五十二年正月丁酉，《清实录》第25册，中华书局1985年版，第33页。

④ （清）姚莹：《东槎纪略》卷3《沿边各隘》，大通书局2000年版，第167页。

繁，土地日辟，游民之潜垦界外，有深入数十里、百里者，非设隘以守，则野番不免滋扰”。晚清以后，官府对“生番”由消极封禁向积极抚番发展，隘防逐渐失去存在意义，光绪时“凤、嘉、彰三邑旧设各隘，半已不知其处”[①]。

四 官府对西番开发的重视

四川移民在向周边地区的少数民族地区进垦的过程中，并不存在类似台湾的“隘”组织。清代一些大臣奏折常常刻意将台湾“生番”与西南“苗蛮”进行比较，事实上清廷对移民与二者的关系还是采取了不同的态度。云贵等西南少数民族地区从秦汉以来就处于中央政权的管辖之下，中央政权对西南少数民族一直给予高度关注，在四川西部少数民族地区实行行政建置。台湾基本上是随着移民向少数民族聚居地的进垦，官府为了防止汉番之间发生冲突，一方面设立番界，不许汉人越界垦荒；另一方面则设立土牛、隘口。即使如此，在汉人不断进垦以及垦拓成功后，官府也只好承认事实，于是设立行政管理机构。四川则基本上是官府先行一步，设立行政机构后，然后移民才进入求发展。如打箭炉之西为里塘，向为拉萨所辖，而里塘之外又为巴塘，由此两地构成四川边隘。康熙三十八年（1699）清廷在化林坪设汛添兵，当地头领乌思藏派藏兵骚扰清军，康熙决定用武力解决打箭炉问题，调派驻荆州满洲兵分三路攻打打箭炉，到康熙四十一年（1702）全面解决了打箭炉问题，添设安抚使，“以专管辖”[②]。雍正七年（1729）设打箭炉厅，并移驻打箭炉的清军在各处设营伍、安塘置铺，修建塘房、烟墩、哨楼，以保障交通顺畅，商旅安全，四川以西的省界至此基本固定下来。清廷不断将四川版图向西扩展，对进一步控制青海、西藏、云南等地具有重要的政治、经济和军事意义。[③]

乾隆时爆发的两次金川事件，使金川地区人口损失惨重，许多村

① （清）丁绍仪：《东瀛识略》卷4《营制·屯隘》。

② 《清圣祖实录》卷280，康熙四十一年六月辛丑，《清实录》第6册，中华书局1985年版，第743页。

③ 以上参阅王纲《清代四川史》，成都科技大学出版社1991年版，第39—41页。

寨空无一人，战后清廷设立懋功厅及五屯，令驻守之绿营兵就地屯田，以此筹集驻防川边军队粮饷，减少内地供粮压力。政府专门拨出资金支持军队屯田，“初办屯垦时，先给各兵口食”，并为士兵配置牛具、种子，为了让士兵安心守疆，政府“必令兵丁携眷来居”。对那些“情愿挈眷来居者”，官方给予大力鼓励，不仅酌量“资送”，而且对初至者，“照旧于应得钱粮之外，给与盐菜口粮，俟垦种已成，再行停止”。从移民的角度来看，这属于典型的军事移民性质，这些军人在屯区的开垦，对传播农耕技术，对加强汉藏民族交流均有积极意义。“维州、保县一带，地瘠民贫，妇女皆来营贸易，其内本系番人居多，应行招徕开垦，兵丁如有缺出，并于番人内招募充补。”移民的不断进入使金川变成了藏、汉杂居地。除官兵耕种外，对投诚藏民也安排与汉人一体耕种，“此等头人所有家眷番众，拟分安于金川河东、河西，与官兵相错而居，并遵旨一体酌给牛具、籽种，俾得及时种艺”①。军屯也吸引汉人迁入，乾隆四十四年（1779）渠县、什邡、长宁等县民人“情愿携眷赴金川。……又有洪雅、天全、打箭炉等厅州县民人王文琳等三十户，情愿自备资斧，携眷赴金川屯垦”。对于这些自愿入迁的汉人，政府均按照上述屯田兵丁眷属的待遇进行安插。为了保证这些内地赴边之汉人的利益，清政府还在政策上给予优惠，如金川屯田就规定，对招徕的内地民户，每户给地30亩作为永久性财产。对那些路途遥远而带来家眷的民户，“准大口日给盘费银一钱，小口日给银三分，粮各一升”。至屯所配给房屋居住，并发给生产工具、耕牛以及粮种。“初种免粮五年”，自第六年起，交纳少量的赋税，每户纳粮仅1斗2升，在种种优惠政策的吸引下，金川地区户口日增，土地开垦殆尽。② 应该说，清代汉族移民对川西藏族地区的开发是很有成效的。

如果说经济往来以民间自发为主，有清一代，在汉族与四川各地少数民族文化交往的过程中，官府行为则具有突出的导向作用。清廷

---

① 嘉庆《四川通志》卷87《武备志·屯田附屯练》。

② （清）刘心衡：《金川琐记》卷3《屯户》，《丛书集成初编》第3199册，中华书局1985年版，第29页。

通过一系列措施加速少数民族的汉化。雍正八年（1730）四川巡抚宪德上疏请求在建昌府大树堡一带汉彝杂居地区，按内地义学惯例设立学校，从川省选取品学兼优之士为塾师，到学校教学。学生的来源是强迫性要求“熟夷”子弟先入学，待学业有成以后，再让这些“熟夷”子弟去教授“生夷”子弟，“选取本省文行兼优之士延为塾师，令熟番子弟来学，俟学业有成，俾往教生番子弟”[①]。宪德奏言很快得到批准并实行。这说明彝族地区的汉化教育在清初已经开始。越嶲卫的学校在乾隆二十九年（1764）还由卫学升为厅学。政府还向少数民族考生大开方便之门，乾隆二年（1737）川陕总督查郎阿上疏，请准四川境内一切土司所属地区童生和汉族一体应试，得到批准，“嗣后川省各属土司苗童，有志上进报名应试者，俱准其与汉民文武童一体考试，卷面不必分别，汉苗取额不必加坊”[②]。这对在民族地区推广汉文化教育有一定的鼓励作用。

藏族地区学校的设立大概在康雍年间已开始。康熙五十九年（1720）岳钟琪带兵入藏平定准噶尔部叛乱，在川藏干线上设置粮台，使留驻打箭炉、巴塘等地的汉族士兵和商贸小贩日益增多，于是在两地设立私塾，供汉人及藏族子弟入学，系统培养已基本汉化的“熟番”，然后让他们去教育“生番”。道光五年（1825）李涵元在金川绥靖屯创兴义学，延师训课。[③] 这些学校往往采取单一汉语教学，强化藏民汉语水平，清末出现藏民“送子读书，习学华语”潮流。地方官员对少数民族子弟参加考试也极为重视，乾隆初年四川学政隋人鹏上奏：要求“嗣后四川所属一切土司苗童，有志向上报名应试者，应准其与汉民文武生童一并凭文去取”，获得朝廷批准。[④] 读书与致仕相联系，吸引越来越多的藏民入学求知，加快其汉化进程。晚清时期，汉夷之间已能完全用汉语进行交流，汉彝之间关于土地买

---

① 《清世宗实录》卷90，雍正八年正月乙未，《清实录》第8册，中华书局1985年版，第215页。

② 同治《理番厅志》卷4《边防》。

③ 四川省阿坝藏族自治州政协委员会文史资料委员会编：《阿坝藏族自治州文史资料选辑》第4辑，第28—29页。

④ 同治《理番厅志》卷4《边防·筹备》。

卖、转让合同的书写文书，不但用汉字书写，而且其文体、语气、格式，均和汉人契约文书一致。[①] 在汉彝的融合与同化过程中，汉字的流行印证了汉族移民在彝族地区已扎根繁衍奋斗的历史，也证明了中华各族人民共同开发边疆的光辉历程。实际上，通过开办学校对少数民族子弟进行教化的做法，在台湾也被官府采纳推广，《陈清端公文选》不分卷《条陈经理海疆北路事宜》中要求“立社学以教番童”，具体是每社各立一学官，“使番童自八岁以上，胥就小学，习读孝经、小学、论语等书。教之既久，果有能讲贯通晓，文艺粗可观者，该地方官破格奖进，以示鼓励”。台湾社学设立的模式是仿照大陆少数民族地区进行的，同治《东瀛识略》卷3《学校》记载：台湾“有社学，盖仿楚、粤、滇、黔等省边隅州县设学延师教训苗、蛮、猺、黎子弟之制，就归化番社，设立社学，择熟番子弟之秀颖者入学读书，训以官音。熟习之后，令其往教生番子弟，果能渐通文理，取入佾生”。

移民向川西边地少数民族地区的迁移，除了人口压力而导致的自发因素外，官府积极引导也是一个重要方面。四川西南部的彝族地区到乾嘉时仍地广人稀，乾隆二十九年（1764）四川总督阿尔泰奏称：“叙州府属之屏山县界内大竹堡一带，荒地甚多，委员勘明夷汉界址，离土司夷巢二三百里，俱有大山溪河界限，其间土脉水泉悉堪种植，共勘有可垦田地十万六千六百余亩，贫民及垦者现有一千五百余户，计口授田，领票认粮，分别水旱田地，照例题报升科。惟是该处距县三百余里，可垦之田，倍于县额，将来招徕既广，烟户日增，一切纳粮输赋，编设保甲，稽查奸匪，修筑堰坝，酌增盐引等善后事宜，俱需专员妥办”[②]。正因为如此，鼓励汉人向这些周边地区迁移垦殖，少数民族地区的汉人不断增加。叙州府属雷波厅，乾隆二十六年（1761）有汉民189户，嘉庆十九年（1814）增至29721户，[③] 这与

① 《四川省凉山彝族社会历史调查：综合报告》，四川社会科学院出版社1985年版，第115—117页。

② 《清高宗实录》卷718，乾隆二十九年九月壬戌，《清实录》第17册，中华书局1985年版，第1009页。

③ 光绪《雷波厅志》卷12《户口志》。

汉族移民的进入密切相关。清代越嶲、峨边、马边、雷波等彝族地区都是地旷人稀之地，“四面皆峻岭老林，绝无门户”，这些地区的土地又较肥沃，“产青稞、包谷、油麦、苦萝卜、红稻以多，畜马牛羊豕为富”，由于当地少数民族不善耕种，“专掳汉人代耕沿边山林，价贱粮轻，故川楚贫民争往垦荒，散处崖谷，界乎夷汉间为熟夷，衣冠语言无异，与民耦居无猜”①。汉人进入川西南民族聚居地后，大多租种彝人地而为佃户，汉人佃种夷地的规模似乎不小，据嘉庆《四川通志》卷65《户口》记载，嘉庆十九年（1814）四川总督常明对西南彝区“夷地招佃汉民开垦”情况进行统计，“招有汉佃之土司土目五十四处，夷地内共有汉民八万七千六百八十九户，男女四十二万五千二百四十七丁口”。与此同时，部分少数民族还到汉族聚居地佣工，如乾隆三十七年（1772）上谕称：“前年阿尔泰恐有奸人至内地探听信息，故禁绝番人进口。朕思所办原未妥协。番民每岁下坝佣工借以糊口，几视为常业，若因征剿小金川禁止佣工，致失谋生恒业，实为非计。朕意下坝一事，似应仍循其旧，且三杂谷与小金川番众本易于辨别，不虞混淆。若小金川贼番果有托名混入内地者，原可随时擒捕，亦毋庸鳃鳃过虑。”② 在平定小金川之乱的同时仍不忘保护少数民族与汉族的经济往来，这一政策与台湾禁止番汉交往有重大差别。

清代移民在彝族地区的农业开发过程中，因土地产权归属及地界划分等问题，时常会发生纠纷，这在乾嘉时已露端倪，嘉庆十九年（1814）常明上奏说：“川省宁远府地界，北自大渡河起，南抵金沙江止，绵亘千里而遥，东为大小凉山系生猓熟夷巢穴，西为旄牛大山系西番各种夷类往牧之所。重岩叠嶂，不下数千余里，夷巢环布于外，汉地穿插其中……初时汉界夷疆本有定址，自百数十年来，夷地招佃汉民开垦，遂至夷汉杂处，疆界混淆。若不及早清厘，恐汉民逞作私侵，夷人恃强争衅，难免勾连争竞酿成事端。”③ 所谓“自百数

---

① 光绪《雷波厅志》卷26《边防》。

② 嘉庆《四川通志》卷首之四。

③ 嘉庆《四川通志》卷65《户口下》。

十年来”之说，已表明汉人进入广大的少数民族地区有了相当长的历史，至少已经历了数代人的努力。嘉道年间汉族移民数量激增，如靠近彝区的会理在嘉庆初年，蜀省“男携女负，十百为群，不数年新户增至八九千家矣……或梯山以作田，或滨河而谋产，垦地焚林，其利十倍，莳烟种蔗，其利百倍”①。这就是官府有“恐汉民逞作私侵”之虑的来源。而随着汉族移民的不断增加，彝人将土地也逐步转让给汉人耕种，汉人久佃反客为主，道光以后“彝民懒于耕作，田土悉给汉民耕种，久之，汉民据为己有，夷民生计日蹙”②。汉人据土地为己有或许是实，但我们理解大概只是想永久据有永佃权而已。出现这种情况，或许与汉化程度较高的“熟夷”夺地有关，《清宣宗实录》卷240记载：“汉民耕种夷地有年，熟夷见地土渐腴，思欲夺回耕种，是此次肇衅之由，地界一日不清，熟夷觊觎之心一日不息。”③ 汉族移民不断增加，造成彝区人地矛盾加剧，嘉庆《四川通志》卷61《舆地志·风俗》31《马边厅志》称，马边等地是“五方杂处，地狭民稠。业农者务尽地力，虽极陡险之区皆为耰锄所及”。

嘉道以后，四川汉夷之间的矛盾呈现激化趋势。为了彝区的稳定，官府决定划定彝汉土地界址，不许汉人擅入彝区，也不准彝人私自招种，《清宣宗实录》卷254记载，“凡住居夷地之汉民，即属善良，亦递回原籍……（土司）毋许容留一汉民，熟夷如有不遵，惟土司等是问”，并派兵严加逻守，绝汉民潜入之路。不过，对汉彝界址划分，已能从现实出发，承认既成事实，“如垦荒已久，搭棚建屋已成村落，未便迁移，应即断为汉界”，只是规定以后“毋许汉民再行进占”④。彝区土地多分布在山区，佃耕汉民也因此各自成家立业于不同山区，居住较分散，官府难以统一编制管理，只能在制定政策时灵活对待，“夷地在万山之中，佃耕汉民，各自成家，相距数里十

---

① 同治《会理州志》卷7《边防》。

② 《清宣宗实录》卷236，道光十三年四月癸亥，《清实录》第36册，中华书局1985年版，第532页。

③ 《清宣宗实录》卷240，道光十三年七月甲戌，《清实录》第36册，中华书局1985年版，第591页。

④ 同上。

数里不等，势难编连十甲一牌。所佃之地各有业主，如系土司地方，即以土司为纲，列佃耕汉民于后，夷人地方，即以夷人为纲，列佃耕汉民于后。各以道里远近挨顺编连，将户口填入牌内”。这就是嘉庆年间四川总督常明所筹定的《编查汉民私佃夷地章程》。① 承认现实，因地制宜，是官府处理四川西南民族地区问题的主要导向。这反映了官府对汉族移民在民族区的居住权的认可，也反映了彝族地区汉化的加深。

总而言之，汉人与台湾少数民族居民的真正交流接触，大约开始于明代中后期，全面正式接触应在清代，而这种接触是以汉人的攫取土地等为先决条件。面对清代源源不断的移民浪潮，台湾少数民族居民进行了本能的反抗，但最终却在汉人移民的占夺、先进农耕文明的示范下，“熟番”逐渐汉化，“生番”则退居深山，继续保留少数民族居民原有的社会特色。与台湾相比，汉人与四川地区少数民族交流源远流长，自华夏族类意识形成以来就未曾中断，这就为清代汉族移民与少数民族融合奠定了坚实基础。这表明不同民族间长期的交流会密切其感性与理性认识，而长期的生产与生活的社会实践活动，先进的文化与耕作技术对相对落后的民族会有一定的吸引力，清代台湾与四川移民社会中的汉人与少数民族的最终发展走向就证明了这一点。

---

① 《清仁宗实录》卷261，嘉庆十七年九月，《清实录》第31册，中华书局1985年版，第545页。

后　　记

笔者最初关注东番和西番问题，可以追溯到在中山大学历史系攻读硕士期间，时在20世纪80年代末期，广东作为中国改革开放的前沿阵地，吸引了各地人口南下广东，由此也制造了广东经济发展的世界奇迹。而人口流动对地方社会经济的发展，也因此成为我的硕士毕业论文选题。当时在导师黄启臣教授的指导下，选定了《清代广东移民四川的经济活动》，首次接触到汉族移民向四川西部的藏区移民问题，也就是本书所说的“西番”。20世纪90年代初，我在厦门大学跟随杨国桢教授攻读博士学位，又以《清代闽粤移民四川与台湾的比较》为题完成了博士学位的申请，第一次较为全面地接触到“东番”“西番”的历史。

1993年夏，我正式进入工作岗位之后，虽在教学与科研之余，根据自己的兴趣，收集、整理有关“东番”“西番”的史料，独立或指导研究生撰写相关的学术论文，然后联名发表。我对“西番”研究的相关论点，引起了西藏社会科学院的关注，该院遂聘请我为特邀研究员。这又反过来激励了我对“西番”研究的热情。不时行走在“东番”“西番”研究之间，不知不觉之间，竟然积累了相当数量的研究成果。本书即是由不同时期有关“东番”“西番”研究的成果所组成。也正因如此，所以全书的体例并不完全统一，因为不同时期、不同学术刊物的要求不同，为了保持当年研究的面貌，真实反映自己当年的一些心得及其学术水准，除了对注释和一些论文稍作技术性处理外，均按原发表内容录入，仅个别论文未曾公开发表过。还有一点需要申明的是，由于出版社要求著述格式统一，我只好以就近原则，即以新近出版的版本核对注释，其中台湾的文献大多以大通书局

2000 年版“台湾文献史料丛刊”第 1—9 辑为准，故在书中没有标识出来。极少数四川方面的文献，因手头及广州各大图书馆难以寻觅，只能以当初发表为准。

还有一点需要说明，收入本书的各篇论文，有相当部分是与当年在读研究生联合发表。经征得他们同意，悉数收入。在此，向他们表示感谢！

这本小书的最终完成并出版，也算是对我长期关注“东番”“西番”问题的一个小结。为此，我要对下列机构和人员表示谢意！首先得感谢暨南大学学校层面专款划拨广东省高水平大学建设经费对中国史学科出版论著予以资助；其次要感谢我的研究生们帮忙将本书收录的论文从各类期刊下载，转换成 Word 文档，并加以校对；最后要感谢暨南大学中国史学科组帮助联系中国社会科学出版社的领导，使本书忝列其中。中国社会科学出版社刘芳博士、责任校对杨林为本书的出版提出了许多宝贵意见，并认真负责地对书稿进行质量把关，在此一并感谢！

刘正刚

2017 年 5 月 1 日于暨南大学文学院三楼西 306 室